# 梁启超《管子传》经济伦理思想研究

李茜／著

U0912775

湖南师范大学出版社
·长沙·

**图书在版编目（CIP）数据**

梁启超《管子传》经济伦理思想研究 / 李茜著. —长沙：湖南师范大学出版社，2022.1

ISBN 978 - 7 - 5648 - 4468 - 4

Ⅰ.①梁… Ⅱ.①李… Ⅲ.①梁启超（1873—1929）—经济伦理学—研究②管仲（？ - 前645）—经济伦理学—研究 Ⅳ.①B259.15②B226.15

中国版本图书馆 CIP 数据核字（2022）第008979号

**梁启超《管子传》经济伦理思想研究**

Liang Qichao《Guanzi Zhuan》Jingji Lunli Sixiang Yanjiu

**李 茜 著**

◇出 版 人：吴真文
◇责任编辑：孙雪姣 赵婧男
◇责任校对：蒋旭东
◇出版发行：湖南师范大学出版社
地址/长沙市岳麓区 邮编/410081
电话/0731 - 88873071 88873070 传真/0731 - 88872636
网址/https：//press.hunnu.edu.cn
◇经销：新华书店
◇印刷：天津画中画印刷有限公司
◇开本：710 mm × 1000 mm 1/16
◇印张：13
◇字数：200千字
◇版次：2022年1月第1版
◇印次：2024年8月第3次印刷
◇书号：ISBN 978 - 7 - 5648 - 4468 - 4
◇定价：68.00元

**凡购本书，如有缺页、倒页、脱页，由本社发行部调换。**

# 前 言

管子帮助齐桓公“尊王攘夷”，使齐国成为春秋时期第一个称霸的国家，在历史上写下辉煌的篇章。梁启超作为清末民初管子研究领域的一个重要人物，极大地开拓了管子研究范畴，著有《管子传》。在戊戌变法时期，梁启超将今文经学作为指导思想，对比分析了中西方制度等多项内容，以期寻求改变当时中国积贫积弱的治病良方。《管子》提倡的是礼法并重，在制度方面则是讲求刚柔相济，这与梁启超的治国理念相契合。梁启超汲取参考了当时西方国民经济学思想，发掘并诠释了管子的经济思想，其中包含着一系列具有现实价值的经济伦理思想。

学者们对梁启超的经济论述并未充分探索，专门从伦理学视角对其经济思想进行把握的研究成果尚付阙如，更鲜有探讨梁启超《管子传》中经济伦理思想的研究成果。《管子传》中有着非常丰富的经济伦理思想与论述，对其进行探索，有助于拓展梁启超思想尤其是梁启超经济思想及经济伦理思想研究的新维度。

梁启超《管子传》中的生产伦理思想主要体现在“富国富民”的生产目的伦理思想、“以人为本”的生产管理伦理思想和“重农饬商”的生产价值伦理思想。具体而言，“富国富民”的生产目的伦理思想有“积于不涸之仓”的国家本位观和“人之守在粟”的富民中心论。《管子传》经济伦理思想的核心特征为统筹两者间的冲突，从而达到个体、集体的利益的平衡。不过这种平衡并不是不求原则的平均，民富是达成国富之目标的基础，因此其必然存在手段善的特性。探究问题的根源，也就是富国、富民之间的关系判定上始终将富国放在中心位置上。"以人为本"的生产管理伦理思想主要包括"兴六德"的生产管理伦理理念观、"多予少取"的生产管理伦理保障观和"干涉之奖励之"的生产管理伦理措施观。"重农饬商"的生产价值伦理思想，则是既肯定了"地者政之本"的农业价值，也提出了"利然后能通"的工商业价值，并充分体现了"重农饬商"与"重农抑商"的区别。

梁启超《管子传》中的分配伦理思想方面，首先对社会贫富悬殊的原因进行了分析，认为社会成员之间的贫富差距悬殊的原因主要有生产本身的不足、政策和法令的轻重缓急、富商大贾兼并和操纵、个体间先天性的体智差别。在对分配的重要性认识的基础上，进一步提出了分配所要涉及的主要内容：自然资源、社会资源、劳动产品和赋税征敛，分别相应提出了"均地分力""德当其位""与民分货""分财利民"的分配伦理原则。《管子传》分配伦理思想的根本目标即实现国家利益最大化，同时也意识到人民利益的满足对国家利益的极大作用。因此《管子传》功利主义的分配思想中，也有许多涉及恤贫、救穷以及济困等德性主义思想成分，体现了功利主义与德性主义之间相结合的特性。在分配目标的伦理取向上，既追求效率，又倡导公平。

梁启超《管子传》中的交换伦理思想则包括交换动机伦理观、交换行为伦理观和交换规范伦理观。在交换动机伦理观方面，分析了商人的好利本性、"废私而立公"的道德价值评价标准和国势至上的对外经贸。《管子传》关注到，商业交换行为的经济伦理思想，会对经济政策与经济思想产生影响，对经济生活发挥指导作用，因此重视商业交换行为，并认可商业交换行为的经济价值的合理性和政治价值的合理性，倡导以市为准的交换行为。但在缺乏约束的情况下，交换活动中出现了为追求物质利益而损人利己，危及他人利益的现象。交换伦理规范的出现正是为了更好地保护和实现交换双方的利益，它既保障利益的获取，又对人的贪欲给予必要的限制，从而实现两者之间的平衡。《管子传》中的交换规范伦理观主要体现在交换主体伦理规范和交换手段伦理规范两个方面。

梁启超《管子传》中的消费伦理思想崇尚节俭，并认为节俭的消费伦理思想不仅在经济上是合理的，而且在道德上也具有合理性。比起尚俭思想，《管子传》消费伦理思想中更为引人注目的是侈靡思想。《管子传》提出侈靡消费伦理思想的原因主要为下述几点："民之所愿"的人性论；有益于保障社会和谐、维护社会秩序、保障政治稳定与国家利益最大化，是实现"王天下"政治理想的重要方式；一定条件下的侈靡消费有助于刺激与加速农业生产；在一定限度中对民众的道德教育与生活道德风尚有相应的积极作用，有助于增进人和人之间的和睦与融洽；客观层面可实现接济贫困与赈救灾荒之效果，对于贫困群体提供更为丰富的谋生之法。《管子传》中侈靡消费伦理思想在经济生活中的具体表现主要是"贱粟米而敬珠玉"和"好礼乐而贱事业"，侈靡思想实行的前提条件则主要是国家发生自然灾害，或是经济与生产陷入困境，或者是财物积累充足有余。

通过从生产、分配、交换、消费四个方面梳理梁启超《管子传》中经济伦理思想的主要内容，我们可以发现，《管子传》秉持的是人本自利的人性论，他从"国家本位主义"出发，把"民富"作为"国富"的重要手段，同时，他也强调经济公正。而这些特征共同构筑了《管子传》经济伦理思想的理论特征。

梁启超的思想体系具有承上启下的意义，将传统儒家思想所讲究的经世致用与近现代所追求的思想解放与发展融合起来。在当时较多数人选择思想转化之时，梁启超另辟蹊径，走出了一条思想调试的道路。他对于自我思想的调整和变化，是一个不断调整外在思想从而适应内在需求的过程，我们可瞥见其"个人同一性"。管子在当时社会中提出了许多先进开明的经济理论，近代强烈的救国欲望激励梁启超把西方经济学的基本原理引进中国并以此观照中国经济的命运，对国人进行经济学知识的启蒙。梁启超《管子传》中的经济伦理思想涉及面较为广泛，有一些超越时代的观点论述以及思想追求，除了具备一定的学理意义，对于当下我国的社会主义建设同样具有深远的实践价值。

梁启超运用欧洲人的思想对中国人的传统思想作了与过去不同的解释。

《管子传》中主张积极开动国家机器干预经济的运行、发展，体现了梁启超的政府干预主义思想。梁启超将西方经济思想的主要脉搏概括为干涉主义和放任主义。在干涉主义和放任主义中，他选择了干涉主义。他不仅论述了中国采取干预主义的理由，还提出实施保育政策的前提条件，并对政府干预的内容和范围有所界定。

同时，功利主义作为一种指导原则一以贯之地存在于《管子传》中。他提出的人性论、价值目标、评价标准等，都体现了功利主义的内涵。他认同边沁提出的“趋乐避苦”，认识到“自利”出发点所带有的合理性，同时认识到“最大多数人的最大幸福”是“自利”所能追求的最理想结果；而梁启超认为在墨子的观点中，“利”除了要“利己”，同时与“利人”“利他”不矛盾。通过分析西方思想和中国传统思想，梁启超对“利己”和“利他”有了一定认识，他的思想也发生了重要变化，简单概括梁启超的功利主义思想学说，可以总结为：私德推进公德，个人促进群体。

并且，梁启超还有着批判自由竞争、重视生产正义和注重道德关怀的经济公平思想。他认为自由竞争不仅导致了生产的盲目性，产生资源浪费，而且还导致了社会经济危机和贫富的两极分化。梁启超特别强调生产正义的重要性。他之所以重视生产，而不看重产品的分配，是因为他认为在“正义”的社会中，分配属于强制性的公正，这是社会制度的问题，而不是经济政策所要解决的问题。从经济层面来看，只要实现产品的丰富，在具有公正基础的社会里，自然就能达到正义。梁启超的生产正义论对人予以了极大重视，表现出一种强烈的人道主义关怀。他不仅关注贫困，也倡导最低工资标准，还倡导劳动自由，保障人的权利。

今天，我们研究梁启超《管子传》中的经济伦理思想，对于我国现代化建设，尤其是市场经济的发展具有深远的意义。《管子传》中“国家本位”的经济伦理原则和工具理性为特征的“经济民本”思想对我们今天加强宏观伦理控制和微观伦理责任有一定借鉴价值，“贫富有度”的经济公正观则促使我们努力增强经济发展的社会公平。另外，《管子传》深刻地提出了“以人为本”的经济发展战略，这对于现代社会治理也具有启发意义。

# 目 录

# 绪 论

## 一、选题缘由和研究意义

### （一）选题缘由

《管子》是先秦时期的经典著作，对华夏文明的发展有深远而广泛的影响。这部著作以其内容的丰富性、思想的深刻性及总结的系统性而得到推崇与认可。从《管子》内容的视角来分析，该书的大部分内容都在围绕经济领域的问题而阐述，其中有 1/3 的篇幅更是在专门讨论经济问题，不论是字数篇幅或研究深度，在先秦时期的作品中都是极为少见的。除此之外，相对于先秦其他学者零散的经济思想，《管子》中已有较为系统的经济论述。即便和同时期的西方学者进行对比，《管子》在经济领域的独到之处，也不逊于古希腊学者的成果。但非常遗憾的是，比之儒、道、法、墨等学说，管仲学派在中国古代思想史的学术地位相对较低，并未发展为和前述流派有同等地位的显学。不论是在中国哲学史或者经济思想史中，管子的影响力都未能充分体现其实际的水平。相较于成为显学的儒学、道学，管学有很大的潜力可供挖掘，与之对应的，管仲学派代表作《管子》中的思想光辉，同样值得系统分析与深入探索。

梁启超是近代中国的思想启蒙者，他生活的时代正处于中国历史上“三千年未有之变局”的历史阶段。他少年及第，奔走维新，为他那个时代甚至以后的世代提出了诸多有价值的思想。梁启超共发表 67 篇经济学文章，论述了从古代到近代、从西方到东方的经济思想。在他以前的中国思想家，从来没有一个人写过这么多的经济论述和涉及过这样广泛的经济内容。1909年，梁启超完成了《管子传》，从管子的身世、所处的时代特征出发，对于管子的生涯履历、主要思想进行了多方面的回顾和评价，对管子的功绩、取得功绩的条件也有所论述，并着重论述管子的经济政策，凸显管子思想的优势。该书籍一方面是管子的评传，另一方面也是梁启超基于近代资本主义的视角对管子“外王”思想的新认知，它也是近代《管子》义理研究的重要成果。

**（二）研究意义**

以史为镜，可以知兴替。处在现代，回溯近代，反观古代，领略传统文化，尤其是我国独特的经典文化，不仅可总结先辈的成功与失败之经验，更有益于梳理研究思路与视角，对新时代的改革和体制完善等提供启示。因此，分析梁启超《管子传》之中所涉及的经济伦理思想，有非常重大的理论与实践价值。

从理论的视角来分析，深入发掘和探索《管子传》中的经济伦理思想，意味着提炼和挖掘中国传统经济伦理思想的精粹成分，这有助于完善中国近代经济伦理思想研究的内容体系。《管子》并非仅有纸上谈兵的理论论述，而是深刻融入了管仲身为齐国国相四十余年治理国家的实践经验。管仲治理齐国所取得的卓越成果，更是佐证了该书籍中记录的都是经过实践检验、有卓越效果的治国之理。深入研究《管子》的珍贵理论和经验，不仅是历史发展的必然选择，也是古代经济思想融入近代发展的时代要求。梁启超基于对传统经济伦理思想的深入分析，结合近代中国的实际情况，进而构建了适用于近代转型的经济伦理思想体系。对其《管子传》中经济伦理思想进行深入把握，有助于更为全面地认知中国近代伦理思想的研究内容与体系。

分析《管子传》中的经济伦理观念，对于加快当前我国转型时期的经济思想研究，以及建设和发展我国新时期的经济伦理学理论体系都具有重要的启示价值。基于经济伦理学学科发展的视角，在分析建立中国特色社会主义经济伦理学理论体系的过程中，不仅要注重学科的国际性、时代性视野，还应当注重该学科发展的民族性、特色性视域，所以在学科建设的过程中，需要对我国古代与近代的经济伦理思想进行深入的研究，进而总结得出我国经济伦理思想演变的一般规律。梁启超《管子传》中关于加强宏观伦理控制和微观伦理责任、努力增强经济发展的社会公平和实行以人为本的经济发展战略等前瞻性见解，对完善中国特色社会主义经济伦理学理论有重要的价值。

基于实践的视角，深入探讨《管子传》的经济伦理思想，可以为社会主义新时期的发展，特别是市场经济的长远发展带来诸多的参考借鉴。正如前面所分析的那样，《管子》是古典著作中对经济问题涉及较多、阐述深入、观点新颖的一部代表性著作。管子结合该时期的社会背景，总结出很多较为先进的经济伦理思想。强烈的救国欲望激励梁启超把西方经济学的基本原理引进中国审视管子思想并以此观照中国经济的命运，对国人进行经济学的启蒙。《管子传》中所记录的很多思想，对今时今日的市场经济建设仍然有重大的启示价值。举例来说，在经济发展与道德建设的关系上，书中提到“仓廪实则知礼节，衣食足则知荣辱”①，认为道德建设需要以良好的物质基础为前提，而且高度关注道德建设的重要影响，指出“礼义廉耻”乃“国之四维”，对道德与经济同等关注，认为需要协调好经济与道德间的关系才可以保障国家的本固邦兴，这些都是非常珍贵的思想。对经济分配的问题，《管子传》中论述了扶弱助贫的经济调节策略，即基于国家宏观治理的角度，实现调民事、均贫富之目标，推进“富而能夺，贫而能予”的策略，通过此类方式避免富裕阶层暴富、贫困阶层长期遭遇剥削。尽管该措施无法根除贫富分化，对于经济发展过程中始终存在的分配问题仍可以提供十分重要的参考与借鉴。在民众、政权之间关系的问题上，《管子传》也涉及一些非常具有参考价值的思想观念，如阐述“政治所兴，在顺

① 梁启超．管子传［M］//汤志钧，汤仁泽．梁启超全集：第六集．北京：中国人民大学出版社，2018：543.

民心”① 的观点，该思想在先秦时期非常先进，而且《管子传》还指出君王须顺应民欲、解决民众的生活需求、注重民心所向，才能获得民众的信赖与拥护，实现教化民众“知礼节”“知荣辱”之目标。此外，《管子传》中针对“四民分业”思想的论述，极为关注各个职业的诚信品德培养，提出所有职业都需要遵照“诚”的思想，禁止坑蒙拐骗之罪恶行为。《管子传》关于道德的深刻论述，对新时代职业道德感缺失等问题可提供重要的解决思路，对于建立更加完善的职业伦理体系、传承职业信念等具有一定的导向作用。

另外，从经济伦理学角度研究梁启超《管子传》，有助于拓展梁启超思想研究的新维度。梁启超拥有渊博的学识，堪称近代中国的百科全书式人物。研究梁启超的相关著作，从20世纪初到现在一直没有中断过。但学者们对他的经济论述并未充分探索，专门从伦理学视角对其经济思想进行把握的研究成果尚付阙如。《管子传》中有着非常丰富的经济伦理思想与论述，对梁启超《管子传》中的经济伦理思想进行探索，有助于拓展梁启超思想尤其是梁启超经济思想及经济伦理思想研究的新维度。

## 二、国内外研究现状述评

通过梳理文献发现，学者们对梁启超的经济论述并未充分探索，专门从伦理学视角对其经济思想进行把握的研究成果尚付阙如，更鲜有探讨梁启超《管子传》中经济伦理思想的研究成果。以下分别从梁启超经济伦理思想研究和《管子》经济伦理思想研究两方面梳理国内外相关文献。

### （一）国内研究现状

1. 关于梁启超经济伦理思想研究

参考当前学术界主流的中国现代史学术阶段划分法，我国关于梁启超的研究主要有三个时期。第一阶段，梁启超过世到20世纪40年代末，该时期的研究成果主要为梁启超著作的刊行，以及一些追忆、总结类型的文章。

① 管子·牧民.

第二阶段，1949年中华人民共和国成立到改革开放开始之时，该时期的研究成果主要为总体概括与历史定位。第三阶段，改革开放以来，这时期的研究成果从最初的注重广度发展到注重深度，进入学科化、阶段化的新时期。梁启超经济思想研究经历了从无到有，从少而浅到多而深的发展历程。梁启超经济思想中蕴含着大量的伦理思想，如经济公平、自由主义、干涉主义、功利主义等。从经济伦理学角度来说，这些内容可以称为经济伦理思想，而目前学界关于此方面整体性把握的研究成果尚付阙如，只是有些文献对此进行了分门别类的研究。

第一，经济公平方面。张艳丽的《梁启超的财政思想研究》，重点围绕梁启超的财政改革思想进行研究，认为梁启超把税收、公债、币制与银行四个因素视为有机结合的整体开展研究，体现其独特的思想认知，并指出梁启超在关于税制的研究中，明确提出需要贯彻公平原则，坚持有益于国计民生的准则开展改革。① 李炜光在其论文中认为梁启超所阐述的税收法定、税收对于缩小贫富差距意义重大等观点，直到今日依然具有重要的参考意义，这也体现了梁启超思想境界的先进性。②

第二，自由主义思想。罗南石提出：梁启超非常关注国民平等，而且也极为关注人的“自由”，梁启超论述的“自由”是相较于奴隶性而存在的概念，梁启超把自由看作人生一切活动的原动力。③ 王艳勤著的《国权与民权调和：梁启超的自由主义民权观》则提出：梁启超在研究国权、民权冲突的时候，极为关注调和的重要性，认为需要根据时代需求的不同调整国权与民权的比例，梁启超所提出的“国权—民权调和论”较为全面，发展到接近“科学”的状态。对于其提出的合群思想，人们更习惯于与民权思想中的集体主义、国家主义等结合起来，值得一提的是，梁启超更加强调了个体独立的价值，这也是梁启超思想的特殊之处。梁启超结合时代背景，

---

① 张艳丽．梁启超的财政思想研究［D］．郑州：郑州大学，2007.

② 李炜光．梁启超：中国公共财政的启蒙师与先行者［J］．政法论坛，2011（4）：3－12.

③ 罗南石．试论梁启超的新民思想及其现代意义［D］．上海：华东师范大学，2002.

积极探寻国权、民权间的均衡之法。①

第三，干涉主义思想。朱俊瑞基于梁启超的经济思想观念开展深入探究和分析，以西方的经济理论作为背景，融入梁启超提出的经济政策与思想，按照“历史—经济—政治”的逻辑脉络展开阐述研究，最后落脚于政府干涉主义。他认为梁启超结合近代中国的国情，融入西方经济学的重要理论成果，应对干涉、放任主义之间的冲突，最终选择以干涉主义为基础，并且确立了政府干涉的范围与底线。② 罗宾在《梁启超宪政思想评析》提出：梁启超提出的宪政思想，更为重视主权在国，认为国家自由优于个人自由，提出应当发展“新民”，构建更加强有力的政府，在此基础上发展新的宪政国家，助力国家的富强与发展。在梁启超的思想体系中，国家利益一直是重中之重，而且发展宪政国家的根本追求即助力国家的富强。③

第四，功利主义思想。吕滨总结分析梁启超的功利主义伦理观，认为功利主义是其伦理思想中的重要前提。梁启超并不认可道义论的观点，而是从一个更加深入的角度认识伦理道德的根本内涵，同时阐述其深远价值。梁启超提出：道德并不是人类的最终追求，而是人用于自身成长、增长幸福的工具，这一理论将伦理道德从绝对天理转化为相对原则。④ 冯洁在《梁启超的“功利”说》中指出：梁启超提倡的“功利”说，源自于边沁所提出的功利主义，同时融入了墨子的实利思想，梁启超围绕功利思想进行深度整合与创新，进而从利己转型为利他。在该学说中，道德并非空洞的存在，而是作为一种具体的存在，直接关乎利益因素，这也让道德学说快速地成长与完善。不过与西方国家更加强调“为私利找到道德根据”的观点相比，梁启超的观点有所不同。其仅仅将“功利”视为创建、发展新道德的重要基础，而并非道德的所有内容。⑤ 郭刚在论文中提出：梁先生的功利

---

① 王艳勤．国权与民权调和：梁启超的自由主义民权观［J］．求索，2011（10）：256－258．

② 朱俊瑞．梁启超经济思想研究［M］．北京：中国社会科学出版社，2005．

③ 罗宾．梁启超宪政思想评析［D］．成都：四川师范大学，2013．

④ 吕滨．梁启超的功利主义伦理观［J］．江西师范大学学报，2000（3）：61－67．

⑤ 冯洁．梁启超的“功利”说［J］．广西大学学报（哲学社会科学版），2008（2）：65－72．

观体现出十分浓厚的时代特征。他除了认可私益，而且也非常关注公益的重要性，高度重视公益和私益间的整合，将是否可以充分维护民众利益作为评价当权者的关键一环；在强调利益合理性的基础上，将利己与利他的思想，都整合到社会进化的视角进行深入分析，进而对利己和利群进行整合，并未偏颇其中的任意一方；对功利与幸福进行整合，提出人类在享有普通快乐外，还享有精神层面的“高尚之快乐”。基于历史视角来分析，梁启超先生的功利观与其所持有的国家观等思想体系是互相支撑的。①

另外，基于宏观视角对梁启超经济思想开展分析。代表性学者为钟珍维、高月仓、梁捷、赖建诚等人。其中，钟珍维在论述中，围绕梁启超经济思想和传统经济思想的差异进行纵向比较研究，从而深入分析梁启超经济思想和古代经济思想间的区别。② 高月仓同样对梁启超的经济思想进行梳理分析，并将其归纳为六个方面：利用外资思想、金融建设思想、财政思想、土地与农业思想、振兴实业思想、其他经济思想等。③ 朱俊瑞重点基于三大视角开展分析：其一，对西方经济学的传播和评价；其二，关于经济思想的研究；其三，对东西方经济思想的比较与论述，将主要着眼点放在中西方经济学的差异问题上。④ 梁捷在研究中，更加关注梁启超先生的经济思想的演变过程，基于五个视角进行重点分析，涉及我国古典功利主义、梁启超最初阶段的经济思想、其思想的转型与发展、新民思想与晚年经济思想等内容，对梁启超经济思想的演变过程进行深入的分析。⑤ 赖建诚所创作的《梁启超的经济面向》，基于工商实业、管子的国家经济观、古代币材、前秦田制、中西经济学说史等多方面对梁启超的经济思想进行了详细分析。赖建诚认为梁启超的经济论述具有很强的现实性和问题性，梁启超

---

① 郭刚．梁启超的功利观［J］．长白学刊，2009（2）：131－134.

② 钟珍维，王发云．论梁启超的经济思想［J］．华南师范大学学报：社会科学版，1985（5）：24－28.

③ 高月仓．梁启超经济思想研究［D］．上海：复旦大学，2001.

④ 朱俊瑞．梁启超经济思想研究［M］．北京：中国社会科学出版社，2005.

⑤ 梁捷．梁启超经济思想的演变过程［J］．社会科学战线，2008（2）：88－97.

最注重的两个问题分别是“中国要进入金本位”和“中国的财政”。①

从微观上对梁启超经济思想研究的文献有探讨梁启超财政、股份制、外债等思想的，也有基于其他经济问题开展深入研究的学术成果。成果较为丰硕的学者主要有元青、叶世昌、朱圆满等。元青在《梁启超的财政生涯述略》中指出：梁先生不惜笔墨创作了大批文章研究、谈论财政学与清末财政问题，梁启超对此类问题的研究广度与深度，在近代中国都是独一无二的。这些研究是他钻研治学的精神体现，也使得梁启超成为我国资产阶级财政学的执牛耳者，在其清末宪政理论体系中占据着关键的位置。② 而对于梁启超所阐述的股份制的思想理念，也已有大量的学者进行了深入的研究，比如学者叶世昌的《梁启超、康有为的股份制思想》③、贾孔会的《梁启超股份制经济思想浅析》④、丁颖新等人的《略论梁启超股份制思想》⑤ 等。其中，贾孔会认为：梁先生对政治、经济思想等理论有非常深刻的认知，对于股份制经济也有很多高明的见解。其将股份制的认知与社会经济思维相联系，将其和政治改良思想进行整合，进而产生了较为特殊的股份制经济思维。梁启超从法治、责任心、企业能力等多个视角对股份制开展深入分析，有非常重要的实践价值。研究梁启超外债思想的文献有崔鹏飞的《梁启超外债思想论述》⑥、张曼茵的《梁启超外债观的形成以及发展过程探析》⑦、余治国的《梁启超基于经济民族主义立场的外债思想》⑧等。张曼茵认为梁启超外债观产生变化的核心原因为：借外债问题排斥异己，争权夺利；欲借外债以实现“理财救国”的理想；欲以借债平衡外交；

---

① 赖建诚．梁启超的经济面向［M］．杭州：浙江大学出版社，2012.

② 元青．梁启超的财政生涯述略［J］．天津师范大学学报（社会科学版），1992（5）：47－52.

③ 叶世昌．梁启超、康有为的股份制思想［J］．世界经济文汇，1999（2）：53－56.

④ 贾孔会．梁启超股份制经济思想浅析［J］．安徽史学，2002（2）：51－54.

⑤ 丁颖新，高月仓．略论梁启超股份制思想［J］．世界经济情况，2008（3）：94－96.

⑥ 崔鹏飞．梁启超外债思想论述［J］．社会科学论坛，2000（2）：105－107.

⑦ 张曼茵．梁启超外债观的演变及其思想根源研究［J］．经济问题探索，2005（11）：143－146.

⑧ 余治国．梁启超经济民族主义外债观述论［J］．燕山大学学报（哲学社会科学版），2016（1）：68－72.

为参加一战筹措军费。

论述其他具体的经济问题，并深入分析梁启超经济思想的学术成果，有李学桃的《梁启超的土地所有权概念以及对新时期的借鉴》①、朱圆满的《梁启超产业经济的探究分析》②、刘仁坤的《梁启超企业创建的思想探究》③ 等。此类研究多数结合具体的经济问题，导入梁启超的经济思想开展深入分析。诸如李学桃在研究中提出，梁启超认为人对“所有权”的需求是经济建设的重要动力，私有制是所有文明发展的根源。对土地所有权的问题，梁启超结合农村土地的非独占性，基于人类经济发展的历史与潮流、保障经济稳定和成长等视角进行深入研究，论述私有产权的合理与必要性；梁启超经济思想的核心目的，即希望依靠保障和发展私有产权的方式，带动国民经济的发展。朱圆满则基于农业与工商业经济思想等四大视角开展分析，深入探讨梁启超的产业经济思想。

综合性研究上，黄克武认为梁启超对于中国传统思想、西方思想的融合吸收，实际上都离不开他原本形成的儒家思想框架。在儒学思想体系中，修身并不仅是工具性的概念，其具有现实而长远的价值。该学者进一步指出，梁启超思想与儒家思想之间的关系，可以总结为以下几点：其一，梁启超关于人的改造的论述，提出应当以道德为核心；其二，梁启超将“公德”整合到个人修养中，该思想的渊源为“群己平衡”，也和《大学》所提出的修齐治平、“絜矩之道”等思想有密切联系；其三，梁启超尽管对宋明理学的研究较少，但是其提出的本体论等观念，和理学有着非常紧密的联系；其四，梁启超继承了清朝中期以来的经世观念，试图通过此类方式应对“兼内外”的问题，也就是整合内在道德、知识的追求，以及外在事业、功名上取得的成绩。黄克武的《梁启超的学术思想》，深入研究了梁启超思维的主要特征。其中多数与道德有非常密切的联系。诸如，学术层面融合

---

① 李学桃．梁启超的土地所有权思想及对“新土改”的启示［J］．江西财经大学学报，2015（2）：106－113．

② 朱圆满．梁启超产业经济思想研究［D］．长沙：湖南师范大学，2002．

③ 刘仁坤．梁启超建立新式企业制度思想探析［J］．求是学刊，1997（9）：110－114．

古今中外的丰富学说，进而转化为契合中国国情的新思维；知识的取得是极为特殊的奋斗过程，需要“淬厉”和“采补”同步推进，不存在完美的体系可成为社会发展的绝对指南。又例如通过对儒墨佛多个学说思想的整合来提升所有人的道德，避免自私自利的负面影响；并且主张群与己应当保持平衡，认为整个社会的发展和个体的自由同等重要。① 周昌龙在《知识、道德、经世：梁启超思想的深层结构》中围绕梁启超的道德思想进行较为全面的分析。其在研究中提出，梁启超在重视道德本源的基础上，其德性认知也高度关注知识的重要性，并未沦入德性之知的桎梏。② 梁启超也关注立志的重要性，认可“先有知识后有志愿”的思想观点，在此基础上对陆王心学既重德性又重知识有一定认同。梁启超所提出的自由主义，作为“良知”基础上衍生成型的内在自由说，其将良知看作实现自由的真正保障；但是其更为关注心学之中有足够可行性的道德存养，而非形上的心性。

2. 关于《管子》经济伦理思想研究

在近些年的研究中，围绕《管子》的研究逐步发展到新的阶段，1987年创办了《管子学刊》，1989年举办了专门的研讨会。这意味着学界的研究探索朝着更为细化、更为深入的方向快速发展。现有的研究成果主要集中在下述几个方向。

第一，《管子》生产伦理思想。《管子》极为注重生产（尤其是农业领域的生产活动）的重要性，认为国家最重要的生产责任即“务在四时，守在仓廪”③，并且明确指出“粟多”乃“国强”的必备条件。

周俊敏在所创作的《〈管子〉经济伦理思想研究》之中提出，管子生产伦理的特色为高度重视耕织，并将其划分成五大维度，涉及国民之本的生产价值观等多个内容，基于农本思想、农时安排等多个视角进行全面的论

---

① 黄克武．梁启超的学术思想：以墨子学为中心之分析［J］．中央研究院近代史研究所集刊，1996（26）：41－90．

② 周昌龙．知识、道德、经世：梁启超思想的深层结构［J］．中国文化，2008（2）：138－150．

③ 管子·牧民．

述，尽可能强化农业生产的重要性。① 该书籍为中国首个关于《管子》经济伦理思想的专著，有极为重大的里程碑价值。汤曾所创作的《〈管子〉经济伦理思想研究》，对义利互动的生产价值伦理、强本事的生产伦理、四民分利的生产者伦理等方面的内容进行具体分析，整体而言都是在以农为本架构上的进一步细化。② 唐庆增所创作的《中国经济思想史》为 1949 年之前该领域的代表作，该书籍将管仲与《管子》中的主张看作法家思想，对此有很高的关注度，并专门通过独立的篇章论述《管子》的农业思想，基于发展农业等多个视角对《管子》提倡的“务天时”“尽地利”“用民力”开展全方位的分析，还围绕《管子》中的农业政策，从直接和间接两大视角进行阐述，即发展农业与禁止末业。③ 赵靖所撰写的《中国经济思想史述要(上册)》，对管仲的学说进行专章论述，重点论述东方法家高度关注经济方面问题的思想特征。在关于农业问题的研究中，赵靖提出《管子》重点依靠均地分力、关注“积”“食”之比例、注重“本”“末”之关系等方式助力农业发展，通过此类方式来实现富国富民之目的。④ 刘冠生的《〈管子〉农业经济管理思想概观》，将《管子》的农业思想划分成以农为本、农官管理等多个层级，提出这些农业思想对齐国的农业发展、对齐国成为春秋五霸之一等都有很大的积极影响。⑤

第二，《管子》分配伦理思想。该思想也被当代学者普遍认可，诸如“相地衰征”“均地分力”“富夺贫予”等思想，在今时今日依然有很大的参考价值，一方面有助于理论研究的不断完善与优化，也有利于经济现代化的发展，有助于更好地应对分配正义的困境。

关于《管子》中的分配伦理思想，胡寄窗的《中国经济思想史简编》重点论述了导致分配不均的各类原因，涉及农业领域的季节变化、年岁收成、征课缓急等多个因素，同时围绕怎样减少贫富差距的方案对《管子》

---

① 周俊敏．《管子》经济伦理思想研究［M］．长沙：岳麓书社，2003.
② 汤曾．《管子》经济伦理思想［D］．南京：东南大学，2005.
③ 唐庆增．中国经济思想史［M］．北京：商务印书馆，2010.
④ 赵靖．中国经济思想史述要（上册）［M］．北京：北京大学出版社，1998.
⑤ 刘冠生．《管子》农业经济管理思想概观［J］．管子学刊，2005（2）：5－10.

中的分配伦理思想进行了相应论述。① 汤曾将《管子》中所论述的分配内容划分为三个重要的维度，同时基于纵横两大视角，围绕分配伦理思想进行了更加系统的研究，提出采用“治礼明分”的基本准则调控宗法等级制度下的阶级关系，采用“富而能夺，贫而能予”的准则对相同阶级间的利益分配进行调控与平衡。② 潘孝珍围绕《管子》中所确立的收入分配原则进行了深入的分析，总结为“贫富有度”与“藏富于民”两个重要原则，基于个人、市场与政府等多个视角，论述造成收入差距的详细原因，在此基础之上，深入探讨收入差距过大问题所产生的负面影响，并且提出实现分配正义的方案，最后论述了《管子》的分配伦理思想对新时代经济发展的重要启示，指出新时代的学者与管理者应更充分地认知到收入差距不断增大的危害，采取市场、行政手段同步推进的方式，构建更为完善的社会保障体系。③ 张军结合“至善”的视角开展深入分析，探讨《管子》中论述的社会财富的分配思维与策略，不仅关注社会财富的增长，同时也关注富国和富民的同步推进，高度关注“义”和“利”之间的平衡，尽可能合理调控“富国”和“富民”间的关系，也是新时代分配正义迫切需要考虑的问题。④

第三，《管子》交换伦理思想。其中的核心论点为“四民分业”，并且高度关注各种职业的重要性，提出了“国之四民”的论点，认同各个职业的必要性与合理性，并对各职业应有的基本道德进行了明确的阐述，认为这些对于交换市场的矫正和改善会产生重要的作用。

周俊敏在自身的研究中，围绕《管子》的交换伦理进行深入研究，并将其划分为市场、商业、货币、价格、外贸等五大维度。其一，市场伦理，注重众和互利的思想和促进生产的价值；其二，商业伦理，高度关注诚信为本的价值，充分认可商人的社会地位，在注重商人专业化的基础上，还

---

① 胡寄窗. 中国经济思想史简编［M］. 北京：中国社会科学出版社，1981.

② 汤曾.《管子》的分配伦理思想［J］. 江淮论坛，2005（5）：120－123.

③ 潘孝珍.《管子》的收入分配思想及启示［J］. 首都经贸大学学报，2010（2）：85－88.

④ 张军. 政治“至善”视角下的《管子》社会财富分配思想［J］. 科学经济社会，2011（4）：181－185.

指出应“杀正商贾之利”；其三，货币伦理，高度关注“黄金刀币”具备的流通、沟通功能；其四，价格伦理，注重公平的价格对社会稳定的巨大价值，并且指出需运用灵活政策来实现公平之目标；其五，外贸伦理，需对国家、国民的利益加以考量。①宋玉顺基于对《管子》的深度研究，指出齐国素来有重商惠工之传统，同时对工商业者的社会地位和影响力进行深入分析，探讨了市场、贸易与社会协调等问题的详细运作程序和实施流程，对工商业发展提供了更加清晰的思路。②宣兆琦等创作的《论〈管子〉的工商管理思想》，围绕《管子》重农不抑商的思想进行分析，阐述了注重工商业对齐国成为春秋五霸的重要影响，并且围绕《管子》中的相关工商业思想开展详尽论述，并特别提出设官任能、提高从业者素质、加强调控等具体举措。③

第四，《管子》消费伦理思想。《管子》关于消费思想的论述，核心观点为“俭侈并重”，这也是管仲最具特色的理论成果。先秦时期，尚俭是社会的重要消费导向，《管子》却认识到侈靡消费的正反两方面影响，《侈靡》篇作为中国经济思想史中探讨消费促进生产机制的首个篇章，不仅体现了管仲学说和先秦阶段别的流派思想的显著区别，同时也是非常重要的创见。《管子》高度关注节俭和侈靡间的平衡，不单纯强调节俭，也不过度推崇侈靡，认为需要结合时间、背景与场合判断节俭和侈靡的度，这也是《管子》思想的卓越之处。

唐庆增围绕《管子》的消费伦理思想进行分析，认为《管子》提倡节俭为本、侈靡为辅，注重对“积”和“食”的比例开展分析，并通过此方式进而论证“俭则伤事，侈则伤货”。叶世昌围绕《管子》的《侈靡》篇进行全面研究，总结得出奢侈存在两个非常关键的社会作用：其一，有助于民效力于君王；其二，可帮助贫困群体获得更多的谋生手段。除此之外，叶世昌还认为《侈靡》篇存在过度夸大消费价值的嫌疑，该问题在后续创

---

① 周俊敏.《管子》经济伦理思想研究 [M]. 长沙：岳麓书社，2003.

② 宋玉顺. 论《管子》的工商业思想 [J]. 管子学刊，1994 (4)：33 - 36.

③ 宣兆琦，赵娜. 论《管子》的工商管理思想 [J]. 管子学刊，2009 (2)：5 - 7.

作的《轻重篇》中有所修正，在节俭为主流观点的先秦时期，侈靡消费也应当局限于合理范畴。① 曹俊杰认为管子同时关注消费与俭侈的重要性，而且重点强调节俭与奢侈两者间辩证统一的关系，并非侧重于其中的任何一方，而是更为关注两者间的适度均衡。除此之外，俭侈消费也是非常关键的治国方略，该策略不仅有助于增加内需、增进生产，也有助于增加实际的就业机会，增进民众参与生产的主动性。② 此外，代表性成果还有刘锦增③、王瑞芳④等人的文献。

第五，其他研究。学者不仅围绕前述较为重要的“四环节”开展详细论述，关于《管子》经济伦理思想的研究，还被拓展到货币政策、价格理论与财政政策等多个领域。此类分析多数为专题研究，零散地分布于多种文章与著作里。

其一，货币政策。唐庆增在研究中，围绕《管子》中所记载的货币的历史、作用与数量理论等开展简易分析，对其有很高的认可度。提出该理论成果的精细程度不仅在先秦诸子百家中是独一无二的，在世界经济思想史上也是不可多得的璀璨明珠。张友直所创作的《〈管子〉货币思想考释》，作为我国第一个围绕管子货币思想开展全方位研究的理论创作，基于货币起源、种类、本质、职能与作用等进行系统的分析，从而深入总结《管子》中较为凌乱的货币思想，构建了较为系统与全面的货币理论体系。⑤ 赵梦涵基于货币职能与调控两个视角推进研究，提出货币的核心职能就是流通和支付，进一步提出货币调控考虑的重点问题即通过国家的影响力调整具体的货币供应量，以及国家颁行专门的货币政策，通过对供需、物价与财政产生影响等方式，实现重要的经济调控效果。⑥

其二，价格理论。叶世昌围绕影响物价波动的原因开展分析，提出商

① 叶世昌．古代中国经济思想史［M］．上海：复旦大学出版社，2003.
② 曹俊杰．《管子》的消费思想管见［J］．管子学刊，2000（2）：23－26.
③ 刘锦增．《管子》消费思想的内涵及其现实价值［J］．管子学刊，2017（1）：23－27.
④ 王瑞芳．《管子》俭侈消费观探析［J］．管子学刊，2009（2）：23－26.
⑤ 张友直．《管子》货币思想考释［M］．北京：北京大学出版社，2002.
⑥ 赵梦涵．《管子》的货币思想析论［J］．管子学刊，2004（1）：5－8.

品分散量、丰荒年等多个因素，都会对物价产生极大的影响。赵晓雷也基于相同视角对物价变动的原因开展详细分析。① 王瑞芳认为价格是《管子》市场理论最为关键的影响要素，国家依靠对价格采取宏观调控，可实现对全部生产过程的有效掌握，依靠价格涨落、垄断与波动等方法进行调控，从而实现提升经济实力、治国安民之目标。②

其三，财政理论。唐庆增在研究中将《管子》的财政思想，划分成节俭、轻税与工业国有政策三大视角推进研究。《管子》对国家或个人都倡导节俭，但是又指出需要合理划分俭和啬，避免政府之啬导致民愤的出现；针对赋税，《管子》认为应当采取薄敛轻税的政策，税收应采用“见予之形，不见夺之理”的方法；对工业管控，《管子》提倡工业国有政策，认为铁、矿业等资源都需要收归国有，不仅可保障财政收入，还可避免商人垄断的问题，这也是适应均富原则的必要措施。叶世昌基于沉重赋税危害的视角分析，认可《管子》薄税敛论的优势，提出“家与府争货”非常容易导致民贫和民怨的出现。③ 王义忠重点论述《管子》的赋税理论，认为赋税所具备的杠杆效应不仅可推动生产，还可缩减贫富差距，对该时期的国家经济发展或后续的税务理论等都有非常重要的战略价值。④

其四，轻重理论。任继亮所创作的《〈管子〉经济思想研究》，是学术界对《管子》轻重思想进行深入分析的重要著作，该著作对轻重论的定义、体系与指导思想等开展详尽的研究，这也让轻重理论得以形成较为完善的思想体系。而在《轻重篇》外，《管子传》还围绕轻重理论的应用篇章——《巨乘马》《事语》《海王》等开展深入论述，进而对《管子》的经济思想进行了更加全面的整理与分析。⑤ 陈书仪针对《管子》轻重理论进行较为全面的分析，认为其对调通万物、粮食与货币，对国内外的贸易活动都有很

---

① 赵晓雷．中国经济思想史（第四版）［M］．大连：东北财经大学出版社，2016.

② 王瑞芳．《管子》的价格和价格调节思想［J］．管子学刊，2004（4）：25－27.

③ 唐庆增．中国经济思想史［M］．北京：商务印书馆，2010.

④ 王义忠．《管子》赋税思想及其当代价值［J］．税务研究，2015（8）：122－127.

⑤ 任继亮．《管子》经济思想研究——轻重论史话［M］．北京：中国社会科学出版社，2005.

大的价值。在其著作《管子大传》的末尾，还围绕轻重理论在之前未能获得关注的原因，进行了较为全面的论述，认为人们之所以对轻重理论的关注度较低，不仅因为封建国家单一管理体制所产生的负面影响，也因为儒家思想的局限性与该理论存在自身短板等多个因素。①

其五，对外贸易。陈书仪在《管子大传》中，围绕轻重理论在外贸领域的应用开展研究，认为《管子》中的外贸思想，即避免本国稀缺物资的外流，制造"天下轻我重"之局势，吸纳国外的重要物资以满足自身的发展需求。为支持外贸的发展，实现"来天下之财"的目标，《管子》围绕外商的优惠政策进行详尽的论述，提出减免关税、修路建馆等举措和运用商战取代兵战等策略。阎焕利在研究中，围绕《管子》思想对现代发展的启示开展分析，指出需要坚持发展目标、避免重要物质出现外泄与关注矿产定价权等，设计具备良好可行性的意见与策略。②

### （二）国外研究现状

1. 关于梁启超思想研究

因为梁启超在近代中国历史、思想史上有非常重要的地位，因此国外也有大量学者对梁启超的学说开展深入研究。在各国的研究中，美国研究者主要将梁启超的政治思想和中国近代历史的演变相关联；而日本的研究者，更多地将梁启超思想和明治思潮相关联。对梁启超的经济思想和伦理思想，国外也有很多学者的论述中有所涉及。

首先，美国学者的研究成果。勒文森在 1953 年创作了"Liang Chi-Chao and Chinese Modern Thought"，这也是海外梁启超研究的重要突破。其基于思想史的视角，综合梁启超所处的社会文化与时代环境，结合历史资料开展系统的论述，较为详尽地探讨梁启超思想的时代背景与该思想产生的极大影响。遵照"冲击—回应"的理论范式，指出梁启超尽管认识到中国若想要实现独立、发展之目标，就需要深度学习西方文化，但是在情感层面

---

① 陈书仪．管子大传［M］．济南：齐鲁书社，2008．

② 阎焕利．论《管子》关于对外贸易的思想——兼谈全球化中我国矿产资源的合理利用和保护［J］．兰州学刊，2009（8）：84－86．

无法背离传统文化，心中有诸多矛盾与困惑，最后选择了民族文化并指向国家主义的道路。[①] 尽管该研究有极大的突破性，但是西方文化“冲击”论的预设视角，也让勒文森的分析更为关注外部影响，对传统文化的影响未能进行全面的分析。

张灏对该问题进行了深入的论述，其非常注重传统文化蕴含的巨大价值，梳理儒家的发展脉络，围绕梁启超的思想演变开展更为全面与深入的研究，探讨传统思想对于梁启超思想的影响。该研究提出，梁启超尽管认可王阳明所提出的良知说，即人心有本来的道德属性，然而尽管人性本善，成长中的社交却会对其产生恶的影响，这也是梁启超道德思想的基础。其对道德所形成的认识为集体主义道德观，道德为相对、可进化的存在，但是传统道德在社会伦理领域有明显的不足，所以非常需要加强公德或“民德”的培养。梁启超摒弃新儒家有关修身理想的论述，即理与气的玄学与心理学的假设，对王学有很高的关注度，原因为梁启超所确立的人生目标并非道德，而是更多关注民德的培育，所以其重点考虑儒家关于人格修养的论述。张灏认为梁启超将公德、民德作为同等来定义，私德的论述仅仅代表其对儒家修身思想对提升民德作用的认同，换言之，传统道德在梁启超的思想中主要有工具之意义。[②]

黄宗智所创作的“Liang Chi-chao and Modem Chinese Liberalism”，基于中国自由主义的视角进行分析，深入研究梁启超对该领域的理论发展所产生的重要影响。[③] 相较于张灏的研究成果，其更为深入地研究日本思潮与日文译著对梁启超思想演变所产生的影响。

李文玲（Lee）所创作的“Local Self-Government in Late Qing: Political Discourse and Moral Reform”提出：对梁启超而言，培养适于宪政民主的人

---

① 约瑟夫·阿·勒文森. 梁启超与中国近代思想［M］. 刘伟，刘丽，姜铁军，译. 成都：四川人民出版社，1986.

② 张灏. 梁启超与中国思想的过渡（1890—1907）［M］. 崔志海，葛夫平，译. 北京：中央编译出版社，2016.

③ Philip C. Huang. Liang Chi-Chao and Modern Chinese Liberalism［M］. Washington DC: University of Washington Press, 1972.

民相较于制度改革更加关键，民主品格是发展地方自治的基础。所以，梁启超将道德革命视为民主的基础条件，《新民说》也深入论述自主与个人自治，认为传统儒家的修己治人等思想，都是发展地方自治的基石。①

本杰明·蔡（Tsai）所创作的“Enemies of the Revolution”，运用权力、权利与人性来阐述梁启超对自由主义的认知，相较于其他学者认为梁启超集中于救国问题，未能关注 19 世纪西方自由主义思想的观点有显著的区别。② 本杰明·蔡认为梁启超极为关注个人权利与善群，并指出梁启超对自由主义也有深刻的认知，和密尔等进行的论述也没有冲突。梁启超对于人性缺乏信赖，其中也有自由主义悲观思想的影响。在这种思想的影响下，梁启超更希望建立多党政治制度，希望通过制度来保障个人权利，他也认识到了法治、制度审查以及权力制衡的关键性。

罗杰斯（Rogers）所创作的“Nature and Ethics in Late Qing Thought”，围绕梁启超等多位晚清学者进行研究，结合道德哲学的视角，深入分析清末时期的伦理道德思想流变。他认为梁启超思想中融入了人性的二元论，其基于该思想，进一步把自我划分成精神自我、生理自我两个层级，两大自我间存在显著的冲突。梁启超主张高级自我战胜低级自我，提出需要避免人欲的消极影响，这样才能在真正意义上唤起人的良知。这些思想塑造了梁启超的无私爱国思想。即便梁启超假设了高级的精神自我，也就是其论述中的“良知”，但其并不认为道德感是进化之产物，其对良知的认知主要源自于新儒家的人性论。结合前述研究，作者提出梁启超更为关注公德，主张道德所具备的价值为利群，这一主张和其认为“良知”培养决定于自身的论点存在显著冲突，这也彰显了梁启超所认可的达尔文主义与传统的人性假设的冲突。③

---

① Theresa Man Ling Lee. Local self-government in late Qing: Political discourse and moral reform [M]. Cambridge University Press, 2009.

② Benjamin C Tsai. Enemies of the Revolution: Ideology and Practice on the Making of Chinese Liberalism 1890—1927 [D]. Chicago: University of Chicago, 2000.

③ Lisa Marie Rogers. Nature and Ethics in Late Qing Thought [D]. Michigan: University of Michigan, 2004.

其次，日本学者的研究成果。初期阶段的研究成果有永井算巳所创作的《清末における在日康梁派の政治動静》①，该书籍围绕梁启超在日本的活动开展了较为详细的论述。上野直明（Ueno Naoa）②，桑田幸三③等人的著述，基于对中国经济思想史的演变开展全面的研究，对梁启超的思想有一定篇幅的论述。不过对梁启超思想的关注度较少，仅仅是略有提及。20世纪90年代，宫村治雄相对系统地探讨了清末时期梁启超学习的西方思想家的观点，并且探讨其与明治时期日本学术研究的联系。④

2001年，狭间直树着手整理了13篇有关梁启超的学术文献，这一研究起步于1993年，终结时间为1997年，探讨了梁启超师从康有为的问题、《时务报》时期的梁启超及其周围的情况、《新民说》、梁启超的"西洋"摄取与权利、梁启超与日本的中国哲学等问题。其认为梁启超的《新民说》全面研究日本在近代化改革过程中所积累的重要经验，并且整合西方思想之精华，将其总结为国家主义反馈到中国，不仅《新民说》中所涉及的尚武思想源自于日本思想，而且传统道德淬厉思路也有井上哲次郎等学说的影响，在梁启超所创作的私德论中，对王学的偏好也和明治时期的阳明学说有非常紧密的联系；石川祯浩在研究过程中，重点论述梁启超整合西方"文明"进程中所推进的研究与成果转化；土屋英雄在研究中指出，东亚吸纳西方文化时的粗糙与大意，造成梁启超对西方思想的认知有所偏颇；森纪子在研究中提出，梁启超对佛教的认知，来源于日本学者的学术成果；山田敬三等则在研究中都提出，在梁启超创作政治小说的过程中，明治文学产生了非常大的影响；井波陵一等进行的研究，着重探讨梁启超对于近代历史的重要影响；中村哲夫在研究中提出，梁启超的"近代的超克"有别于日本学者的观点，开创性地拓展了人文精神，并且开拓了发展"后现

① 永井算巳．清末における在日康梁派の政治動静［C］．信州大学人文科学论集，1967（01）．

② 上野直明．中国经济思想史论［M］．魏建猷，译．北京：中华书局，1972．

③ 桑田幸三．中国经济思想史论［M］．沈佩林，译．北京：中华书局，1992．

④ 宫村治雄．梁启超の西洋思想家论－その"东学"との關連において［J］．中国社会与文化，1990（5）：39－47．

代化”的重要道路；末冈宏指出在分析中国哲学思想时，梁启超学习井上哲次郎等理论成果总结得出的理论体系，目的是发扬这些学术成果之中所蕴藏的功利主义的行动原理。①

王闰梅的《梁啓超の「経済」理念と近代イデオロギー：訳語の錯綜に見られる経世済民的実学理念（イデオロギー分析）》从语义翻译的角度诠释梁启超的经济理念和近代意识形态。②

川尻文彦在研究中提出，梁启超对功利主义的认知，源自于英国边沁提出的理论，近代日本与中国将该理论融入到传统层面的“自私与利他”架构加以分析，认为自私会危害利他，利他会危害自利。但是在实践之中，功利主义会依靠自私增长个人所拥有的能量，进而产生集体活性化的效果，最终实现利他之目标。功利主义传入日本后，产生了多种反应。这段时间中，梁启超对此也有深度学习，并完成了对“乐利主义”进行深度的研究的专著，梁启超持有部分认可、部分驳斥的态度。在该时期的研究中，梁启超介绍了基于“爱己”视角认知功利主义的加藤弘之的学说。但在后续的研究中，梁启超在明学、墨子等思想的影响下，对功利有批判性的观点。这不仅有政治思想的转变，即关注“公德”转化为关注“私德”，同时也有井上哲次郎理论的影响。③

综上可以看出，国外学者关注到了梁启超经济伦理思想中的的自由主义思想、集体主义道德观和功利主义思想。

2. 关于《管子》思想研究

国外对《管子》的研究，尽管在热度上低于《论语》与《孟子》等著作，但仍得到学者的相应关注，取得了一系列学术成果。关于《管子》的国外研究，可将其划分成欧美和亚洲国家的研究，欧美主要为德法英美等，亚洲重点为日韩。

---

① 狭间直树．梁启超・明治日本・西方［M］．北京：社会科学文献出版社，2001.

② 王闰梅．梁啓超の「経済」理念と近代イデオロギー：訳語の錯綜に見られる経世済民的実学理念（イデオロギー分析）［J］．文化記号研究，2012（3）：56－63.

③ 川尻文彦．“自由”与“功利”——以梁启超的“功利主义”为中心［J］．中山大学学报（社会科学版），2009（5）：73－86.

欧美对《管子》所进行的研究，主要有三大时期：第一，19 世纪末，该时期主要是对《管子》进行简易的介绍。尽管出现了一些论文，但多数为介绍性的阐述。例如德国的甘贝伦茨，在 1886、1892 年陆续创作了《管子哲学研究》与《管子批判初备》，英国的派克在 1921 年的《新中国观察》上发表《管子》。第二，西方《管子》研究的实质起步，即 20 世纪 20—50 年代。福尔克在 1927 年创作了《中国古代哲学史》，围绕管仲的理论成果进行简易的介绍，翻译《管子》的一些段落；1942 年，休斯翻译《管子》的两个篇章，这也是英国《管子》研究的重要文献基础；史太因于 1959 年创作了《〈管子〉的研究与翻译》，该书籍围绕 18 篇和经济存在联系的篇目开展翻译工作，并且在导论部分对《管子》进行论述，该论述中的很多思想都有较大的参考价值。第三，20 世纪 50 年代后。这个时期欧美的《管子》研究取得了丰富的成果。美国的李克是该领域研究的代表者，早在清华、燕京大学参与工作与学习之时，他就在冯友兰等学者的协助下，积极推进《管子》的翻译工作。1985 年，李克翻译的《管子》第一卷刊行，该译著也是西方更为深度研究《管子》思想文化的重要资料。该时期取得丰富成果的研究《管子》的学者还包括美国的罗森、英国的撒切尔等。

亚洲的《管子》研究，以日本的关注度最高，日本也取得了最为显著的研究成果。在 17 世纪之后，日本就有一些学者围绕《管子》开展一定的研究，但是该时期所开展的研究工作大部分是对《管子》进行注释和校注，如 1688 年的《管子抄倭语解》，1773 年的《管子考》等。20 世纪 30—50 年代的时候，日本刊行了《管子》的专项论文，如小林升的《管仲观的变迁》等。1987 年金谷治的《〈管子〉之研究》有更为深入与全面的研究，该书籍围绕《管子》和管仲之间的联系、《管子》版本以及政治、经济、军事与哲学等多个领域的思想进行全方位论述。1989—1992 年，远藤哲夫正式完成了三卷本《管子》，对于《管子》当前存世的 76 篇进行详细翻译，这也是日本首个《管子》全译本，对于日本学者的深入分析提供了非常重要的权威参考资料。韩国在 20 世纪 90 年代的时候，遭遇了经济发展放缓、社会矛盾激化等重大问题，在该背景中，韩国学者也深入推进对《管子》

的分析。1994 年金冲列完成了《中国哲学的源流》，该书籍高度认可管子在治理国家上的卓越才能，进一步提出管子的德治与法治思想，有助于应对韩国的经济与社会问题。韩国的研究者，在围绕《管子》开展研究的过程中，从政治理念、哲学思想等多个领域推进深入分析。辛昌浩的《〈管子〉的现实主义思想和教育观》，认为齐国率先成为春秋五霸，和管子所采取的“国营经济”存在非常密切的联系，参考《海王》篇之中的论述，其认为：管子主张国家的治理不得仅仅依靠征税来提供财政收入，还需要采取山林、海洋与盐铁等国有策略，通过此类资源的运用来保障国家收入。关于微观经济学的问题，也有研究者结合职业教育、经济环境等视角进行多方面的论述，诸如郑东镐等学者所取得的一系列学术成果。

**（三）国内外研究现状评论**

不管是国内或海外的学术研究中，对梁启超所进行的研究，都是学术领域极为热门的课题。在国内的学术研究中，关于梁启超的研究有起步与不断壮大的过程，梁启超的经济思想也获得了越来越多的关注。特别是近些年，围绕该课题所开展的研究从较少数量的期刊论文，进一步发展到硕士、博士论文。国外关于梁启超的研究，从 20 世纪 50 年代开始，一直保持较为稳定的状态，未产生显著的扩张，而且研究领域多数为思想史、哲学与政治学等方面，不过也有少数涉及梁启超的经济思想和伦理思想研究。总体来看，对梁启超经济伦理思想的研究有以下几个特点。

第一，对梁启超经济思想所进行的研究，向着内容更详细、角度更丰富、范围更全面的方向发展，该演变显示出学界对该思想的关注度持续提升。但是因为梁启超经济思想的复杂性、资料的稀缺性，许多学者仅仅是选择对梁启超的具体经济主张开展研究，对该领域的研究还需要发展到更加深入、全面、系统的状态，特别是对梁启超经济伦理思想等方面的分析较为薄弱，可充分挖掘。

第二，学者对梁启超经济伦理思想的研究主要集中在他的功利主义学说上。梁启超是中国近代对于西方的功利主义认知最为深刻的学者，戊戌变法时，他对于功利主义就有较为全面的论述。流亡日本之后，伴随着理论认知的不断深化和完善，他更为关注新民，积极提倡功利，不仅深度论述功利主义的各项内容，还对此进行了深度的批判与吸收，进而产生了自身的功利观。在其著述中，他较为明确地阐述了对功利主义的认知，而且研究重点为边沁的理论，其对“自利”“利己”以及“苦乐”等认知，都源自于边沁的理论成果，但是并未如同其他思想家一般，将功利主义简单地等同于利己主义，而是在系统认知的基础上，将其视为相对合理的利己主义。学者们虽然已对这些内容进行了一定程度的探讨，但还有待对此进行更为深入系统的研究。

第三，将国内与国外的研究开展对比可发现，国内学者主要是研究梁启超思想的合理之处，进而引发相应的思考或满足运用需求。梁启超的调和或调适路线是古老思想面临“先进”思想的冲击时可以作出的重要选择。在以儒家文化为核心的文化区域，在今天依旧深入思索该问题。梁启超所提出的调和主义，在近现代中国的发展过程中未能获得实际运用，这并非代表着其对现代人们不存在价值。反过来，该路线未获得充分关注，反而给予我们进一步尝试的勇气。中国特色社会主义市场经济繁荣发展的今天，梁启超所提出的中西合璧思想，在新的社会背景下就显得非常珍贵。

在这些年的发展过程中，《管子》思想研究获得了各国学者的普遍关注，特别是近年来，国内有学者专门对《管子》经济伦理思想进行了探讨。通过梳理相关文献发现，当前针对《管子》经济伦理思想的分析，重点存在下述问题。

第一，多数并非基于经济伦理的视角，甚至并非基于伦理的视角进行相应分析，多数会基于经济、政治或哲学的视角开展分析，因此有很多探讨《管子》经济伦理思想的论文，最终所取得的成果并非经济伦理之成果。换言之，在研究过程之中并没有使用经济伦理的视角，围绕《管子》之中所论述的经济伦理思想开展深入分析。整体而言，现有的研究成果中，关于《管子》经济伦理思想的研究，更为类似于经济学或历史学的学术成果。

第二，未能全方位分析《管子》哲学思想对于经济伦理思想所产生的影响。通过中国哲学史的演变进程，可发现世界观、认识论与价值观、道德观都有融合的特征，许多经济伦理问题究其本质即哲学问题，如道德起源、人性善恶等。所以，围绕《管子》的经济伦理思想开展分析的过程中，有必要深度把握其哲学思想对经济伦理思想的极大影响。若是针对《管子》之中的经济伦理思想开展深入分析，最终所取得的成果和《管子》自身的本体论和世界观产生偏差，则难以寻找到客观、合理的结论。

第三，现有的分析多数基于历史的角度开展分析，极少可以实现历史和现实之间的有机统一。针对《管子》的经济伦理思想开展分析，研究者重点基于社会、思想根源的视角对此开展论述，认识到社会中的经济、阶级与等级制关系对《管子》中经济伦理思想的重要影响。但是研究者们极少关注不同时代与不同历史阶段的学者对《管子》经济伦理思想不同的认知，同时也未能认识到《管子》经济伦理思想在近代产生的重要影响，未能充分关注《管子》经济伦理思想对今时今日社会发展具备重要借鉴价值的内容。

## 三、主要内容、研究方法和创新之处

### （一）主要内容

阐述管子治国理政思想的影响与梁启超对《管子》的解读，基于生产、分配、交换与消费伦理，针对《管子传》之中经济伦理思想开展深入的研究，探讨《管子传》经济伦理思想的理论特征、理论本质与现代启示。

其一，分析管子治国理政思想所具备的创化意义与深远影响：为法德兼治奠定理论基础、开利义并重之治世先河、倡导民富国强的发展模式；由史家之责、救亡之志、立宪之愿三角度探讨梁启超基于近代视角解读《管子》之缘由，并从《管子传》著述始末、《管子传》的主要内容、《管子传》的主要特征三方面阐述梁启超对于管子其人其书的理解。

其二，基于生产、分配、交换与消费伦理，围绕梁启超所创作的《管子传》中的经济伦理思想开展深入研究。生产伦理上主要有“富国富民”的生产目的伦理思想、“以人为本”的生产管理伦理思想和“重农饬商”的生产价值伦理思想；分配伦理思想主要有关于贫富悬殊原因的分析、关于分配内容的伦理原则和关于分配目标的伦理取向；交换伦理思想则包括交换动机伦理观、交换行为伦理观和交换规范伦理观；消费伦理上，包括“崇俭之旨”和“莫善于侈靡”的消费伦理观，并对俭侈消费观进行矛盾辨析。

其三，深入论述《管子传》之中经济伦理思想的理论特征和理论本质，同时提出其对现代发展的重要启示：理论特征主要体现在人本自利的人性论、“国家本位”的经济伦理原则、工具理性为特征的“经济民本”思想和“贫富有度”的经济公正观；理论本质则为政府干预主义、功利主义经济伦理取向和经济公平观；现代启示在于注重加强国家伦理治理，努力增强经济发展的社会公平和实行以人为本的经济发展战略等。

**（二）研究方法**

主要采用文本解读法、逻辑分析法、“四环节”法和辩证分析法等研究方法探索梁启超《管子传》中的经济伦理思想。

1. 文本解读法

参考前期检索获得的第一手与第二手的文献资料，围绕《管子》与梁启超《管子传》的研究文献开展深入研究，系统分析《管子》与《管子传》的重点内容，把握《管子传》中经济伦理思想的轮廓。

2. 逻辑分析法

开展分析的过程中，使用逻辑分析的方法，进而更加全面地认知整体的思想理路与脉络，深入研究该思想的产生和发展，使《管子传》之中的经济伦理思想基本形成体系。

3. “四环节”法

论文针对梁启超《管子传》中经济伦理思想的分析，主要参考社会经济的生产、交换、分配以及消费四大环节进行分析。

4. 辩证分析法

论文力图从正反两大视角，尽可能全方位深刻论述梁启超《管子传》之中经济伦理思想的基础内容，关注历史事实，致力于坚持客观的创作立场。

### （三）创新之处

本书的创新之一，即研究过程中尽可能运用伦理的话语与思维，围绕梁启超《管子传》之中的经济伦理思想开展深入研究，针对《管子传》中人类经济活动所涉及的道德基础、规范与秩序等进行深入分析，重点探讨管子与梁启超的经济伦理策略与伦理指导思想。

本书另外一项创新之处，即针对《管子传》文献之中关于生产、分配、交换、消费等方面的内容展开相应的凝练，将具备鲜明特色的思想进行精炼，突出《管子传》经济伦理思想的精华。

## 四、核心概念及理论基础

要研究梁启超《管子传》中的经济伦理思想，首先要对"经济伦理"这个核心概念进行界定。同时，梁启超《管子传》中经济伦理思想的理论本质是政府干预主义、功利主义和经济公平观，本部分也将对干预主义和自由放任主义两大思潮、功利主义以及经济公平观等理论基础进行一定的说明。

### （一）核心概念——经济伦理

美国堪萨斯大学的商学院和哲学系在 1974 年 11 月召开的经济伦理学研讨会标志着经济伦理学学科的诞生。① 经济伦理是指经济运行与经济活动中存在的价值目标、道德原则、道德规范与伦理关系的总和，即经济行为主体、经济政策等的价值导向和标准。经济伦理一般涵盖宏观制度、中观组织与微观个人三个层面，涉及生产、分配、交换、消费四个领域，主要有经济和道德的关系、义利关系、公平与效率的关系等基本问题。

#### 1. 经济伦理的三个层面

理查德·乔治认为"经济伦理"这个词有三个方面的含义：一是在学术会议和著作中的探讨，二是在公共话语和媒体中的呈现，三是指商业中

① Richard De George. The history of business ethics [M]. Praeger Publishers, 2005.

的运动。① 而我们一般认为，经济伦理涵盖三个层面上的道德问题，这三个层面分别为宏观制度层面、中观组织层面与微观个人层面。具体而言：

宏观制度层面上，主要是经济体制与政策的伦理评价和社会经济活动的伦理价值导向，包括经济和道德的关系、经济发展的价值目标、经济发展所付出的代价等问题。具体来说：市场经济是不是需要道德，到底需要何种道德，竞争中存在的程序正义与实质正义究竟应如何实现，公平和效率的道德标准到底是什么，调节收入的道德标准和道德依据究竟何在，经济发展中的生态环境问题应如何解决等。

中观组织层面上，主要是企业当中存在的伦理问题，包括企业的社会责任、企业的外部关系、企业的内部管理等问题。具体来说，企业应该承担什么责任，企业所担当的社会责任是否存在何种层序，社会对企业社会责任的评价标准是什么，企业如何处理与股东、竞争对手、供货商、消费者等利益相关者的关系，企业在广告、公关、商务谈判等营销活动中应遵循哪些道德原则等。

微观个人层面上，主要是个体在社会经济活动中的伦理关系和道德规范，包括企业内外不同人群之间的伦理关系、企业领导者的道德人格、企业员工的职业道德等问题。具体来说：企业的生产与服务是否应该把“满足消费者的要求”作为唯一的目标，应如何分配企业的所有者和管理者的权利与义务，领导者的个人美德能否对企业的发展产生资本效应，企业员工的职业道德要求应该明确到什么程度等。

2. 经济伦理的四个领域

经济伦理主要是社会经济活动中的道德现象与道德关系，而经济活动又主要表现为生产、分配、交换、消费四个领域。所以，经济伦理主要表现为生产、分配、交换、消费四个领域中的道德现象与道德关系，以及经济主体在这些领域的活动中应当遵循的道德原则和道德规范。

第一，在生产领域，主要表现为生产目的和方式的道德问题。如国家

---

① Richard De George. The history of business ethics [M]. Praeger Publishers, 2005.

调控生产的目的是什么、如何体现调节动机的正当性等。

第二，在分配领域，主要表现为劳动资源和产品的分配原则和方式的公正问题。如什么是分配正义、如何实现分配正义、如何在分配制度设置中体现公平与效率的关系、贫富差距的伦理尺度是什么、如何体现收入调节的道德正当性等。

第三，在交换领域，主要表现为交易方式和限度的道德问题。如等价交换体现了什么样的伦理关系和道德原则、如何保证买卖双方的平等地位、如何实现交换的公平正义等。

第四，在消费领域，主要表现为消费目的和方式的道德问题。如不同消费目的和方式的价值目标是什么、如何确定消费内容和方式的道德正当性、消费的经济合理性与道德的正当性之间的关系如何，应该倡导什么样的消费伦理观等。

3. 经济伦理的基本问题

经济伦理的基本问题主要有经济和道德的关系、义利关系、公平和效率的关系等。

经济和道德的关系问题一直是中外经济伦理思想关注的焦点问题。无论是中国传统伦理思想中的“义利之辨”，还是西方伦理思想史中的“斯密问题”，都是对经济和道德问题的探索和争论。厘清这一问题既是经济伦理理论研究的基本内容，也是经济伦理实践取向的理论前提。从学术史的角度看，从最初的经济和道德的统一，到市场经济的“非道德神话”，再到以经济伦理学的研究范式寻求二者的结合，经济和道德的关系经历了“合—分—合”的过程。经济具有内在道德和外在道德。同时，道德也具有经济价值。

义利关系问题涉及人们在功利原则与道义原则、物质生活与精神生活、感性欲望与道德理性、个人利益与社会整体利益等一系列矛盾对立关系上的道德观念和价值取向。义利关系问题贯穿于一切经济活动之中，是经济伦理的一个重要分支。经济活动的目的是追求利益，但义利的界限不在于利益的形式，而在于利益的内容。符合道德要求的利，不仅具有经济价值，而且具有道德价值。道德并非与所有的利益对立，相反，利益是道德的基础。因此，义制约和反对的是不正当利益、不符合社会利益的私利、以牺牲他人利益和非法手段获取的利益。所以，义与利的冲突实际上是义与不义的利之间的冲突，义与利的协调是义对正当利益的保障与促进。

哲学伦理学中的“公平或正义”和经济学中的“效率”都是人类社会最重要的价值目标。尽管人们对其内涵或实现方式存在争论，但它们无疑是人类生活中值得追求的好或善。一般来说，效率或效用较高的行为，不仅是经济学意义上的好的，而且是伦理学意义上的善的。同样的，公平的经济分配不仅是经济学意义上的好的，也是伦理学意义上的善的。然而，公平和效率之间存在着两个维度的冲突。第一个维度涉及现代经济学与伦理学的天然鸿沟，即经济学家试图仅以效率来评价市场却忽视伦理问题，而伦理学家则轻视效率考量而仅注重对市场的道德评价，进而发展到根据市场是否符合正义的要求来对市场作出评价。第二个维度是，基于经济学和伦理学的全面结合，既考虑效率又考虑公平，那么市场追求效率是否会导致不公平，或者追求市场的公平是否会导致效率低下。

根据《管子传》第十一章论述的“管子之经济政策”包括国民的经济观、对生产的奖励、消费、资源分配与调节、国家财政、国际经济等领域的经济策略六节内容，本文对《管子传》经济伦理思想的论述将主要按照生产、分配、交换、消费四个领域展开。在具体论述《管子传》中的生产、分配、交换、消费伦理思想时，会对义利关系、公平和效率的关系等问题有所分析。

**（二）理论基础**

深入探讨《管子传》中生产、分配、交换、消费伦理思想经济伦理思想发现梁启超已经形成了早期的政府干预主义观点，在他的分析中也不断出现功利主义指导原则，并且，他还有着批判自由竞争、重视生产正义和注重道德关怀的经济公平思想。以下将简要阐述干预主义和自由放任主义两大思潮、功利主义、经济公平观等理论基础。

1. 干预主义和自由放任主义两大思潮

干预主义（也称为干涉主义或国家干涉主义）和经济自由主义（也称为不干涉主义或自由放任主义）是西方的两大经济主张，资本主义萌芽以来的几百年，两大主张相互对立，此消彼长。所谓“干预主义”，是指“一种主张剥削私人经济活动范围，由国家干预和参与社会经济活动，在一定程度上，承担多种生产、交换、分配经济职能的思想和政策”。“经济自由主义”是指“一种主张最大限度利用商品市场的机制和竞争的力量，由私人来协调一切社会经济活动，而只赋予国家以承办市场和竞争所不能有效地发挥作用的极少量的经济活动的经济思想和政策”①。

在资本主义原始积累时期，生产力的发展水平极低，资本的短缺严重阻碍了资本主义的经济发展。因为资本一开始总是以货币的形式出现，所以对资本短缺的追求将不可避免地导致对货币的追求。因此，重金和贸易顺差成为资本主义最初经济理论——重商主义的主要支柱。为了达到贸易顺差、货币资本积累和社会资本供给增加的目的，重商主义者主张实行政府控制。政府开始大规模干预，直到参与社会经济活动，在国内建立了资本主义市场经济的新秩序，保护本国在国外的商业利益，积极实施贸易顺差政策，增加了黄金和白银的输入以及国内供应。

随着市场的扩大，需求的增加和工业革命，商业资本开始转变为工业资本，因此，国家干预开始变成放任自由。亚当·斯密的《国富论》开创了一个新时代。斯密认为，市场经济是有效实现全社会利益的最好形式。他认为，增加国民财富的最好方法是在没有政府干预的情况下给予经济活动充分自由，然后将政府的义务限制为：保护社会免受侵犯；保护所有人免受侵犯；建立和维护某些公共事业和设施。社会经济运动来自自利打算、趋利避害的经济人，他们的行为以“看不见的手”为主，政府只需要成为“守夜人”，其作用应受到限制。在斯密“看不见的手”的支配下，西方国

① 傅殷才，颜鹏飞．自由经营还是国家干预——西方两大经济思潮概论［M］．北京：经济科学出版社，1995：2－3．

家的市场机制日趋完善，市场体系日趋完善，资本主义经济不断发展。

但是，市场的进一步发展也暴露出其自身无法克服的缺陷，尤其是20世纪30年代的世界经济危机，它完全打破了自由市场的神话，市场机制一夜之间失败了。这时，作为经济生活的另一个主角——国家挺身而出，它试图解决市场无法解决的问题。因此，一场理论革命爆发了，即征服了欧洲100多年的经济自由主义让给了凯恩斯的国家干预主义。凯恩斯看到了自由市场经济的疾病，并提供了补救措施，即在有效需求不足的实际市场经济中，国家成为调节经济并确保其良性运转的关键力量。国家必须主动干预市场，使国家的权威与私人的策动力量互相合作，以实现市场经济的效率和自由。国家仅仅在经济生活中作为合格的“守夜人”是远远不够的，它必须了解经济活动的情况，并及时采取有效的干预措施，以纠正市场偏差。长期以来，凯恩斯的国家干预理论一直受到西方政府和经济学家的崇拜。国家权力已经渗透到社会生活的各个方面，并在社会生产和分配领域发挥了重要的调节作用，从而改善了下层工人的生活条件，客观上缓解了资本主义社会内部的矛盾和冲突，为经济繁荣提供了物质保障。

自20世纪70年代中期以来，西方学者开始怀疑甚至批评以凯恩斯为代表的国家干预理论，并回归自由放任的自由市场体系：新货币主义、供给学派、合理期望学派、产权学派、新制度学派、公共选择学派和其他新自由主义思潮纷纷登场。经济学家认为，现有市场经济的弊端不是市场造成的，而是国家干预的结果，而政府本身也具有无法克服的致命缺陷。新自由主义的经济政策取得了一些成功。20世纪90年代，经济全球化趋势加剧，国际竞争更加激烈，政府干预思想重又登上前台。

正如经济学家们得出的结论：直到20世纪30年代前，西方各资本主义国家基本上都实行自由竞争的市场经济；30年代中期起，凯恩斯主义的国家干预论成为正统；从60年代后期到70年代初开始，自由经营论占了上风；90年代以来，凯恩斯主义开始复兴，国家干预论呈东山再起之势。总之，西方经济学各派，为了维护和发展资本主义，出谋划策，提出了各自的经济理论和经济政策主张。实际上，尽管他们千差万别，归结起来，不过是“自由经营”和“国家干预”两大经济思潮。

2. 功利主义

功利主义被认为是一种规范伦理，其实质是“将行为的后果或遵循行为规则的后果能否有助于所有当事人功利……总量的最大化视为其是否合乎道德的标准。”① 最早阐述功利主义基本思想的是苏格兰的思想家哈奇森，他提出“最佳行为是实现最大多数人的最大幸福”。边沁在《道德和立法原则导论》一书中全面阐述了功利主义的道德哲学，将“功利主义”概念拓展为一种哲学立场，从而为古典功利主义奠定了地位。② 穆勒对边沁的思想进一步发展，在著作《功利主义》中明确提出“幸福是唯一值得追求的目的”的观点③。西奇威克在他的《伦理学方法》中，系统地总结和阐释了边沁和穆勒的功利主义思想。④

功利主义具有以下几点重要特征：首先，因为功利主义把快乐、利益、幸福视为唯一的善，因此，它被认为是享乐主义的当代发展形态。其次，功利主义也被称为后果论，因为它不是根据一种行为或者规则本身的性质，而是根据预期或实际的后果来判断其道德性；这就决定了依据功利主义，行为主体行动以前必须理性地权衡和计算，努力使行为后果的幸福最大化、痛苦最小化。再次，因为功利主义将利益最大化看作行为的最高目标，因此它被归为目的论。根据目的论伦理学，判断一种行为或者规则是否合乎道德的标准，主要是看其是否服务于某种目的。而功利主义的目的是实现最大多数人尽可能长时间的最大幸福。最后，功利主义强调功利不仅指个体的功利，还指有关各方的幸福和基本利益，所有人的福祉和苦难都应该得到同等的考虑，这种考虑不应当受到时空、族群、能力等差异的影响。

---

① 甘绍平．伦理学的当代建构［M］．北京：中国发展出版社，2015：124.
② Jeremy Bentham. Prinzipien der Moral und der Gesetzgebung. ［M］. Stuttgart, 2012.
③ John St. Mill. Utilitarismus ［M］. Muenchen, 1991.
④ Henry Sidgwick. Die Methoden der Ethik ［M］. Stuttgart, 2012.

人与人之间的区别是因为个体，而不是因为性别和族群，要考虑的唯一标准是当事人是否有利益需要。这体现出了功利主义不同于利己主义的普遍性、平等性和公正性特征。功利主义提倡平等，与其反对贵族阶级特权的背景有关。功利主义提倡道德考量的普遍性，把个体的趋乐避苦概括为集体利益最大化的价值原则，是因为看到人与人之间的相互依存关系，只有当当事人以普遍利益为行为标准时，个体利益才能真正实现。可以看出，功利主义的优势主要在于：注重整体与未来的思维方式，使功利主义观察事物具有普遍而公正的视角；广泛运用"快乐"原则，使得对于功利主义来说，生存的意义在于感受快乐，将感受性作为评判标准，分析对象是否具有道德地位，这使得功利主义与其他伦理学理论相比，辩护理据更加具有竞争力与说服力。功利主义存在的最大问题则主要在于只注重整体利益的提升，从而陷入到一种集体自私主义，会出现对个体权益漠视和造成伦理学的核心原则——正义的缺位。

功利主义在20世纪上半叶受到了严重的打击，在20世纪六七十年代以不同的形式复兴。当然，功利主义无论多么引人注目，也无法取代尊重个体权利、维护社会正义的主流价值的权威地位。不过，符合人们追求整体利益和长远利益最大化的道德直觉，是功利主义保持生命力的秘诀。人类社会的生存和行为方式有很多方面，而功利主义牢牢抓住了其中一个方面，并作出了令人信服的解释。功利主义提供了感受性、趋乐避苦等内容的重要道德智慧，而且对人的终极目的表现出明确而睿智的价值诉求，以提醒人们对道德的绝对化和异化倾向保持必要的警觉。在功利主义中，道德不具有独立于人类幸福和利益的内在价值，生命、公正、美德等都是外在价值，它们的存在取决于人类的实际需要。没有任何无条件和无例外的权利和义务，也没有任何的绝对禁令可以容忍和容许。任何道德原则都不能不考虑其结果会引起的社会感受而付诸实施。这些功利主义的提示恰当地解释了"道德是为人，而不是人为道德"命题的真理性。我们承认，功利主义显示出的是一些常识，道德思维不能仅靠常识，但是倘若长期脱离常识，难免会陷于尴尬和荒诞，这或许是功利主义留给当代人的重要启示。

3. 经济公平观

“公平”是西方文化永恒的历史主题和核心价值观念。对公平的关注可以表现在社会的各个领域，而经济学家主要关注经济领域的公平，强调人们利益分配的公平性。即使从政治、法律和道德的角度来看公平，其目的也是为了实现经济的“公平”，因此它主要是一种“经济公平观”。在理论界，“公平”“平等”“正义”和“公正”的概念难以区分。我们从“公平”的一般内容来理解这个概念，即“公平”既指“正义”，也指“公正”。

西方古典经济学派的思想家们对经济公平问题进行过阐述：斯密从经济公平的角度提出了一种“生产的正义”。在斯密看来，公平是最基本的美德。公平支撑了商业社会的基本制度框架，它保证了自由市场制度的优势和由私人利益所产生的普遍利益的实现。自由价值取向只有在公平的前提下才有意义。资本主义的自由市场制度事实上具有公平调节自由竞争机制的功能。在这样的社会机制中，生产具有优先地位和作用，自然能由生产而实现分配的公平。也就是说，只要生产正义得到保障，分配的公平就能自然而然地实现。萨伊和李嘉图则认为，效率就是公平，也就是说，生产效率的提高就是人类福利的提高，这就是公平的表现。同时，他们在一定程度上关注了当时的社会现实，对底层人民的生活状况给予了同情。穆勒将经济学研究中心从财富的生产转向财富的分配，关注分配的社会正义问题，形成了他独特的经济公平观。穆勒阐述了以财产私有制为原则的分配正义。这种分配正义不是强调社会贫富差别的消失，而是关注对贫富差距极端化的适度调整。从他的基本立场来看，他是在为维护资本主义私有制服务。在这种情况下，财富的不平等显然也是正义观的应有之义。基于社会正义的立场，西斯蒙第深刻揭露和批判了资本主义剥削制度，呼吁政府干预市场活动，改善不合理的经济制度。马尔萨斯认为，只有人口增长和社会发展保持在可控范围内，人口增长受到限制，人口增长放缓，社会正义才能实现。马歇尔基于对现实贫困问题的关注，高度重视社会分配，强调社会分配应当考虑社会底层人民的整体福利，提出了一种福利主义的正义理论。这种福利思想对他的学生、西方福利正义学派的开创人庇古产生了重要影响。从西斯蒙第的社会正义论到马尔萨斯的人口正义论，再到马歇尔的福利正义论，古典经济学派从批判现存制度的不合理性出发，设计了各种各样的正义方案来弥补资本主义制度的缺陷。他们想要建立和维护的公平是资产阶级的公平。他们对社会公平的倡导直接影响了 20 世纪资本主义国家福利主义制度的采纳和社会公平的实现。20 世纪以来，福利学派、制度学派、边际学派和自由选择学派的经济伦理思想都深受其影响。

# 第一章
# 管子治国理政思想的影响与梁启超对《管子》的解读

梁启超作为清末民初管子研究领域的一个重要人物，极大地开拓了管子研究范畴，著有《管子传》。在戊戌变法时期，梁启超将今文经学作为指导思想，对比分析了中西方制度等多项内容，以期寻求改变当时中国积贫积弱的治病良方。《管子》提倡的是礼法并重，在制度方面则是讲求刚柔相济，这与梁启超的治国理念相契合。梁启超汲取并参考了当时西方国民经济学思想，发掘并诠释了管子的经济思想，其中包含着一系列具有现实价值的经济伦理思想。

## 第一节 管子治国理政思想所具备的创化意义与深远影响

《管子》中的思想产生于春秋战国时期，那是我国古代文化思想最为活跃的一个时代。在这个时期，出现了中国历史上最早的也是对后世最有影响力的思想家，在当时形成了各抒己见、畅所欲言的文化思想互相碰撞的局面。随着思想文化被人们传颂，一批十分具有影响力的伟大著作也由此诞生。在这个时期，我国和欧洲的古希腊文化时期几乎是同时起步的，而且这样的文化碰撞的场面也是一样的，他们都对整个世界文明以及文化的发展起到重要作用。而《管子》就是在这样一个百花齐放百家争鸣的时期产生的，也是这个时期优秀代表著作之一。《管子》中所传递的思想影响了一代代人，其突出价值决定了《管子》在历史上的重要地位。

## 一、为法德兼治奠理论基础

经济运行除了经济活动之外，还需要外部环境，只有让经济在确定的环境和条件当中，它才能够开展活动并且维持下去。而在经济的外部环境中，不仅需要国家制度这个基本也是最重要的因素，还需要根据经济外部环境的现状产生的经济环境治理手段。其实，经济环境治理手段实际上最基本的办法就是法治、德治和法德兼治。

从原始社会开始，为了能够调节部落各个成员的行为，道德就已经出现了。它是日常生活中人和人交际时必不可少的，所以自然而然，在有了人类社会后，德治就是最基础的治理手段。但是道德所能进行的社会调节实际上是具有局限性的，所以从历史中也可以看出，轻德治甚至是忽略德治的现象也出现过。但是纵观整个历史，德治还是被重视的。在维护阶级社会的纪律时就出现了法律，法律是统治国家必备的工具，也可以说只有出现了国家统治机制，才出现了维持国家统治的法律。在我国古代，其实法律失去了它本身的意义，因为法律的所有权是掌握在统治者手里的，所有关于法律的解释以及约束都是针对非统治阶级的人而言的。据此可知，这时候的法律不是严格意义上的法律，所以这样的法律治理社会也不能称为真正的法治社会。

关于法治还是德治的问题，先秦的思想家也有不同的观点。儒家学派的思想一直是“仁”，孔子、孟子主张“仁政”“以仁治天下”，推崇德治。而儒家学派荀子的观点有点偏向法家，认为“礼法统一”，推崇德法兼治。在法家学派中，最突出的代表人物就是商鞅和韩非，他们主张变法改革，治理时应严格进行法治。当时的秦国因为尊崇法治而迅速成长并一举统一中国，但由于不重视德治，秦王朝在统一之后迅速灭亡。这个历史事件也为后来的统治者提供了新的思路，采用儒家学派的思想进行德治，以至于在中国后来的朝代当中没有出现过法治社会。这不是说统治者没有进行法治，而是他们所实行的法律是对底层人民而言，不包括统治阶级。而管仲在齐国实行的改革以及《管子》中提到的法德兼治的思想，在齐国实际上是有效的，并且很成功，那么为什么不借鉴呢?

《管子》一书中提到，治理国家需要做到法德兼治，法律和道德都是必不可少的：一方面强调了法律的重要性，认为法治可确保国泰民安；另一方面又强调了道德体系的重要性，将礼义廉耻比作国家的四根精神支柱。并且管子将这种思想渗透进经济思想中，成为其经济伦理思想的关键。一个国家的经济运行和调节需要依靠法律和道德两种手段，它们俩是相辅相成的，没有孰强孰弱一说。只有将法律和道德放在同一地位，才能更好地发挥他们的作用，这也奠定了法德兼治的理论基础。

纵观历史，也出现过统治者实行法德兼治，并且做得比较成功的时代，举例来说，有唐朝的“贞观之治”和清朝的“康熙盛世”等。由于统治者治理有方、勤政爱民，整个社会呈现出国泰民安的盛世局面。但是也因为这些统治者没有法德兼治的制度基础，导致在朝代的发展过程中，不能继续将盛世维持下去。古代的统治盛世也仅仅只有几个。这说明真正施行法德兼治，只能是在巨大的社会变化之后。

法德兼治的思想经过时间的淬炼，已经有了很大的进展。在市场经济机制实行的当前，法德兼治理论终于走向成熟。2016 年，习近平总书记在中共中央政治局集体学习中提到：要坚持法德兼治，努力推动国家治理体系发展和治理现代化。他认为，法律就是写成文字的道德，道德就是心里所遵循的法律。法律和道德在治理社会时都有不可磨灭的重要作用，它们能够规范行为、维持社会秩序、调节关系。法安天下，德润民心。法律和道德是相辅相成的对立统一整体，二者不能分离，国家的治理需要通过法律和道德一起发挥作用。

在法德兼治的过程中，经济是其中一个重要内容，法德兼治的机制不仅仅是维护社会稳定，在市场经济的运行过程中，也确保了市场环境的稳定，维护了市场秩序。所以，很多学者都清楚，市场经济是法治经济和德治经济的融合。在未来很长的一段时间里，法治和德治这两者之间的合作还会不断地完善健全。只有到共产主义社会出现之后，人类的思想在那时才会有很高的觉悟，那时的法律才会自动消除。但是从马克思主义原理来说，一个社会的正常运行需要靠德治进行调节，所以，社会的治理运行是离不开道德的，不管在什么样的社会体系中，永远都会存在德治。

## 二、开利义并重之治世先河

经济伦理是经济发展到一定程度的必然产物，它同时也可以被认为是经济关系的具体表现形式，与经济活动紧密相连。在现实中，不同的个体为了维护自身的经济权益，就会从各自的立场出发，形成自身的经济伦理观。综观这些主流的观点，“义利”观问题最为突出，它作为最具代表性的问题，值得进行研究。顾名思义，“义”即为道义和道德，“利”则是利益和好处。其实，这种私利观念并不是从人类诞生开始就产生的，比如原始社会就没有这种概念，人们的利益融在集体中，没有所谓个体私利。私利的出现可以追溯到宗法家族统治社会兴起的时代，此时，不同的个体有不同的生活需求，必须为了生计各自担负责任。然而，这个时期的家族宗法统治者，他们除了有自身求生存的需要，还必须结合宗族要求维护整个宗法家族的利益，维持宗族的永久统治权，宗族内的成员依然不能谋求自己的利益，这显然与实际需求相矛盾。这种现象的出现，首先反映在意识形态领域，就是一开始“义利”问题的雏形。到了春秋战国时代，宗法家族的统治逐渐走向衰落，它失去了强大的生命力，此时个体的意识越来越强，追求私利的愿望也越来越迫切，此时的“义利”矛盾问题越来越成为关注的焦点，让更多的思想家陷入思考。

孔子通过“罕言利”以及“君子喻于义，小人喻于利”① 而推导出“见利思义”② “上好义”③ “同民之所利而利之”④；孟子通过“何必曰

① 论语·里仁.
② 论语·宪问.
③ 论语·子路.
④ 论语·尧曰.

利"①以及"恒产"而推导出"制民产"；墨子通过"利即义"而推导出"交相利"②；荀子则通过人皆"义利两有"以及"好利欲得"而推导出"欲应中理""节欲"以及"导欲"。这些思想的提出，试图解决或者缓和当时存在的"义利"问题。尽管这些思想的提出，能暂时缓和当时存在的矛盾，但从长期来看，无法彻底克服其存在的弊端。究其原因，主要是对"义"与"利"之间的关系认识不深，相关的思想不够完整深刻。《管子》主要是从人性自利的自然逻辑出发进行分析，认为合理利益机制的提出更符合客观需要，在不违背道德、法律的前提下，这种模式更能充分调动个体的主观能动性，从而实现统治者利国兴邦的目的，即利义并重的治世之道。而其中，管仲的治国方略就是利义并重的典型代表。但是需要强调的是，其并不是一直符合实际发展的需要，在数千年的中国历史上甚至曾备受排斥，惹来众多非议。究其原因，主要是历朝历代的最高封建者都想永久地保持自己家族的统治，不愿看到王朝易姓的情况。很多臣子为了迎合统治者的意愿，选择了配合，因而也陆续提出了相关的主张。比如，汉代董仲舒就提出了"正其谊不谋其利，明其道不计其功"③的观念，南宋朱熹还提出了"明天理，灭人欲"④的理念。自此以后，这种强调个体清心寡欲的理念一直被各朝统治者采用，它将人性抑制到最深，不利于整个社会的进步和发展。长期处于这种灭人欲的畸形统治下，个体逐渐丧失了进步的原动力，人的天性被严重扼制，最终也带来了恶果。尽管东汉时期，王充就指出了灭人欲存在的不足之处，并倡导《管子》的理论，他认为"为善恶之行，不在人质性，在于岁之饥枝"⑤；后来宋代的李靓也赞同"利欲可言"的观点；到了明末，李赞也大力抨击了"道学"。然而，统治者的主流统治意志从来不曾被动摇，这使得《管子》在这些年代退出历史舞台，为专制的灭人欲统治让路。

① 孟子·梁惠王章句上.
② 墨子·兼爱下.
③ 汉书·董仲舒传.
④ 朱子语类（卷十二）.
⑤ 治期篇.

随着我国的市场经济机制的确立，利义并重的理论重新被启用，在这种大背景下，个人的主观观能动性又得到激发，个体牟利的需求得到正视和支持，此时利义发展之路越来越平衡，这是我国富强复兴的重要标志，同时也证实了《管子》这种经济伦理的正确性和重要性。在未来，利义并重的治国经济伦理思想将大有用武之地，它将会最大限度地激发个体的创造力，最终反作用于国民经济，为我们的复兴作出巨大贡献。

## 三、倡导民富国强发展模式

任何一位统治者都希望能带领自己所统治的国家走向富荣繁强，发展经济既是为了实现富民，更是为了强国。但是，该走什么样的发展道路，却一直是件困难又重要的事情。它既代表了老百姓利益，同时又是经济伦理问题的反映。《管子》中提出了重视民众力量的重要性，它认为人的价值是无穷的，老百姓的力量是巨大的，是国家走向强大的重要支柱，在此基础上他提出了足民之欲、藏富于民的富民政策。老百姓充分调动自己的主观能动性，将热情投身于生活和工作中，能更好地推动整个国家经济的发展和社会的进步，从而达到兵精粮足、势大力强、称雄诸侯的目的。《管子》提倡的方式就是民富国强的模式，既有利于民，也有利于国家的发展。它并非中庸之道，相反是值得提倡的一种卓越的发展模式。

将富民利民作为实现强国兴邦的前提，这种做法更有效率，能开创性地提高人民的积极性。在此之前，很多思想家也曾相继提出一些爱民思想理论，比如孟子的“仁者爱人”①、墨子的“兼相爱，交相利”②、孟子的“民贵君轻”等，不过并没有将强国和富民充分结合起来，因而也并不是民富国强的发展模式。之后，汉初的“与民休息”③ 政策、北魏至唐以来的“均田制”等理论的提出，初衷也均是为了让老百姓过能通过自己的努力过上更好的生活，从而让国家发展起来。南宋叶适提出的“保富论”的目的

---

① 孟子·离娄下.
② 墨子·兼爱下.
③ 汉书·昭帝纪.

就是保护富民，其中民是重点，他认为富民对国家来说意义重大，这种观点和《管子》提出的民富国强有点不谋而合。明代丘竣则认为："人人各得其分，人人各遂其愿。"① 在此基础上，他又提出了理财可以分为"理国财"和"理民财"的观点，认为"理国财"必须有益于"理民财"，不能跟"理民财"背道而驰。他提出，维护统治者的统治必须"理国财"，不能"不取于民"，但不能"过取于民"，为此他反对超过合理数量界限而过取于民的做法，同时也不赞同封建君主、国家有任意征收赋税徭役的权力。从这方面看来，丘竣的思想跟《管子》有同工异曲之妙，可以认为是对《管子》思想的深入运用，并将其继续发扬光大。清初的唐甄直接提出了"富民论"，可以说，他将《管子》思想进行到底。在他看来，立国之根本在于富国，而富民是富国的基础。

综上可以看出，《管子》提出的民富国强思想，不管是对当时还是后来都产生了深远的影响，有大量的拥护者，得到众多有识之士的肯定。

## 第二节 梁启超基于近代视角解读《管子》之缘由

春秋时期是我国历史上一个礼崩乐坏、社会急速变化的时代。管子，字仲，是我国春秋时期著名的政治学家、经济学家、军事家与哲学家。在鲍叔牙的推荐下，齐桓公任命管子为卿，仲父是其尊称。在辅佐齐桓公管理齐国的四十年时间里，管子结合齐国发展的具体情况推行了一系列改革，具体改革涉及税收、政治及军事等多个领域，使得齐国国力大增。管子主张"尊王攘夷"。在管子的辅佐之下，春秋时期第一个称霸的国家出现了，即齐国。所以，历史学界历来都十分关注管子思想。《管子》一书可充分反映出管子的思想主张，且该书的版本注疏、文献出版价值等集中体现了历代学者研究管子这一先秦政治家所得出的结论、观点与看法。管子的经济

① 制国用·总论理财之道上.

思想、法学思想及和谐思想等都可通过《管子》一书及其版本注疏等略窥一二。不过，历代研究者很少有针对管子本人进行研究的，特别是阐述管子人生经历的更是少之又少。

作为中国近代史上的一位重要人物，梁启超同时具备多个身份，既是我国近代著名的革命家、政治家，同时也是史学家、思想家等。正因为如此，梁启超在为管子写传记之时才更能够将管子思想在晚晴时期的独特价值更好地体现出来。梁启超的《管子传》较为全面地探讨分析了管子的一生及其相关思想，其写作的时间是1909年，而1909年正是中国历史上的一个大变革时期，当时的梁启超为何想要为两千多年前的管子写传记？本节将对此进行简单探讨。

## 一、史家之责

作为我国先秦时期著名的改革家与政治家，管子辅佐齐桓公成就了一番霸业，让齐国成为春秋时期的第一个霸主。然而，历史上对管子的详细事迹却鲜有记载。虽然司马迁曾作《管晏列传》，不过其属于合传，所记载的并非只有管子一人事迹，无法对管子的政绩进行全面、充分的说明。东汉时期刘向所编订的《管子》则记录了管子的言行，未能对管子的形象进行完整的塑造。近代的梁启超作为中国史学近代化的倡导者，其史学精神与史学责任感都非常强，且十分注重实践，将史学和民族主义进行了较好的结合，基于民族竞争理念提出了近代史学的灵魂，即民族主义的观点。因此，梁启超于1909年所作的《管子传》，实则是作者继承史学主张，发扬史学精神的一个重要表现。梁启超在《管子传》当中对管子秉持的是认可与肯定的态度。其站在史学家的责任角度，为弘扬民族主义而重新为管子写传记，涤清管子的冤屈，让国人能够对管子有真正、充分的认识，继而对管子的所作所为进行学习与倡导，对管子的爱国精神及革新精神予以继承与弘扬。梁启超所著的《管子传》问世之后，人们才得以正确地认识管子，继而理解梁启超救亡图存之志及其立宪之愿。

在梁启超看来，写作者需要保持心术端正，能够以秉持忠实、客观以及公正的态度来对比分析史料，在此基础之上做出正确辨别与判断，由此获得新的认知结论。正是这样的责任与精神才让梁启超萌发了为管子写传记的想法，且其责任感之强烈人们可通过《管子传》深刻地体会到。对比阐释东西方相关法治主义及经济政策，为后人研究提供便利，让国人能够更加认识和了解西方，促进中西方文化的融合，这是梁启超作《管子传》的主要目的。在上千年的时间里，受文本、文义及注解等多方面因素的影响，人们很难真正地解读《管子》，导致后人不了解管子，甚至产生了许多误解，对管子的评价也不够客观，毁誉参半。为此，梁启超立志要“发明管子政术为主……时亦以己意训释之，或且奋臆校勘，凡以使人易解”①。也可以如此理解，梁启超之所以为管子写传记，实际上就是想让后人能够对管子有客观、公正且正确的认识与了解，让管子能够获得后人的认可，继而为国人树立一个榜样。

梁启超为管子写传记与其人物传记标准是相符的。梁启超是我国近代著名的学者，其在《中国历史研究法补编》当中就对其作专传或是专史的七种人作了说明，简单来说，前四种人如下：首先是在思想或是行为方面能够成为时代或是学问的中心的；其次是有奇特的性格或是一件事情能够对当时及后来带来影响，或是没有较大影响却值得表彰的；然后是旧史当中只有简略记载或是无记载的；最后是过去的史学家因偏见或是挟嫌的原因而没有客观、正确地记载的。梁启超主张应以辩护的方式来为被诬陷的人重新作传。对比之下，管子可以说是同时符合上述四个标准的。一是梁启超主张管子是最早提出自由民权学说的学者，且时间要比马格亚比里和霍布斯早上千年。早在我国春秋时期，管子就发明了主权在国家之说，综观全球历史，能够兼具政治学者与政治家于一身的只有两个人，即我国的管子与王荆公，且王荆公在功业与博大方面远远不及管子。因此，将管子列为“时代或是学问的中心”是无可厚非的。二是管子所提出的政策不仅

---

① 梁启超．管子传［M］//汤志钧，汤仁泽．梁启超全集：第六集．北京：中国人民大学出版社，2018：498．

让齐国变强，且福泽齐民数百年，对当时及后来都有重要影响。三是在《管子传》之前，历代史学家中只有司马迁为其作过传，且是和他人的合传，记载比较简略，使后人无法正确、全面地认识管子。四是后人对管子往往是毁誉参半，梁启超将后人对管子的曲解视为“盛德大业淹没于诋毁诽谤之中，应予辨谬与改正”①，故而《管子传》不应无述。出于上述四大原因，梁启超作为一名政治家与史学家才选择为管子写传记。

## 二、救亡之志

晚清士人、官员大多是出于挽救民族危机的原因而研究管子。其将《管子》视为救世良方，希望能够借此来获得一些救国救民的东西。薛福成作为中国近代著名的维新思想家与外交家，曾经担任过四国公使。在他看来，《管子》一书的主要宗旨就在于富国强兵。此外，薛福成还把西方政治制度和《管子》主要思想进行对比，由此获得的结论是：西方各国秉持的治国之法与《管子》之旨相暗和，尤其是擅“强盛之势”。在《管子》当中有：“不强民以其所恶，则诈伪不生欺，其民则下欺其上。”② 而西方设立的上、下议院，与此不谋而合，因此他们提出“惟《管子》一书最切当世之用”③。正是受到时代背景的影响，梁启超对《管子》进行了研究。

梁启超八九岁时即能作文，成年之后的梁启超积极参与维新变法运动，北京的《万国公报》与上海的《时务报》的笔政也是由其所主持，之后他又去澳门积极筹办《知新报》，大力鼓吹西方文化。可见宣传西方文化、推动维新变法是青年梁启超最为主要的活动，所以其并没有花费较多时间与精力来研究《管子》。后来维新变法失败，梁启超的立宪理想也受到了极大挫败，认识到要想借助政治运动来促使政府实现“维新国政”几乎是不可能的。为此，梁启超决定利用手中的笔来开始救亡图存之路，将古代历史

① 李喜所．梁启超与近代中国社会文化［M］．天津：天津古籍出版社，2005：668．

② 薛福成．庸庵随笔［M］．邓亦兵，编选，校点．北京：中共中央党校出版社，1998：140－141．

③ 张固也．《管子》研究［M］．济南：齐鲁书社，2006：297．

中的民族精神及爱国热情深度挖掘和激发出来。梁启超在对《管子》的法治思想、经济思想等思想观念和理念进行研究时融合了西方法治主义、西方经济学等西方社会政治学科研究方法，这体现出了其民族危机感之强烈，同时也是梁启超与时俱进精神的一种反映，其将中西方文化融合在一起的意识也是十分先进的。

而梁启超之所以选择管子来进行研究，其中一个很重要的原因在于二人的命运十分相似，都有着一颗爱国之心及一种开拓精神。春秋时期齐国人管子，其所处的时代是中央集权制度还没有得到巩固的时代，是君权没有确立起来的时代，是中国种族之争十分激烈的时代，是中国民业还没有大兴的时代。而清末民初广东人梁启超，其所处的是地方军阀割据及列强瓜分威胁中央权力的时代，是慈禧太后等人掌控君上大权、贵族掌权、军权受制的时代，是需要大力弘扬民族主义以避免国家灭亡的时代，是需要振兴民智、民力与民德的时代，同时也是中国从农业国家开始向工业国家转变的时代。结合上述分析来看，二人所处的背景时代是有一定相似性的，在倡导、参与和主持本国重大的政治变革方面，二人都起到了重要作用。在齐桓公的支持下，管子所推行的管桓改革成效显著，在历史上留下了光辉的一笔；而处于十九世纪末期的梁启超则追随康有为，对维新变法进行大力倡导。管子并未为公子纠一人而死，其心怀的是齐国大业；而维新变法失败之后，梁启超也没有像谭嗣同那样慷慨地走向刑场，而是选择其他道路来完成自己没有能够完成的愿望，来实现自己的救亡图存之志。春秋时期，诸侯争霸，在管子的辅佐下，齐国在较短时间内就发展成了春秋时期的第一个霸主，即便是当时的周王室都得对齐国礼遇有加。而维新变法失败之后的梁启超则希望能够借助自己的手中之笔来挖掘出古代历史人物的革新精神、爱国精神，以唤醒东方“沉睡的雄狮”。此时的梁启超开始意识到，单纯依靠西方社会政治学说是不能达成其变法维新、救亡图存之愿望的，对中国传统文化的精华进行汲取也十分重要。管子所处的时代与梁启超所处的时代有许多相似之处，均为强邻环列、虎视鹰瞵，且《管子》一书有着非常丰富的内容，经济、政治和军事等多个领域均有所涉猎，有着很强的实用性，所以梁启超非常重视。1918 年，梁启超到欧洲进行考察，回国之后，其开始主张要大力弘扬传统文化，要以东方的“固有文明”来达到“拯救世界”的目的。不过，梁启超并不是文化保守主义者，其一直坚持的都是将中西方文化进行融合的做法，“所谓新民者，必非如心醉西风者流，蔑弃吾数千年之道德、学术、风俗，以求伍于他人”①，其认为可借助西洋的文明来让我们国家的文明得以更加充实、丰富，中西方文明的互补与融合之下必定会有一种新文明出现。这也是梁启超以西方的政治、经济理论方法来对管子进行研究的一个重要原因。

梁启超在为管子写传记时，将其塑造成为了一位爱国主义者、民族主义者。在梁启超看来，管子是很爱国的，其存邢救卫，“九合诸侯，一匡天下”②，在维护中华文明方面，管子的贡献是不可磨灭的。在管子的身上，我们能够感受到作为中华民族的一员，是令人骄傲的、自豪的。梁启超试图借助管子的民族主义及爱国主义来激发出我国民众的改革精神及爱国主义精神。《管子传》当中，梁启超对管子的开创性改革主张与措施进行了列举说明，塑造了一个爱国的民族主义者形象。梁启超认为管子在法治思想上有过重大贡献，“最初发明此法治主义以成一家之言者谁乎？则我国之管子也”③；在国民经济思想上，“吾国有人焉于二千年前导其先河者，则管子也”④；在经济干涉主义上，“此主义当二千年前有实行之者焉，吾中国之管子是也”⑤；“凡言官僚政治者，皆当以为模范矣”⑥；在教育制度上，“甚合

---

① 梁启超．新民说［M］//汤志钧，汤仁泽．梁启超全集：第二集．北京：中国人民大学出版社，2018：534.

② 史记·齐太公世家.

③ 梁启超．管子传［M］//汤志钧，汤仁泽．梁启超全集：第六集．北京：中国人民大学出版社，2018：513.

④ 梁启超．管子传［M］//汤志钧，汤仁泽．梁启超全集：第六集．北京：中国人民大学出版社，2018：544.

⑤ 梁启超．管子传［M］//汤志钧，汤仁泽．梁启超全集：第六集．北京：中国人民大学出版社，2018：558.

⑥ 梁启超．管子传［M］//汤志钧，汤仁泽．梁启超全集：第六集．北京：中国人民大学出版社，2018：534.

于教育原理，无所容难”①；梁启超认为管子的兵术和治军理念都不是后人能企及的；管子之法可归结为政府专卖法，东西方各国的制度都与此有相合者。可以说，梁启超是十分推崇管子的，在其看来，即便是放眼世界历史，管子所提出的许多主张、措施及法令都是很先进的，都是由其首创的。《管子传》当中，梁启超还拿管子和霍布斯等一些欧美政治家进行比较。通过这部传记，后人可对管子的爱国主义精神有更为深刻的体会，继而为自己是中华民族的一员而感到骄傲。

在《管子传》当中，我们可深刻体验到一种强烈的爱国主义和民族主义精神，这对于当时正处于民族危亡这一特殊时期的“东亚病夫”来说，无疑是打了剂强心针，让作为华夏儿女的国人的民族自尊心、自信心得到了激发。而只有具备强烈的爱国热情及民族自尊心，拥有强大的凝聚力，一个民族才不会被打败。

## 三、立宪之愿

梁启超在《管子传》当中把管子塑造成了一个极具开拓创新精神的爱国主义者形象。梁启超借助管子的革新精神来大力推行其立宪改革，以其爱国精神来激发出国人的民族自豪感。可以说，管子的革新精神和梁启超立宪改革、救亡图存的目标是一致的。

19 世纪末 20 世纪初，清政府在内忧外患的统治中逐渐走向衰败，为了迎合帝国主义的统治以及革命者提出的革命呼声，确立了“预备立宪，维新国政”的思想。以梁启超为代表的立宪党人一致觉得中国已经到了立宪的时候，还于 1907 年组建了政闻社。该社团的建立目的是为了让全国人民团结起来，参加各项政治团体和国民活动。在这些活动中，国民的意识有所提高，国会制度逐步确立。当他们看到胜利曙光的时候，清政府采取了新行动，并在 1908 年 8 月查封了政闻社。到此，梁启超设议院、开国会、

---

① 梁启超．管子传［M］//汤志钧，汤仁泽．梁启超全集：第六集．北京：中国人民大学出版社，2018：542.

建立君主立宪政体的政治愿望破灭，其意兴阑珊，且生活陷入困顿。此后，梁启超将读书著述作为主业，1909年，《管子传》正式成书。

在梁启超看来，君主立宪这种制度对那个时代的政府有非常重要的意义，值得效仿。梁启超是我国第一位系统研究西方宪政学说的人，具有权威性，有“首席理论家”之称。梁启超认为，历史研究的目的是为了对发生过的真实事实进行了解探讨，赋予其现实意义和价值，从而为实践提供参考。《管子传》的形成也充分说明了这个道理，它体现了作者的思想寄托和政治主张。在著作《管子传》中，梁启超用浓重的笔墨介绍了立宪的主张，并鲜明地表达了自己的政治立场。它不仅仅体现了民族精神的弘扬，同时也起到了启蒙和宣传革新政治与进行立宪运动的作用。于是，政治失意的梁启超把自己的立宪思想寄托在古人身上，通过古人之口来表达他在现实当中无法实现的政治思想。如此看来，这部著作是梁启超切实的政治呼声，是立宪主张的鲜明表达。梁启超认为，管子提出的法治，目的是为民，是为了让君主权力得到约束和限制，这是立宪和法治的雏形。在梁启超看来，管子主张的“君者执本、相执要、大夫执法”① 的思想，是和当时立宪国家内阁制度相契合的，“相”对应的就是总理大臣，“大夫”对应的就是各部大臣。具体而言，管子所提出建立的君臣体制，是立宪国家的内阁初步形式。管子认为的“政听于民”和“与近代立宪政治合”有异曲同工之妙，管子提出的“法治”与“虚君政治”，“重视官吏的职责”与“责任内阁合”也有很多的相同之处。在《管子传》之中，梁启超对管子提出的很多政治思想和主张进行了归纳总结和分析，并跟梁启超所坚持立宪政治主张联系起来，进行深入的探讨。也正是因为如此，《管子传》中才能看到这样一派现象：管子尽管是古代的装扮，张口而来的却都是近代的需要，颇有些中国近代史上的改良派或立宪派的韵味。从这部作品也可以更加深刻地感受到，尽管管子生活在两千多年前，然而他提出的思想却非常适合当时时代的发展，甚至可以看成一个典型的立宪派。从这方面看来，《管子

---

① 管子·君臣下.

传》中的管子其实表达的都是梁启超的思想，梁启超就是两千多年前的管子。关于立宪，梁启超更加赞同管子的看法，他大加宣传，此举既是表明自己的政治立场，也是对管子的改革精神的再度解读。

出于“秉笔直书”，梁启超为管子作传义不容辞，他写出来的《管子传》语言深入浅出，语句错落有致，长短适中，既阐明了管子提出的主张对后来产生的影响，也为日后管子所蕴含的爱国精神与革新精神的弘扬做好了铺垫。从这里也可以看出，梁启超就算在政治旅途不得志的情况下也并没有轻易放弃，相反，他极力发掘能够弘扬自己政治主张的途径，并把立宪的愿景通过管子表达出来。也正是因为《管子传》，管子的思想被更多的人认识。这场穿越千年的隔空对话，既是对管子思想的肯定，也是梁启超坚定立场的表达。

## 第三节　梁启超对于管子其人其书的理解

从道光年间开始，中国社会出现重大变局，学术文化领域迎来近代转型的契机。《管子》一书由于蕴含有丰富的经济、政治以及科技等思想，所以受到广大学人的普遍关注。从晚清民国年间对管子的研究来看，不同学人给出了不同的观点和看法，研究成果十分丰富。其中，梁启超对管子的研究最具代表性，也贡献出了重要的研究成果，可谓这一时期管子研究的缩影。

### 一、《管子传》著述始末

梁启超开始研究管子起始于在《新民丛报》上刊发的《管子传》一文，时间为1903年。该文以“汤学智”署名，梁启超作为该报的主编。在外界看来，“汤学智”为梁启超的笔名。但是后经考证得知，《管子传》这篇文章并非梁启超一人所作，而是梁启超在受到汤学智来稿的启发后对其文章进行修改后得出的，因此，这篇文章是由梁启超和汤学智两人合著完成。

《管子传》一文分为6大部分，全篇约11000字。《管子传》一文的问世拉开了梁启超管子研究的序幕。

在此以后，梁启超对管子的研究更加深入。1906年，梁启超分别在《新民丛报》第73、74、75、77号连载《开明专制论》一文。梁启超认为，管子开了古代真正意义上的开明专制先河，管子的开明专制与其他学派所提倡的国家治理理论存在明显差别，比如道家推行的"放任主义"、儒家和墨家推行的"人民利益主义"、法家推行的"国家利益主义"等，故而可认定是"开明专制"的典范。

同样是在1906年，梁启超在《新民丛报》第77、78号上发表了《中国法理学发达史》，目的在于发掘中国古代法理学。该文以"三家五子"（三家即儒、法、墨，五子即荀子、管子、墨子、韩非子、商鞅）作为分析例子，阐述了"三家五子"国家治理思想的特点，认为上述治理思想之所以无法实现长期的国家稳定，主要是因为"三家五子"都没有充分认清人类欲望的可怕。为了解决这一问题，就有圣人提出了法治，要通过法律来扭转困局，实现社会的有序发展。所以，"三家五子"的国家治理理论都是以人的欲望为前提，这是人与人之间的生存竞争，是一种社会自然现象，而法治则是对这种社会自然进行制约与调和，从而实现和谐有序发展。

1909年，梁启超撰写完成了6万余言的《管子传》一书，该书共分为13章，其中对管子一生所经历的主要事件进行了全面阐述，特别是深入分析了管子经济政策、建立的丰功伟绩及这些功绩实现的背景条件等，彰显与论证了管子思想的精髓以及先进性。总体而言，《管子传》并不限于对管子一生的评价，同时也是梁启超对管子思想的高度认可，他以近代西方资本主义思想视角剖析了管子思想对当时中国国家治理的借鉴作用，为推进近代《管子》义理研究的进程奠定了基础。

## 二、《管子传》的主要内容

在《管子传》一书当中，大部分内容是集中在阐发《管子》中的内容，其引文众多，有学者统计发现，《管子传》中直接引用《管子》原文部分占据总体的40%左右，是以夹叙夹议的方式来表达梁启超个人政治倾向。据此有研究者提出，只要对《管子传》之“目次”进行略微翻看就能够发现，该书是与梁启超作传宗旨相背离的，也就是只看到“书”，而不顾及“人”；也有研究者认为，梁启超所著的《管子传》几乎就是一部管子学案，其中堆砌列举大量材料，将传主个性埋没其中，可“动人”却无法“留人”，①而且还有部分内容牵强附会；然而还有研究者提出，梁启超是基于政治家兼学者视角对管子进行研究分析，能够为后人做出深入探索奠定基础。②

管仲在齐国担任丞相的时间长达四十年，在齐桓公及其他众位臣僚的鼎力支持与配合之下，先后推出多个新的国家政策与制度，为齐国发展壮大做出了巨大贡献，最终让齐国居于春秋五霸之首，实现了“九合诸侯”“一匡天下”的丰功伟绩。在《管子》当中融合有道、法、儒、名、兵、农、阴阳等诸家思想学说，充分体现出管子在政治、经济、军事等方面的思想观点。有学者表示，管仲之所以能够有如此建树，与其成长时代有着紧密关系。管子出生在九流十家之前，其成熟期正值诸子百家取长补短、相互吸收的时代，因此管子的学说与儒、道、法等诸家创始人的著述既存在着紧密联系，同时又有着一定的区别。管仲通过多年的治理实践，形成了一套完善的治国安邦理论体系，同时一个系统性的管子学说也由此诞生。但是管仲并非《管子》一书的作者。事实上，管仲一直潜心研究治国，对著书立说并不感兴趣，也没有创立学派的想法。管仲的思想、理论以及学说等完全是为了满足当时社会时代发展的需要，是在不断的治理实践中逐渐形成和发展起来的。当时这一群体的成员基于不同的维度，继承和发扬管仲的思想，传颂管仲的功绩，始终践行着管仲务实、开放、创新的精神，以历史和时代的发展为己任，积极参与社会治理，从不同层面不断地充实管仲的理论学说。管仲虽然没有亲自撰写《管子》一书，但书中确实彰显的是管仲的治国理念和治国方略，而齐国春秋五霸之首的地位也正是受益

① 赵白生．传记文学理论［M］．北京：北京大学出版社，2003：181．
② 王学斌．梁启超管子研究之述论［J］．理论学刊，2011（2）：107－110．

于此。总而言之，《管子》一书中阐述的安国兴邦思想的致用性极强，因此，后世学者对于《管子》的研究也极为关注。

梁启超认为，管子既是一位伟大的政治家，也是一位学术巨子。《管子》一书具有巨大的研究价值。对于管子，在梁启超之前进行作传的仅有《史记》，所以梁启超的《管子传》被视作基于新思维视角开展管子研究的开山之作。在“叙论”之外，针对管子所处时代与居于位置展开论述，主要集中在发明管子政术，不涉及其他杂事，“以法治主义及经济政策为两大纲领，故论之特详”①。梁启超基于全新视角深入剖析了管子的法治与经济思想，传播了当时西方的政治与经济理论，另外也针对传统政治和经济学说精华进行了有效发掘，对促进中国政治、经济理论发展做出了重要贡献。

梁启超所著的《管子传》中专门列出一章用于分析管子的经济思想，内容阐述深刻、细致，这为后人解读梁启超西方经济理论思想发展过程及其对中国古代经济思想的认知情况具有重大价值。《管子传》的开篇当中提到：“管子之理财，所注全力以经营者，不在国家财政，而在国民经济。”②在梁启超看来，“国民经济”，本质就是基于国家本位的一种经济运行模式，认为该学说虽然是近年来才盛行的，但是实际上早在两千年之前就有人提出，而该人即管子。据此可知，梁启超对于管子经济思想的研究是以“国民经济”这一主题展开。梁启超在“国民经济”思想理论的基础之上，围绕管子经济思想中的生产与消费、分配理论以及买卖独占政策等相关论断做出深入剖析。

第一，奖励生产与均节消费。《管子传》中认为，管子所实行的生产政策核心在于让全国的民众都是生产者，对生产进行奖励，其目的在于：一是如果任由民众开展自主经营，那么时间长了就会有民众养成懒惰习惯，不从事生产；二是即使从事生产，也不知生产之道；三是就算还能够了解

---

① 梁启超．管子传［M］//汤志钧，汤仁泽．梁启超全集：第六集．北京：中国人民大学出版社，2018：498.

② 梁启超．管子传［M］//汤志钧，汤仁泽．梁启超全集：第六集．北京：中国人民大学出版社，2018：543.

生产之道，但是因为受到天然不平等的影响，也无法实现自由竞争。管子所理解的消费，关键在于“勤俭贮蓄”。针对一个国家的经济运行而言，消费需要和国民富力保持对应关系，不可过度消费，要养成勤俭习惯。需要说明的是，倡导勤俭并非是要吝啬。梁启超认为，管子已经认识到过度节俭会出现，也就是《管子·乘马》中所说的“俭则伤事，侈则伤货”，且有“货尽者谓母财匮也”①。过分节俭将会对产品再生产运行产生不利影响，所以要追求“均节消费”。

第二，调剂分配。《管子》一书的后 16 篇主要谈及管子关于经济的看法，统一合称为《轻重篇》，而后人则是将《轻重篇》中的经济学说概称为“轻重主义”，强调国家对经济发展的宏观调控。梁启超对于“轻重主义”的研究，主要是基于西方近代经济学理论对《轻重篇》中经济理论和概念做出进一步解读，使得传统经济学说与西方近代经济理论和思想实现相互交融。梁启超认为，“轻重主义”的核心就是调剂分配政策，具体而言，包括三个主要步骤：一是“操货币以进退百货”②，也就是由政府对货币流通的数量进行操控，在此基础之上再实施合理的货币政策；二是“以币与谷权百物”③，这就是所谓的轻重之术，在币重而物轻的情况下，就需要敛物与散币，反之则需要敛币与散物；三是“收天下贷权而归于中央”④，如此可以避免地方豪强哄抬物价，确保经济实现稳步发展。

第三，买卖独占。梁启超对于“买卖独占”政策持有认同态度，主张通过经济垄断的方式来提高本国经济竞争能力。梁启超提出，管子在国家贸易保护方面主要采用三个环节的步骤：第一步是激励本国优势产物发展，依靠人力形成独占价格，与别国竞争取得优势；第二步是独占天下之金；

---

① 梁启超．管子传［M］//汤志钧，汤仁泽．梁启超全集：第六集．北京：中国人民大学出版社，2018：548.

② 梁启超．管子传［M］//汤志钧，汤仁泽．梁启超全集：第六集．北京：中国人民大学出版社，2018：555.

③ 梁启超．管子传［M］//汤志钧，汤仁泽．梁启超全集：第六集．北京：中国人民大学出版社，2018：557.

④ 梁启超．管子传［M］//汤志钧，汤仁泽．梁启超全集：第六集．北京：中国人民大学出版社，2018：558.

在实现上述两个步骤后，基于“轻重主义”中阐述的币谷相权办法，推行下一个步骤，即“谷物独占”。

综合上述分析可知，梁启超对管子经济思想进行了深入且全新的研究分析，一方面传播了西方先进经济理论，拓宽中国近代经济理论研究视野，另一方面也进一步继承和发展了中国传统经济学说精髓，充分彰显出“淬厉其所本有而新之”① 和“采补其所本无而新之”② 的学术旨趣。梁启超将管子塑造成了中国国民经济理论的鼻祖。

## 三、《管子传》的主要特征

梁启超本身是清末杰出的政治家与学者，不但具备深厚的传统经学研究功底，同时还汲取了西方近代资本主义思想，因此梁启超的学术情结不可避免地会有中西合璧特征，这在其开展《管子》研究过程中具有直接体现。所以，在《管子》研究领域当中，梁启超所著的《管子传》可谓独树一帜。

第一，梁启超研究《管子》的视角相对独特。综观梁启超一生，可以发现其所从事的最主要政治活动即为维新变法，他在多家报社担任主笔，据此介绍和评价西方近代资本主义制度。梁启超个人的基本学术架构包括两个部分：一个是青年时代的今文经学，另一个则是从政之后的西方政治学术。“今文经学”倡导“读经而致用”，因而他立足于典籍的要义，探求顺应当时社会需要的发展之路，而他所接触的“泰西学术”则使其了解到了先进的西方政治理念，于是立足于本国实际，学习西方先进理念的同时汲取其精要之处，期望能够达到建设强盛国家的目的。运用西方学术思想对经世致用之传统学术进行观照，是梁启超学术思维的独特之处。所以与

---

① 梁启超．新民说［M］//汤志钧，汤仁泽．梁启超全集：第二集．北京：中国人民大学出版社，2018：533.

② 梁启超．新民说［M］//汤志钧，汤仁泽．梁启超全集：第二集．北京：中国人民大学出版社，2018：533.

其他研究管子的清代学者相比，梁启超所著《管子传》的切入视角具有特色。

梁启超在《管子传》的开篇即明确了个人的评价体系，而在“叙论”当中则提到了国家、制度以及经济等多个新兴名词，这对当时人们的固有思想产生了巨大冲击，而如果再将这些新兴名词与管子相联系，自然更是让人震惊。在梁启超看来，这些都是国家强盛与否的评价条件。早在中国古代，管子已经运用了这些理念，并且建成了强盛的齐国。而清末时期的中国国力明显弱于西方，缺少的不是制度领域的建设，而是无法践行管子在两千年之前就已经提出的制度主张。

在两千多年的时间里，中国都是处于封建社会时期，以封建地主为主，政权形式为君主专政，立国基础为“自给自足”的小农经济，因而呈现出“故步自封”的特性。而在十九世纪的西方已经建立了君主立宪政权，大力发展工业，工业经济的开放从一定程度上张扬了自由的民权学说，直接推动了社会发展进程。与管子学说相比，这些学说明显不及管子学说，没有达到真正的“中正”。在叙论结尾部分，梁启超宣告要以今日之人与世界之人的眼光对管子进行观察，而这也正是梁启超独特视角的体现。

第二，梁启超针对管子本人进行了详细评说，而传述则是简略而为。尽管梁启超将著作命名为《管子传》，但其并没有用大量笔墨描述管子的生平事迹，而是将重点放到了对《管子》的评说上，针对管子本人做出的评说占据了较大篇幅。

除了叙论之外，梁启超在《管子传》二至五章中重点评说了“管子本人”以及其所处的时代背景。在第二章中，梁启超以“管子所处时代及地位”为侧重点，对管子所生活的时代进行了讨论，比如君权、中央集权、民业以及种族冲突等。在第三章中，梁启超对“管子微时以及齐国局势”进行了重点叙述，着重描述管子执政以前齐国的种种活动，并以此为基点针对管子把握现实的精准性以及政治理想做出评价。第四章则以“管子爱国之心及返国”为中心，突出了管子的“人格”。在第五章中，梁启超直接介绍了“管子初政”，重在强调管子的国家治理以及用人策略。从上述内容可以发现，梁启超的管子“传”，摒弃了传统“传”的写法，没有关注人物的生平、出身等内容，就这一方面而言，都比不上《史记·管晏列传》。梁启超的真正目的是要针对管子某一方面的优点做出评价，比如远见卓识、爱国之心以及用人策略等，其目的是“评”，而不是“传”。此外，梁启超出于美化管子形象的需要，并没有提及管子的财富，这也是《管子传》的特色之一。

第三，梁启超是基于《管子》对“管子”进行评述。梁启超之前，很少有学者真正研究过管子，对管子的认识基本以司马迁所著《史记·管晏列传》为准。在《晋书·张辅传》当中有关于张辅评价管子的记述：“管仲不若鲍叔，鲍叔知所奉知所投。”在《苏洵文集》里面针对管仲其人以及身后事做出了评价，提出贤者要将国家兴亡作为己任。关于管仲其人其事的论述，基本都是以《史记》作为基本出发点，兼评功过。而梁启超则是另辟蹊径，以《管子》作为出发点来评价管仲，摆脱《史记》的桎梏。在梁启超看来，《史记》当中的记述会受到作者司马迁个人理念的影响，如果想要追求管仲的真正面目，则应从《管子》当中寻找答案。梁启超对于管子做出的评价大多是依赖于《管子》而进行，比如从第二到第五章，先后援引过《大匡》《小匡》关于管子的记载，此外，也将《左传》以及《史记》等史料作为参照。

梁启超之所以通过《管子》来评价管仲，原因在于他对《管子》做出的认定。梁启超认为《管子》不是伪书，尽管书中出现了众多的战国时期的“依托之言”，但是书中众多的篇幅都获得了司马迁的认可，这可以在《史记》中得到验证。基于自身对春秋战国时期著述的理解，梁启超得出的结论是：《管子》并不是一人所著，除去管仲外，后世还有人对其进行增益。但是需要强调的是，后人所进行的增益都是建立在延续与弘扬管子思想的基础之上，所以能够对《管子》内容进行丰富与充实，而这些“增益的资料”对于研究《管子》或管仲都具备较高史料价值。总而言之，梁启超确信《管子》的真实性，因而以《管子》为基点对管仲进行评价，这一观察角度是前所未见的，这也是梁启超《管子传》的特色之一。

第四，梁启超认可管子经济政策的现实价值。在《管子传》中，梁启超将管子的经济政策置于核心部分。司马迁在对管子进行评价时，掺杂了较多的“个人幽愤与孤怨”，梁启超对这种倾向并不认同，因而他在自己的评述中尽力摆脱“以己度人”之嫌。从梁启超个人角度来说，经济是其擅长的学术之一，因而他在学习西方思潮时也优先考虑这一领域。在评价管子时，梁启超也侧重其“经济政策”。其真实用意是借助于自己所擅长的领域对《管子》的核心精要部分进行分析，以实现自己的观念与《管子》传统道术的互融贯通，这种“古为今用”的价值取向也产生了积极的效果。

《管子传》第十一章所论述的是“管子之经济政策”，总计包括六节内容，分别为国民的经济观、对生产的奖励、消费、资源分配与调节、国家财政、国际经济等领域的经济策略。梁启超给予管子的“经济政策”以极高关注度，将管子定位为“大理财家”。但与普通理财相区别的是，管子所关注的是“国民经济”，而不是“国家财政”。梁启超对于后世有人将刘晏、桑弘羊以及孔仅与管子相提并论，认为是不可取的，原因在于后世人对管子缺乏真正认知。在管子理念中，“富民”是“为政之本”，梁启超用《管子》之中的相关言论进行了诠释：“民贫则散亡不能禁……民贫则教育不能施……民贫则法令不得行。”① 在这一章节中，梁启超以较大篇幅对管子“资源分配与调节”进行评价，认为中国经济从古代起就与西方国家存在着显著差异，西方国家是“始于生产，终于分配”，而中国“自始至终都慎于分配”，这可以从《管子》的“分并财利而调民事”② “均羡不足”等言论得到验证，只注重生产却没有与之相匹配的分配方法则无法实现“治国安

① 梁启超．管子传［M］//汤志钧，汤仁泽．梁启超全集：第六集．北京：中国人民大学出版社，2018：543.

② 梁启超．管子传［M］//汤志钧，汤仁泽．梁启超全集：第六集．北京：中国人民大学出版社，2018：549.

邦”。经济领域各种弊端的根源都在于“贫富不均”，只有消除贫富差距，才能解决经济上的弊病，而合理的“资源分配与调节”则是最为有效的措施。在对管子解决经济弊端的措施进行分析后，梁启超认为管子提出的策略中最为有效的就是“轻重之术”，也就是平衡，要实现经济的平衡必然需要“调剂”，即管子所提及的物价、货币、粮食等利润再分配。

总而言之，梁启超对管子的经济政策是认可并赞同的，这说明他已经立足宏观的视野对当时社会的经济现状进行了深入研究与思考，积极挖掘管子义理思想的时政价值，以实现其“济世”的目的。

# 第二章 《管子传》中的生产伦理思想

梁启超认为擅长经济的学者“未有不首以生产为务者也”①。生产是人们创造各类生活资料的活动与过程。生产过程即生产者依靠生产方式影响生产对象，进而获得生产结果的过程。在实际生产过程中，要求有和谐的人际关系，更要求有契合理性的制度以及规范。所以，道德在实际生产过程中产生了特殊的协调与制约效果，这也是道德进入生产的特殊内容与作用形式。生产伦理，作为生产过程中经济主体间伦理关系与需要遵照的道德规范之和。生产最真实的目的即解决日常生活的各类需求，为人类提供生活需求的物质资料。因此，在人类初期阶段的理论研究中，物质生产（特别是农牧生产）相较于交易有更大的价值。梁启超《管子传》通过对《管子》的深入研究，阐述了生产伦理思想，本章计划对此开展论述。

## 第一节 “富国富民”的生产目的伦理思想

在漫长的古代社会中，农业生产的重要性不言而喻。农业为国家财政收入、民众生活的主要来源，因此历朝历代的帝王与政治家都很关注农业。管子也同样如此。《管子》提出，从前的历代君王尽管采用的法律与制度有

① 梁启超．管子传［M］//汤志钧，汤仁泽．梁启超全集：第六集．北京：中国人民大学出版社，2018：544.

所区别，但可以实现统一大业，探究其缘由即对农业的高度关注。梁启超总结管子奖励生产的措施，认为农业是百业之本，尽管管子奖励耕种的观点和其他政治家较为接近，但梁启超对管子的奖励措施有很高的赞誉，觉得“其条理极详密耳”①，而且他也清醒地认知到生产之目的。

## 一、“积于不涸之仓”的国家本位观

回顾古代中国的历史演变，可发现生产发展以国家的进步为体现，同时此类发展也会对国力的提升产生促进作用。春秋战国之时有非常激烈的强国竞争，这也让生产的积极影响更加显著。换言之，《管子传》之中所论述的生产管理，究其本质即国家本位为核心的整体主义，生产首要与核心为国家整体而不是个体，最为重要的生产导向即富国强兵。究其原因，主要表现为下述两点。

其一，从“一匡天下”的目标出发，富国、强兵是物质基础，是保障国家稳定与提高对外作战力的重要物质支撑。“民事农则田垦，田垦则粟多，粟多则国富。”② 而且国家所拥有的粮食储备，也就是“粟”的充裕状况不仅影响国家生活需求的满足状况，也是发展强盛兵力的重要需要，因此统治者需要将资源和精力放在强军、促进生产方面，但是其中产生了公与私的矛盾问题。因此应对生产方面公和私的关系，《管子传》认为公必定高于私。

其二，从统治阶级的自我动机出发，国力的发展也可以对统治的稳定提供重要的“润滑剂”。“仓廪实则知礼节”③，经济发展作为增进道德的基础条件，国力的提升可以为对公众进行教化清扫外部障碍，淳朴的民俗可以为统治创设优良的环境。反过来，公众反抗统治的暴动，通常源自于灾祸对生存的冲击和无理的农民特性，而前者的力量更易激发。

---

① 梁启超．管子传［M］//汤志钧，汤仁泽．梁启超全集：第六集．北京：中国人民大学出版社，2018：547.

② 管子·治国．

③ 梁启超．管子传［M］//汤志钧，汤仁泽．梁启超全集：第六集．北京：中国人民大学出版社，2018：543.

经济活动创造的财富，必定会指向一定的对象，在古代中国长期沿袭的小农经济模式中，该对象或是体现为代表统治阶级的国家，或者是代表追求私人利益的普通民众。根据《管子传》的论述，经济生产行为中带来的财富，更多地指向民众的私利。换言之，国家利益具有一定程度上的强势性和合理性。国富、民富代表两种形式的财富分流途径，二者之间形成了某种意义上的此消彼长关系，多数情况下国富、民富间难以实现理想的平衡，仅在非常理想的管理体系下例外。通常情况下，统治者要在公与私之间进行权衡，最终的结果多数为注重国家而舍个人，进而让个人利益短暂或长期让步于国家利益。

之所以更强调国富，其背后的关键因素即为整体主义自身在道德层面上是合理的，即便此类合道德性多数来自政治价值。第一，家国同构的治理体系下，追求国富优先成为必然存在的诉求。古代宗法制下，国家作为最终极的权威，个体利益难以拥有发出自身声音的机会，个体利益、尊严乃至于生存在此类极端的环境中，都会成为道德演进的牺牲品。在这种权威体制中，国家利益拥有压倒性的优势。第二，人性论的缺陷所产生的影响。人有趋利避害、好逸恶劳之天性，因此对私利的获取，无需强调就会有人自发地追求。相对于更为抽象的国家利益而言，民众的保护欲望与保护积极性会相对较差。而在保护意识薄弱的情况下，政府将会强化宣传，让公众进一步认识到国家利益的重要性。第三，基于国家对内发展的层面来分析，国富是生活稳定、社会发展的必然前提，这是统治者的决策更加重视国富的一个关键因素。生活需求的满足情况体现了民心之向背，是固国安邦的重要条件，正所谓“富而治，此王之道也”①。充实的物质环境有助于形成更加良好的社会环境，反过来，国家与民众的贫困则会成为暴乱之源。第四，从国家对外扩展的视角来分析，国富可以为霸道、匡扶天下的理想提供支持，这同样为国富优先的一个重要支持因素。推行霸道的过程中，国家需要有足够的经济实力，国富也涉及庞大的国土面积、大规模

---

① 管子·治国.

的粮食存储与强盛军力等多个因素，唯有同时满足这多个因素之后，才能实现理想社会的愿景。第五，国富为道德水准产生转变的物质基础，这也是国富优先最为重要的道德合理性。积累一定的物质条件后，国富将会成为帮助道德提升到更高水平的重要转换条件，对于物质到精神领域的转型提供桥梁。基于发展精神风貌的角度来分析，国富对于综合道德水平的提高，相较于个体民富有更加重要的说服力和推动力，因此也拥有相应的优先性。

## 二、“人之守在粟”的富民中心论

《管子传》尽管将富国视为经济发展的根本目标，但对富民也有很高的关注度，希望在富国、富民中追寻理想的均衡，希望经济建设不仅可满足富国的争霸之需，还应兼顾广大民众的私利。梁启超提出，管子为强调治国必须预先富国的思想，详细讲述了三大理由：其一，民众过于贫困会散亡无法禁止；其二，民众贫困则无法对其进行教育；其三，民众贫困也无法推行法律制度。而且三个原因间互为因果，蝉联而至，“故管子用是兢兢也”①。他进一步提出可通过“强本事”和“去无用”，“然后民可使富”②，认为“使民富”是争霸中非常重要的物质保障，因此应将其视为王业之基。

在以小农经济为核心的古代社会之中，富民之路主要为国家从上到下的开源与节流。此处的开源，即积极发展居于核心的农业，“人之守在粟”③，生产的重中之重即务本与强本事；此处的节流，即节俭的重复强调，尽可能降低非必要的开支，奢侈品则是管控的重中之重，“文巧不禁，则民乃淫”④，尽可能避免奢侈成风的问题。因此探究其根源，富民之路即《管

---

① 梁启超．管子传［M］//汤志钧，汤仁泽．梁启超全集：第六集．北京：中国人民大学出版社，2018：543.

② 梁启超．管子传［M］//汤志钧，汤仁泽．梁启超全集：第六集．北京：中国人民大学出版社，2018：545.

③ 管子·治国.

④ 梁启超．管子传［M］//汤志钧，汤仁泽．梁启超全集：第六集．北京：中国人民大学出版社，2018：545.

子》之中多次强调的生产取向——重农饬商。

和儒家单纯关注民富的德性主义有显著区别，《管子传》中所提及的富民思想观念并非局限在民生关怀等方面，实际上具有特定的实际意义，在伦理道德上也是具有可行性的。基于治理的视角来分析，富民便于治理，这可以为民富提供相应的政治论证。富民相较于贫苦民众来说，其物质水平更高一些，此类物质层面的发展可为道德的发展提供重要的支持。《管子传》对此有明确的论述，即治国之道的重点与前提条件就是富民，民众经济更加充裕后在治理问题上难度会下降，而生活困窘的民众会横生枝节，治理难度大。探究导致该问题的原因，即民众富裕后就会注重家庭与家乡，进而对上层有敬畏之心、担忧法律与制度的治罪，因此更易治理。而民众贫困，则会减少对家庭与家乡的重视，进而更易产生违背法律、违背制度的行为，因此很难推行有效的治理。《管子传》基于对前述原因的论述得出论点："是以善为国者，必先富民，然后治之。"① 民众在物质层面的富裕，是公序良俗等统治目标的基础。同时对人性共有的心理机制来说，施惠于民为满足人之本性的措施，"得人之道，莫如利之"②，唯有解决其物欲，民众才会有归附顺从的心理，因此富民易治之措施也和人性有非常密切的关联，源自于对人性的深刻认知。从目的和手段的关系来看，《管子传》中明确提出，富民是达到国家富强的重要方式，从这个意义来看，富民具有工具善的长远意义。国家只是抽象的政治内涵，而民众是构成国家的重要单元，因此唯有解决个体之需求，才能更好地让国家整体获得满足。《管子传》对于民富的充分重视，同样也是因为考虑其具备一定的工具价值意义，尽管此类思想也有一定的民本元素，但和儒家单纯基于德政动机的理论有显著区别。即使两者有共同的主张结果，但其动机有所区别，两者仅可称作殊途同归。

---

① 梁启超．管子传［M］//汤志钧，汤仁泽．梁启超全集：第六集．北京：中国人民大学出版社，2018：543.

② 《管子·权修》。

## 三、富国与富民的道德合理性论证

先秦时期的各家学派中，有的学派认为富国为经济建设的主要目标，也有的学派更多侧重于富民。《管子传》经济伦理思想的核心特征为统筹两者间的冲突，从而达到个体、集体的利益平衡。不过这种平衡并不是不求原则的平均，民富是达成国富之目标的基础，因此其必然存在手段善的特性。探究问题的根源，也就是富国、富民之间的关系判定上始终将富国放在中心位置上。

公、私之间有一定矛盾，但并非彻底的对立关系，二者之间还有一些张力表现：国富有利于民富，而民众富裕也会提升国家的经济实力。绝对的国富或者民富几乎是不存在的。在中国传统的伦理思想中，关于义利的争辩从来没有中断过，儒家思想更为注重义，法家思想更为注重利，道家思想则主张弃仁绝义，而《管子传》中强调的是两者并重的义利观。国富、民富之间同样具有一定意义上的义利关系。国家所追求的大利是以统治阶级为代表的国家富有，而恩泽广泛民众的民富即为统治阶级所施与底层民众的义。因为《管子传》之中坚持义利兼有的观点，才让国富和民富之间有共享之可能。此外，《管子传》也提出“为政之本，首在富民”①。基于功利主义的视角来分析，民富也是配合政治统治的一种重要方法。其一，民众为组成国家的基本单元，国富需要立足于切实的民富，才可拥有富裕之基。其二，民富能创造的益处也非常明显。顺民之所欲，通常情况下被看作重要的驭民手段，“富民易治”等观点同样也需要以顺应民性作为前提。反过来说，民众生活若颠沛流离，则会导致“甚贫不知耻”②，更易产生暴动、凌上犯禁等问题。因此，民富是国家稳定的关键支撑。

富国和富民之间的冲突，探究其根源即以国为本或以民为本，国家建

---

① 梁启超．管子传［M］//汤志钧，汤仁泽．梁启超全集：第六集．北京：中国人民大学出版社，2018：543.

② 梁启超．管子传［M］//汤志钧，汤仁泽．梁启超全集：第六集．北京：中国人民大学出版社，2018：548.

设的重点几乎无法实现多个层面的同等兼顾。因此对国家的发展而言，国本位与民本位也有较为明确的划分。对多种思想流派而言，对该问题的回答也影响各个学派属性的区分，前者为功利主义，后者为德性主义。深入分析先秦时期对富国和富民之间联系的认知，不仅都体现出自身的特色，同时也体现出各自存在的不足。《管子传》的总结和梳理，是对前人思想的总结和弥补。

儒家自创立之初就倡导富民思想，同时将富民看作国家富裕的根基所在，无民富则不存在国富。“百姓不足，君孰与足?”[①] 君主有必要将百姓之足用视为和自身密切关联之事，因此足民之欲也就是足君之欲。到孟子时，这些君民相通之思想就更加明显，进而有“民为贵，社稷次之，君为轻”[②]的论点，该思想在先秦时期非常激进与先进，但是儒家的德性主义因为过度理想化，难以融入当时的混乱环境中，因此陷入了曲高和寡之困境。直到荀子提出“上下俱富”[③]，对国富和民富之间的关系进行中和后才得以扭转。法家在该问题上则有更为显著的国家本位倾向。整体而言，国富为上是功利主义思想的必然导向。根据法家的思想，民富被看作和国富有不可调和冲突的敌视对象，民富必定会造成国家的衰弱，这种逻辑到韩非之时更加显著。为了达到国富的目的，法家思想要求个体彻底服从国家利益。因此也可认为，国富和民富之间的冲突问题，伴随法家的日益激进已不复存在，民富已成为国富之牺牲品而被消解。

如果说儒、法两个学派分别代表德性和功利的极端表现，那么《管子传》中的一系列论述，最终形成国富为主、民富为辅的论点，是德性和功利的一个中和。其强调的经济伦理观念，有别于法家单纯强调国富，丝毫不考虑人性的纯功利之论点，也有别于儒家单纯关注民众地位未能关注国家整体的论点。《管子传》中提出，富国、富民彼此互为前提，前者是后者最终要实现的重要目标，而后者是前者的重要途径。若是不存在民富，那

---

① 论语·颜渊.

② 孟子·尽心下.

③ 荀子·王制.

么国富也仅仅是虚无与抽象的定义；而丧失国家之富强，普通民众的富裕也缺乏保障。《管子传》尽管将富民视为工具，却深刻研究人性的欲求，不仅解决民众的基本需求，从而维护社会的稳定，同时也在安抚广大民众的过程中达成了利人、得人与治人的目标。

## 第二节 “以人为本”的生产管理伦理思想

梁启超的生产管理伦理思想认为金银仅仅是调控商品的工具，不应以国力为代价谋取金银，并提出最为重要的事情为“则使全国之民，皆为生产者而已”①。生产者尽管不属于生产活动，却是劳动之中最活跃的因子——劳动力为主导者。《管子传》中有丰富的人文关怀和伦理意蕴，提出以人为本的重要思想，并将其整合到细节管理中，进而形成了以人为本的生产管理思想。更加具体地阐述，此类管理方法重点表现为对人，即生产主体的管理。深入研究对生产者的管理，有益于更为系统的认知生产活动的运行机制，进而更为深刻地认知《管子传》中生产伦理思想的核心特征。

以人为本的管理方式立足于特定的政治需要，换句话说，这种管理方式存在自身的合理之处。“政之所兴，在顺民心；政之所废，在逆民心”②，作为非常重要的治理方法，爱民、顺民本身就有着安抚民众之效果，也是促使民归顺于上的基础。具体来说，对生产者所采取的自上而下的关爱，在实践中也体现于各个方面。

### 一、“兴六德”的生产管理伦理理念观

对于生活管理的各类问题，《管子传》倡导“四民分业”的理念，并提

① 梁启超．管子传［M］//汤志钧，汤仁泽．梁启超全集：第六集．北京：中国人民大学出版社，2018：544－545.

② 梁启超．管子传［M］//汤志钧，汤仁泽．梁启超全集：第六集．北京：中国人民大学出版社，2018：523.

出这种理念的主要目标，即营造专业的职业氛围，避免不同行业间的干扰，进而促进各个行业繁荣发展。《管子传》专门指出，士农工商四民应当分业发展，“不可使杂处，杂处则其言哤，其事乱”①。分业定居的思想，源自于对生产者技艺的关怀，也是人本思想在职业方面的延伸和扩展，其中也有对国家整体经济建设的综合思考。这种管理理念不仅可以塑造和优化各种职业伦理道德的氛围与环境，造就代代传承的工匠思想，更为关键的是，此管理理念有助于提高生产效率，进而有利于提升国家经济发展水平。

《管子传》之中还有“兴六德”的论述，即“厚其生”“输之以财”“遗之以利”等论述，② 指出在国家发展的过程中，应当加强垦荒农田扩大生产规模，建设房屋满足居住需求，加强种植，引导更多士民积极参与生产，支持耕作的发展，增进民众的生活水平；开发潜在财源，运输本地积压的物品，加强道路的铺筑，便捷贸易的推进，加强驿站的建设与发展，为人民提供丰富的财物；疏导积水，加强沟塘的修复，治理所存在的暗流浅滩，排除泥沙堆积，从而恢复河道通畅，并倡导加强对渡口桥梁的修建，对民众提供更多的便利；减少税租的征收，采取更为宽松的法律制度，更多地赦免与谅解底层民众，对广大民众采取宽松的政策限制；加强对孤寡老幼病困等弱势群体的扶助，解决民众所存在的急难；对受冻、受饿等群体提供衣食等援助，帮助衰败、贫困之人，解决民众的困穷。以上工作都是德政，积极采取六项德政，就可以解决人民之需求，使人们更好地遵从君主之安排，政事才可实现理想的推进。

## 二、“多予少取”的生产管理伦理保障观

取予问题在《管子传》也有明确阐述，其中提出对生产者利益应当遵

---

① 梁启超．管子传［M］//汤志钧，汤仁泽．梁启超全集：第六集．北京：中国人民大学出版社，2018：541.

② 梁启超．管子传［M］//汤志钧，汤仁泽．梁启超全集：第六集．北京：中国人民大学出版社，2018：546.

照多予少取的基本准则，并将“知与之为取”① 提升至“政之宝也”② 的层次。《管子传》深刻认识到民众“予则喜，夺则怒”③ 的本性，因此论述的“多予”，是主张在开展资源分配、利益共享的过程中，尽量考虑民众的利益；论述的“少取”，则是尽量少地攫取百姓之自得利益，降低赋税、徭役等层面的榨取。

《管子传》非常关注对弱势群体的保护。政府应当在青黄不接等困境之下，以信贷救济等方法提供接济，例如“无种者予之新”④，通过此类救济以避免富裕者借天灾谋取暴利。在老幼病残等弱势群体遭遇困境的时候，政府也应提供扶助，通过此类方式来实现“民饥者得食，寒者得衣”⑤，尽可能实现皆有所养之目标，这些思想都彰显了对弱势群体的人道主义关怀。

《管子传》之中提出君王应当“务五事”，对“务五事”进行了明确论述，并提出应对不当会导致国贫。为实现国家富裕之目标，君主应当的“务五事”，也就是：避免山泽出现火灾侵袭，促进草木正常的发育与生长；保证沟渠的畅通，保障水资源的稳定供应；土地中结合地利条件种植大量的谷物与桑麻；农业家庭加强对牲畜的喂养，储备丰富的瓜果蔬菜资源；工匠不得参与奢侈物的制造，妇女不得参与装饰物的制造。为实现“务五事”之目标，虞师应当积极履行关于防火的法令，严格限制山林中的堆草，自然资源的产出场地应当按照时间进行封闭与开放，保障民众拥有基本的木材与杂草等林木资源可供使用；司空应当加强排泄积水的处理，加强对现有沟渠的维护与修理，维护堤坝状态的完好，从而确保在雨水充足之时避免洪涝，雨水稀缺之时避免旱灾；司田应当观察辖区范围内的地势与土壤肥沃状况，了解土地应有的用途，确定农民参与劳役的时间点，结合农

---

① 史记·管晏列传.

② 史记·管晏列传.

③ 梁启超. 管子传［M］//汤志钧，汤仁泽. 梁启超全集：第六集. 北京：中国人民大学出版社，2018：560.

④ 梁启超. 管子传［M］//汤志钧，汤仁泽. 梁启超全集：第六集. 北京：中国人民大学出版社，2018：552.

⑤ 梁启超. 管子传［M］//汤志钧，汤仁泽. 梁启超全集：第六集. 北京：中国人民大学出版社，2018：552.

时进行合理安排，从而确保五谷桑麻培育得自然妥当；乡师需要积极履行自身的职责，巡视乡里，深入农家，及时查看作物栽培情况与牲畜养殖状况，根据时节做好统筹安排，引导百姓积极耕作，避免出现懒惰延误农时等问题，减少人员的流动；工师需要对工匠进行细致的评估，做好不同时期的审查工作，明确产品质量标准与要求，追求慢工出细活，统筹管理五乡间的工匠，并对工匠之工作进行及时细致地安排，限制各乡参与奢侈品制造。

## 三、"干涉之奖励之"的生产管理伦理措施观

梁启超认为，管子为保障生产顺利进行而主张采取的措施为"干涉之奖励之"①，提出应当通过国家的干涉与奖励，实现对生产管理的重要调控。民众或许因为懒惰而荒废生产，或者由于认知不够、能力不足无法进行，或是由于自然原因导致无法公平竞争。"是故非以国力行之，不为功也。"②可见，梁启超深刻认识到国家干涉与奖励的关键性。

为提升农民参与生产的积极性，加快农业的发展，《管子》对男子划分了相应的耕地标准，规定他们从化雪到除草，都需要前往公田，保持勤恳的劳作。通过公平合理的方式划分土地，落实包产到户的措施，可以让民众注重农时，加大对农田劳作的投入和劳动的积极性。而不公正的土地划分、不推行包产到户等措施，将会产生显而易见的负面影响：土地资源的低效运用，劳动力资源无法充分发挥。未能告知农时，那么底层农民可能会因为不了解农时的紧迫，耽误重要耕种时间；不告知农事，底层农民会减少对生产的投入，参与农业劳作的积极性降低。因此，落实合理的分配制度，才能让人们意识到生产活动和自己的利益高度相关，同时国家也有稳定的财政收入。明确分配过程中适用的标准，民众就会尽力参与农业劳

---

① 梁启超．管子传［M］//汤志钧，汤仁泽．梁启超全集：第六集．北京：中国人民大学出版社，2018：545.

② 梁启超．管子传［M］//汤志钧，汤仁泽．梁启超全集：第六集．北京：中国人民大学出版社，2018：545.

作，在此情况下，即便没有督促民众也会勤恳劳作。

《管子传》之中还有奖励先进的观点，并兼有物质与政治层面的奖励。规定只要在大农业领域拥有自身擅长的技能与贡献，就能得到相应的物质奖励，通过此类方式来激发广大民众的积极性。对于政治奖励，《管子传》认为，尽管原则上应为“农之子恒为农”，但是对智慧出众之人可提拔做官，提出对于拥有好学、聪明、慈孝等优点的农家之子，地方上有上报举荐之职责。“有而不以告，谓之蔽贤，其罪五。”① 因此，《管子传》指出，地方乡长应当将行义、好学、聪明、仁厚、慈孝、长悌之名享誉乡间的人才上告，作为储备之人才，若是未履行上告之义务，将按照“蔽贤”治罪。并且还提出需要高度关注农业专家之观点，为了让这些专家更好地帮助农民进行农业生产，官方应供养他们，并让他们免于服兵役等。

《管子传》也高度关注农业工具的重要性，提出应当结合农业时节“具备其械器用，比耒耜谷芨”②。可见，管子意识到技术发展对农业生产、农业发展的重要意义，所以认为应该积极推广与运用新式的农业工具，从而尽可能地提升劳动效率，进一步增加粮食产量，提升国家实力与粮食储量。在铁器研发以及大范围使用之前，人们一般运用木器、石器来从事农业生产。在西周时期，民众使用最多的农具为耒、耜，前者为木制工具，后者为使用木石材料或者木骨材料制作的工具。在该时期尽管已经发明了金属工具，但是因为该时期的金属主要为青铜，价格高昂且硬度较小，因此在农业领域并未实现大范围的推广。正是由于当时的农具多为木、石材料制备而成，因此该时期的整体劳动效率很低，一家农户仅仅可以耕种大约百亩的土地。进入到春秋时期，伴随铸铁技术的发明与大量使用，农业领域的生产力也有显著地提升，人们开始有更多的精力开垦荒地，种植面积大幅度增加。管子所提出的开垦荒地之政策，适应了该时期生产力增长的客

① 梁启超．管子传［M］//汤志钧，汤仁泽．梁启超全集：第六集．北京：中国人民大学出版社，2018：533.

② 梁启超．管子传［M］//汤志钧，汤仁泽．梁启超全集：第六集．北京：中国人民大学出版社，2018：541.

观发展，是符合客观规律的施政政策。而且管子鼓励开垦荒地种植的政策，对春秋时期齐国的经济发展也具有积极作用。

《管子传》生产伦理思想还体现出显著的自然主义思想。梁启超引用《八观》中“山泽虽广，草木不禁……闭货之门也”① 的观点，提出即便国土有广阔与丰富的山泽资源，也应该避免乱砍滥伐。齐国当时盛行“竭泽而渔”的经济开发模式，管子认为这是危害未来发展的不良做法，提出了“山泽各致其时”② 的管理制度。这也是我国历史中，可以考据的最早的生态环保法规。该制度与思想的内涵不难理解，民众所进行的伐木与捕鱼活动只能在合适的季节进行，为了短期的利益而牺牲长远的发展是不可取的行为。唯有尊重天时，给予万物休养生息的机会，才能实现真正的富饶。因此，梁启超对管子的自然主义倾向高度认可，并在近代中国进一步传承与发展。

## 第三节 “重农饬商”的生产价值伦理思想

生产力低下、生产效率不高，是先秦时期以农为本生产取向形成的内在原因。《管子》言“凡有地牧民者，务在四时，守在仓廪”③，强调农业在国家生产活动中的根基地位。《管子》经济伦理思想认为农业是国家社会发展的“本事”，国家应当以农立国，唯有注重农业才能真正的强国。不仅因为农业可以保障一个国家从上到下的物质需求，更为关键的一点是，农业发展有助于统治阶级更好地管理民众、维护统治、对统治提供重要的道德合理性。梁启超提出，尽管管子对农业发展高度关注，但是有别于其他学派的极端重农主义思想，并非将农业视为国民仅有的职业，同时也关注

① 梁启超．管子传［M］//汤志钧，汤仁泽．梁启超全集：第六集．北京：中国人民大学出版社，2018：546.

② 国语·齐语.

③ 管子·牧民.

工商业的发展，为帮助工业发展设计了很多奖励政策，这些政策多不胜数，“而商业又其所最重也”①。《管子》对商业的存在价值、正当地位给予支持和承认，不仅认识到商业发展有提升民众与国家的财富收入、满足国家利益等经济层面的重要意义，同时也认识到商业发展所创造的重要伦理价值，对“末产”“末作”等末业则是主张禁止。这种较为开放、独特的商业发展思想在先秦时期极为罕见。而《管子传》中事实上也是将多元并存的重农饬商作为其生产伦理思想的。

## 一、“地者政之本”的农业价值论

在生产发展的漫漫长河中，农业是最早出现，并对人们生活产生最深远影响的生产门类。在原始人时期，农业最先创造文明的曙光，让人们逐渐掌握了文明的生产、生活观念。以农为本不仅是国家追求财富的一种道路选择，同时也是一定生产环境下逼不得已的决策。所以尽管诸子百家对于义与利、德与法等问题存在不同的认识，不过在经济方面的以农为本思想上基本是保持一致的。《管子传》中同样将农业视为治理国家之核心，认为农业发展的强弱直接关系到国家之富强与否。

农业生产给民众带来了基本的生活保障，这也是其最为根本的任务，“五谷者，万物之主也”②。同时，农业发展属于国家财务的形成之源，“粟多则国富”就体现了这个道理③。不管是百姓自身还是统治者，农业生产都被视为财富生产的重要方式。另外，农业的繁荣与否还会对其他领域的发展形成直接影响作用。如“大军未到粮草先行”，关系到军事的强盛。实际上，在漫长的封建社会时期，农业发展始终在整个生产链条中占据十分关键的位置。所以，《管子传》认为出于多个角度应该全力做好农业生产的维护与保障工作。第一，从自然条件的角度来分析，不可耽误农时，即为

① 梁启超．管子传［M］//汤志钧，汤仁泽．梁启超全集：第六集．北京：中国人民大学出版社，2018：547.

② 梁启超．管子传［M］//汤志钧，汤仁泽．梁启超全集：第六集．北京：中国人民大学出版社，2018：550.

③ 管子·治国.

“不失其时，然后富”①。农作物的生产和自然节气相关，所以需要顺应天时，合理设置人为性活动与农忙时节的人力分配，努力为农业发展创造稳定的环境。第二，从农业生产载体来分析，做好土地资源的开发与管理同样意义重大。《管子传》中明确提出了“谷非地不生”②的观点，认为应该在已有土地资源的基础上做好开垦工作，推进“实圹虚，垦田畴”③。第三，农业生产中必不可少的劳动力因素就是人力的投入。毫无疑问，劳动力属于生产活动中最为活跃、最为核心的要素，其对于生产效率往往具有重大的影响作用。所以，统治者必须通过多种方式充分调动劳动人民的积极性，一方面保障有足够的劳动力数目，另一个方面还需要在制度上加强落实“其积多者其食多，其积寡者其食寡，无积者不食”④的管理理念，让民众在这样的管理环境下加大投入，不断提升生产效率。

## 二、“利然后能通”的工商业价值论

梁启超提出工商业可以实现“以无为有，以贫为富”的原因，即“明乎‘发伏利’”之义和“明乎‘输滞积’之义”。⑤千百年来，重农始终是封建社会统治阶级极力倡导的主要思想，认为商业不仅会剥夺土地上的劳动力资源，还不利于社会良好风气的培养。无商不奸、重利轻义等思想占据社会主流，因此商业被视为农业生产发展中的一大威胁，历朝统治者都对商业发展严加管束，设置重重障碍。不过《管子传》中表现出来的经济伦理思想就显得更为开放，认为应该给予商业发展更多自由，不可盲目支持也不能横加阻碍，应引导其成为社会经济发展中的重要促成力量，并充

① 管子·禁藏.

② 梁启超. 管子传［M］//汤志钧，汤仁泽. 梁启超全集：第六集. 北京：中国人民大学出版社，2018：546.

③ 管子·五辅.

④ 梁启超. 管子传［M］//汤志钧，汤仁泽. 梁启超全集：第六集. 北京：中国人民大学出版社，2018：547.

⑤ 梁启超. 管子传［M］//汤志钧，汤仁泽. 梁启超全集：第六集. 北京：中国人民大学出版社，2018：547.

分肯定了商业发展、经济活跃对于强国力、增收入的重要价值。

《管子传》认为手工业、商人、市场等都具有重大的影响，引导和促进手工业的发展，除了是民众日常生活的需求，同时也是增强国力、兵强马壮的重要支撑。而对于这点，梁启超认为："为兵之数，存乎聚财而财无敌……不能正天下。"① 因此，不难得知《管子传》认为手工业从业者需要具有过硬的素质与熟能生巧的本领。同时还提出，商人对于国家社会来说意义重大，是不可或缺的构成部分。商人群体居无定所，四处流通，促进了商品交易和经济活跃。这样促进了国家税收的不断发展，大大刺激了官方到民间的经济消费，君臣关系更为和睦，底层人民也得到了更多的工作岗位，保障了家庭的基本生活。所以，商人与士人、农民等并无不同，同样为国家的"石民"。在《管子传》的观点中，市场是普天之下货物与货币的集中地，通过交易，人们可以各取所需达到自身的利益诉求；市场是产品供求的风向标，好比一面镜子，可以折射出社会的治理情况以及物质供应的多寡；市场还意味着生产力，能够加快经济的发展，为社会的运行提供重要支持。所以，在每个民众集中的区域，都应该设置集市，否则将会影响到民众的基本生产与生活。《管子传》还提出，货币属于价值尺度与计量工具的范畴，紧紧扼住商品经济发展的命门，对于国家社会治理也具有不可替代的意义。黄金属于计量财产的重要工具，认清黄金的本质和背后的道理，就能认识到何为浪费何为节俭，统治者也才能懂得管控开支、充实国库。国家货币使用太少，不利于各项工作的开展；使用太多的话，就会亏空国库，商品流通受阻。这其中体现了朴素的经济学原理。粮食关乎社会稳定与民众生命，货币是商品交易的载体。国家统治者若能做好粮食与的货币的掌控工作，就必然可以更好地管理好民众，维持统治的长久稳定。虽然货币不能直接御寒、果腹，但是统治者可以通过货币控制财物，从而实现牧民、治天下的效果。这个角度来看，《管子传》是出于民生、国家治

① 梁启超．管子传［M］//汤志钧，汤仁泽．梁启超全集：第六集．北京：中国人民大学出版社，2018：547.

理的角度来对待商业的。

《管子传》提出，伴随商业的发展，农业同样可以获得发展。明君需要视察农业的发展，根据实际引导相关产业的发展，这是回归实际、不谋虚名的合理做法。引导产业发展，能够为民众的生活提供更多的支持。不重实用之物，而重无用之物，有利于管理民众。轻粟米重珠玉，重礼乐轻生产，这是发展农业的起始点。管子认为朝廷统治者应该基于底层民众的立场来考虑问题，关注他们所在乎的事情。食能果腹、居有定所、情有所托，这是民众的愿望。因此应该从这些角度出发考虑问题，努力刺激消费，满足民众的物质与精神需求。而想要创造这样的良好局面，依靠百姓是无法实现的，务必要统治阶级出面管理和引导，并为老百姓蓄积财货。让财力宽裕之人拿出多余的粮食，旺盛消费，游玩享用，不向别人求食，此乃积财之本意。假如想要收拢人心，那就要以财利为依托，让每个人都可以有通过官财经营谋生的机会，倘若不需官财，那么可以参与市场自由竞争。一些民众财富不断亏空，一些人逐渐发家致富，这体现了盈利无常的道理。普通百姓少宝物，仅仅是看重财利而已。只有各自奔忙、因利而导，才能促进市场流通，创造经济繁荣、民众安居乐业的局面。倘若财利无法做到顺利流通，那就需要剖析原因，针对性解决。假如官员缺乏文武之才，可以让他去从事商业管理。生意人中有一些出类拔萃的，可以单独提拔出来，形成更广泛的影响力，促进国家财富的积累。

《管子传》还基于实际情况，给出一些具有可行性的工商业管理方案。首先是选官任能，强化政府领导与管理。认为“论百工，审时事……工师之事也。”[①] 在对工匠的管理中，需要对工匠进行系统地考评，审查其在各个季节所进行的工作，考核产品的质量，追求慢工出细活。做好底层管理工作，按照时节做出系统安排，禁止奢侈品在各乡制造，这是工师应尽的基本职责。不难发现，工师是专门对手工从业人员进行管理的官职。其次

---

① 梁启超．管子传［M］//汤志钧，汤仁泽．梁启超全集：第六集．北京：中国人民大学出版社，2018：546.

是建章立制，让产品质量更为规范的标准。《管子传》提出若是想要保障产品的质量，需要拟定完善的制度，做好监督与审查工作。关于制度建设与标准形成，《管子传》给出了较为细致的阐述，或称为法，或称为仪，或称为常。认为政府部门倘若缺乏规范、制度，官员与工匠之间就会彼此怨恨，这样自然就无法制造出优秀的产品。最后是提升工商从业人员的素质，提拔贤者担任官职。毫无疑问，人才是工商业发展的核心要素，所以需要提升从业者的综合素质。《管子传》认为对重信用、有能力的人才，应该加大提拔力度，给予丰厚的奖励。《管子》中也有类似的阐述：齐桓公“派高子管理工匠、商人的选拔”。① 并且对考核规定了三项标准，即顺于父兄、事长养老、严谨完成任务，并按照符合其中的一到三项划入下等到上等的三个级。此外还设计了官山海、设市场等多个举措。

《管子传》中一系列商业思想的形成和发展，同样和人性论思想紧密相关，认为人必然带有趋利避害的本性，而这种本性在商人群体、商业领域中表现得更加显著。“其商人通贾，倍道兼行……利在前也。”② 根据《管子传》的论述，这种本性就好比人有饮食之需一样正常，太过强调与暴露出来此类特质会产生负面影响，会造成社会进入过度自私的混乱失序状态，而采取严格的限制会有过犹不及的问题，彻底泯灭人的逐利之本性会影响经济发展的活力，也会抑制人们参与劳动的积极性。所以，怎样引导和管理好民众的求利之心，怎样实现理想的商业发展与控制工作，在释放商业活力服务国家与民众的同时，又避免因为过度逐利而产生混乱无序的问题，这是统治阶级需要认真思考的问题。

农业对国家发展在道德层面具有合理性，而商业活动也有这种道德合理性。第一，商业活动可以为国家和人民创造大量的财富。财富自身就带有解决基本生存需求的合理性。而和其他的生产领域相比，商业活动体现出互通有无、财富增殖等特征，能加快财富积累，因此具有满足人们高层

---

① 管子·大匡.
② 管子·禁藏.

次发展需要的合道德性。第二，商业贸易可改善产业结构。其一，商业所具备的互通有无之特征，对不同的交易主体都有很大的价值，“市者，天地之财具也，而万人之所和而利也”①，同时这里所提的利益，其调和覆盖的范围并非指代的是较少数的人群，而是将参与交易的全部群体都囊括进来，因此这也使得商品流通与交易过程体现出最大善的特征。其二，商业交易活动不仅可以实现利益增殖之目标，对其他产业的发展同样具有深远的影响。“市也者劝也，劝者所以起本。”② 良好的商业体系对于农业生产有较为重要的刺激效果，因此商业发展的同时也会促进农业领域的建设，“本”与“末”在这里可寻找到重要的契合点。第三，基于职业伦理的角度来分析，商业是职业结构协调发展的重要促进因素。《管子传》将商人看作“国之石民”的重要构成，并且对商人的社会地位予以承认，这显然是职业发展的一项重要突破。此外，四民分业的模式对于发展良好的职业商人提供了重要的环境，也有益于职业伦理精神的发展。重义、重诚的职业思想也受益于这种思想的熏陶。

## 三、重农饬商和重农抑商的区别判断

经过较长时间的农耕文明，发展到春秋战国阶段，以农为本已经成为各个国家对待生产发展的共同立场。此处的农业并非单纯指狭义的种植业，还涵盖纺织、养殖等广义层面的行业。在多个行业的发展过程中，尽管工商业有非常丰富的收益，但因为挤占劳动力等缘故，面临各学派与统治者的打压，这也是重农抑商观点有重要影响力的原因。

抑商的倾向在先秦时期早有存在，该思想源自于商鞅之时，属于法家的重要思想观念。“能事本禁末者富”③，商鞅主张应当对商业进行严格的限

① 梁启超．管子传［M］//汤志钧，汤仁泽．梁启超全集：第六集．北京：中国人民大学出版社，2018：547.

② 梁启超．管子传［M］//汤志钧，汤仁泽．梁启超全集：第六集．北京：中国人民大学出版社，2018：547.

③ 商君书·壹言．

制。李悝也曾指出“上不禁技巧则国贫民侈”①，提出商业的过度发展会对国家产生很大的消极影响。发展到韩非之时，重农抑商之思想有更为显著的表现，甚至将工商业者纳入“五蠹”中严加限制。而儒家的荀子，也有“省工贾，众农夫”② 等观点，认为应当加强对商业的限制，进而对农业发展提供充足的支持。对比同时期的其他提倡重农抑商的学派，即使抑商的外在表现形态与程度有所区别，但对工商业都持有负面的态度，纵然并未采取全面禁止的措施，也会采取相应的抑制措施。

和主流的重农抑商思想有所区别，《管子》和《管子传》经济伦理思想采用重农饬商之策略。相较于其他重农抑商的学派，《管子传》对农业的态度非常接近，主张“一农不耕，民有为之饥者”③。《管子传》也认可以农为本，不过在商业发展上持有不同的观点。主流思想对商业简单限制，《管子》和《管子传》则包含更为深刻复杂的意蕴。实际上，《管子》之中提出应当进行整饬的末业，仅仅是一些很少的奢侈品行业，该行业应仅提供基本的等级区分之需，超出该限制的奢侈品只会对社会造成负面影响。“而工以雕文刻镂相稚也，谓之逆。”④ 对商业的发展，《管子传》提出应当抑制和发展同时推进。其一，《管子传》认识到商业发展占用劳动力、危害社会风气的负面问题；其二，《管子传》认识到商业对社会的积极作用，认可商业求利之需求与这种需求对国家发展的合理性。对商业这一固有矛盾的存在，怎样合理管控发展规模并采取合适的限制措施是重中之重。因此对商业的认识，《管子传》之中有多重意味。梁启超认可管子的“市可以知多寡而不能为多寡”⑤ 的观点，认为商业是社会中非常重要的存在，但其无法称

① 说苑·反质.

② 荀子·君道.

③ 梁启超. 管子传［M］//汤志钧，汤仁泽. 梁启超全集：第六集. 北京：中国人民大学出版社，2018：545.

④ 管子·重令.

⑤ 梁启超. 管子传［M］//汤志钧，汤仁泽. 梁启超全集：第六集. 北京：中国人民大学出版社，2018：547.

作生产事业，进而提出社会的整体财富“不以商业之有无盛衰为增减也”①。在《管子传》中，关于发展商业的论述和农业的有显著区别，从头至尾有大量的重农思想，并不存在异辞；但是对商业的发展，有承认和赞许之语言，同时也有诸多抑制之主张。发展和抑制商业的思想同时存在，这也是《管子传》经济思想的核心特征之一。

① 梁启超．管子传［M］//汤志钧，汤仁泽．梁启超全集：第六集．北京：中国人民大学出版社，2018：547.

# 第三章
# 《管子传》中的分配伦理思想

分配存在于经济活动的从始到终，一方面是经济活动的最终结果，另一方面也是经济活动的起点与过程。对分配的资源、对象、时间、主体与原则等问题所进行的分析，都不仅限于独立的经济学意义，还有非常丰富的伦理内涵。对分配的定义有所不同，也会造成分配伦理的概念有所区别。倘若将分配看作特定阶段国民收入或者产品的划分，与之对应的是，狭义层面的分配伦理代表人们对产品与收入进行分配的基本价值观念与道德规范。假如将分配看作经济活动中和生产有同样重要性的内容，那么广义层面的分配伦理会关系到宏观的社会设施分配、中观的经济组织分配，以及微观的个人活动。广义的分配不仅涉及伦理领域的描述，同时也涉及规范伦理的论述。

梁启超在论述中提出，西方研究者认为从前经济政策更为关注生产，后来的经济政策更为关注分配。他进一步提出，中国古代学者对经济的论述总是关注分配的重要性，特别是《管子》中的论述较为完善，“于此尤三致意焉”①。《管子》分配伦理思想，是齐国上层建筑不可或缺的构成部分，其来源于该时期的经济基础。齐国时的经济发展水平与特征，决定了《管子》分配伦理思想的特征和表现。和其他国家相同，齐国也以小农自然经济为核心，这种自然经济的生产力很低，所以在分配的过程中必定需要关

① 梁启超．管子传［M］//汤志钧，汤仁泽．梁启超全集：第六集．北京：中国人民大学出版社，2018：548.

注农民利益。利益与财富的分配需要保障农民生活，满足农民维持生命与繁衍的基本物质需求。该时期齐国的商业体系较为完善，在春秋诸国中是较为发达的国家，因此获得了较为丰厚的商业收益。这种产业格局对齐国的政治、经济都有较大的消极影响，所以在分配伦理思想的论述中，管子认为需要扭转这种不利现象。《管子》中所论述的社会制度结构与安排，对其分配伦理思想有一定影响。在总体的利益分配体系中，最为重要的因素即国家利益，同时也关注地主与官僚阶层的利益。利益分配和等级制度相一致，目的是为维护与发展国家政权，并尽量保障各个阶级的利益。梁启超《管子传》中所论述的分配伦理思想，也受《管子》中分配思想的影响，考虑多个阶级的经济利益，目的是满足等级制阶级与阶层经济利益的需求。

## 第一节 关于贫富悬殊原因的分析

梁启超指出，管子认为政治、经济等多个领域的负面问题，都源自于贫富差距的存在。如果导致问题的根源未得到消除，那么即使奖励生产、积累更多的货币，最终的结果也只是被豪强所兼并，“而民且滋病”①。通过分析可发现，在《管子传》看来，贫富不均属于一种客观现象，而且也明确认识到贫富悬殊对于社会稳定与封建统治将会产生冲击。贫富间的巨大差距，主要是在农民和豪强间存在，豪强可以不事生产而获得极为丰富的利益，农民却需要终年劳动而无法满足基本的饮食需求。梁启超《管子传》中的分配伦理思想，将合理应对贫富差距视为发展的关键任务。针对此类问题，其围绕社会贫富差距的基本原因开展研究，提出贫富差距过大的主要原因，并进行了进一步的探讨和分析。

---

① 梁启超．管子传［M］//汤志钧，汤仁泽．梁启超全集：第六集．北京：中国人民大学出版社，2018：549.

## 一、生产本身的不足

《管子传》中首先论述贫富差距出现的原因是生产本身的不足。生产不足的主要原因则有下述两点。

其一，农业生产特有的季节性原因导致一年收入失衡。《管子传》提出春耕、夏耘、秋收以及冬除田，都会引发人们对于生产资料与生活资料的需求。例如：春日进行耕种，要求满足耕种需求的生产资料与生活资料，同时该时期的农民缺乏财物积累，实际存在的供求差距会大幅增长，使得此时期的物价起伏较为显著，市场中也更易产生兼并垄断现象，这是扩大贫富差距的关键时期，需要引起充分重视，“物有高下之时，即人民相兼并之时”①。

其二，年成好坏也会导致不同年份的收入有所区别，进一步增大贫富差距。“岁有凶穰，故谷有贵贱”②，在丰年之时，谷物价格会有所下降，农民所获得的收入也有所减少，“岁适美，则市粜无予，而狗彘食人食”③。如果某个年份的种植收获较少，那么谷物价格会大幅提升，底层民众希望得到维持生活的生活资料就需要给付更高的成本，同样也会导致收入的降低。所以，年成的好坏扩大了社会中的贫富差距。梁启超认为，分析管子轻重主义最为重要的研究对象就是粮食，即“则谷是也”④。《管子传》围绕年成好坏进行贫富影响的研究，已有较为全面与详尽的认知。假如一年中有某一种作物没有收成，那么粮食价格会因此而增长十倍，假如有两种作物没有收成，增幅会达到二十倍。此类价格波动中有很大的操纵价格空间，这也产生了对农民的剥削，导致贫富差距不断增大。

关于生产导致的贫富差距，《管子传》中给出的解决方案是国家增加对

---

① 梁启超．管子传［M］//汤志钧，汤仁泽．梁启超全集：第六集．北京：中国人民大学出版社，2018：557.

② 梁启超．管子传［M］//汤志钧，汤仁泽．梁启超全集：第六集．北京：中国人民大学出版社，2018：549.

③ 梁启超．管子传［M］//汤志钧，汤仁泽．梁启超全集：第六集．北京：中国人民大学出版社，2018：550.

④ 梁启超．管子传［M］//汤志钧，汤仁泽．梁启超全集：第六集．北京：中国人民大学出版社，2018：555.

农业产出的关注度，增加对农业生产、农民管理的关注度，对农民提供更多的助力与扶持。《管子传》正是在此之上论述了前文所探讨的重视生产的经济伦理思想，以及后文要探讨的对于贫困农民开展救赈的经济伦理思想。

## 二、政策和法令的轻重缓急

“令有缓急，故物有轻重。”① 根据这种观点，政令的缓急都会对物价产生显著的影响。为何政令的缓急会导致更为巨大的贫富差距？《管子传》对此有较为详尽的论述。政令过急会导致农民财产缩水，“农夫粜其五谷，三分贾而去”②。假如君王晨起命令征税，要求百姓在夜晚就完成税收的交付，有储蓄之人可在一日内完成交税，而缺乏财富积累的人唯有转卖自身的衣物与粮食等生活资料才可以筹得交税所需的货币，而急促出售会导致短期内供大于求，再加之商贾压低价格等影响，进而造成百姓手中原本持有的生产资料价值会缩水七成。由此可发现，假如国家征税过于急促，民众只能抛售财物从而给付税收，这会产生短期的供大于求情况，造成物价大幅下降，老百姓所持有的财富不断缩水，进而造成贫富差距不断扩大。

《管子》提出随着政令缓急状况的差异，百姓因此而遭遇的损失也有所区别。要求民众十日内提供财物，那么因此而遭遇的损失约为十分之一；假如要求八日备齐，因此而遭遇的损失约为十分之二；假如要求五日备齐，因此而遭遇的损失约为十分之五，其中最为严重的情况即“朝令而夕具，则财物之贾什去九”③。通过以上论述可发现，国家所颁行的政策与法令，对于社会中贫富差距所施加的影响非常大。关于政令原因导致的贫穷，以及因此而扩大的贫富差距问题，《管子传》的分配伦理思想之中，也有“取予有度”与“藏富与民”等重要论述。国家提出调御国民经济时，应当了解全国需求货币的数目，适时调整货币的流通规模，确保市场中的货币可

---

① 梁启超．管子传［M］//汤志钧，汤仁泽．梁启超全集：第六集．北京：中国人民大学出版社，2018：549.

② 梁启超．管子传［M］//汤志钧，汤仁泽．梁启超全集：第六集．北京：中国人民大学出版社，2018：559.

③ 管子·轻重甲．

以满足民众之需求。假如金融流通太过缓慢，事业会产生萎靡之风险，“则将货币收回于中央金库”①。

## 三、富商大贾的兼并和操纵

前面提到的生产层面的季节性，以及国家政策、法令缓急等产生的影响，使得富商有剥削民众的客观机会以及外在条件。富商所采取的兼并之策，主要是利用年成好坏的波动、政令缓急的变化，“乘民之不给，百倍其本”②。年成会有好坏波动，而政府所颁行的政令也有缓急之分。假如君王并未关注到此类因素对百姓产生的影响，无法对这种情形采取可靠的控制与治理，则会造成不德之“蓄贾”有机可乘，以此来牟取暴利。富商会在百姓艰难度日，疲于应付生活与政令之急时，采取哄抬或者是压低物价的策略，进而得以获取一本万利的暴利。

《管子》中提出尽管民众有基本的农田可满足生活所需，依靠农田耕种可拥有粮食与财产储蓄，但是因为不法富商的“并藏”，从而导致普通民众缺乏食物与钱财满足生活需求，“谷有所藏也……利有所并藏也”③。尽管民众拥有自身的土地可供耕种，单纯考虑土地的产出与民众的消耗，可满足其生活需求，但是民众依旧会遭遇饥饿之困境。导致该问题的原因即不法富商积蓄谷物操纵市场。而政府铸造大量的钱币，可以满足民众使用之需求，但是在赋税缴纳之时依然无法满足征税所需，导致该问题的原因同样为富商之“并藏”。正是不法富商的存在，使得百姓遭遇“不足用”之困境。因此商贾会假借市场与收成波动、政令下达等机会，剥削贫困的民众。“农夫失其五谷，是重竭也。”④ 豪商会通过民众的现金缺口，进而实施掠夺财物之行径，造成贫困之人丧失财物，进而陷入更为严重的贫困境地。针

---

① 梁启超．管子传［M］//汤志钧，汤仁泽．梁启超全集：第六集．北京：中国人民大学出版社，2018：556.

② 梁启超．管子传［M］//汤志钧，汤仁泽．梁启超全集：第六集．北京：中国人民大学出版社，2018：549.

③ 管子·国蓄.

④ 管子·轻重甲.

对此类问题，《管子传》于分配伦理思想的论述之中，提出了“均齐贫富”的分配思想：国家应当充分关注针对富商大贾的“富而能夺”，将此类“夺”来的财富转移到贫困群体，对贫困之人提供救赈，同时国家还需要关注对社会弱势群体提供配套的社会保障，确保可以实现“贫而能予”。

### 四、个体间先天性的体智差别

《管子传》提出，个体在体力、智力等领域存在先天不同，也会导致显著的贫富差距。就算所有人掌握的土地与财产数目为相同的，但是因为人们实际智力水平的区别，最终的贫富状况也会有显著差距。“分地若一，强者能守；分财若一，智者能收。”① 即使拥有同样的土地与财富，更加强壮与聪明之人可以保留与扩大自身所拥有的财富，进而加快土地以及财富的增长，而身体与智力相对较差的人不仅无法保留自身的土地与财富，还会逐渐面临入不敷出、亏损等问题。

假如君王并未通过政策调整来转变此类状态，那么“强者”“智者”“愚者”会达到上百倍的差距。因此《管子传》的分配伦理思想，并非以按劳分配作为唯一标准。而是在社会财富的分配过程中，考虑先天差别所导致的贫富差距，更加关注一些特殊群体的利益，注重保障与照顾一些弱者的利益。通过这些可发现，《管子传》将愚者与弱者的利益保护视为国家和君主的基本责任与义务，认为君主在经济生活和分配上的无视或不力是不道德的行为，这与《管子传》中对蓄贾游商的道德评价是相同的。

## 第二节 关于分配内容的伦理原则

《管子传》经济伦理思想之中，对于生产、分配、交换与消费四大过程的探讨，以生产伦理思想最为重要，其次就是分配伦理思想。《管子传》对

---

① 梁启超．管子传［M］//汤志钧，汤仁泽．梁启超全集：第六集．北京：中国人民大学出版社，2018：549.

分配有很高的关注度，强调分配在经济中的必要性与伦理领域的合理性，“天下不患无臣，患无君以使之”①，“天下不患无财，患无人以分之”②。换而言之，假如分配工作存在问题，那么即便生产丰富的财富，有完善的市场秩序，也会造成多种多样的社会问题，导致社会中存在怨愤与混乱。所以分配有显著的伦理优先性。《管子传》分配伦理思想的核心特征即功利主义，判断其是否合理、是否道德，是以国家公共利益的维持状况与增长状况作为标准的。而且在论述中并非单纯考虑利益增长状况，并非局限于生产方面的伦理原则和规范，同时还围绕生产获得的财富以及利益分配等问题进行阐述，关注分配方面的道德规范生成以及造成的影响。根据《管子传》的论述，假如分配工作存在问题，那么生产创造的财富与利益并非一定带来稳定与发展的局面，一些情况还会对等级制的政治与经济造成危害。不仅对于分配的重要性有一定认知，《管子传》还深入论述了分配的主要内容及相关伦理原则，下面进行具体的阐述。

## 一、“均地分力”的自然资源分配

《管子传》中所论述的分配内容，关系到自然资源、社会资源以及劳动成果多个方面。关于自然资源的分配，即针对土地、山林以及矿藏等进行的分配，重点为关于土地的分配。《管子传》中针对土地等自然资源的多种分配措施，均以“均地分力”的分配伦理原则为指引，也就是基于劳动力平均划分土地（所划分的仅为使用权，并未涉及所有权）。《管子传》中提出该思想的合理性，主要为下述几点。

第一，根据《管子传》的论述，土地作为万物之本，是民众得以生存的核心条件。“民非谷不食，谷非地不生。”③ 对于土地所存在的高度依赖，

① 梁启超．管子传［M］//汤志钧，汤仁泽．梁启超全集：第六集．北京：中国人民大学出版社，2018：532.

② 梁启超．管子传［M］//汤志钧，汤仁泽．梁启超全集：第六集．北京：中国人民大学出版社，2018：545.

③ 梁启超．管子传［M］//汤志钧，汤仁泽．梁启超全集：第六集．北京：中国人民大学出版社，2018：546.

是社会之中不同等级的人的共同现象。所以《管子传》提出应不论贵贱，根据人口数对土地进行平均分配，基本标准为人均拥有百亩左右的土地，这样才可以保证家庭的生活，才能实现人类的繁衍生息。可见《管子传》是站在本体论以及人类存续的视角于“均地”措施的伦理合理性进行论述。同时，《管子》中对于百姓开展土地分配，考虑到这一时期的生产关系为奴隶制到封建制的过渡阶段，可发现此类行为的道德性还体现于破除奴役枷锁、增进人身自由上，这也有益于人的自由与发展。

第二，《管子传》中关于“均地”的论述，源自于社会公正的体现与促进。《管子》认为土地是政治治理的根源，“政不正则事不可理也”①。围绕土地开展相应的平均分配，是保障社会公正的核心与开端。倘若土地分配较为公正，那么会产生政治清明之景象，各类事业都可以实现良好的发展，社会物质财富也会有较为快速的增长。反过来，“官不理则事不治，事不治则积货不多”②。假如土地分配存在显著的问题，则会造成社会政治出现不公正的问题，进而出现各种不公正的现象。对于此类问题，《管子传》论述了关于公正分配的详细方案与措施。不论土地的规模和尺寸，都需要结合实际状况进行核正与分配。除此之外，基于土地贫瘠状况的区别，针对土地质量相对较差的土地进行折算。《管子传》结合国家治理的好坏、国家的安危等多个视角探讨土地分配的重要性，并论述其道德层面的合理性。

第三，《管子传》还结合“均地”可以激发生产主动性、提升社会财富等论点开展论证。《管子传》提出，土地与劳动力是增加生产财富最为重要的影响因素，“民非作力毋以致财”③。《管子传》意识到农民的生产主动性，源自于国家可否满足其物质需求。对于物质层面的需求而言，农民更加关注土地问题，所以《管子传》的论述中有“均地分力”的观点。《管

---

① 管子·乘马.

② 梁启超.管子传［M］//汤志钧，汤仁泽.梁启超全集：第六集.北京：中国人民大学出版社，2018：546.

③ 梁启超.管子传［M］//汤志钧，汤仁泽.梁启超全集：第六集.北京：中国人民大学出版社，2018：546.

子》提出：“不告之以时而民不知，不道之以事而民不为。”① 假如将土地分配到广大劳动者，劳动者就会尽力参与生产，进而大幅提升其参与生产的主动性。通过此类方式可更加有效地开发有限的土地资源。与之相反，假如并未采取“均地”，并未落实分产到户的政策，那么民众的生产主动性就会相对较低，也难以达到理想的生产力。这会影响土地资源的开发效果，社会财富的充裕状态就难以实现。“民不怀其产，国之危也。”② 如果农民无法掌握相应的土地，不仅会伤害其参与生产的主动性，同时农民自身也将缺乏安定感与安全感，还会危害政权稳定以及社稷安危。因此，《管子传》基于生产积极性提升、国家安危等多个视角，探讨了开展土地分配的伦理重要性。

## 二、“德当其位”的社会资源分配

《管子传》所论述的分配内容中，关于社会资源的分配主要为社会权力的分配，即应当通过多种方式分配社会职位，进行相应的人才选拔。本书在这里将《管子传》关于社会资源的分配放到经济伦理思想的维度进行研究，主要原因为等级制的社会体系中，社会职位与地位会和经济权利、利益有密切关联，因此关于社会资源与职位所采取的分配措施，在一定的程度上可视为社会的经济利益分配的变形和表现形式。

《管子传》对社会职位分配与人才选拔，始终以道德与伦理作为核心。这种伦理层面的考虑重点源自于“三本”“四固”的思想。《管子》关于社会资源的分配即“治国有三本，而安国有四固”③，认为君王在进行社会资源分配的过程中，需要审查三大问题，即德行可否适应其地位，功勋可否适应其俸禄，才能可否适应其官位。同时，还需要谨慎考虑四大问题：其一，大德不至仁，不得授予其国柄；其二，见贤人不谦让，不得授予其尊

① 管子·乘马.

② 梁启超．管子传［M］//汤志钧，汤仁泽．梁启超全集：第六集．北京：中国人民大学出版社，2018：543.

③ 管子·立政.

位；其三，责罚规避亲属与贵人，不得使其执掌兵权；其四，不好本事，不务地利而采取较少的赋敛，不得授予其都邑。对于社会资源的分配，涉及“德、功、能”三大标准，《管子传》也以“德”作为核心。《管子传》提出，人纵然拥有胜任相关政务之能力，假如没有良好的道德品质，也不得正式选拔与任用。何为有德？可以做到“制礼明分”，认可与遵行礼、义、廉、耻等规范的即可称作有德。《管子》称“礼出乎义，义出乎理，理因乎道者也”①，礼、义、廉、耻等规范都来源自“道”，“道”是客观规律，对人们有自然而然的合理性。如此，以“德”为主的德、才、能相结合的分配标准，因为“道”所拥有的本体性与客观性，从而具备伦理层面的强制性与正当性。

《管子》与《管子传》结合个人美德与道德修养的区别，进而授予多种社会职位之做法，和柏拉图的理论较为接近。柏拉图在论述之中将个人的美德划分成节制、勇敢与智慧，进一步根据每种美德的差别性与层次性，从而将城邦中的社会职位分为农民、武士与统治者，提出唯有运用此类方式开展分配才是合理之策，才可以彰显社会之公正，成为正义的国家。

关于基层的官吏选举，《管子传》认为应当运用“三选”式的选官制度，该标准中最为关键的是关于道德品质的要求以及考核。“正月之朝，乡长复事，公亲问焉。”② 在考核的过程中，需要考虑义、仁、慈、孝、悌等相关道德要求，对于道德闻名乡里之人才，必须进行上告，假如并未尽上告之义务，则判定为蔽贤，应当治罪。《管子传》将道德要求视为官吏选举的核心条件，一般百姓也可凭借品德高尚而得以晋升。通过这些可发现，《管子传》将此类用贤举官的制度，视为大夫们政绩优劣的判断标准，并且运用制度的方式加以确认。

① 管子·心术.

② 梁启超. 管子传［M］//汤志钧，汤仁泽. 梁启超全集：第六集. 北京：中国人民大学出版社，2018：533.

## 三、“与民分货”的劳动产品分配

《管子传》还涉及社会劳动产品的分配。《管子传》意识到劳动产品分配的失衡，与因此而造成的经济、政治等负面问题。《管子》意识到社会分配不均导致的贫富分化现象对于新诞生的封建地主政权将会产生极大的危害，“法令之不行，万民之不治，以贫富之不齐也”①。民众富裕的情况下，国家与君王所提供的禄赏对其诱惑就会大大降低，无法被国家与君主所利用；民众贫困了，将逐渐丧失对于国家法令之畏惧，进而为生存之目的铤而走险，也无法被国家与君主利用。国家法令无法贯彻到位，治理效果不佳，主要原因就在于不断加大的贫富差距。《管子传》同样意识到，过于巨大的贫富差距还会造成社会风气以及道德状态的恶化。所以，为应对社会产品分配之中的混乱问题，与因此而产生的各类社会问题，《管子传》给出了解决方案——“与民分货”，即劳动者将自身持有的一部分产品交付给国家，充当租种国有土地之报酬，国家则需要将部分产品存留给劳动者。

“与民分货”的思想有人性论之基础，《管子传》也基于人性论的视角探讨这种分配方案的价值合理性。“民予则喜，夺则怒，民情皆然”②，即人们关于劳动产品的取与予，出于本能就很关注，假如在民众看来自身应得的劳动产品却未能到手，会因此而出现不满与怨恨，进一步引发各类过激行为，从而危害社稷。“与之分货，则民知得正矣。审其分，则民尽力矣。”③ 假如进行合理的分配，那么民众就会“尽力”劳作。所以，对于相关劳动产品的具体分配而言，有必要对民众进行较多的分配，有助于提升其参与生产的主动性，进而增长整体财富，稳定社会秩序。

---

① 梁启超．管子传［M］//汤志钧，汤仁泽．梁启超全集：第六集．北京：中国人民大学出版社，2018：549.

② 梁启超．管子传［M］//汤志钧，汤仁泽．梁启超全集：第六集．北京：中国人民大学出版社，2018：560.

③ 梁启超．管子传［M］//汤志钧，汤仁泽．梁启超全集：第六集．北京：中国人民大学出版社，2018：545.

## 四、"分财利民"的赋税征敛思想

除了自然资源、社会资源以及劳动产品的分配以外，《管子传》还提出，国家应当充分运用利民之策。因为"民予则喜，夺则怒"①，所以为实现利民之目标，《管子传》进一步提出分财之主张。这里的分财，即统治者让利于广大民众，和民众同利。分财最为直接、高效的方法即薄赋敛。梁启超在论述中提出，租税存在三大负面影响：一是妨碍生产力，二是剥夺国民之收益，三是引发国民之意见，三个负面影响都有一定的道理，"今世言财政学者，亦不能具斥其非也"②。在此基础上，指出需要更为谨慎地处理赋税问题，不得竭泽而渔，影响财源。不收租税作为一种基本准则，征收租税作为例外，这是非常特别的赋税征敛方法，梁启超将其命名为"无税主义"③。围绕该方法，他提出了多个征敛赋税的原则。其一，明确征收。让民众意识到赋税在产品中的占比较为合适，这有助于民众努力生产。就算不督促，民众也会积极地参与劳作。其二，薄征轻收，也就是轻徭薄赋。提出赋税征收需要尽可能地轻缓，禁止随意聚敛，过多的赋税会破坏正常的社会再生产秩序。其三，公平公正。也就是应当采取区别对待的措施，根据负担能力进行赋税的征收。所进行的土地税征收，需要结合土地规模与土质优劣加以判断。其四，灵活弹性。即征收的赋税应当有一定伸缩性。税收需要结合条件的变动灵活变化，诸如农业税率需要结合年成好坏进行综合判断。其五，变通隐征。"见予之形，不见夺之理"④，一些税不明确征收，而是采取变通征收的措施。例如，通过官府运营盐、铁、粮食等关键的物资，用盈利来取代传统的税收。在实际的经营中，将税整合到价格里。

---

① 梁启超．管子传［M］//汤志钧，汤仁泽．梁启超全集：第六集．北京：中国人民大学出版社，2018：560.

② 梁启超．管子传［M］//汤志钧，汤仁泽．梁启超全集：第六集．北京：中国人民大学出版社，2018：560.

③ 梁启超．管子传［M］//汤志钧，汤仁泽．梁启超全集：第六集．北京：中国人民大学出版社，2018：560.

④ 梁启超．管子传［M］//汤志钧，汤仁泽．梁启超全集：第六集．北京：中国人民大学出版社，2018：560.

在此情况下，国家会结合物价的波动，进行贱买贵卖，虽然并未对人民进行征税，但事实上却有大量的财政收入。可以发现，《管子传》不仅采取相对偏低的赋税政策，同时也十分重视税收的合理性。

## 第三节 关于分配目标的伦理取向

分配所需要处理的关键问题即效率与公平。通常情况下，两者会产生矛盾。假如在实际分配过程中片面关注效率的追求，会危害社会公平，有碍社会稳定以及和谐、全面的发展，这也会造成社会经济建设的道德合理性遭受质疑。而假如在分配环节中过多考虑社会公平的实现，则会对效率产生负面影响。这种做法在道德上也存在问题，牺牲效率必定会危害社会发展，这也会对于人类整体的发展产生消极影响。在不同的社会阶段，关于效率或是公平需求的急迫性具有显著区别，一些情况下需要优先考虑效率，一些情况下需要优先考虑公平。

《管子》对于效率和公平之间的矛盾，其解决思路划分为两个时期：前管子时期与后管子时期。前管子时期，田齐欲实现王霸天下之目标，需要有较为庞大的国家实力以及强悍的军事力量，这些措施只能依靠发展生产来达到。因此该时期的分配伦理思想重点考虑效率的相关问题，进而提出按劳分配、“积多食多”① 等主张。后管子时期，产生了西汉的《管子》轻重诸篇。该时期的社会贫富差距不断增大，地主和农民之间的矛盾冲突日趋尖锐，处理该问题显得很迫切。拥有雄厚经济实力的蓄商豪门又严重危害中央统治的稳定性。因此该时期的分配伦理思想重点考虑社会公平，提出均齐贫富、救穷赈困等思想。尽管这种社会公平思想的目的是保障统治地位，但是也无法否认其在经济层面的必要性及在道德层面的合理性。

《管子》中论述的分配伦理思想，并非单纯关注平均分配，实际进行的

---

① 管子·权修.

“分”代表针对社会中各等级与阶层的利益实现的相对均衡，而并非绝对的平均。而此类“分”也并非仅仅代表统治阶级中的分配与调节，同时也涉及统治、被统治阶级间的利益调节。追求的是较为均衡的分配，即各阶级与阶层所获取的生产资料、生活资料，和相应的身份与等级地位相适合，此类均衡的基本标准即“礼”代表的封建等级道德规范。梁启超在论述中提出“理财之根本观念”应和法治主义、国民经济政策的精神相契合。《管子传》的“分”不仅涉及产品的分配，同时也涉及社会生产之中的地位分配；也就是说，“分”的内容不仅涉及生产资料、生活资料，还关系到生产关系、公共资源。《管子传》分配伦理思想的根本目标即实现国家利益最大化，同时也意识到人民利益的满足对国家利益的极大作用。因此《管子传》功利主义的分配思想中，也有许多涉及恤贫、救穷以及济困等德性主义思想成分，体现了功利主义与德性主义之间相结合的特性。《管子传》用于应对分配均衡的方案涉及三大层面：制度、经济与思想。制度层面通过等级划分的方式来保障分配之均衡；经济层面则依靠增加社会财富的方案，应对物质财富不足导致的贫富差距；思想层面通过名分等道德规范来引导和抑制人民。

## 一、效率取向

《管子传》关于分配有“积多者其食多，其积寡者其食寡”① 的表述，其核心目标为提高效率，帮助社会快速进步。这里的“积”表述的是特定活动的成绩与功效，《管子传》中用于表述产出粮食的数量与军人战功之大小。积多而食多的原则，更加强调所获收益与付出要维持一致，食、积需要相当。《管子传》重视财富分配中的按劳分配，注重效率，并认识到分配环节中的付出与回报之间的失衡对于社会政治、经济以及道德生活等会产生负面影响。如果使劳积少的人分得的劳动产品多，那么他们就会学会弄

① 梁启超．管子传［M］//汤志钧，汤仁泽．梁启超全集：第六集．北京：中国人民大学出版社，2018：547.

虚作假，即所谓“有积寡而食多者，则民多诈”；假如使劳积多的人获取的劳动产品相对偏少，那么他们就不想尽力参与生产，出现反感及叛离等问题，即“有绩而不食者，则民离上”；假如缺乏劳积的人可以凭空参与劳动产品的分配，那么就会让民众心怀侥幸不参与劳动，即“有无积而徒食者，则民偷幸”①。此类问题的积累与循环，不仅会造成社会道德水平的降低，同时也会导致百业萧条，国力因此而大幅衰退，遭遇内忧外患之困境，“举事不成，应敌不用”②。

《管子传》提出这种分配原则，主要原因是将社会活动之功效归于后天努力（人们在先天智力与天赋方面的差异，并非采取此类分配方式之原因）。《管子传》提出，假如可以在社会产品的分配过程中采取多劳多得、以功取食、以劳获财等策略，将有助于激发民众参与生产的主动性，促进劳动者尽量发挥自身的才能，更好地为自身与社会创造物质财富。发展是硬道理，要达到秩序稳定、国家强大等目标，需要生产发展与财富积累。

《管子传》提出社会中各个阶级、各个职业的人都应当尽其所能地得到收入以及生活资料。贤者需要依靠自身的能力与本事获得生存，唯有如此才能获得尊重，民众才会更加顺从；战士需要依靠自身的勇敢及战功得到奖赏及财富，唯有如此才可以不惧死难，藐视敌人，更英勇地战斗；君主需要以自身的德性得到生活需求的物资，唯有如此才会拥有尊严，老百姓才会遵从管理；普通百姓需要依靠自身的体力维持生计，在此情况下国家才会富足，人民生活才会宽裕。

《管子》提出对于不同级别的官吏，需要运用“以劳受禄”③ 的分配原则，尽可能防止“无功而可以得富者”④。《管子》确认三类人不应获得相应的官职以及俸禄，“此三本者，治乱之源也”⑤：不应当让无德与无能的官

---

① 梁启超．管子传［M］//汤志钧，汤仁泽．梁启超全集：第六集．北京：中国人民大学出版社，2018：547－548.

② 管子·权修．

③ 管子·君臣上．

④ 管子·重令．

⑤ 管子·权修．

员“当其位”“当其禄”“当其官”，国家对于此类官员需要运用果断的措施“夺”之。《管子》将言过其实，缺乏才干却伪装有才能，通过这种不当方式而得俸禄之官员看作不德、不忠，“君不私国，臣不诬能，行此道者，虽未大治，正民之经也”①。假如大臣能当其官，那么即便国家无法达到盛世之治，也可为人们树立道德榜样，指引广大民众。还提出要对政绩较好、功劳较大的官员进行相应的表扬与奖励，“有善者，赏之以列爵之尊，田地之厚”②，不仅需要为此类优秀人才提供相应的爵位，还给他们丰富的田地赏赐；与之相反，针对不仅未创造功劳反而存在过错的官吏，则需要采取相应的惩罚，“有过者，罚之以废亡之辱，戮死之刑”③，不仅需要剥夺其享有的职位以及俸禄，还需要对其处以刑罚。

不仅需要对多劳者施之以多得，《管子传》认为还需要对运用囤积居奇、兼并等不当方式暴富的商人剥夺全部资产。主要原因为其实际获得和付出不对等，是“积少者而食多”不良情况的表现。《管子传》提出商人也需要如同农民一般，通过正当的方式，运用自身的诚实劳动来得到财富。商人所得到的利益与财富应当得其“宜”，依靠自身诚实地劳动以及遵守法律地经营从而得到相应的财富。《管子传》提出的对商人进行打击，仅仅是适用于不德商人，约束此类群体依靠非法之方式不劳而获。关于分配，《管子传》反复强调需要“使法量功”④，进而确保社会生产以及经济发展富有效率。判断人们的功与过以及赏罚情况，需要制定客观标准，确保实现“使法量功”。在实际的分配过程中，君主不应依据自身的好恶加以赏罚，“使法量功，不自度也”⑤。针对有功之人，需要根据实际的功劳大小给予奖励；针对犯罪的人，也需要结合实际犯错大小采取相应的处罚。

---

① 管子·法法.

② 管子·君臣上.

③ 管子·君臣上.

④ 梁启超. 管子传［M］//汤志钧，汤仁泽. 梁启超全集：第六集. 北京：中国人民大学出版社，2018：564.

⑤ 梁启超. 管子传［M］//汤志钧，汤仁泽. 梁启超全集：第六集. 北京：中国人民大学出版社，2018：564.

## 二、公平取向

梁启超提出，财政学家在确立租税原则时，应已测定国民实际的纳税力，“便各各适应之以均其负担”①。如果说《管子传》中采取“积多者食多”原则是为了增进社会生产，鼓励强者，讲求效率；而采取“均齐贫富”之原则，目的是保障社会的稳定与和谐，保护弱者的权益，尽可能实现公平。“均齐贫富”被视为重要的分配原则，源于贫富差距的不断加剧及社会的严重不安。假如不关注分配之中的社会公平，那么这种分配的悬殊会产生负面影响。两种分配方法的侧重点有所区别，实际的政策效应也有所区别，它们并不是完全对立的，仅仅属于《管子传》中分配思想的两个方面，分别存在自身的侧重，两者可以相互补充和协调。“无积者多食”尽管会产生负面影响，但“贫富无度”也有负面影响，理想之情况应当为“贫富有度”，即保持一定程度的贫富差距。这是维持统治、治理国家的必然需求，同时也是加强生产的必要条件。当然在分配过程中又不能让贫富差距过大，差距过大一方面会危害社会生产，另一方面也会危害国家政权。唯有将这两种分配方法进行相应的整合，才可消除分配的缺陷。因此在实际的分配过程中，需要在关注生产效率的基础上考虑社会公平。

《管子传》所论述的社会经济生产主要为农业生产。农业生产的核心特征为对于自然条件的依赖程度非常高。自然经济环境中，人们从事农业生产往往是靠天吃饭，应对自然灾害的能力很弱。所以如果遭遇自然灾害等问题，就会有许多百姓丧失生活来源，生活很难正常维持，生命很难有基本的保障。《管子传》中也有相应的论述，“众散而不收，则国为丘墟”②。遇到大旱或水涝的情况，百姓会因此而四散，会因此而忍饥挨饿。在此情况下国家就无法对其管理与运用，国家会因此而沦为废墟。所以，国家在

---

① 梁启超．管子传［M］//汤志钧，汤仁泽．梁启超全集：第六集．北京：中国人民大学出版社，2018：564.

② 梁启超．管子传［M］//汤志钧，汤仁泽．梁启超全集：第六集．北京：中国人民大学出版社，2018：546.

社会财富的分配过程中，需要充分关注此类情况，加强保障工作，实现一定的社会公平。

国家如果想将社会保障工作落实到位，就需要有丰富的社会物质财富提供支持，《管子传》重点论述在流通环节中通过经济方式积累财富从而应对灾害问题。针对因为贫困问题缺乏生产能力的情况，国家不仅需要提供实物支持，保障其可以维持基本的生产生活，还需要在灾荒与春秋粮食价格变动相对偏大之时，采取平抑物价、预付粮款等方式来保护贫困之人，帮助其渡过难关，如“无种者予之新”① 和“夏贷以收秋实”②。

在社会分配问题上，《管子》对社会公平的追求与实现，还存在于社会福利政策方面。《管子》关注对缺乏劳动能力、生活困难之人开展扶助，来达到社会的公平和正义：对年龄大于七十岁、丧失劳动能力的老年人，国家需要设立专业的掌老之官，采取相应的敬老政策；对于无力抚育小孩的贫困家庭，国家需要设立专业的掌幼之官，采取相应的慈幼之策；针对孤儿，国家需要设立专门的掌孤之官，采取相应的恤孤之策；针对盲、聋哑、畸形等残疾人，国家需要设立掌疾之官，专门对其慰问与管理；针对因为贫穷而没有居所与饮食之人采取通穷之策，规定各乡将此类状况准确上报，否则就惩罚乡里官员。假如遭遇较差年份，雇用之人通常会面临多病、死亡等问题，此种情况下国家对此类群体不仅需要宽缓或者是赦免其罪过以及刑罚，同时还需要发放粮食，提供供给。

---

① 梁启超．管子传［M］//汤志钧，汤仁泽．梁启超全集：第六集．北京：中国人民大学出版社，2018：552.

② 梁启超．管子传［M］//汤志钧，汤仁泽．梁启超全集：第六集．北京：中国人民大学出版社，2018：549.

# 第四章
# 《管子传》中的交换伦理思想

我国古代诸多流派与各个思想家对交换伦理思想的论述相对偏少，主要原因是古代自然经济环境中，产品生产之目的是解决生活之需求，是一种自给自足的小农经济模式。对于社会经济而言，产品的交换与流通未发展为常态。农业与商业、生产与流通之间的关系，长期以来都关注农业、抑制工商业，关注生产忽视流通与交换。但是，正如梁启超所言，管子“言奖厉工业者，不可枚举……而商业又其所最重也”①。其他地区与国家针对商业抑制与否定之时，管子却深刻地认知到商业活动与交换行为的经济合理性，同时在道德价值方面也予以一定认可，这是管子经济伦理思想有别于其他流派的重要特征。所以，梁启超《管子传》关于交换伦理思想的论述也较为丰富与深刻，该领域的论述在整个经济伦理思想中占有一定的篇幅。“四民分业”即是对工商业与工商业从业人员地位的认可。针对商业交换行为，《管子传》中也有“无市则国贫民乏”的理念。需要认识到，《管子传》中所论述的商业交换行为，是以互通有无、调节与丰富生活等作为目标的商业活动，而不是以获得高额利润、交易珍奇玩好之物为目的的商业行为。本章将从交换动机伦理观、交换行为伦理观、交换伦理规范三方面进行分析。

---

① 梁启超．管子传［M］//汤志钧，汤仁泽．梁启超全集：第六集．北京：中国人民大学出版社，2018：547.

## 第一节 交换动机伦理观

伴随生产力的不断提升，商人这一职业随之产生，专门参与各种商品交易活动。进行交换并非为了使用价值，而是为追求价值得到利润。《管子传》提出商人拥有好利本性，相应的道德价值评价标准为“废私而立公”，并主张国势至上的对外经济贸易。

### 一、商人的好利本性

人拥有求利动机，《管子》对此认同，“凡人之情，见利莫能勿就，见害莫能勿避”①，就是认为人性与人情都有着欲利而恶失的特征，所有人在该特征上都是一致的，不存在贵贱高下的区别。《管子》意识到尽管趋利避害与趋乐避苦为所有人都有的共同特征，是普遍的人性，但是此种人性在各种职业、各种人群中的体现有一定区别，商业与商人在实际交换中的求利动机表现得更加显著。《禁藏》篇围绕人的利益追求进行论述，提出“故利之所在，虽千仞之山，无所不止”②。结合《禁藏》篇中其他内容可总结出两点信息：其一，商人与商业对于利益的追求，相较于其他职业而言更加积极主动，为利益可以夜以继日地奔波与努力；其二，对商人与商业所拥有的求利心理与逐利行径，无需大惊小怪，也不用深恶痛绝，更不应将其看作邪恶与不道德。而对此类人性也并非完全放之任之，仅需“执利之在”即可。《管子传》的人性论提出人都有趋利避害之本性，开展各类活动的动机与动力都来自对利益的追求，此种求利动机在经济活动中的表现更为显著与重要。《管子传》在人性论基础上，进一步推论出商业与商人交换行为的求利动机，未对评价交换行为之道德价值做出评价，认为此种求利

---

① 管子·禁藏.
② 管子·禁藏.

之动机并不存在善或恶、道德或不道德。《管子传》提出对商人交换的求利本性，主要存在两类处理办法：顺与逆。“顺”即承认商人交换的求利动机与要求，同时为其交换行为提供相应的条件与环境。“逆”则是针对其嗜利本性进行相应的约束与控制，围绕求利的范围、方法和数量等采取严格的控制。

## 二、“废私而立公”的道德价值评价标准

《管子传》对于交换的道德价值评价，实行的标准为“废私而立公”。换而言之，即满足国家利益与公利的行为，在道德上就是合理的，而且具备相应的道德价值；反过来，假如单纯为私己之利，不仅未对国家与公共的利益创造价值，还因个体之私利危害国家与公共利益，即可归入不道德的范畴。与之相同，该标准也可以运用到对商人与商业求利动机的判断中。基于求利结果的视角来分析，假如商人与商业在逐利的过程中，对于国家与公共的利益有一定贡献，使得国家与公共利益的财富有所增长，这种求利之动机即是合道德的，反过来即是不道德的。

《管子》将商业分为官营与私营两类，并探讨二者之间的关系，同时还论述它们对农业生产的影响。“省有肆则市朝闲”① 即提倡国家发展官办商业，通过此类方式来抑制私营商业，“市闲则田野充”② 则是主张进一步促进农业发展，使人民财物丰富，“民财足则君赋敛焉不穷”③，国家就会更加富强。

《管子传》认为，同样是经营商业，私营商业者不仅需要给付各类税赋，还需要从事劳役，官营商业者就不需要进行这些。因为官营、私营商业对国家的影响与产生的作用有所区别，《管子传》对于二者的道德态度与评价也有显著区别。《管子传》对于官营商业的经济交换行为进行道德评价，并非以德性主义为标准，而是将功利主义作为对其进行道德评价的主要标准。单纯关注官营商业的经济行为是否对增长社会财富有益，假如有

---

① 管子·揆度.
② 管子·揆度.
③ 管子·揆度.

益于国家财富的增长，对于公共利益有相对贡献，则此类经济行为合乎道德，进而有提倡的价值，而并不考虑这种社会财富增长方式是否满足道德规范，是否有益于优良道德风尚的引领，是否有益于个体道德修养与道德水平的提升等。针对私营商业的经济行为，《管子传》的道德评价有所区别，提出这种经济行为不仅要有益于国家与社会财富的积累与增长，同时要求财富积累的过程与途径也应符合道德。

## 三、国势至上的对外经贸

在《管子传》所论述的交换伦理思想中，梁启超对于对外经贸伦理思想尤为关注。他认为，秦汉之后的中国长期以来都是统一的国家，周边都是小蛮夷。这些小国家的文化与力量都无法和中国相匹敌，因此中国对外交政策的关注较少。即使有一定交涉，也仅仅是攻掠战争之事。欧洲与之有显著区别，在千年的发展过程中，多个国家同时存在，相互之间势均力敌，而且距离非常近，交通与交流都很便捷，因此欧洲大陆上形成了自由贸易、保护贸易等观点。而对于外贸方面，“若我管子则深明此意者也”①。

管子之时的齐国繁荣昌盛，受益于其较为开放的国家性格，而此种开放不仅体现于经济结构的多样性，同时还表现在对外贸的态度上。针对外贸活动，《管子》发现其对就业、物品流通以及消费等领域的积极价值，“然则贪动枳而得食矣”②，因此将对外贸易看作和国内商业同等地位之事，认为其有利于促进本国财富增长，对其采取支持的立场，而且运用“五乘者有伍养”③“市廛而不税”④ 等优惠政策为对外贸易提供便利条件，力图实现“来天下之财”的经济目标。

《管子传》对于外贸有非常高的关注度，主要原因为认识到其对国家发展的重要性。一方面，外贸经济能够作为经济发展的补充方式，增长国家

① 梁启超. 管子传［M］//汤志钧，汤仁泽. 梁启超全集：第六集. 北京：中国人民大学出版社，2018：565.

② 管子·侈靡.

③ 管子·轻重乙.

④ 管子·五辅.

的财政收入，甚至得到丰厚的利润，“此谓守物而御天下也”①。《管子传》通过积极开发本国所拥有的优势资源，有效运用相关的轻重理论，保持“天下下我高，天下轻我重”② 的基本原则，进一步获取差额利润，从而不断壮大国家财力。另一方面，基于政治视角来分析，经济影响力是影响政治影响力的核心要素，外贸则是增加经济影响力的有效方式，通过掌控关键物资，进一步实现以轻重“御天下”之效果，这也是获得政治话语权的便利途径。

在和其他国家开展贸易的过程中，各国都是单纯关注经济利益，丛林法则在该领域的表现得非常明显和充分。因此从事实的角度来分析，外贸活动之中并不存在伦理。或者说，假如存在外贸伦理，也仅仅是国家整体利益作为表现的利益至上原则。对内而言，个体利益凝结发展为抽象的国家整体利益而获得保障。对外贸易中，本国利益的满足和维护是主要的前提，甚至会产生地方保护主义思想。因此，梁启超提出对外经济的核心策略即奖励本国之特长，通过人力实现独占价格，“而吸其赢于外国”③。落实到相关政策中，则表现在多个领域，比如为避免谷物外泄而对谷物价格进行具体拟定，本国谷价必须在其他国家之上，假如未能做到，“然则吾民常为天下虏矣”④。对外来说，国势至上的动机则表现为竭尽所能地创造商机，得到丰厚利益。比如曾经的齐国因为临近海洋而拥有天然渔盐优势，针对周边梁、赵、宋、卫等未产出盐的国家，齐国就运用自身在盐上的垄断优势，大幅提高盐价，从而让邻国被迫购入价格高昂的盐。在政治、经济和外交等缺乏约束的情况下，诸国之间的贸易也毫无情义可言，利益通常成为各种伦理原则的制高点。

---

① 梁启超．管子传［M］//汤志钧，汤仁泽．梁启超全集：第六集．北京：中国人民大学出版社，2018：566.

② 管子·轻重乙．

③ 梁启超．管子传［M］//汤志钧，汤仁泽．梁启超全集：第六集．北京：中国人民大学出版社，2018：567.

④ 梁启超．管子传［M］//汤志钧，汤仁泽．梁启超全集：第六集．北京：中国人民大学出版社，2018：569.

## 第二节 交换行为伦理观

梁启超认为，若道有一种行业可以给国家带来非常巨大的财源，“则商业是矣”①。所以《管子传》之经济伦理思想十分关注商业交换行为。战国时期，社会分工细化，生产力不断提升，工商业得到发展，而齐国历来有着商业传统，以及对于人性自利本性的认知。《管子》在物质利益与义利关系上体现出崇尚功利的价值取向，将求富创利的商业交换行为看作正当的行为并且对此予以肯定。

### 一、重视商业交换行为的表现

前文关于《管子传》生产伦理思想的探讨中已有关于农业、工商业关系的论述，其最具特色的思想即高度关注农业生产，将农业生产看作强国富民之根本，同时在保障农业生产的基础上，还极为关注工商业的发展，注重商业交换行为对公众生活与国家经济生活的重要价值。《管子传》关注到，商业交换行为的经济伦理思想，会对经济政策与经济思想产生影响，对经济生活发挥指导作用。《管子传》注重商业交换行为，主要表现为下述几点。

其一，《管子传》将商业视为士、农、工、商四大行业的基础构成之一，将商业视为整个经济生活的必要组成部分。同时让工商业者共同生活，使“处商必就市井”②。此类措施不仅有益于商人社会地位的提升，同时也有益于商人更好地开展交流与专业知识教育，有益于商人及商业体系的不断成长。

---

① 梁启超．管子传［M］//汤志钧，汤仁泽．梁启超全集：第六集．北京：中国人民大学出版社，2018：563.

② 梁启超．管子传［M］//汤志钧，汤仁泽．梁启超全集：第六集．北京：中国人民大学出版社，2018：541.

其二，构建固定的交换场所，便捷商业活动的推进与完善。六里见方的场地称作“暴”，五“暴”的范围称作“部”，五“部”的面积称作“聚”，“聚”则需要建立集市，若是缺乏相应的集市，周边民众的生活会贫乏。可以发现，《管子传》对于商业交换有很高的关注度，将商业交换场所的构建，通过行政建制的模式予以固定，这也让交换行为逐渐演变为经常的、普遍的经济形式。

其三，《管子传》提出国家应从外部为商业活动的发展提供支持，进而为商业活动创立良好的经营环境，通过此类方式增进商业活动的次数与频率。当时的齐国明文规定，要对拥有一辆马车之商人给予相应的食宿支持，对拥有三辆马车之人给予免费草料之支援，对拥有五辆马车之人则提供服务人员，这样可吸纳诸多外商前往齐国从事商业活动，进一步营造良好的商业环境，促进商业体系的发展。

其四，《管子传》支持国家直接参与商业活动，通过官营商业获得丰富的利益，进而实现提升整体社会财富之效果，并通过各种商业的持续发展，尽力达成国富民强之目标。

## 二、商业交换行为的合理性论证

《管子传》之所以高度关注商业交换行为，不仅源自于生产力的不断发展、工商业的成长，以及对于人性自利的认知，还源自于对商业交换的经济价值与政治价值合理性的高度认同，《管子传》的相关论述主要为下述内容。

其一，商业行为从原始、根本的视角来分析，可为交换双方提供利益，从该视角来分析，商业交换行为所具备的道德合理性，体现出相当程度上天然的合道德性。此类天然的合道德性是各种交换行为兼有的，只是《管子传》对商业交换领域的关注比较明显，将商业的作用论述为“万人之所和而利也”①。此处的“和而利也”，即商业交换行为各方主体都可得到利

① 梁启超．管子传［M］//汤志钧，汤仁泽．梁启超全集：第六集．北京：中国人民大学出版社，2018：547.

益。农民与手工业者，都能够通过自身所拥有的劳动产品，得到相应的生活所需品与生产必需品。此处，《管子传》有关商业行为的道德合理性通过天然的“交换的互利意义”得以实现。

其二，商业交换行为的道德性也表现为有助于互通有无，满足与丰富民众的生活。商业层面的交换活动，即通过“易其所无，买贱鬻贵”① 等方式完成交易，实现“奇怪时来，珍异物聚”② 之目标。《管子传》提出，若是不存在商业与市场等产品交换活动，民众基本的生产与生活用品，就无法获得必需的补充与调剂，在此情况下生活会遭遇窘迫与贫乏。同时商业对农业生产与经济建设也有价值，若是缺乏市场流通，那么社会中的商品物资就会不足，人们的需求也很难获得满足。若是缺乏相应的商业交换行为，农民与手工业者产出的物品难以销售，在此情况下就无法实现生产资料的补充，也无法进行社会再生产。最终的结果为生产者丧失参与生产的主动性，不想参与到再生产之中；同时民众的生产与生活资料未能获得满足，进而产生“民乏”之困境。因此《管子传》认同工商业对经济建设、改善民生等领域的重要价值。这里的商业交换行为是以功利主义为导向，有助于增进各方利益，具备道德上的合理性。

其三，传统社会中“以农为天”，在发展农业生产得到生产与生活资料、助力国强民富的根本条件下，商业交换行为可以在促进农业生产发展方面得到道德层面的支持。《管子传》提出“市也者劝也，劝者所以起本”③，也就是认为商业交换行为能够刺激、劝勉农业生产，进一步促进经济建设与人民生活水平提升。除此之外，《管子传》也提出可依靠商业交换行为创造的利益，填补农业生产所存在的不足，“漏壤之国，谨下诸侯之五

---

① 梁启超．管子传［M］//汤志钧，汤仁泽．梁启超全集：第六集．北京：中国人民大学出版社，2018：541－542.

② 梁启超．管子传［M］//汤志钧，汤仁泽．梁启超全集：第六集．北京：中国人民大学出版社，2018：547.

③ 梁启超．管子传［M］//汤志钧，汤仁泽．梁启超全集：第六集．北京：中国人民大学出版社，2018：547.

谷，与工，雕文梓器，以下天下之五谷。此准时五势之数也”①，指出对于土壤、地理环境欠佳的“漏壤”之地，国家可依靠工商业的发展来获得财富，以此来弥补不利的自然原因导致的农业生产不足，满足民众的基本生活需求。

其四，《管子传》之中的商业交换行为从结果来分析满足《管子》中国家为本位、立公而废私的道德目标与标准，因此其也存在合道德的特征。一方面，国家可依靠商业交换等方式，掌握国家商品、物品的供给与需求的详细状况，认知国家经济生活的优势与不足。“市者可以知治乱，可以知多寡，而不能为多寡，为之有道。”② 商业交换行为不仅可以为经济活动、经济管理等提供支持，同时也可依靠市场中的交换行为，有效调控多个行业与从业者的收益差别，达到“百事治”与“百用节”的良治局面。在此情况下，国家就可在社会、经济与政治等多个领域稳定、有序与和谐地发展。另一方面，国家还可基于商业交换获得较大规模的财富积累，充实财政，增强国家实力，进而达成“散积聚”“分并财利”③ 之目标。

## 三、倡导以市为准的交换行为

“市者，货之准也”④，市不仅代表交换活动的空间场所，同时也代表经济公平的抽象价值。市场经济并非简单的物物交换，其中蕴含了人和人之间的思想、精神与道德的交流。因此，以市为准的交换行为自身就有其合道德性。

第一，以市为准、互通有无，这对于物价的合理化提供了重要的准绳，有助于防止不法商贩假借市场波动哄抬物价，可以为多数民众提供福祉。经济生产（尤其是农业生产）通常具有不稳定性，供需和价格间的跟进有

---

① 梁启超．管子传［M］//汤志钧，汤仁泽．梁启超全集：第六集．北京：中国人民大学出版社，2018：565.

② 管子·乘马．

③ 梁启超．管子传［M］//汤志钧，汤仁泽．梁启超全集：第六集．北京：中国人民大学出版社，2018：565.

④ 管子·乘马．

一定的时间差，也就是存在滞后性，许多富贾所拥有的雄厚资产是通过利用该市场特征带来的空子所谋取的。市场的产生有助于填补此类缺陷，即“市者，可以知治乱，可以知多寡”①，集中供需，从而认知实际的价格变化规律，进一步确立更为合理的市场价格。

《管子》认为富商和国家之间有不可调和的冲突，富商会运用自身掌握的资源，役使、支配与剥削民众，进而造成国家无法对此类民众控制与支配。因此轻重论者将商贾视为导致祸乱的根源，进而提出“杀正商贾之利”②，认为应当从经济、道德等多个维度对他们进行否定与遏止。《管子》的轻重理论认为国家有必要运用自身所持有的集中的经济权力在商人手中夺得轻重之势，“以利相守，则数归于君矣”③，“故人君挟其食、守其用，据有余而制不足，故民无不系于上也”④。此类轻重之术的运用，由于富商的不道德之特性，进而具有道德层面的合理与正当性。

《管子传》在论述中提出，富商大贾会对封建经济产生极大的破坏，“蓄贾游市，乘民之不给，百倍其本”⑤，他们会假借市场中的机会囤积居奇，对市场进行过多的操控，进行不合理的垄断物价之行径。同时此类富商大贾所拥有的财富有违道德，其依靠剥削与兼并农民，或是在农民收成、赋税之危境下趁机讹诈，或是通过垄断市场中的货物进行炒卖来牟取暴利。《管子传》进一步认为“物适贵则什倍而不可得，民失其用”⑥。富商不道德的敛财，会造成农民丧失维持生产的生活资料，造成贫困之人陷入更为贫困的境地。富商的财富运用也有不道德的问题，有些富商不仅没有使用自身掌握的巨额财富扩大生产，救济贫困之人，帮助人民更为富裕，增长整体社会的财富积累，助力国家更为繁荣；反而运用自身掌握的庞大资产，

---

① 管子·乘马.

② 管子·轻重己.

③ 管子·揆度.

④ 管子·国蓄.

⑤ 梁启超. 管子传［M］//汤志钧，汤仁泽. 梁启超全集：第六集. 北京：中国人民大学出版社，2018：549.

⑥ 梁启超. 管子传［M］//汤志钧，汤仁泽. 梁启超全集：第六集. 北京：中国人民大学出版社，2018：550.

试图对封建国家政权消解与破坏，甚至希望取而代之。梁启超提出的“轻重之说”有“调御国民经济之最大作用也”①。

第二，市场可产生众和互利的调和之效，对于多方主体创造实质利益。“市者，天地之财具也，而万人之所和而利也”②，实际进行的交换并不是单纯地对一方有利，事实上是让多数人得利，同时此类交换是在安全、和平与平稳的环境中进行，而不是在暴力、掠夺的环境下进行，交换双方用剩余来换取不足，进而解决自身的不同需求，这就使得交换行为具有不证自明的道德性。

为缩小贫富差距、调和地主阶级与农民间的矛盾，以保障封建统治，《管子传》提出了相应的解决方案，即依靠轻重之术来获取豪富之人所掌握的财富，并用此财富来救济与帮扶贫困之人，此类做法从道德层面来分析显然有合理性与积极价值。《管子》将此类做法称作“行仁义”，提出国家唯有依靠轻重之术，夺取豪强之人所掌握的财富才能拥有足够的力量行仁义之事，“夺之以轻重，行之以仁义”③。国家运用轻重之策的最终目的具有道德价值与意义，这也是该策略的道德合理性的重要原因。运用轻重之术来达成仁义之举的表现形式较为丰富。《管子传》提出，国家若是想要赈贷贫民，采取仁义之策，就需要有可靠的物质基础与丰富的国家财富，而单纯依赖重本务农很难积蓄丰富的物质财富，因此需要国家经营工商业，依托轻重之术积攒丰富的社会财富才有一定的可行性。所以，从道德价值来分析，国家依靠垄断经营的方式得到丰富利润与依靠轻重之术的运用得到利润就因对民众之仁政而具有相应的合理与正当性。

第三，交换行为还可以扩展到生产方面，对生产活动提供良性刺激。

---

① 梁启超．管子传［M］//汤志钧，汤仁泽．梁启超全集：第六集．北京：中国人民大学出版社，2018：554.

② 梁启超．管子传［M］//汤志钧，汤仁泽．梁启超全集：第六集．北京：中国人民大学出版社，2018：547.

③ 管子·山至数．

“市也者权也，劝者所以起本”①，市场可为民众之间所进行的生活用品交换与调剂提供支持，若是缺乏市场与交换行为的支持，即使生产力不断发展，民众的生活水平和质量也会陷入停滞状态。同时，剩余的劳动产品在未能进行流通交换的情况下会不断积压，这些积压问题若持续恶化会减损生产者的主动性，进一步危害社会的再生产。因此交换是保障再生产的必要环节，也是驱动生产的无形马车。应当认识到，《管子传》认为市场只是解决民众生活需求的场所。若是市场转变为牟取暴利之手段，就和《管子传》论述的中心思想存在明显偏差。合理控制市场，不仅有助于开发市场所具备的满足众需之价值，还可以避免市场沦为获利机器而失控，这也是应当谨慎考虑的问题。

## 第三节　交换规范伦理观

交换伦理的出现和利益追求高度相关。如果不具有外部的约束，商业交易行为中会出现侵犯他人利益的情况。交换伦理规范的提出，正是为了更好地维护双方的利益。不仅能保障人们追求利益，同时也可以将人们的贪念、欲望控制在一定范围内，从而达到一定程度的平衡。

### 一、交换主体伦理规范

《管子传》提出商人是“国之石民”中的一种，属于国家成员的重要构成部分。所以，在《管子传》的阐述中，商人在经济与政治上都得到承认和关注，同时也被纳入管理中。这里的管理不仅有行政领域的管理，同时含有思想与道德层面的管理，强调对于商人的思想和道德上的教育引导，让他们能够谨记道德观念，以一种诚信、节俭的姿态参与到商业交易行

---

① 梁启超．管子传［M］//汤志钧，汤仁泽．梁启超全集：第六集．北京：中国人民大学出版社，2018：547.

为中。

《管子传》对交换双方的管理与道德引导主要是利用两种方式来进行的，也就是制度层面与非制度层面。因为在自然经济状态下，商业交换行为并非常规性的表现，这种行为的出现频率不高，因此其对于商业交换行为的管理重点是基于对人所进行的管理。制度管理并不完善，是存在缺陷的，而这种缺陷需要通过道德的方式进行弥补，简而言之，通过引导和唤起交易双方的诚信道德观念从而补充契约、协议的不足。《管子传》强调在制度层面上对人进行管理的重要性，是因为其遵循的是人性论观念。对交易双方所进行的管理实际上即为对人的管理，而对人的控制与引导又离不开对人性的认知，这是一个基本前提。对此，梁启超提到，人都是趋利避害的，都喜欢安逸而厌恶劳作，这是由本性决定的，因此只通过道德层面的约束无法达到理想的效果，需要在制度层面给予充分的保障。

《管子传》在对民众进行分业、定居部署的过程中，其实也对商人的经济活动行为、逐利方式、获利手段等进行了一个详细而严格的规范。倘若从商人员在规定的范围内进行交换活动，那么他的行为就被视为是道德的，相反就会受到道德的谴责。《管子传》给商人设定了一系列的管理规范，十分严格。比如在居住地方面设定了相应的规范标准，提出“是故圣王之处士必于闲燕，处农必就田壄，处工必就官府，处商必就市井”①，就是要求商人居住在人群集中、车水马龙的市场环境中，而不可隐居在清幽之地，也不可如手工从业者那样，居住在官邸中。根据《管子传》的观点，对于臣民实施的是“四民分业”的政策，并将商业领域的从业者都聚集起来，“令夫商群萃而州处……旦昔从事于此，以教其子弟……夫是故商之子常为商”②。《管子传》之所以提出这种管理方法，其实是为了更好地培养商人的职业道德，让他们思想稳定，不出现见异思迁等行为。“少而习焉，其心

---

① 梁启超．管子传［M］//汤志钧，汤仁泽．梁启超全集：第六集．北京：中国人民大学出版社，2018：541.

② 梁启超．管子传［M］//汤志钧，汤仁泽．梁启超全集：第六集．北京：中国人民大学出版社，2018：541－542.

安焉，不见物思迁焉”①，通过行政管理与思想管理的结合，让商人道德得到充分强调，以达到良好的效果。经过这种集中居住的部署安排，让他们彼此影响，并认识到遵循礼节、重视礼仪的重要性，并因此强化自我要求，自觉规范地参与到商业经营活动中。

另外，《管子传》还对商人的活动以及具体经营内容等进行了详细的规范与认定。“令夫商群萃而州处，观凶饥……买贱鬻贵。”② 商人需要从年景状态、社会经济的发展变化、不同地方市场饱和程度等进行考虑，从而掌握更多的商业信息，对货物进行合理定价。另外商人在经商行为过程中需要忠于职守，勤恳本分，在不断的劳动和付出中获取更多的财富。商人只可以在产品与货币的交易时，在价格的偏差中获取利润。倘若商人的经济行为在一定的范围内，则其商业活动是合乎道德以及礼仪的，相反就是违背道德的。

此外，《管子传》还强调了商人对于经济发展、社会进步的重要意义。“是以羽旄不求而至，竹箭有余于国，奇怪时来，珍异物聚。”③ 正是因为商人的交换行为，本地区没有的很多产品在市场上也能寻得，另外还可以看到一些珍贵产品，让人们的生活更加丰富多样。《管子》对于商人设定相应的职业道德标准，“是以上之人务德，而下之人守节……民因性，而三族制也”④。此处的阐述中，《管子》认为商人的职业道德主要是两个方面，即为“守节”与“愿”。“守节”，即为商人在参与交易过程中需要遵循各种规定，记住自身的职责和角色，达到道德要求；“愿”即为厚道、诚实，也就是商人参与交易的行为需要保持诚信，言必信行必果。《管子传》提出只有做到这些，商人的交换行为才会体现出礼义廉耻的标准，才能促进社会

① 梁启超．管子传［M］//汤志钧，汤仁泽．梁启超全集：第六集．北京：中国人民大学出版社，2018：541.

② 梁启超．管子传［M］//汤志钧，汤仁泽．梁启超全集：第六集．北京：中国人民大学出版社，2018：541－542.

③ 梁启超．管子传［M］//汤志钧，汤仁泽．梁启超全集：第六集．北京：中国人民大学出版社，2018：542.

④ 管子·君臣上.

的稳定，从而让国家社会的秩序得到长久的维持。

整体而言，《管子传》对交换主体进行道德评价，是基于国家本位出发的，也是基于功利主义价值导向的。在人性自利的前提下，《管子传》提出商人对于利益的追求是具有合理性的，不过这种行为不能影响国家利益，必须要对国家利益产生正面作用，不然就会被视为不道德。

## 二、交换手段伦理规范

对于交换手段领域的经济伦理观念，《管子传》除了将“诚”视为对于商人身份的确定，同时还将其视为对于商人职业道德的要求。梳理《管子传》关于“诚”的伦理思想内容，可以将其总结为下面几个部分。

第一，《管子传》认为在商业交换行为中需要遵守“礼”“义”的要求，不能将利益作为唯一的追求。《管子》提出趋利避害是人的本性，这种本性在商人群体身上体现得更为突出。商人是以追求利益为根本前提的，因此在参与商业交易行为中常常会“倍道兼行，夜以继日，千里而不远者”①，之所以“虽千仞之山无所不上，深渊之下无所不入焉”②，其根本原因在于“利在前也”。对于这个问题，《管子传》同样给出了阐述。他认为商业不会直接生产产品，只是会让产品进行流通，“市者，可以知治乱，可以知多寡，而不能为多寡”③，因此商人只能在流通环节上下工夫，从中牟利，所以在交换行为中追求利益是其最大目标。《管子传》尽管将功利主义作为价值追求，也看到商人对于利益的追求近乎狂热，不过其更多重视的是这种交换行为所产生的正面和负面影响，以及影响的大小，反思如何对这种行为进行合理地引导和制约。《管子传》专门提到了商人的这种逐利行为对于社会形成的不利影响，认为应该进行管理，基于此提出了“义以制利”的宗旨。

---

① 管子·禁藏.

② 管子·禁藏.

③ 梁启超. 管子传［M］//汤志钧，汤仁泽. 梁启超全集：第六集. 北京：中国人民大学出版社，2018：547.

对于怎样保障商人在交换行为中遵守诚信之道，实行“以义制利”的交换方式，《管子传》提出经商人员需要在等级制度规定的范围内实施交换活动，在逐利问题上务必要遵循礼、义、廉、耻等道德规范。分别而言，礼即为“不逾节”，进一步阐述为“上下有义，贵贱有分，长幼有等，贫富有度”①。不同交换主体需要认识到上下等级、贵贱差别、贫富限度，经营与交易行为控制在合理的范围内。在道德约束的基础上实施交换行为，这样才是道德的做法，才是维持市场长久稳定的做法。对交换双方给予“义”的约束，让他们在“礼”的范围中将自身所得财富的一部分用来承担责任，“孝悌慈惠，以养亲戚；纤啬省用，以备饥馑……”② 商人需要努力获取财富，并且将财富运用到合适的地方，比如“养亲戚”“事君上”“行礼节”等。换而言之，交换行为双方的逐利过程除了要满足道德规范和约束，同时在财富的使用上也需要遵循道德，承担好自身需要履行的义务。《管子传》提出，商人财富的获取应有一定的限制，不可超出相应的“度”，当然也并非越少越好，这是因为他们需要“养亲戚”“事君上”“行礼节”等，假如这些责任履行不好，同样有违其道德角色之要求，为不道德的表现。

另外，《管子传》提出，就商人的交换方式而言，义和利之间并非一定矛盾的关系，在某种意义上二者是对立统一的。更进一步地，义与利在商人的行为中是可以实现辩证统一的，做到以义御利，人们才能追求更为长远的利益，才能将小利转变为大利，不然就将走向失败。这就是“义厚则利多”③，“利过则为败”④。倘若商人运用合乎道理、合乎道德的方式，虽然追求利益但是依然坚守底线，不忘本不忘义，那么生意就会越来越好，财富也会积累得更多。相反，如果在交换商品、从事交易的过程中，通过违法、违背道德和良心的方式追求利益，尽管会在短时间内得利，但长远来看是会失败的。相应地，交换主体的“利”同样需要建立在国家大利的

---

① 管子·五辅.
② 管子·五辅.
③ 晏子春秋·内篇上.
④ 晏子春秋·内杂下.

基础上，需要以国家公利为目标，有助于国家利益的积累，此时的“利”在某种意义上可以视为“义”的表现。因此在《管子传》的经济伦理观念阐述中，功利主义的导向与道德规范在商业交换上体现为统一的关系，人们在从事交易的过程中遵循功利主义导向，但是这并不意味着道德规范在这一过程中失去作用。就交换主体而言，道德规范的限制作用与功利主义的价值导向的方向存在一致性。

第二，《管子传》对于商人的交换行为提出具体的要求，规定要遵守诚信，言必信行必果。对于“诚”“信”的阐述，《管子传》之中并未进行专门的解释和界定，不过基于其对于商人、交换行为所提出的道德标准来分析，“诚”具有多种内涵，不仅有忠于职守、安于本业的内涵，同时也提出商人需要遵守行业道德，对国家、消费者、同行都负责，保持绝对的诚信。

《管子传》提出交易双方需要遵循“诚”“信”的交换方式与道德约束，这是维护经济秩序的需要，也是维护政治稳定、实现社会长治久安的要求，更重要的是出于政治、社会秩序层面上的考虑，是这些方面的要求在经济生活上的实际体现。交换主体在从事经济交换时需要满足“诚”“信”的道德标准，也不可违背政治、社会领域的等级与礼法。这点不难理解，在追求利益为目标的经济交换行为中对于“诚”“信”的遵守离不开个体内心的信仰，而这些都需要建立在对等级制度认可和对礼法遵从的基础上。所以，《管子传》提出身为交换主体的商人想要在参与商业行为中达到真正的诚信，首先自身需要遵守社会等级与道德标准，随后将这种道德规范标准运用到常规经营行为中，从而为自身的商业交换带来指导。

《管子》对于交换领域的诚信思想阐述，很大程度上体现了对于齐国诚信传统的弘扬与发展。姜太公在建齐国时就提出诚信的重要性，并将其视为商人交易的不二法则，对这种美德高度关注与认可。经商人员要在参与经济过程中做到“取诚信，去诈伪”①，所以商人在交换行为中不可为了短期利益而丧失诚信，欺瞒诈骗，必须要恪守诚信。《管子传》对于经商人员

① 六韬·上贤.

的诚信提出了具体的标准，要求他们在从业过程中务必要做到遵守诺言。对于讲求诚信的个体，《管子传》认为国家应该进行褒奖和鼓励，而诚信经商的商人同样包含在内。只有在这种环境下，社会才会培养起诚信之风，人们才会更加意识到礼义的重要性，市场中的经商行为才能得到真正改善。《管子传》在对诚信道德进行提倡的过程中，不仅运用正面鼓励的方法，同时还通过对不诚信行为的批评、处罚，从而强调诚信交易的重要性、必要性。《管子》同时强调，假如经商人员在交易过程中“多并财而不出，腐朽五谷而不散”①，就需要做到“减其位，杜其门而不出”②。无论是经济领域还是道德领域，都需要对失信之人进行严厉打击，这样才能发挥良好的道德警戒作用。

第三，《管子传》提出经商人员在从事交换活动时需要坚持贵贱相当，牢记诚信底线，做到童叟无欺。为了更好地落实和达到此状态，就必须在制度上加强管理，制定一套行之有效的交易准则，从而更好地保障商业交换行为更加诚信。

《管子传》提出在交换过程中需要遵守公平的规则，努力实现贵贱相当，对违背法则的行为给予制裁。国家为了达到交易公平，就需要通过经济方面的调控方式推广商业道德，对于市场行为进行规范引导。具体而言，《管子传》是利用“轻重”之术来调控市场的供需平衡，从而让物价实现“平准”，并提出唯有如此才能真正地实现“贵贱可调”③。所以，国家需要充分运用好粮食与货币这两种“通施”，通过对二者调控来达到供求关系的良好，保持物价稳定在一定区间内，这样一方面可以服务于百姓基础生活，一方面有利于营造诚信的经商环境。

《管子》提出要使交换手段达到公平，政府就需要坚持“物动则应之。

---

① 管子·轻重丁.

② 管子·轻重丁.

③ 梁启超. 管子传［M］//汤志钧，汤仁泽. 梁启超全集：第六集. 北京：中国人民大学出版社，2018：550.

故豫夺其途……故守四方之高下"①，这样才能做到"国无游贾，贵贱相当"②。《管子传》提出，需要通过轻重之术来保障交换过程的公平。倘若从商人员在参与交易中忽略了公平，"乘民之不给，百倍其本"③，并因此而谋取自身利益，那么就将影响到社会的稳定，形成不公平的交易环境，百姓受其累，最后使得社会秩序被打破。所以国家必须出手，采取严格的措施予以打击。国家需要出台相应的"平贾"之法，从而对市场以及物品价格进行调控。此外，国家还需要对物价的涨跌情况设定区间范围，避免大涨和大跌，从而充分维护交易的公平，让交易双方的利益都得到保障。

另外，《管子传》提出国家需要颁布一些具有强制性的行政命令和法规体系，从而充分维护商业道德，创设更加良好的诚信道德环境。国家需要在市场交易方面严格介入，做好引导与管理工作，基于行政管理与制度准则两个方面对于市场中的经商行为进行规范，利用"予"而达到"富"，对于奸商行为严厉打击，利用"夺"而使之"贫"。所以，国家不仅要创建严格完善的市场管理体系，同时也需要设置相应的官员对于市场经商行为进行管理，还需要颁布市场稽查准则，并将其落实到位。尤其是对于一些从商领域的奸匿行为进行严格审核与检查，比如假冒伪劣、哄抬物价等，并提高对其打击的力度。

《管子》认为："工贾出入不应父兄，承事不敬而违老治危……善为上赏，不善吏有罚。"④《管子传》同样重视奖惩机制的重要性，认为应该通过合理的奖惩方法，对于合乎商业道德的经商行为给予奖励，对于那些不诚信的行为给予谴责以及严厉打击。奖惩机制的发挥，有助于创建一种更加诚信向上的社会环境。倘若从商人员能够遵循礼义道德的标准，那么就需要对其给予相应的奖励，让其得到做官的机会；相比之下，如果从商人

---

① 管子·国蓄.

② 管子·国蓄.

③ 梁启超. 管子传［M］//汤志钧，汤仁泽. 梁启超全集：第六集. 北京：中国人民大学出版社，2018：549.

④ 管子·大匡.

员丧失诚信，违背礼义廉耻，就需要对其给予相应的惩罚。相应地，官员在经商人员的道德履行中也需要承担监督与推荐的责任，假如不能对诚信者、不诚信者进行举荐或者处罚，自身也会面临相应的处罚。

《管子》还进一步将诚信推广到人与人的交往中，提出诚信除了是个体之间交往的根本，同时还是国家之间维持良好关系的重要基础，只有坚守诚信才可能实现“天下之大结”。《管子》阐述道，无论是个体之间还是国家之间，其良好关系的创建，并非是利用外在的物质力量，而是需要建立在双方坦荡胸襟、坚守承诺上。“先王贵诚信。诚信者，天下之结也……定社稷，在卒谋之间耳”①，除了“士”“大夫”需要努力遵守诚信，国家方面的交往也要求重视诚信。为了实现“诚信”，大夫需要坚持“不恃宗”，士人要坚持“不恃外权”，而一般的公众在交往中需要坚持“坦坦之利不以功，坦坦之备不为用”②，而这点延伸到商人交换领域同样适合。此外，《管子》还将诚信道德视为一个合格商人“仁”的品德表现，认为这是赢得长远经营发展的重中之重。“信之者，仁也。不可欺者，智也。既智且仁，是谓成人。”③ 他提出一个成熟的个体、一个全面的个体，必须要在智慧和仁爱上都没有污点，毫无疑问，诚信属于个体必须要坚守的道德品质之一。因此，商人作为社会中成员的构成之一，不仅要做到“不可欺”，同时也要做到“信之”，这样才能称得上是一个合格的商人。

总的来说，《管子传》认为对于商人的诚信道德教育是为了实现“好恶形于心，百姓化于下，罚未行而民畏恐，赏未加而民劝勉，诚信之所期也”④ 的目标。《管子传》也认为，倘若商人都讲诚信有道德，他们就会根据统治者的好恶来开展经济活动，将国家利益、国家是否强大作为自身经商行为的远大目标，将个人利益和国家长远发展结合起来，从而达到协调

---

① 管子·枢言.
② 管子·枢言.
③ 管子·枢言.
④ 管子·立政.

一致。另外，在商人明确了解诚信、道德的基础上，会进一步认识到遵守道德、违背诚信的好处和弊端，并认识到是否遵守对于自身带来的切身影响，如此就可以实现“罚未行而民畏恐，赏未加而民劝勉”① 的效果。通过梳理《管子传》中交换伦理的一系列观点，我们可以认识到，其最长远的目标是为了让商人的经济活动行为为国家利益服务，在功利主义价值的引导下，在追求国家本位的基础上实现自身的利益与追求。

---

① 管子·立政.

# 第五章
# 《管子传》中的消费伦理思想

梁启超提出："有生产必有消费，无消费则生产亦不能以发达，此稍治经济学者所能知也。"① 消费属于经济学领域的概念，其代表的是对于相关产品或者服务的使用，从而满足人们的一定需求。总体而言，可以在广义与狭义两个层面上来认识消费。从广义层面来看，消费涵括生产与生活两个方面，即人们为了满足自身的实际需求而使用一定物质产品与服务的社会性过程。从狭义层面来看，其主要强调的是生活消费，即人们在特定经济环境下，通过投入生活资料从而解决自身消费需求及获得服务的过程。从根本上来说，消费主要表现在以下三个方面：第一，人类通过消费得到长远的生存与发展。古往今来，人们的生存发展都是以消费作为基础的，通过消费促进人类的生息繁衍及生命的延续。第二，消费属于社会再生产领域的一个关键步骤。人类通过消费加快生产以及再生产，不断扩大活动空间。第三，消费属于人类变化发展中的自我实现过程。通过不断消费，人类才能保持生命延续，自我价值也在这一过程中得到实现。消费属于经济领域的现象，具备经济学研究的价值。与此同时，消费并非简单的物质层面的追求，同时也会呈现出个体之间的伦理关系与道德交流。所以，消费也可以被视为伦理现象，从这个角度来看，它具有伦理学研究的意义。消费伦理主要关注的是社会发展与人类生存的本质问题——消费，主要探

① 梁启超．管子传［M］//汤志钧，汤仁泽．梁启超全集：第六集．北京：中国人民大学出版社，2018：547.

讨消费领域的伦理精神、消费道德等问题。

无论是传统的农业社会，还是后来的工业社会，从小农经济形态到市场经济形态，不管是东方世界或者西方世界，社会主义国家还是资本主义国家，关于节俭与奢侈两大问题的讨论都是始终存在的，这是两个不同方向的消费表现。而基于此，也形成了放任消费与控制消费两种不同的观念。相应地，在人类消费价值理念的变化上，始终存在两种截然不同的评价，这也同样成为经济学和伦理学领域的学者所关注和探讨的问题。

## 第一节 崇俭之旨

毫无疑问，人们的消费观与消费行为将会受特定历史环境下社会伦理因素的影响，并体现出一定时期社会的道德标准与道德状态。梁启超认为“勤俭贮蓄主义……为可尊也”，同时提出“母财丰生于积蓄，积蓄生于俭”①。因此可以认识到，《管子传》十分注重节俭，并将其视为一项传统的美德加以弘扬和继承。

### 一、崇尚节俭的消费导向

在通常情形下，人类创造出的财富是不能满足人们需求的，特别是在生产力水平低下的自然经济时期，此种矛盾就呈现得尤为明显。所以，在社会财富总量不变的情况下，对于消费的态度十分重要，这也是我国思想家们都十分强调节俭取向的原因。当然，《管子传》也认可这种消费伦理观念，认为应该注重节俭理念，追求节俭才是消费的正确选择。无论是什么阶层，都需要努力追求节俭，就算是统治阶级同样如此。“审度量，节衣

① 梁启超．管子传［M］//汤志钧，汤仁泽．梁启超全集：第六集．北京：中国人民大学出版社，2018：547.

服，俭财用，禁侈泰，为国之急也"①，和奢侈相比，节俭才能维持一个国家的长远生存，提升综合国力。

《管子传》的节俭消费观念，其实是和他所提出的人性论思想高度相关的。而《管子传》宣扬的消费伦理观念就是将其人性论与欲望论作为基础的。和儒家、法家等思想观念相似，管子同样提出每个人都存在自身的欲望，不过具有差别的是，管子并非对这种欲望单纯地进行批判和反对，而是提出其具备合理性与客观性。所以，《管子传》认为应该在"导欲"的基础上，倡导一种"节欲"的消费观念。正是在节制、引导欲望的基础上，《管子传》明确了等级制的消费伦理规范。《管子传》还认为人们的欲望具有无穷性，所以需要从制度与道德的层面对其给予规范和限制。《管子传》提出，需要通过颁布制度与倡导道德的形式对个体的欲望进行制约，这样才有助于社会的和谐。

《管子传》中的消费伦理观念以等级制的消费观为前提。和墨家的思想不同，其对于节俭奢侈、是否合乎道德等问题的评判是基于名分等级制而进行的。在《管子传》的思想中，消费领域必须要遵守名分和"礼"，这才是道德的表现，相反就是不道德的表现。无论是统治阶级还是一般的平民百姓，都需要遵守名分与"礼"的限制。在某种程度上，《管子传》更为重视君主在消费观上的榜样作用，认为君主是否能够做到带头节俭，是关系到国家发展与社会繁荣的关键问题。

《管子传》同样认为对于社会中的不同等级，需要配套制定相应的道德规范与标准。体现在消费问题上则是：就算有高贵身份，倘若爵位不够，依然不能穿高规格的衣服；就算有充足的财产，假如没有得到相应的俸禄，依然不能使用较多的钱财。在简单的穿衣服上，从天子到将军、大臣、小吏、普通百姓甚至到奴婢，每个等级的人都需要遵守不同的穿衣规范，无论是用料、色彩还是装饰等，都需要符合要求。这类标准覆盖衣食住行等不同方面，十分细致而深入。

---

① 管子·八观.

《管子传》在对不同社会阶层制定消费道德标准的问题上是有一定原则的，而这个原则即为每个阶层都需要坚持节俭，并将节俭视为一种美德。“国侈则用费，用费则民贫……匮不足之所生，生于侈。”① 君主如果没有勤勉积累但是宫殿豪华，平民没有积蓄却穿戴华丽，生产得少但是消费得多，这都是背离道德的表现，是追求奢侈的可耻表现。不管是国家的君主或者是普通百姓，无论是腰缠万贯还是无立锥之地，都需要坚持将节俭作为美德。在节俭的标准面前，每个人都是平等的关系，不存在特殊与另外。此外，《管子传》还提出，是否节俭除了关系到国家社会的财富、民众的生活水平，同时还影响到社会整体的道德水平和风气。所以总体来说，节俭消费是关乎国家发展和长远利益的重要事情。

尽管《管子传》的节俭消费伦理观是对所有人来说的，提出不管身份地位以及富贵贫穷，都需要将节俭作为追求的目标。不过对于节俭行为的重要性以及紧迫性而言，《管子传》提出当权者与富贵豪门更加应该积极实践到位，并发挥相应的榜样示范作用。这主要是出于下面的两点考虑：第一点，统治阶级的消费行为等道德表现对于整个社会的民众而言，具有重要的指引、示范价值，“御民之辔，在上之所贵。道民之门，在上之所先。召民之路，在上所好恶”②。第二点，出于权力和财富上差异情况的考虑，对于当权者以及富贵豪门提出节俭的要求更能达到实际效果，平民百姓原本就生活困顿，财富有限，节俭的效果相比之下并不明显。所以需要对皇亲贵族、富贵人家提出更高要求，让他们可以严于律己做好表率，从而履行节俭的道德规范。对于这点，《管子》进行了阐述：“人君唯毋听观乐玩好，则败。凡观乐者，宫室、台池、珠玉、声乐也……而人君听之，焉得毋败?”③《管子传》则提出，假如当权者忽略了节俭就会对国家形成伤害，而不节俭正是削弱国力的重要原因，而为当权者提供“观乐玩好”的大臣

---

① 梁启超．管子传［M］//汤志钧，汤仁泽．梁启超全集：第六集．北京：中国人民大学出版社，2018：547.

② 管子·牧民．

③ 管子·立政九败解．

则视为道德败坏之徒。

## 二、节俭消费的伦理合理性论证

《管子传》提出，消费伦理思想不仅在经济层面具有可行性，在道德上也有可行性。其对于节俭消费的道德价值判定重点是基于两个层面，也就是个体层面与社会层面。基于个体层面来看，《管子传》提出节俭可以将主体内在形成的物质欲望控制在较低水平，从而形成更加有利的道德自律环境。相比之下，奢侈是个体的自我放松，对于人们的道德人格将会形成不可忽视的腐蚀作用。根据《管子传》的观点，对于物质欲望的控制，能够让人们将更多的精力放在精神世界的追求上。而奢侈和放纵，则会一点点腐蚀人们的信念，意志也会逐渐被瓦解。在社会层面上来看，倡导节俭可以形成良好的道德风气，有助于社会长久稳定，提升社会整体的凝聚力，从而让国家社会实现长治久安，并提升竞争力。如果奢侈之风盛行，将会组织无力、人心涣散，社会资源利用率居低不高浪费大，最后形成积贫积弱的局面。《管子传》基于社会层面对于节俭行为的道德价值进行认定，并充分肯定。从这个角度来看，同样可以认识到，《管子传》中的一些消费伦理观念与整个经济伦理思想是吻合的，其对节俭消费观在道德层面论述的过程中，同样是基于功利主义价值导向等层面来思考问题。在分析节俭和奢侈两种不同消费方式的影响作用时，也是基于国力、社会稳定等角度思考，从而得到结论。具体而言，《管子传》提倡节俭的消费伦理观念，主要是从下面几个角度考虑的。

第一，对于政权稳定与社会稳定具有长远意义。管子从道德层面分析节俭消费合理性的问题时，通常是运用反面对比的方式。引进一些因奢侈、纵欲而造成严重后果的案例进行说明，从而给予统治者警示与引导。《管子》认为一国之君应该节俭消费，这是其在道德层面必须符合的要求。所以统治者需要做好表率作用，形成榜样效应，正所谓“王主积于民，霸主积于战将士……故先王慎其所积”①，就是这个道理。简单而言，想要称霸，

① 管子·枢言.

统治者就需要更加关心底层民众与战士，假如君王仅仅在乎一人之享乐，沉迷美色与金银财宝，那么国破身亡的日子就不远了。“人主好佚欲，亡其身失其国者，怠!”① 因此君主过度纵欲，沉迷于享受，就容易忘记自身的角色以及责任，对国家社会疏于治理，国家将会陷入危险境地。《管子》将沉迷享乐等表现解释为德行低下，同时提出这种不道德表现还会祸国殃民，自己也会因此而遭殃。

《管子》在阐述中给出了一些违背勤俭节约的案例与典型，从而对当权者与底层民众进行教化。比如在《七臣七主》篇里，将四种奢侈享乐、挥霍无度的君王形象作为反面案例进行说明：“台榭相望者，亡国之庑也……明王知其然，故远而不近也。”② 简单解释就是在安逸享乐的状态下逐渐埋下了亡国的隐患，最后这些都将会消失于刀光剑影之中。如此，君王大业将无从谈起，而且不仅会苦了天下黎民百姓，君王自己也将会沦为阶下囚。

《管子》还认为节俭是称霸天下的重要条件，并说明为了达到平天下的目标，勤俭节约具有重要的战略价值，还具备道德上的合理性。就算国家足够强大富裕，同样不能浪费奢侈，依然要强调勤俭节约，这样才能真正长久富强。“国虽富，不侈泰、不纵欲……此正天下之本而霸王之主也。”③ 节俭对于社会的稳定、国家政权的维持都是意义重大的。因此在统治者治理国家的六大要务中，管子认为坚持节俭是最为重要的，并进一步提出，倘若一国之君忽略节俭，迷恋于金银财宝，贪恋美色，或痴迷于游玩打猎，朝中上下将会一片奢靡懈怠，最后的结果只会是民不聊生，国将不国。这里《管子》对于节俭消费的道德合理性阐述主要是从国家利益层面出发，认为国家社会的“大利”为“义”，如果忽视节俭就会让国家面临安全隐患，最后将会内忧外患、风雨飘摇。

第二，节俭能够让社会财富不断增加，从而国库殷实，如此则会兵强马壮、民众富裕。《管子》提出为了让国家强大，民众富裕，在消费上一定

---

① 管子·枢言.
② 管子·七臣七主.
③ 管子·重令.

要倡导节俭观念，对铺张浪费行为坚决打击。“人惰而侈则贫，力而俭则富”①，假如民众都能够努力参与生产，同时又怀着一颗节俭之心，这样肯定会不断积累财富，慢慢富足起来。同样的道理，就算一个国家重视生产，人们努力劳动，但是不注重节俭的话，国力还是会衰退。“圣人之制事也，能节宫室……大国以失败其国，小国以危其身。”② 在消费上节约有度，同时勤劳质朴，才能让民众积累更多财富，国家才会进一步强大，而这也是君王治理国家的得当方式。反过来，假如统治者仅仅在乎“营于物”，那么会一步步造成国家“困”、民众“不赡”，从而使国家陷入绝境。

“人惰而侈则贫，力而俭则富。”③《管子》同时也提出，一个国家的强弱与否并非无缘无故的，只有坚持节俭、辛苦劳动，才能使国家走上富强的道路。假如一个国家的人都浪费奢侈、好吃懒做，那么国家社会必然会更加贫穷困顿。《管子》提出，为了让国家富强、人民富足，加大生产和保持节俭都是十分重要的，“实圹虚，垦田畴，修墙屋，则国家富；节饮食，撙衣服，在财用足”④。在《管子》的论述中，以上的“节饮食”“实圹虚”等都属于积累国家财富、改善民众生活的重要条件。“国虽充盈，金玉虽多，宫室必有度……实虚之国可知也。”⑤ 就算一个国家比较富足强大，货物产品丰富多样，依然不能忘记勤俭节约的古训，在消费上依然要强调节约有度，不然将不再成为一个“实”国，而一步步沦为“虚”国。

第三，勤俭节约还有助于对民众进行更好的道德教化，也是改善人们道德水平十分重要的物质前提。“仓廪实则知礼节，衣食足则知荣辱”⑥，民众在基础生活得到保障后才能谈精神层面的追求。从这个角度来看，一个国家只有节约有度才能国库殷实，才能保障民众的基本生活，基于此才能

---

① 管子·形势解.
② 管子·禁藏.
③ 管子·形势解.
④ 管子·五辅.
⑤ 管子·八观.
⑥ 梁启超. 管子传［M］//汤志钧，汤仁泽. 梁启超全集：第六集. 北京：中国人民大学出版社，2018：543.

强调精神层面的追求，所以间接影响到对于民众的思想教育与道德教化。“夫冬日之不滥，非爱冰也……故先慎于已而后彼”①，一个明智的君王不会痴迷于宫殿的修建、装饰，不会沉迷于靡靡之音，因为这些会涣散心智，助长奢靡之风，有悖于道德的教化。而奢侈之风好比冬日之冰加于身，最后会产生十分严重的后果。“淫声”“淫观”等一些奢靡消费会逐渐让人们放纵自己，瓦解意志，无心去追求更加高尚的东西。倘若不限制奢侈品的生产与使用，那么违背礼义廉耻的情况将会大量出现，还会让一些人走上以身试法的道路。久而久之，社会的风气会逐渐恶化，道德丢失，人心不古，最后国力亏空。“省刑之要，在禁文巧……文巧不禁则民乃淫。”② 从这些阐述可看出，《管子》认为节俭的消费行为和道德水平存在直接关系。

《管子》认为，奢靡之风会对于已经形成的较为稳定的道德人伦关系形成巨大的冲击，在本质上来看，对于仁爱孝忠等基础上形成的道德关系有着十分不利的消解作用。“舟车饰，台榭广，则赋敛厚矣……民力竭则令不行矣。”③ 倘若君王骄奢淫逸，那么必然会加重赋税压力，民众生活压力变大，积怨积愤。稳定的君民之义、父子之情也会逐渐生疏，久而久之，甚至会出现臣弑君、子杀父的反叛情况，而这些其实是由于消费无度而一点点恶化形成的。“以有时与有倦，养去穷之君……是以有臣杀其君、子杀其父者矣。”④ 于是，基于等级制的道德准则与规范无法维持，人和人方面的关系也称不上道德了，和畜生无异。

为体现节俭的道德规范的重要作用，《管子》认为君主应该以国家的“经俗”名义对其进行确定，让这和“经产”“经臣”一样，都成为实现良好治理的重要条件。“何为国之经俗？所好恶不违于上……毋逾等之服”⑤，也就是将消费领域的“毋奢泰之养，毋逾等之服”视为国家根本之风俗。

---

① 管子·禁藏.
② 管子·牧民.
③ 管子·权修.
④ 管子·权修.
⑤ 管子·重令.

"适身行义，俭约恭敬……其唯无祸，福亦不至矣。"① 我们能够发现《管子》将"俭约"的消费行为在道德层面视为"适身行义"，实际即为履行礼义的体现，而对于奢侈消费视为"离度绝理"，也就是违背礼义的行为。在这里，《管子》通过祸福因果来阐述节俭的极端重要性，从而让节俭消费在道德上具备可行性。他提出一个人倘若保持节俭，就算不会满身福气，至少也不会横生祸端。相反，倘若一个人奢靡无度，那么即使不惹祸端，也不会遇到福气。

## 三、对节俭的实现和践履

《管子传》除了在价值理念、道德思想方面充分重视节俭的消费伦理观念的重要意义，同时还对节俭消费行为的实现及具体的实施过程给出了相应的方法。

第一，认为应该禁文巧，也就是从生产角度出发避免出现奢侈消费品。《管子传》提出，需要在源头上下工夫，依靠禁止奢侈品的生产从而防止出现奢侈消费行为，进而达到弘扬节俭风气的目标。"明王之务，在于强本事，去无用，然后民可使富。"② 这里的"无用"实际上代表的即为奢侈品，清除这些无用的东西，才有助于农业的生产，让民众过上安居乐业的生活，才能不断增强国家的实力。此外，《管子传》还对明君提出要求，认为禁文巧应是其不可忽视的重要事项。相关的论述诸如"工事竞于刻镂，女事繁于文章，国之贫也"③，可以理解为，倘若工匠们、妇女们都执迷于奢侈品的生产，那么国家肯定会积贫积弱。

《管子》立场坚定地对奢侈品的生产以及消费行为进行斥责，认为这是一种大逆不道的行径。"菽粟不足，末生不禁，民必有饥饿之色……而女以

① 管子·禁藏.

② 梁启超. 管子传［M］//汤志钧，汤仁泽. 梁启超全集：第六集. 北京：中国人民大学出版社，2018：545.

③ 梁启超. 管子传［M］//汤志钧，汤仁泽. 梁启超全集：第六集. 北京：中国人民大学出版社，2018：545.

美衣绣纂组相稚也，谓之逆。”① 倘若奢侈品的生产行为被视为大逆不道，那么对于其消费行为更应该给予批评和谴责。《管子》中对于奢侈品的生产禁止常常是和农业生产相联系的，对于这些末业的禁止就是对农业的强化。而他对于农业生产的宣扬以及肯定，某种程度上也可以被视为对于奢侈品生产与消费行为在道德层面的谴责及批判。

第二，在节俭道德规范的实践问题上，统治者作为管理阶层，需要作为民众的榜样，发挥正面作用。“教之始也，身必备之，辟之若秋云之始见，贤者不肖者化焉。”② 简而言之，对于民众的道德教化最重要的就是要将自己树立成好榜样，倘若君主自身可以勤俭节约做好表率的话，那么其发挥的示范效应就好比天空中出现的秋云一般。无论民众是否是有德者，都将在行为和认识上受到感化，从而自身也培养起勤俭节约的观念。“君求之则臣得之，君嗜之则臣食之，君好之则臣服之，君恶之则臣匿之。”③ 对于消费方面，统治者欣赏什么，臣民就会努力去贡献这种东西，从而博取龙颜喜悦，因此统治者的消费态度以及消费观念将会对臣民产生十分重要的影响。所以君主应当大力宣传勤俭节约的风气，并做好带头示范作用。“上失其位则下逾其节”④，倘若君主在生活上追求享乐和铺张浪费，那么臣民将会更加肆无忌惮，将会在偏离勤俭节约的道路上愈行愈远。“凡为国之急者，必先禁末作文巧。末作文巧禁则无所游食，民无所游食，则必农。”⑤ 所以，治理国家最为重要的工作即为通过法令与道德的形式，禁止出现一些奢侈品的生产以及消费行为。将奢侈品领域的从业者逐渐转移到农业方面，这样才能更好地强基固本，为社会的稳定、国力的强盛提供更大的支持。

《管子》提出，为了避免民众进行一些奢侈品的生产以及消费行为，统治者自身就需要远离珍奇玩好之物；为了让人们保持勤俭节约，君主就需

---

① 管子·重令.
② 管子·禁藏.
③ 管子·牧民.
④ 管子·形势.
⑤ 管子·治国.

要对自身的欲望进行克制。“故曰：主身者，正德之本也；官治者，耳目之制也。身立而化民，德正而官治。治官化民，其要在上。”① 君主自身是否可以端正言行，做出态度上的表率，这是教化的根本所在，在节俭问题的实践和宣传上，同样如此。齐桓公曾和管仲商讨，怎样才能让国家的财富不断增加：“吾国甚小而财用甚少，而群臣衣服舆马甚汏，吾欲禁之，可乎?”管仲不紧不慢地回答道：“臣闻之，君尝之，臣食之；君好之，臣服之……君欲禁之，胡不自亲乎?”② 结合以上的对话，其实可以认识到，《管子》提出需要禁止“群臣衣服舆马甚汏”，就需要齐桓公自身当好榜样，倘若“不躬不亲”，想要真正限制臣民的奢靡之风，是无法做到的。

第三，在精神或内心修养方面，引导人们清心寡欲，尽量控制自身欲望。“不作无补之功，不为无益之事，故意定而不营气情……是故君子上观绝理者以自恐也，下观不及者以自隐也。”③ 那些无功、无益的事情，不做或者少做，对于身体消耗以及过度消费的行为，则要远离，这样才能保持自我身心的充分安定，也不会为情所困。在思想豁达、精神振作的情况下，耳聪而目明，必然会衣食富足，这样就避免了你争我夺，战争也可以避免，民众之间的积怨情况能得到化解，从而使得整个社会更加和睦与稳定。基于此，可以认识到，《管子》试图通过在道德水平上引导人们控制内心欲望，进而让人们逐渐养成一种思想道德上的自律，内化为自觉，并且指导自身的行为。《管子》是从经济理性的“不作无补之功，不为无益之事”④ 而得出“上观绝理者以自恐，下观不及者以自隐”⑤ 的道德自律，在某种程度上来看，这是通过精神消费上的补偿从而对物质消费的不够进行抵消，进而达到控制欲望的效果。

① 管子·君臣上.
② 说苑·反质.
③ 管子·禁藏.
④ 管子·禁藏.
⑤ 管子·禁藏.

# 第二节 “莫善于侈靡”的消费伦理观

相较于尚俭思想而言，《管子传》消费伦理思想中更为引人关注的思想为侈靡思想。梁启超认为：“消费贵与国民富力相应，宜量费其所赢。”① 在节俭为传统与美德的经济伦理思想史之中，《管子传》强调侈靡之价值，提出侈靡消费伦理思想，并认可其经济理性与道德价值，是极为难得的经济思想主张。

## 一、侈靡思想提出的依据

《管子》提出侈靡之消费伦理思想，有非常特殊的原因。一方面，管仲自身立场的影响。管仲早年曾经参与过商业活动，这让他更为全面地认知到消费对生产的积极价值，这也让他的生活态度与生活方式相比同时期的其他政治家与思想家更为奢侈与浪费。孔子对此有所感叹：“管氏而知礼，孰不知礼?”② 另一方面，《管子》提倡侈靡的思想，也和齐国的商业传统有非常密切的联系。在以农业为基础的自然经济环境中，人们通常更为认可节俭消费，但在商业传统较为浓厚的氛围中，则会产生更多的奢侈消费倾向，齐国就是一个有着较为深厚的商业传统的国家。因此，《管子》中认可一定时间、条件与程度的侈靡消费伦理思想。

基于整体的视角来分析，侈靡消费行为易导致意志消沉等问题，这会危害个体道德修养与道德品质的发展；这也更易造成社会风气更加躁动与轻浮，从而危害优良社会道德风尚的塑造，也会危害更加融洽的社会道德关系的培养与塑造。但在特殊环境中，在特定的时间与范围，侈靡消费也有自身在经济与道德层面的合理性。《管子传》较为认可侈靡消费的经济与

① 梁启超．管子传［M］//汤志钧，汤仁泽．梁启超全集：第六集．北京：中国人民大学出版社，2018：547.

② 论语·八佾.

伦理价值。详细来说，《管子传》提出侈靡消费伦理思想的依据主要为下述几点。

其一，“民之所愿”的人性论。“足其所欲，赡其所愿，则能用之耳。”① 饮食与享乐为民众的基本愿望，若是想要驾驭民众，就需要解决其享乐愿望，通过各种方式来实现“赡其所愿”之效果。“伤心者不可以致功”②，即驾驭民众之前需要解决其基本的饮食与衣服需求。若是民众非常缺乏衣服与饮食，却无法满足他们基本的衣食需求，则会伤害他们的主动性和积极性，无法劝使他们听从命令与参与劳动。因此需要“尝至味而，罢至乐而”③，也就是为他们提供美味的食物与动听的音乐，及富奢的生活。《管子传》之中关于满足人性好饮食与佚乐之愿望是非常态的，其就像是侈靡消费伦理思想的非常态一样。《管子传》在此处所论述的人性论，并不存在普遍性与代表性，仅仅特指诸侯之人性，侈靡在其中仅仅拥有部分的道德价值合理性。除此之外，《管子传》之中关于侈靡的合理性所进行的论述，存在相应的功利性质，目的即“能用之耳”。《管子传》之中运用人性论思想阐述侈靡消费合理之处的论点也有自身的不足，因为单纯结合饮食与享乐层面的“民之所愿”开展论述，无法直接总结得出侈靡消费的结论。

其二，侈靡消费行为有益于保障社会和谐、维护社会秩序、保障政治稳定与国家利益最大化，是实现王天下政治理想的重要方式。《管子传》在论述之中将侈靡消费与农业生产视为同等重要的存在，将其看作“可以王”之条件。农业生产能够增进百姓的财富积累，提升百姓的富裕水平；而侈靡消费则有助于吸引更多的优秀人才为君王效力。基于人才与经济等视角来分析，侈靡也是王天下非常重要的前置条件。通过此类论述可发现，侈靡消费行为也符合《管子传》的经济伦理思想，核心目标为保障国家利益，维持等级制度并助力其进一步的发展与完善。《管子传》之所以倡导富裕阶

---

① 梁启超．管子传［M］//汤志钧，汤仁泽．梁启超全集：第六集．北京：中国人民大学出版社，2018：543.

② 管子·侈靡.

③ 管子·侈靡.

层在特殊场景中进行一定的侈靡消费活动，有一个非常重要的原因，即社会经济演变中有着贫穷者更为贫困、富裕者更为富裕、社会中贫富差距大幅度增长的问题，此类问题会显著影响社会的稳定与国家治理，因此需要运用更加高效的应对方案，缩减实际存在的贫富差距。支持富有之人进行更多的侈靡消费，可以实现多方共赢，不仅可减少富裕之人所拥有的财富，还可对贫困之人提供额外的谋生之法，为贫困群体提供更为丰富的财富获取机会。管子重视侈靡对富裕群体的财产控制效果，不仅有贫富差距过大的原因，而且富裕之人还会试图运用自身掌握的庞大资产干涉政治，乃至于产生篡夺政权之行为，“金玉货财之说胜，则爵服下流”①。侈靡消费可对此类现象加以抑制，因此侈靡消费行为在一定的环境中，对于社会稳定、政权稳固等具有非常重要的道德价值。

其三，一定条件下的侈靡消费有助于刺激与加速农业生产，而农业生产为国家之根本，此类侈靡之消费行为对农业生产的积极价值，可得到道德层面的合理性论述。“不侈，本事不得立”②，工商业的发展有助于鼓励人们，刺激农业生产活动更为高效地推进，若是缺乏工商业的发展与完善，那么农业之发展也会存在立足不稳之困境。“地重人载，毁敝而养不足，事末作而民兴之，是以下名而上实也。”③ 对于社会中出现的人口规模快速提升、民生水平下降、百姓生活日趋窘迫等问题，应在考虑农业生产的基本状况后，依靠发展游乐事业的方式来加以应对，即“事末作而民兴之，是以下名而上实”④，此处所论述的“下名”即侈靡之消费方式，而“上实”则代表农业生产之进步以及人民生活水平的不断提高。

其四，侈靡消费行为在一定限度中，对民众的道德教育与生活道德风尚有相应的积极作用，依靠侈靡消费有助于增进人和人之间的和睦与融洽。

---

① 管子·立政.
② 管子·侈靡.
③ 管子·侈靡.
④ 管子·侈靡.

"甚富不可使，甚贫不知耻"①，若是民众过度富裕，或者陷入过度贫困之境地，都会有碍国家的运行，同时也会妨害对此类群体的道德教化。若是民众过度富裕，则会违反礼义的规范，进而出现"八佾舞于庭"②，这种行为会违背等级道德规范，存在傲上而骄下的问题；而人群过度贫困，则会产生不顾廉耻、不择手段牟利的现象，乃至于为牟取暴利铤而走险，试图通过犯上作乱、亡走山林等方式来获取不法利益。侈靡消费的实际功能即耗费过度富裕群体的钱财，使得此类群体在生活层面仰仗君主，在此情况下让此类群体可遵从其应当遵守的礼义道德规范；而且还可运用在富人手中收割的财富，解决非常贫困之人的基础生活需要，使其在此之上实现"知礼节"与"知荣辱"。"通于侈靡，而士可戚"③，即侈靡消费可以团结士人，助力此类群体更好地为国家提供服务，"上侈下靡，而君臣上下相亲"④，即侈靡有助于增进君臣之间关系的密切程度，拉近相互间的亲近关系，进而达到君主对臣民仁爱、臣民对君主忠敬之效果。"长丧葬以毁其时，重送葬以起其财"⑤，即支持富人在丧葬之中进行更多的奢靡消费，其不仅有助于避免过于闲逸导致的不稳定因素，让富裕群体消费更多的资金，同时也有助于增进人和人之间的亲爱和睦，这些措施有益于塑造更加理想的社会道德风尚。

其五，从客观层面来分析，侈靡消费可实现接济贫困与赈救灾荒之效果，对于贫困群体提供更为丰富的谋生之法。此类侈靡消费行为，在一定程度上可增进社会公平，因此具备相应的道德合理性。"故修宫室台榭，非丽其乐也，以平国策也。"⑥ 在面临旱涝等异常灾害的情况下，在农业生产无法满足生活需求的情况下，就需要依靠国家层面的侈靡消费，类似于建

---

① 梁启超．管子传［M］//汤志钧，汤仁泽．梁启超全集：第六集．北京：中国人民大学出版社，2018：548.

② 管子·侈靡.

③ 管子·侈靡.

④ 管子·侈靡.

⑤ 管子·侈靡.

⑥ 管子·乘马数.

设宫殿，组织进行大型工程，为贫困之人提供谋生之策。“以前无狗后无彘者为庸”①，依靠鼓励富裕群体的长丧厚葬，能够对贫困之人与从事手工业之人提供丰富就业机会，进而提供更为丰富的谋生之法。此类做法不论是基于经济发展的视角，抑或是基于道德培养的视角来分析，都比直接给予钱财的方案更加合理。

应当认识到，《管子传》之中侈靡消费行为道德合理性的论证，并非具有完全的道德合理性，仅仅是在一定的条件、范围与程度上，具有相应的道德合理性。

## 二、侈靡思想的具体表现

《管子》之中对侈靡思想有较多的论述，如认为“故贱粟米而敬珠玉，好礼乐而贱事业，本之始也”②。《管子传》侈靡消费伦理思想的论述主要为两点，即“贱粟米而敬珠玉”③ 和“好礼乐而贱事业”④；前者需要国家对整个经济体系进行宏观调控来达到预期的效果，后者则需要国家依靠道德规范与社会风俗习惯等方式施加影响而达成。

“贱粟米而敬珠玉”代表生活中更多消费珠玉，更少消费粟米。其原因为两点：其一，管子认为珠玉对经济与生活的价值显著低于粟米，粟米为国家拥有财富的根源与重要象征，不应当产生任何浪费现象。“先王重其宝而轻其用，故能为天下。”⑤ “蓄藏”为国家拥有的非常重要的粮食储备，为国家所拥有的“宝”，而珠玉仅仅为末用之物，实际地位与重要性远远无法和粟米相提并论。“贱”粟米之目的是为了保存粟米，“贵”珠玉则是希望刺激富裕群体消费此类“末用”，目的均为保护和促进农业及粮食的生产。在此情况下，“贱粟米”与“敬珠玉”都拥有一定的道德合理性。其二，珠玉金石等资源的获取需要耗费诸多劳动力，增进此类产出的价值，

---

① 管子·侈靡.
② 管子·侈靡.
③ 管子·侈靡.
④ 管子·侈靡.
⑤ 管子·枢言.

有助于民众在提供此类物品的时候得到丰富的报酬，并借此换取所需求的生活资料与必需品。

“事业”代表生产，“好礼乐而贱事业”代表生活过程中过度关注礼仪而忽视生产。此类行为的目的是在繁杂的礼仪中耗费富有者的财富，通过此类方式让诸多贫苦之人、手工从业者得到更多的就业与劳动机会，诸如支持富有之人长丧厚葬，即是这方面的典型案例。此处并非鼓励所有人“好礼乐而贱事业”，而是仅仅适用于富裕人群。此类行为的目的和“敬珠玉”而“贱粟米”的目的相同，不仅可以减少富裕阶层的财富，同时也可为穷人提供更多的谋生之法。运用“好礼乐”等方式耗费富裕阶层的财富具备显著的优势，若是将此类奢靡消费运用到其他领域，富裕阶层非常容易产生过度奢靡的问题，进一步发生违背礼仪乃至于违背国家安全之事。所以对奢靡施加“好礼乐”的指引之策，可以称作一举两得之策，不仅可以达成鼓励侈靡消费之目标，同时也有助于富裕阶层更为注重礼仪与道德规范，这也有益于形成社会道德风尚。

## 三、侈靡思想实行的前提条件

《管子传》侈靡思想并非所有环境中都可实行，仅仅是特殊环境中的消费伦理思想，其具体实行有相应的前提条件。整体而言，适合该思想实际运用的前提条件为下述两点。

其一，当国家发生自然灾害，或是经济与生产陷入困境之时。《侈靡》篇的开头即对该思想的适用范围进行了较为明确的说明，其根据今古情况的比较，进而提出下述问题。“今周公断指满稽，断首满稽，而死民不服，非人性也，敝也。”① 《管子》围绕古今开展对比，认为人并未产生变化，仅仅是时代产生了变动，古时纵然是光秃秃的山，也可以满足山民的生活之需求，耕种田地不仅可以满足自身生活需求，还有额外的粮食来奉养天子。在该时期即便设立多种官职，也无需对老百姓进行过多的管理，最为

① 管子·侈靡.

严重的刑罚就是惩罚罪犯要求其一只脚穿着草鞋，另外一只脚穿着正常鞋。而今时之刑罚非常苛酷，砍手、砍脚与砍头屡见不鲜，但依旧有死民不服之问题，产生该问题的原因并非百姓不惧死亡，而是百姓的生活过度贫穷。《管子》之中提出，时代有所区别，治理之政策也需有相应的变动，怎样结合实际情况进行相应调整？即“兴时化若何？莫若侈靡”①。

其二，财物积累充足有余之时。“积者立余食而侈”②，即人们拥有充足的物质财富，才有“多酒醴而靡”。反之，若是缺乏相应的物质财富积累，就不会想侈靡消费，同时也缺乏进行侈靡消费之能力。若是在此种条件下还进行侈靡消费，那么就会构成极不道德的现象。《管子》中侈靡消费之对象，通常局限于富有之群体，普通百姓所拥有的财物仅仅可以满足日常生活之需求。“富者靡之，贫者为之”③，唯有富裕之群体才有进行侈靡消费之能力，贫穷之人可以做到的仅仅是“为之”。“上侈而下靡，而君、臣、上、下相亲。”④ 与之相同，进行侈靡消费之群体仅仅是国君与各个层级的大臣官吏。“诸侯死化，请问诸侯之化弊。”⑤ 为何需要鼓励诸侯们进行相应的侈靡消费？其实际的原因为“死化（持有货币）”⑥，即诸侯与贵族掌握了非常庞大的财物与货币，需要通过鼓励其侈靡消费等方法来对其加以扼制。

## 第三节 俭侈消费观的矛盾辨析

《管子传》消费伦理思想围绕尚俭和侈靡两个非常重要的主线，对于两大思想进行相应的融会贯通。其中主要有两个方面的论述：其一，对于节俭消费伦理思想的论述，高度关注尚俭之德对国家和民众财富积累的重要

① 管子·侈靡.
② 管子·侈靡.
③ 管子·侈靡.
④ 管子·侈靡.
⑤ 管子·侈靡.
⑥ 管子·侈靡.

价值；其二，对于侈靡消费伦理思想，认识到适度侈靡对经济建设的积极效应，进而在一定程度上倡导侈靡消费。一俭一侈，组成了《管子传》消费伦理思想看似难以彻底化解的冲突。若是对其俭侈消费观进行深入研究即可得出，尚俭和侈靡并不是彻底对立，存在无法调和的冲突；与之相反，他们有着互为调和、相互补充的特殊关系，基于目的一致性的视角来分析，二者存在共同的发力点，即都聚焦国家利益与社会生产的发展。

关于节俭与侈靡消费伦理思想关系的研究与阐述，还需要考虑《管子传》之中对“俭”和“奢”的论述，即“俭则伤事，侈则伤货”①。基于该论述可得出，梁启超认为过度节俭与侈靡，对经济建设都会产生消极影响。若是过度侈靡，则会产生货物之浪费，也就是“侈则伤货”；与之相同，节俭对于经济建设会产生消极影响，过度节俭会危害事业与经济发展，也就是“俭则伤事”。通过该论述可发现，两类消费行为都存在自身的短板。应当通过何种方法来应对两大问题?《管子传》中提出有必要使用“侈”的方式来填补“俭则伤事”之缺憾，尽可能规避过度节俭对事业发展导致的危害；通过“俭”来填补“侈则伤货”之困境，尽量填补过度侈靡导致的浪费问题。这也是节俭与侈靡消费伦理思想可以共存的重要原因。整体来说，两者兼有统一性与差异性。

## 一、节俭和侈靡的统一性

节俭与侈靡消费伦理思想可以并存的主要原因，即两者虽为《管子传》中国家本位的经济伦理思想在不同经济环境中的反映，但均服务于相同的目标。不论是节俭或者是侈靡的消费伦理思想，均以国家利益为核心，经济层面都以发展与振兴农业生产为核心目的，政治层面均以保障国家稳定与统治为核心目标，因此从服务目标的视角来分析，两者具有统一性。

“故圣人之制事也，能节宫室、通车舆以实藏，则国必富、位必尊；能

---

① 梁启超．管子传［M］//汤志钧，汤仁泽．梁启超全集：第六集．北京：中国人民大学出版社，2018：548.

适衣服、去玩好以奉本，而用必赡、身必安矣。”① 此处所论述的“实藏”，即国家所拥有的财物储备，此处所论述的“奉本”，代表农业在经济体系中所拥有的根本地位与主导地位并未发生变化，需要实现两个基本目标——“节宫室”与“适衣服”，才能够实现国家富强之目标。其论述了节俭消费伦理思想以国家财富增长与农业生产为核心目标，并为此提供服务。基于政治的视角来分析，节俭消费伦理思想有益于国家稳定与治理。就如同过度奢侈的生活会危害人的意志，造成社会风气的恶化，进一步导致社会秩序与政治格局的混乱等问题，树立节俭消费伦理思想并有效地实施，是保障社会秩序、塑造理想社会道德的必备条件之一。

与之相同，侈靡消费伦理思想从经济的层面来分析，也有益于社会生产，特别是可以刺激与加速农业生产。“‘兴时化若何？’‘莫善于侈靡’”②，此处所论述的“兴时化”，是应对生产陷入停滞、农业生产较为萎靡的困境。“不侈，本事不得立。”此处所论述的“本事”即农业与生产，表明的意思为，若是不开展侈靡消费，农业生产就难以实现很好的发展。基于政治的视角，侈靡的消费伦理思想也有益于道德风气的提升，类似于“一亲往，一亲来，所以合亲也”③，即支持富裕群体的长丧厚葬，有益于增进人们之间的和睦与亲切，有益于培养更加良好的社会道德风气。

除此之外，关于节俭和侈靡消费伦理思想，都需要考虑一个非常重要的问题——“度”，因为“度”会影响其伦理价值与道德合理性。若是在“度”的范围之中，其就有道德合理性，若是超出了应有的“度”，就会丧失道德合理性，那么其道德价值就为恶。此类“度”涉及两大内容：其一，等级制名分所划定的政治与经济之权利，若是节俭行为过度，产生了低于身份规范之标准的情况，同样应当归入不道德的范畴，且侈靡也不应当大于其身份应有的标准，即“毋其禄不敢用其财”④，若是实际进行的消费超

---

① 管子·禁藏.
② 管子·侈靡.
③ 管子·侈靡.
④ 管子·立政.

出了自身的身份，也属于不道德的现象。其二，利益上的国家本位标准与功利主义之原则。利益层面的国家本位之标准，涉及国家的财富积累与政治局势的稳定，通常应有利于农业生产，也有益于道德风气与道德品质的培养。不论是节俭或者是侈靡消费，仅需要其有益于前述的内容，则从价值层面来分析，其就具备合理性，也就拥有相应的道德合理性。

## 二、节俭和侈靡的差异性

节俭与侈靡消费思想尽管有同样的目标，但是两种思想也有显著的区别，他们都有自身的特殊之处。他们所存在的区别，主要体现在作用的方法与方向上。节俭为强制性的道德原则，所有人都应当遵照；侈靡为鼓励性的道德规范，仅指引一些人在一定条件下开展侈靡消费，而并非强制所有富人都进行相应的侈靡消费。

在适用范围与关键性方面，节俭与侈靡于《管子传》的消费思想中并非平等、并列之存在。节俭为普遍适用的基本准则，为指引社会消费活动的基础原则。节俭之消费伦理思想，对整体社会的消费行为能产生重要的导向作用，也是消费行为应当坚持的正道，节俭消费行为有普遍、绝对意义上的道德合理性。侈靡的消费伦理思想，仅仅是特殊条件下的消费主张，并不是固定与连续性的消费原则，无法对民众的消费行为进行指导，无法成为基本的道德原则，其所拥有的道德层面的合理性，也存在着相对、有限的特征。

基于节俭、侈靡消费伦理思想的适用对象来分析，节俭思想可覆盖社会的全体成员，上到国君下到庶人，都需要遵照节俭的消费道德原则。但《管子传》之中关于节俭道德原则的诉诸对象，均为统治阶级，提出此类群体应“用之有止”，实际消费也应当有“度”。相对来说，侈靡道德规范实际的覆盖对象有着较为狭隘的特征，仅仅局限于富裕群体。因此《管子传》之中所论述的消费伦理思想，节俭道德原则与侈靡道德规范并非为对等的存在，节俭为核心原则，侈靡则是特殊环境中的策略与手段。

# 第六章
# 《管子传》中经济伦理思想的理论意涵和现代启示

梁启超将传统儒家思想所讲究的经世致用与近现代所追求的思想解放与发展融合起来，其思想体系具有承上启下的意义。在当时较多数人选择思想转化之时，梁启超另辟蹊径，走出了一条思想调试的道路。他对于自我思想的调整和变化，是一个不断调整外在思想从而适应内在需求的过程，我们可瞥见其“个人同一性”。梁启超《管子传》中的经济伦理思想涉及面较为广泛，有一些超出时代的观点论述以及思想追求，除了具备一定的学理意义，对于当下我国的社会主义建设同样具有深远的实践价值。在本章的阐述中，我们将会重点分析《管子传》中经济伦理思想的理论特征，同时从理论本质的角度进行探讨，并对其现代启示进行探寻。

## 第一节 《管子传》中经济伦理思想的理论特征

《管子传》秉持人本自利的人性论，基于“国家本位主义”的立场，将“民富”视为“国富”的关键方式，另外，他特别突出经济公正的问题。这些特征共同构筑了《管子传》经济伦理思想的理论特征。

### 一、人本自利的人性论

恩格斯认为，在阶级对立出现后，由于个体所存在的难以控制的情欲，对于贪念和权势的追求逐渐发展为历史变迁过程的杠杆。对于这一问题，封建时期与资产阶级发展的历史过程就是最有力的佐证。在春秋阶段，伴随土地私有制的创建，“辟土地”等对于财富的追求思想逐渐流行，并基于此慢慢发展形成了权势欲，这也是当时诸侯国推进社会变革、谋求新发展的内在力量。管子当时处于齐国，作为周初太公的封地，很久以前就发展了商业，有“通商工之业，便鱼盐之利”① 的良好传统。所以，管子认为应该“与俗同好恶……俗之所欲……因而去之”②。这一观点也见于《管子·禁藏》中：“居民于其所乐，事之于其所利，赏之于其所善，罚之于其所恶，信之于其所余财，功之于其所无诛。”③ 之所以要如此，梁启超认为：“凡人之情，得所欲则乐……远之不能勿亡，人情皆然。”④ 由此可以认识到，《管子传》中的阐述，其实是对管子德治思想观点的沿袭和发扬。

《管子》强调了“民之所欲”的关键价值，同时基于人性论的层面强调了民众所“欲”的内容。他认为：“夫凡人之情……害莫能勿避。”⑤“利之所在……无所不入焉。”⑥ 譬如商人，“倍道兼行……利在前也”⑦。《管子传》还提出：“饮食者也……则能用之耳。”⑧ 简单翻译一下，即人的本性就是“自利”的。和简单批判这种本性不同，管子从两个方面进行细致考虑。第一，这种逐利的特征对于国家社会具有负面影响，即“民多私利者其国贫”⑨，“夫众人者……大者以失其国”⑩，认为不能任凭这种自利性无限发展，而是需要给予一定的引导与控制。第二，对于这种自利本性需要

---

① 史记·齐世家.

② 史记·管晏列传.

③ 管子·禁藏.

④ 梁启超. 管子传［M］//汤志钧，汤仁泽. 梁启超全集：第六集. 北京：中国人民大学出版社，2018：515.

⑤ 管子·禁藏.

⑥ 管子·禁藏.

⑦ 管子·禁藏.

⑧ 梁启超. 管子传［M］//汤志钧，汤仁泽. 梁启超全集：第六集. 北京：中国人民大学出版社，2018：543.

⑨ 管子·侈靡.

⑩ 管子·侈靡.

充分利用起来，“故善者，执利之在……而民自富”[1]。换句话来说，统治者并不需要通过人为的方式来监督民众生产劳作，而是应当给民众更多的自由，让他们更加自主地进行生产经营行为，“故审利害之所在……如火之于燥湿”[2]，也就是人们在这种逐利的本能下，必然会走追求财富的道路。这个观点和“我无事而民自富”[3] 的观点是较为类似的。结合以上可认识到，《管子传》尽管关注人性的自利性，不过和一般的思想家不同，没有提出需要对这种自利的本性进行控制，或者基于伦理的角度全盘否定，取而代之的是，从一个新的高度对这种人性全面看待，提出其对于经济发展的正面影响。

梁启超对人性的自私面有颇为深刻的体认，人性之中的自私特质，使他了解到要在互相制衡的过程中促进群体之公益性。他对脱离实际的社会福利政策（即所谓的“仁政”）持否定态度，而是主张实行比较符合实际的经济制度，来激发人们的生产动机，从而促进民众自力更生精神的培养。这方面的意见，也与他对人类私心的体认有密切的关系。由于社会是由充满了私欲的个人组成的，他提出历史的发展浮浮沉沉，善恶错杂，但是从根本上看是向前的、渐进的。梁启超所持有的调试思想观念，可以证明近代中国思想并非完全倾向乐观，也不能说中国近代知识分子不具有幽暗意识。促成梁启超从“转化”转变到“调适”的潜在因素，就是他已经存在的幽暗意识和其他的调适倾向，其中包括他对人性黑暗面的理解，以及与之相关的对历史渐进本质的体认和淬厉采补并重的想法等。

同时，梁启超对个人自由与尊严高度肯定。他这种以良知为中心的人性观与知识论，以及对思想自由的强调，是他重视自我的重要基础。此外，他以为人性又有团结自保的能力，但他指出人类团结并形成国家等群体的根本动机是利己，是出于“为我”与“兼爱”的双重目标，因此政治制度

---

① 管子·侈靡.

② 梁启超. 管子传［M］//汤志钧，汤仁泽. 梁启超全集：第六集. 北京：中国人民大学出版社，2018：517.

③ 老子·五十七章.

与经济制度都应配合此原则。他对个人政治自由与经济自由的肯定，正反映了此看法。他觉得一个团体的特质，是由团体之内个人之特质累加而成的。所以团体的财富，可视为个体财富的积累，这样来看集体的自由，可视为个体自由的相加。换言之，个人在政治、经济能力上的提升，对团体是有益的。梁启超还提出应充分保障群体的作用，认为这是维护个人自由的必然之举。他倡导牺牲个人而利于群体的做法，或认为在个人价值与群体价值有冲突时，应该做到不爱己、不利己和不乐己，而是爱群、利群和乐群。

## 二、“国家本位”的经济伦理原则

任何经济伦理观念，实际上都是特定历史发展时期的产物，均形成于特定的政治、经济环境下。反过来，所形成的思想体系也是为当时的政治稳定和经济发展而服务的。因为其具有这种“服务性”，故而思想体系的本质、原则以及任务是十分明确而具体的。毫无疑问，任何学派或者大家所提出的经济伦理思想都需要遵循一定的原则，而该原则是其思想体系的灵魂所在，背后体现了其对于一定政治制度、经济规律、道德判断的认可。经济伦理原则不仅有经济领域的内容，同时包含道德、伦理的诉求，作为经济伦理的风向标而存在。其他的一些具体的经济伦理观点、追求以及内容，都是在此基础上拓展形成的。所以，经济伦理原则在明确后，通常是难以变化的，在较长的时间中都维持着这种稳定性。对于某种经济伦理思想的认知和把握，最重要的是要认识到其原则，这样才能真正地把握其思想内核。所以我们对于《管子传》中经济伦理思想的探索，首先需要分析其原则。

上文所阐述的经济伦理原则，其实可理解为经济利益的取向追求中所明确的方向指导，通过平衡不同利益的价值，从而明确哪种利益是最重要、最值得维护和追求的；随后明确这个最大利益与另外种类利益之间的关系，此时也就衍生出了权力与责任。不难发现，经济伦理原则是一个较为抽象的概念，需要基于一定的历史背景和发展阶段，融入特定时期的精神和追求，这样才能具备更强的生命力，才能真正发挥其价值。结合特定历史环境来考虑的话，众所周知，《管子传》中所论述的经济伦理原则和封建时期的君权至上不同，和现代社会所倡导的民主平等也具有本质差异。其思想观点主要是为了实现一定的政治稳定和经济发展，要做的工作是真正实现国家的富强。所以，这里将这种原则阐述为“国家本位”的经济伦理原则。简单来说，就是任何经济行为都是将国家利益放在最高位置，要为国家利益而服务。

《管子传》提出全部经济行为都需要以国家富强和发展繁荣作为出发点。生产不仅是为了满足百姓群众的基本生活需求，更为关键的是提升国家实力和军事能力；交换并非简单为了给百姓方便，更重要的是通过这种商业行为加快货物的流通，积累更多财富，从而实现富国的目标；分配尽管是为了满足群众基本需求而考虑的，在具体的分配过程中，统治者利用税收政策等途径，依然将一大半的生产成果占为己有，从而发挥国家的职能。尤其是通过多种方式对于一些富商巨贾进行压制，不仅可以保障国家财政的稳步可靠，同时也可以避免底层群众遭受严重剥削。在消费问题上，《管子传》所倡导的是节俭和侈靡的思想。从统治者到下级底层群众，都需要严格遵守勤俭节约的思想观念，这样可以控制社会的消费水平，百姓的支出减少，保障纳税到位，国库才能更加充实。而侈靡消费理念的提倡，有利于促进消费、维持循环，实现国民经济的稳定发展，最终还是为了国家。可以发现，《管子传》中全部经济行为都需要将提高国家实力作为最高追求，所以其经济伦理原则体现了“国家本位”的观念。

《管子传》认为，国家机器需要保持稳定运行，从而让社会经济维持良好运营，以实现国家的利益目标。在生产问题上，国家需要调整以往的生产模式，推行“均地分力”等措施，以多种方式调动群众的积极性，同时给予群众贷款、农具等方面的支持，从而保障农业生产的稳定推进；国家政府应该对那些兢兢业业、成效突出的生产标兵进行奖励，充分促进生产的发展，而对于那些不务正事、偷奸耍滑的民众，应该设定惩罚机制，避免他们滋扰百姓，影响正常生产；国家需要积极参与到各种经贸往来行为中，高效借助价格机制，对内稳定市场，对囤积居奇等行为进行严格管理，对外通过保护性方案，结合政治手腕、外交方式压制其他国家的经济，并不断提升本国的经济实力；统治者还需要对消费进行规范管理，倡导节俭的消费观念，对奢侈行为给予严厉打击，全面实施等级制消费准则，重新梳理消费秩序以及整个市场，严格控制消费的无度无序；推进大范围的税收改革，对于一些不利于国家、民众的税收体制给予调整或者废除。通过以上的这些具体规定，我们认识到，《管子传》认为国家应该介入经济的发展中，同时充分发挥国家机器的职能，使得社会经济朝着对国家有利的方向而前进，最终维护国家的利益。在根本上来说，这些都体现了“国家本位”的原则内涵。

此外，《管子传》中的一些思想观念闪耀着治国理政的光辉。在其阐述中，表面上看的确有利于民众，不过富民的深层次目标是国家富强。梁启超认为贫富的差距需要控制在一定水平中，也就是“贫富有度”，而“贫富无度则失”①“民贫则难治也”②。通过这些观点不难发现，贫富差距大的情况下必然会产生社会问题，所以将差距控制在一定范围内，才能实现民心稳定，社会发展。所以，基于国家整体利益的高度，《管子传》认为应该避免贫富差距的扩大化，才有利于实现社会的稳定发展。这样来看，以上提到的经济伦理原则同样坚持的是“国家本位”的观念。

## 三、工具理性为特征的“经济民本”思想

结合《管子传》的阐述，可以发现其始终“重本”，此处提到的“本”既有“农本”，又有“民本”，二者是统一存在的。而“农本”“民本”等内容，同样为经济伦理观的重要组成部分。

第一，将“民本”视为政治、经济的重要前提。《管子》中有“政之所

---

① 梁启超．管子传［M］//汤志钧，汤仁泽．梁启超全集：第六集．北京：中国人民大学出版社，2018：548.

② 梁启超．管子传［M］//汤志钧，汤仁泽．梁启超全集：第六集．北京：中国人民大学出版社，2018：543.

兴，在顺民心”① 和“民恶忧劳，我佚乐之……民恶灭绝，我生育之”② 这类阐述，将民的重要性放到关键位置，认为民的需求、好恶是判断评估的标准。从统治者的层面来分析，为了进一步强化政权，必须要满足群众的物质需求，使其维护切身利益。“从其四欲……政之宝也。”③ 以上提到的“四欲”，即一般意义上的“佚乐”“富贵”“存安”“生育”，另外还提到“忧劳”“贫贱”“危坠”“灭绝”等“四恶”，且明确了对“四欲”和“四恶”的判断和取舍，应为肯定前者否定后者。

第二，从辩护的层面来看，肯定了“民本”的科学合理性。《管子传》认为：“足其所欲……则能用之耳。”④ 换而言之，统治阶层需要考虑到民众的需要和利益，如此才能充分提升民众的生产热情，进而实现治国的目标。《管子传》还基于道德层面对利民的重要性进行分析，提出当权者在满足群众需求与利益的基础上，才能号令群众，这样的从政方式才是值得弘扬的。“民必得其所欲……然后政可善为也。”⑤ 就算是取利于民，同样应该有度，不可不加制约地劳民伤财，横征暴敛，不然国家将会面临重重困境，“故取于民有度……国虽大必危”⑥。总体来说，《管子传》从利益的角度出发，对于“民本”的内容进行阐述，同时明确了其合理性。

第三，基于“民本”的角度，更深入地阐述“民本”观念。为了满足“民心”的需求，鼓励民众追求“四欲”，最关键的方式就在于促进农业生产繁荣。所以，他多次地提到“辟地”的关键意义，提出“国多财则远者

---

① 梁启超．管子传［M］//汤志钧，汤仁泽．梁启超全集：第六集．北京：中国人民大学出版社，2018：523.

② 梁启超．管子传［M］//汤志钧，汤仁泽．梁启超全集：第六集．北京：中国人民大学出版社，2018：523.

③ 管子·牧民．

④ 梁启超．管子传［M］//汤志钧，汤仁泽．梁启超全集：第六集．北京：中国人民大学出版社，2018：543.

⑤ 梁启超．管子传［M］//汤志钧，汤仁泽．梁启超全集：第六集．北京：中国人民大学出版社，2018：543.

⑥ 梁启超．管子传［M］//汤志钧，汤仁泽．梁启超全集：第六集．北京：中国人民大学出版社，2018：559.

来，地辟举则民留处”[①]，并进一步认为，粮食对于民众的生活价值非比寻常，直接关乎人们的命运，正所谓“五谷食米，民之司命也”[②]，衣食是民众不可或缺的东西，为了满足衣食的需求，一定要组织好生产劳作，“一农不耕，民或为之饥”[③]。同时，《管子传》把国富也视为粮食的丰富，认为如果统治者不重农，必然导致民贫和国贫。

《管子传》尽管认同的是“以民为本”的追求，不过其所阐述的经济伦理观念还处在较低的境界，和传统的“民贵君轻”也存在差距。他所提到的“经济民本”观念，体现出某种程度上的工具理性思想。其一是基于“富民”观的立场来分析“富民”和“富国”，显然后者处于更高位置，虽将二者共同论及，不过从根本上来看富民仅仅是达到目的的途径，而富国才是最后的目标。其二，从“民平国安”的角度分析。为了实现国家稳定，需要避免走上极端的道路，也就是将贫富差距控制在一定水平内，避免出现“甚贫”“甚富”，不然国家社会就会发生动荡。

总体来说，《管子传》中阐述的“经济民本”观念体现了工具理性。当然需要指出的是，这里提到的工具理性本身在某种程度上是合理的。与儒家所阐述的价值合理性具有明显的差异，和商鞅等人空喊口号而纯粹将民众看作工具的原则也不同。

## 四、“贫富有度”的经济公正观

《管子传》对于经济公正的问题同样多次论及。受限于当时的政治、经济环境，能提出经济公正的问题实在可贵。其提到的经济公正观主要表现在以下几个方面。

第一，说明了分配不公的现象。《管子传》提出当时社会分配有失公

---

① 梁启超．管子传［M］//汤志钧，汤仁泽．梁启超全集：第六集．北京：中国人民大学出版社，2018：528.

② 梁启超．管子传［M］//汤志钧，汤仁泽．梁启超全集：第六集．北京：中国人民大学出版社，2018：549.

③ 梁启超．管子传［M］//汤志钧，汤仁泽．梁启超全集：第六集．北京：中国人民大学出版社，2018：545.

允，贫富差距问题愈演愈烈。当时的不公平重点表现在富商、农民之间，底层民众付出了大量的时间和精力从事生产，但是收获寥寥。商人善于投机钻营，以最小的本钱获得最大回报，而劳动民众辛苦耕耘却生活困窘。这种分配不公问题大量存在，且是造成社会隐患的根源。另外，《管子传》中对于先哲“不患寡而患不均”①“均无贫”② 的看法也很赞同。显然，《管子传》认为为了国家富强、社会稳定，改变分配不公的现象相当重要。

第二，总结分析了分配不公的内在因素。提出国家体制是根本原因，具体表现在国家未能协调好税收徭役与年成的关系。不管是丰收之年还是饥荒之年都纳税敛财，在给底层民众带来灾难的同时，也给了奸商乘虚而入的机会，“岁有凶穰……乘民之不给，百倍其本”③。在市场中，粮食和货物价格高低有别，且随时间变化，富商游走市场，利用年成机会和底层民众的困境，从而行贱买贵卖之实，从中捞取巨大利益。假如统治者对市场上这种投机行为不加管理和控制，那么就会横生枝节，好比“一国而二君二王也”④。另外，人们在智力上也具有差异，“分地若一，强者能守……故民有相百倍之生也”⑤。就算是土地与货币相同，但是经营结果可能也会大相径庭。高智商的人可能会从中获取百倍利益，而生性愚钝的人可能会本钱不保，导致差距不断变大。

第三，对于怎样实现社会公平的问题，《管子传》提出要做到“贫富有度”，避免出现甚贫、甚富。所以当权者务必要将贫富差距控制在一定范围内，通过积极举措实现贫富平衡，进而真正达到“分并财利而调民事也”⑥，如避免商人获取暴利，对困难群众给予经济支持，通过财政以及征税等方

---

① 论语·季氏.

② 论语·季氏.

③ 梁启超. 管子传［M］//汤志钧，汤仁泽. 梁启超全集：第六集. 北京：中国人民大学出版社，2018：549.

④ 管子·轻重甲.

⑤ 梁启超. 管子传［M］//汤志钧，汤仁泽. 梁启超全集：第六集. 北京：中国人民大学出版社，2018：549.

⑥ 梁启超. 管子传［M］//汤志钧，汤仁泽. 梁启超全集：第六集. 北京：中国人民大学出版社，2018：549.

式，平衡贫者、富者的差距，为社会创造良好稳定的环境。

不难发现，《管子传》里所论及的公平观只是简单地探讨社会分配问题，以及造成不公平的因素。且在处理不公平分配的问题上，《管子传》并非通过积极的方式提升效率，而是对富有者进行限制和管理。虽然这样，《管子传》中对于社会公正问题的分析同样有很多值得借鉴的地方。例如，梁启超尝试从国家体制的立场去探索问题的造成原因，并认为可以通过财政税收的改革来处理问题，并考虑到人的智力层面对于收入形成的影响作用，某种程度上和当下所探讨的起点公平问题有异曲同工之妙。

## 第二节 《管子传》中经济伦理思想的理论本质

梁启超是一位声誉卓著的学者，对中国近代历史有很大贡献。他引进欧洲人的思想观点，对于国人的传统思想尝试做出新的阐述。《管子传》中所说的国家机器来管理控制的做法，表明了他已经形成了早期的政府干预主义观点。另外，功利主义作为一种指导原则，在他的分析中不断出现。并且，梁启超还有着批判自由竞争、重视生产正义和注重道德关怀的经济公平思想。

### 一、政府干预主义

在传播西方经济学理论的过程中，梁启超始终坚持西方经济理论必须与中国国情相结合的原则。随着对西方经济理论的不断吸收推介，梁启超将西方经济思想的主要脉搏概括为干涉主义和放任主义。“泰西学者之言政术，率分两派：其一则主张放任者，其一则主张干涉者。”① 在干涉主义和放任主义中，他选择了干涉主义。他不仅论述了中国采取干预主义的理由，

① 梁启超．管子传［M］//汤志钧，汤仁泽．梁启超全集：第六集．北京：中国人民大学出版社，2018：516.

还提出实施保育政策的前提条件，并对政府干预的内容和范围有所界定。

首先，中国采取干预主义的理由。梁启超在《中国立国大方针》和《政府大政方针宣言书》等文章中多次论述了中国政府采取干预主义的必要性。他认为针对放任政策而言，“干涉”二字失去了其本意并且不够标准，所以应称为保育政策。一个国家必须熟悉自己国家的历史和现状以及外部世界的现实，采用适合的经济主张。基于以上原则，梁启超具体分析了中国采取干预主义的理由。

其一，国民素质低下的结果。梁启超认为，国家保育的分际，应当以国民发达的程度来衡量。“幼稚”地方的人需要保育的事越多；越进步，则需要保育的事越少。无论在政治上还是在生计上，各种设施都由国家监督。维新变法失败后，梁启超开始关注国民性改造，辛亥革命后，他始终相信我国民众的水平和日本维新时期民众水平的差距不大。日本通过保育政策而加快国民进步，并且日本一直在采用此方针，所以我们可以有所考虑。

其二，保障国民权利的要求。梁启超认为，根据欧洲和美国过去一个世纪的经验，个人自治和国家保育应该并驾齐驱，划分范围。超出范围的，不相妨则可相济。如何实现这种自由主义思想？百年前的学者主张通过自由竞争实现自由主义思想。但是，历史的发展并非如此。人们知道了绝对的自由竞争适合强大的资本合并，大多数人无法获得平等的机会建立自己的公司。因此必须要有最高的权力立于一般人民之上，抑强扶弱。这样，个人的能力就可以平等地发挥而没有任何障碍。欧美国家的立法就是基于这种精神。梁启超认为，中国应该毫不犹豫地学习和继承西方先进国家百年来留下的宝贵经验。

其三，国际竞争的必然。梁启超认为，在国家之间竞争的世界里，各国人民与其他国家的人民进行交涉，不是以个人资格，而是始终依靠国家的支持。大多数事业都超出个人能力，必须依赖国家，特别是保护关税、奖励特殊国内产品、统一货币、管理市场、奖励发明、重视高等教育、发展大城市等。国家权力的扩大有利于在国际竞争中有效保护国民利益。

其四，取决于中国的特殊国情。一般而言，共和成立以后，一般国民的理想是摆脱政府的束缚，能够更大限度地自由行动，这称为共和正义。而保育政策却瞋目相视，与共和精神相反。对于如何释解国民对保育政策的怀疑和不满，梁启超从历史中找到了答案，他认为我国过去的政治历史，与欧洲百年前的政治历史截然不同。当然，由于历史背景不同，所采取的政策也不尽相同。因为专制而导致革命，则革命后应采取放任的方式，欧洲是这样。因为放任而导致革命，则革命后应采取专制的方式，我国是如此。如果以放任承接放任，无异以水济水，废弛之后又废弛，则国将不国。我国政治之敝，不在烦苛而在废弛。烦苛是专制的结果，废弛是放任的结果。梁启超指出，当政治冲突时，人们不了解国家的宗旨，国家固有的职责不能仅由国家机关行使。在国家不能有效发挥作用的情况下，人民会无所依靠，只能各谋生路，横生混乱。在缺乏领导的情况下，民众会各有异心，毫无纪律，无法安居乐业形成一体，公共心越来越消乏，则公共事业将难举。同时，因为国家职能部门无法履行好自身职责，国家、民众之间的关系也会逐渐疏远。国家失职而民众不加以校正，就算有校正之心也有心无力，且无法持久，难以达到心中期望，从而产生沮丧情绪。而造成这种情况的根本原因就在于民众与国家之间的关系薄弱。倘若人民与国家的关系薄弱，实行保育政策则与没有实行保育政策的国家的结果也相同。因此，梁启超断言今后的中国，须借政治之力，将国民打成一丸，与外国竞争，将使全体国民如同一支军队中的将士，如同一所学校里的学生，然后国家形成，而在国际上占得一定位置。如果政府纯粹放任自流，那这个愿望将难以实现。

第五，特殊历史条件下的需求。梁启超认为，政治革命后，因为更替的时间太快，发动的力量太剧，全社会的秩序被破坏，如果没有方法维系，社会将自灭。欧洲历史上的一个典型事例是法国大革命，法国革命惨酷，最后的结局是恢复专制。辛亥革命后中国社会的一个重要问题在于整个国民的距心力太盛，但是向心力却没有达到平衡，这不仅是政治上的，道德风俗也是如此。如果没有节制，社会性将被彻底摧毁，恐怕国难为国。因此，救时必须要恢复秩序。秩序可以分为“有形之秩序与一时之秩序”和

"无形之秩序与继续之秩序"两大类。① "有形的秩序和一时的秩序"是政府成立后，逐步解散军队，随时救济市场，也可说是恢复；"无形的秩序和继续的秩序"则涵养新信条，建设新社会组织，首先要做的是划定整齐严肃的政治范围。目睹了民国初年的社会动荡，梁启超更加坚定地相信，建立和维持秩序属于保育政策的关键内容。

其次，实施保育政策的前提条件。梁启超明确区分了不同政治条件下的保育政策，指出保育政策在当时并不适当，但后来可以言说。保育政策必须以良政府为前提。而在亡清之时，良政府从未发生，因此在当时提倡保育政策是助长官僚和暴君的腐败。后来政体改变，万象昭苏，可以得良政府的机会甚多。

梁启超认为改造政府是改良经济的前提。1907 年 10 月，他撰写了《政闻社宣言书》，其核心内容为发动广大民众，请愿召开国会，对政府进行改造，废除专制并推行立宪制度。他指出，中国的局势处于危险之中，政府愚昧，列强胁迫，国民抱怨，国家所有不良后果，都是由不良的政治造成。他在 1910 年的《为国会期限问题警告国人》中，历数政府的罪恶，指出改造政府的主要方式是建立责任内阁制，将没有责任的政府改造成有责任的政府，将对君主负责的政府改造成对国民负责的政府。根据西方政府的理论，梁启超认为清政府不具备政府的要件。梁启超在清末新政时期主要试图通过成立国会来监督政府的经济行为，希望召开一次国会，选举亲信的人去调查政府。梁启超对国民尤其是农民寄予厚望，这是由中国的国情所决定的。宪政的落实，必然离不开国家主要力量的支持，需要这些民众明确政治的利害与自己的关系，愿意充分发挥自身主观能动性，以昂扬的斗志参与其中。西方国家一般是将工商业者视为民众的中流砥柱，而我国的主要力量则是广大农民。

基于中国的国情，梁启超认识到美国所走的民主共和道路并不适合中

---

① 梁启超．中国立法大方针［M］//汤志钧，汤仁泽．梁启超全集：第八集．北京：中国人民大学出版社，2018：423.

国。不过，伴随着中华民国的建立，梁启超逐渐认识到君主立宪在我国行不通。因此，在一定程度上借鉴民主共和的立宪政体，成为梁启超政治上的新追求。与此相应，梁启超开始对共和制下的政府干预有了新的认识。建立共和初期，梁启超忧心国家的动荡和政府的软弱，而普通百姓却不知道共和是什么。事实上，摆脱政府的束缚，能自由行动，是共和的真正含义，结果，凭借自由和平等，变得宽松而无纪律。最大的麻烦是，人民的思想力量太强大，失去了平衡，不仅体现在政治上，道德习俗上也是。为了防止动乱的发生，梁启超希望建立一个强有力的权威政府，实行保育政策，允许国家充分干预经济。中华民国的建立要以中华民族的崛起为远景，而保育政策的实施是保障实现这一目标的重要途径。若想要保育政策顺利实施，则须以良政府的存在为前提。

政府采取自由放任政策还是保育政策主要涉及政府的责任问题：采取自由放任政策，政府职责简单，责任轻；采取保育政策，政府职责复杂，责任重。处理复杂的事务而承担沉重的责任，一定需要采取强有力的行动。中华民国成立初期，面对百废待兴、万象更始的局面，却缺少政府强有力的干预，实在是难以想象的。从理论上分析，所谓强有力的政府有两重含义：一是就地方与中央的关系来说。地方的权力由中央赋予，那么政府会更加有力；若中央权力来自于地方，那么政府会孱弱无力；若中央可以对地方做好监管工作，那么政府会更加强大；相反，就会积贫积弱。二是从立法府和行政府的关系来考量。行政府人员是通过立法府选出，二者之间较为融合，那么政府会是非常强有力的；行政府人员虽不是从立法府出，但能得到立法府多数人的支持，那么政府会是比较强有力的；行政府与立法府对峙，不能参与立法事业，则是不强有力的；行政事业需听从立法府的指示，则是最不强有力的。

梁启超的观点是，政府的恶与善跟权力的集中之间没有多大关系。但脆弱的晚清政府所施行的政策对人民无益而有害。宪政国家应实行为人民谋福利而非对人民不利的政策。因此，问题的关键不是由于政府人员的素质而降低政府的权威，而是如何产出良政府之方法和如何养成能组织良政府的人。比较可行的方法是效法英国的政党制度，实行两党制，每个政党都有它反对的政治见解，都自称是国家利益和人民福利的代表，相互竞争，得国民多数拥护者执政，以造福于人民。更重要的是，政党内阁能保证良政府的组成，保证政府人员不能为恶，因为能够担任政党领导人的人不仅学识才略优异，道德也必须高于别人。政党不是个人私有的，政党领导人的地位也不是个人所能推荐的。只有推荐正直和有才干的人作为政党领导人，才能保证政党的地位。同样的道理，政党不会行病国殃民的秕政。桀黠巧佞的人不爱国、不爱党，只爱功名富贵，品行低下。但是，由于他被委托给拥有内阁政党的国家，因此，要想获得政权，就必须投入一个主要政党。如果想在主要党派中占有重要地位，就必须忠于党，而绝不敢以自己的行动损害全党的声誉。作为内阁成员代表一个政党，滥行秕政会导致政党或个人在国家中失去信用，若二者有其一，则功名富贵就都得不到。因此，尽管有不爱国、不爱党的人，也不敢做恶。因此，行政党内阁国家的政府，虽然有时不是公众所期望的，但是还没有民众所怨恨的。这样，保育政策、强大的政府和政党内阁就构成了梁启超干预主义思想的三大链条。

再次，政府干预的内容和范围。梁启超支持干预主义，但并不主张政府包办一切。政府是国家干预经济的主体，政府活动是否正确将会直接关系到经济的发展情况。梁启超提出，在社会中，任何政府部门都应该以生产发展作为核心，而政府部门的建立必然要为发展生产而服务。梁启超进一步阐述到，政府职责以及工作都应该以服务经济作为主旨，政府的正确目标应在公益，公益之道则是促进内部经济发展和提高外部经济竞争力。这是衡量政府行为是否正确和措施是否适当的标准之一。根据西方政府权限理论，他将政府干预总结为“助人民自营力所不逮”与“防人民自由权之被侵”。① 而这两点都属于政府的重要经济职能，是政府促进经济发展、

---

① 梁启超．论政府与人民之权限［M］//汤志钧，汤仁泽．梁启超全集：第三集．北京：中国人民大学出版社，2018：7.

提升国家综合实力的关键方式。梁启超对于“防人民自由权之被侵”语焉不详，一笔带过，在“助人民自营力所不逮”问题上讨论甚多，观点深刻。

梁启超提出，近代中国民众尚未开化，经济发展水平低下，这种环境下的政府干预具有合理性，有利于加快我国经济的发展。基于当时中国的实际情形，梁启超进一步明确了政府干预的具体内容。

第一，他提出“凡事业之性质，不能委诸个人者”①。我国未来和西方诸强之间的竞争，关税问题将会是其中的关键所在。为了保护本国民族工业能够维持和发展，免于国际市场的残酷竞争和巨大压力，关税工作至关重要。不过，在鸦片战争后，我国的关税始终不能实现独立，这使得我国主权无法完整，也影响了社会经济的发展。中国产业比较落后，无法像欧美国家那样实现自由贸易政策，因此需要更加注重贸易政策的制定，尽可能为本国经济、本国产业发展创造一个良好的环境。关税自主是实现关税保护的基础，而需要的工作就是要废除过去的不平等条约，颁布新的条约规范。对此，梁启超坚定地认为，修改条约是我国生存和发展的正当诉求，是无论如何都不可放弃的。

第二，梁启超提出“凡事业为公益起见，不宜委诸个人者”②。公益事业的发展，具有特定属性，并非个人无法做到，只是若委托给个人，会产生牟利空间，容易助长舞弊之风，这样会形成损害公益的后果。因此国家需在有些领域掌控大局和得当谋略，如铸币、邮政、铁路、电车、小民保险等事业。在财政学意义上，梁启超承认国家对上述事业进行管理的合理性。当然，这种合理性的逻辑前提是，国家不能借此牟利和舞弊作奸。

第三，梁启超还认为“凡国人所不欲办之公益事业”③。梁启超解释道：这种事业的性质并非由个人不能办，但以公益事业的性质来看，绝对不能

---

① 梁启超．节省政费问题［M］//汤志钧，汤仁泽．梁启超全集：第七集．北京：中国人民大学出版社，2018：464.

② 梁启超．节省政费问题［M］//汤志钧，汤仁泽．梁启超全集：第七集．北京：中国人民大学出版社，2018：464.

③ 梁启超．节省政费问题［M］//汤志钧，汤仁泽．梁启超全集：第七集．北京：中国人民大学出版社，2018：464.

收支相偿，因此私人不肯担任，如军用铁路、大学校、天文台、图书馆、博物馆、农事试验场等。或者虽然将来收支可以相偿，而刚兴作时需要大量资本，并且没有特长的技术阅历，也难以办成，因此私人不愿从事。

当然，梁启超也认为政府干预的范围没有固定的标准，应该是因为各国的时代地位存在异同，因而一切政务必要及有益的程度存在异同，这不是可以武断进行的。民治大开民德大进的国家，个人之所以自为谋者，因为自身已很周密，不劳国家为之顾虑，则国家职务的范围可以狭；反之，若民智未开民德未进的国家，如果没有临乎其上者干预督励，民则不能自善其事，则国家职务的范围不得不广。

## 二、功利主义经济伦理取向

《管子传》所阐述的经济伦理具有明显的功利主义特征。功利主义作为一项重要的指导原则，在梁启超的《管子传》中多次出现。他提出的人性论、价值目标、评价标准等，都体现了功利主义的内涵。

第一，人性论方面，《管子传》认为人的本性都有趋利避害的特征。正是基于这种“自利”，梁启超对他的功利主义观点进行全面阐述。他也提出这是人的本性所在，乃是民众的共性。不管身份高贵还是卑微，不管从事商业还是农业、手工业，尽管“所欲”的内容存在差别，但是都想得其“所欲”的动机却是一致的，“得所欲则乐，逢所恶则忧，此贵贱之所同也”①。当然，认可人性所具有的这种“趋利避害”性，并不足以证明梁启超先生所给出的就是功利主义的判断，其中的关键并非先生是否主张“自利”，而是要看他持有的态度，这是对伦理性质进行评估的重中之重。而他在《管子传》中明确提出，对于个体存在的欲望不可任意压制，而是要尽可能满足，这实际上体现了功利主义的思维。

第二，《管子传》明确了功利主义价值目标。这里所追求的功利主义价

① 梁启超．管子传［M］//汤志钧，汤仁泽．梁启超全集：第六集．北京：中国人民大学出版社，2018：515.

值目标，即为实现富国强民的目标。国家为了实现富裕就需要讲利，需要经济繁荣富有，武装力量强盛，进而提升国力，才能实现“九合诸侯，一匡天下”① 的目标。而以上这些的达成都离不开物质前提。所以，他认为要努力促进农业发展，同时也需要重视工商业，将农业、工商业与国家富强相联系。而且他还提出了农战的观点，认为兵力强盛对土地开发、牲畜养殖等有一定作用。

第三，将功利主义行为原则视为道德评估的参考依据。具体从下面几个角度进行阐述分析。首先，梁启超认为满足民众的物质利益是提升民众道德水平的重要前提，《管子·牧民》有言：“仓廪实则知礼节，衣食足则知荣辱。”换而言之，在民众粮食富裕、衣食丰足的情况下，他们才会“知礼节”，懂得荣辱之事，这样才能提升社会的道德水准。其次，梁启超认可个体对于功利的追求，同时还将功利原则引入社会经济生活领域，将其作为赏罚的标准。梁启超通过“利”来引导民众建立功业，认为“其积多者其食多”②，即为通过具体的功利、业绩来进行赏罚评判，基于多劳多得进行分配，并从法律制度层面给予肯定，即“论功计劳，未尝失法律也”③，必须要贯彻这种原则，才可实现“广地众民”④ 与“富国强兵”⑤。此外，《管子传》还将功利主义观念引入社会生活方面，从而使其具备更大范围的适应性。

正如前文中所提到的那样，梁启超的经济伦理观体现了功利主义的内涵，不过他的功利主义并非否定道德的价值，在认可利的同时，也未忽略

---

① 梁启超．管子传［M］//汤志钧，汤仁泽．梁启超全集：第六集．北京：中国人民大学出版社，2018：578.

② 梁启超．管子传［M］//汤志钧，汤仁泽．梁启超全集：第六集．北京：中国人民大学出版社，2018：547.

③ 梁启超．管子传［M］//汤志钧，汤仁泽．梁启超全集：第六集．北京：中国人民大学出版社，2018：532.

④ 梁启超．管子传［M］//汤志钧，汤仁泽．梁启超全集：第六集．北京：中国人民大学出版社，2018：515.

⑤ 梁启超．管子传［M］//汤志钧，汤仁泽．梁启超全集：第六集．北京：中国人民大学出版社，2018：527.

义的影响，并认同管子提出的“四维不张，国乃灭亡”① 之观点。他尽管认可利的重要性，但也提出不当之利切不可为。他尽管提出人有欲望是正当的，但也认为欲望不可无度。因此，我们可以看出，他秉承的不是极端的功利主义。

从梁启超对边沁、墨子等人的观点阐述，不难发现其功利主义思想的大概逻辑。他认同边沁提出的“趋乐避苦”，认识到“自利”出发点所带有的合理性，同时认识到“最大多数人的最大幸福”是“自利”所能追求的最理想结果。而在墨子观点中，梁启超认为“利”除了要“利己”，同时与“利人”“利他”不矛盾。通过分析西方思想和中国传统思想，梁启超对“利己”和“利他”有了一定认识，他的思想也发生了重要变化，并为他后来“民德”理论的创建形成了良好的支撑。

其一，“利他”即“利己”。梁启超提出“利己”是人的“趋乐避苦”本性导致的结果。虽然他认识到极端的利己可能难以避免，但是仍然认为合理的利己主义应该被认可。为了防止被划入极端主义理论中，他对“利己”作了进一步的阐述，并引进进化论观点，形成了全新的观点：“利己”与“利他”相互联系，“利他”即“利己”。

梁启超并未像穆勒那般通过联想来阐述“利他”与“利己”的关系，而是在进化论思想的影响下，逐渐认可了加藤弘之的观点。该日本学者也是在引进进化论后，提出了自己的利己主义思想。他提出，按照进化论的观点，人是从动物进化演变而来，动物与生俱来就只具有利己之心。根据进化论的思想，伴随社会的进一步发展，人类同样在进化与进步，人们开始体现出合群性，产生利他行为。人类社会朝着更高级的文明而进步，人类这种利他行为变得越来越显著。但是人们似乎忘记了人的身心变化是从祖先那里继承来的，因此利他行为的本质仍然来自于利己心。因此，存在三种类型的利己主义：无限的纯利己主义（动物利己主义），有限的纯利己主义（略带群体性，一定限度的利己主义）和变形的利己主义（利他主

① 管子·牧民.

义)。利他主义也可以分为两种：一种是唯物主义的和物质的，另一种是唯心主义的和精神的。因此，加藤认为，无论哪种利他行为，为了他人的痛苦而痛苦或者为了他人的快乐而快乐，这些行为最终都是出于个人利益。因此，就三种利己主义而言，第一种是有害的，而后两种是人所拥有的，有些人可能更多地拥有第二种，而有些人更多地拥有第三种，但是第一种只能是动物性的，只带有第一种的不能称为人。①

不过，梁启超并非全盘接受加藤的观点，甚至提出其不可行之处，认为加藤对于人的自利性强调过度，唯恐他人不知。当然，梁启超也认可加藤所提出的部分观点，并认识到其中的积极成分与合理成分：倘若人们知道利他主义最终能够实现自身利益，人们就将会更多地实施利他行为，这和梁启超的思想不谋而合。与其片面压制人的欲望，倒不如进行引导和顺应。利己有何过错？倘若视一家亲如一体，大到一国亲如一体，那么普天之下将会更加其乐融融。这又有何不可呢？这种利他主义是一种变相的利己主义，是引导人们找到利他主义根据的良好途径。梁启超不止一次地阐述人具有“自利”的本性，不应只提及“利他”，但是如果人们能够将“利他”与“利己”结合起来，就可以给人们的“利他”行为提供动力。但是，无论如何，有“利他主义”的基础，“利群”才是可能的。

其二，“道德”是“利群”。梁启超认为，中国之所以道德思想落后，其中一个关键原因为，很多人都将功利主义错误地理解为具有极端利己主义倾向，从而造成对于利益的过分追求，进而产生了道德堕落的情况。所以在进行批评前，我们应该准确认识功利主义的内涵。梁启超准确阐述了功利主义的本质，并形成了自身的道德理论，提出道德的起源、公德、私德的内涵都和功利主义存在紧密的关系。

梁启超倡导“新民”，提出当时的任务之一即为培养“新民”。在内治与外交上，都需要充分重视培养新民的重要性。在内部治理上，培养新民

① 川尻文彦．“自由”与“功利”——以梁启超的“功利主义”为中心［J］．中山大学学报（社会科学版），2009（5）：73－86.

才能创建崭新的国家与制度，统治者的稳定政治同样有赖于新民来实现。在外交问题上，西方列强入侵我国，翻开近代历史惨痛的一页。为了抵御外辱，需要依靠全体新生国民的力量，贯彻民族主义。正是因为外患更甚于内患，所以培养新民是最为重要的任务之一。“新民”需要在“民智”“民力”等方面有所作为，也就是“淬厉其所本有而新之，采补其所本无而新之”①，而最关键的即为做好“民德”培养。另外，道德可以进一步划分为“公德”与“私德”：“人人相善其群者谓之公德”②，公德是协调个体与社会、组织之间关系的准则；“人人独善其身者谓之私德”③，私德是个体之间处理关系的准则。梁启超还进一步提出，“公德”“私德”二者并非矛盾的，个体应该负担起对群体、国家的义务，需要追求群体的利益，而非成为群体的累赘。道德即利群，应有益于群体利益，而非有损或无益于群体利益。

《新民说》中的思想观点更多的是“利群”。这里提到的“群”，某种程度上即为国家的概念。对于国内发展来说，“群”要实现的是稳定富强的生活。所以，我们需要充分关注生产的意义。不过梁启超认为不可通过过度消费来刺激生产，而是应该节制欲望控制消费，从而积累更多的财富。对于向外发展来说，“群”是一个独立国家的概念，与其他国家均为平等的主体。当然，在群体的框架中也关系到个人目标，在一个稳定而富裕的国家，个人理想才能实现；同时，群体的水平常常取决于个人的水平，个人道德对群体的形式起着决定性的作用。因此，群体和个人是一而二，二而一的。

正是基于以上所阐述的对于群体、个体的认识，梁启超更加深入地分析了“利己”与“利群”二者的关系。他做出分析的起点即为人性中的

---

① 梁启超．新民说［M］//汤志钧，汤仁泽．梁启超全集：第二集．北京：中国人民大学出版社，2018：533.

② 梁启超．新民说［M］//汤志钧，汤仁泽．梁启超全集：第二集．北京：中国人民大学出版社，2018：539.

③ 梁启超．新民说［M］//汤志钧，汤仁泽．梁启超全集：第二集．北京：中国人民大学出版社，2018：539.

"利己"思想。利己心有合理的一面，也有不合理一面。在合理一面，利己主义主要有两种表现：其一为良知，帮助他人的思想，也就是变相的"利己心"；其二为自私的观点，只考虑自身的利益。从外部来分析，可划分成公德与私德，并将私德发展为公德。在"群"中，个体的权利与利益都得到维护，个体拥有不可辩驳的自由与权利，但是也需要承担相应的义务，"群"属于一个界限。梁启超从未否定过个体自利行为的合理性，但是基于"群"引出了其界限。在个体利益与群体利益出现矛盾的情况下，二者谁更重要的问题就成为讨论的关键所在。梁启超提出"利己最终的目标是利群"，这是由于道德最高境界为"利群"而非"利己"，无法维护群体利益的追求将是不道德的。所以，要成为一名具有"民德"的"新民"，"利群"乃本质所在。《新民说》中的一些观点提出，国家的创建是为了维护个体利益，同样是为我主义，利群与利己之间非矛盾关系。很多民众都缺乏国家的概念：人们都只关注一己之私，独善其身，忽略国家的重要性。正是相对外国与世界，才知国家的存在。我国曾被多国列强侵占，国家的观念逐渐趋向于消亡，导致这种情况的出现原因有二：第一，将天下等同于国家，这是可以消除的地理因素；第二，"知己而不知有国家"，人人追求自我利益，利己主义不断发展。不过梁启超也未否认利己主义，并提出真正利己的实现，必须要培养国民的国家观念。在这种观点中，利己主义的描述仅仅是通过"利己"的名义来提倡国家观念。

假如简单概括梁启超的思想学说，可以总结为：私德推进公德、个人促进群体。在他的思想体系中，个体与群体、公德与私德的问题贯彻始终。有些学者提出这其中存在矛盾，也有一些学者提出这体现了调和的思想。本人同样认可调和的观点，不过这里的调和有其侧重点。个体、私德都具有十分关键的地位，不过更关键的是，个体可以形成群体，私德可发展为公德。梁启超认为，私人与公共领域之间有着不分明的界限，不过在很多情况下依然是混为一体的。所以，当道德具备"利群"的含义，然后利用"利己"作为外衣，那么此时的"公德"与"群体"就显然处在更高的位置，可见梁启超思想体系中的国家主义观念极为明显。

梁启超思想体系中的“功利”理念很明显，不过他的“功利”在多数情况下均是作为利益的代表。和西方国家“功利”概念相比，梁启超的“功利”思想显然不够成熟。他对于“利己”“利他”的认知，其实是认可了道德建立在利益的基础上，使得道德不再是抽象而空洞的，而是具体的，和利益紧密相关，这体现了道德思想的拓展和进步。不过，和西方的“为个人利益找到道德依据”的思想相比，梁启超的“功利”观点仅仅是创建新道德的基础，并非新道德的所有内容。梁启超所倡导的新道德中含有德性的内容，所以基于另一个角度来分析，他的功利主义观点仅仅是追求德性的功利原则，无法称为理论。虽然他并未创建起严格意义上的功利主义，但梁启超对于“道德”与“功利”的关系解释，依然给人们带来了诸多的借鉴与参考。要说近代中国对于功利主义有所理解的思想家，梁启超定是其中的执牛耳者。

## 三、经济公平观

20 世纪初，梁启超就把“发展”和“平等”作为社会发展的重要议题，进行了集中而深入的思考，形成了独特的发展观，坚信中国未来社会经济的变化应遵循以下规则：经济改造，将人人劳动而获得生存与发展的权利作为最低要求，同时也需要对自由竞争设定限度，不可出现过大的贫富差距，不可出现残酷的剥削和压迫。社会生计领域的不公平，是乱象丛生、国力衰弱的根本原因，因此梁启超认为对于土地以及生产领域而言，需要追求公平分配。而如果生产事业落后，民族将无法生存，所以在强调分配的重要性的同时，又始终不忘提高生产力的重要性，认为劳动乃颠扑不破的真理，国民从事劳作乃义务所在。

面对西方社会发展中的贫富矛盾和社会主义思潮的不断扩大，近代中国的许多思想家思考未来社会的历史趋势。梁启超关注的是，在帝国主义对中国发动侵略的情况下，中国的出路首先是培育可以与外资竞争的大型资本企业，在民族资本主义开始之初，倡导建立民族资本主义经济体制，发展以科学技术为主导的大型机械工业，建立民族资本企业联合组织，组建中国企业家团体，并扩大国家资本的力量。所有这些讨论在近代思想史上都具有积极意义。通过国家资本与世界资本主义的经济战以及中国劳动阶级组织的发展以形成健康的社会经济，这些思想在政治和经济上都值得肯定。梁启超的经济公平思想主要体现了批判自由竞争、重视生产正义和注重道德关怀的特征。

首先，批判自由竞争。自由竞争是市场经济的基本特征，也是古典经济学派所极力倡导的伦理价值观。但是梁启超反对资本主义市场经济的自由竞争，认为自由竞争不仅导致了生产的盲目性，产生资源浪费，而且还导致了社会经济危机和贫富的两极分化。

一是产生社会资源的浪费。梁启超认为，基于个人利益的自由竞争导致人们往往从自我利益出发来进行生产，从而将社会消费排除在生产目的之外。这种为生产而生产的结果造成了产品的极大浪费。社会化的生产将生产和消费之间人为地进行了割裂，而一个正常有序的社会化生产应该是生产和消费之间保持着某种合适的比例关系。可是在自由竞争的市场条件下，人们不能正确地判断出生产与消费之间的比例关系，往往专注于生产，这就造成了生产的浪费。

二是带来经济危机。社会资源极大浪费的突出表现就是经济危机。当社会生产超过消费之后，就会产生经济危机。当经济危机产生之后，对待超过消费的产品就会采用浪费的方式。这种产品的剩余并不是绝对的剩余，而是相对的剩余。这就是经济危机的实质。梁启超认识到自由竞争使得底层民众仅仅可以获取最少的必需品，供需之间矛盾深化，这就产生了经济危机的问题。

三是带来社会的贫富两极分化。自由竞争导致的经济危机在现实中就表现为社会的贫富两极分化越来越严重，富人们锦衣玉食，底层民众生活困顿，流离失所。如此的社会贫富悬殊是不公平的，也违背了社会正义的原则。

其次，重视生产正义。梁启超特别强调生产正义的重要性。只有劳动生产率的提高带来丰富的产品，人们才能享有更多的便利品和必需品，才能有富裕的生活。梁启超之所以重视生产，而不看重产品的分配，是因为他认为在“正义”的社会中，分配属于强制性的公正，这是社会制度的问题，而不是经济政策所要解决的问题。从经济层面来看，只要实现产品的丰富，在具有公正基础的社会里，自然就能达到正义。

梁启超强调，公正的社会环境下，人们可以分享社会财富。他并不是强调社会公正的缺乏，而是强调社会财富的缺乏。社会的贫困，使得社会成员才无法享有更多的社会财富，导致了生活状况的恶化；反之，如果我们能够增加社会财富，使产品更加丰裕，公正的社会机制自然就能够保证社会成员享有社会的成果。梁启超也强调了下层阶级的生活状况需要引起人们更多的关注，带有强烈的对中国劳动者的道德同情感。但梁启超还是站在生产正义论的角度来审视社会经济活动的。

梁启超认为，分工是社会财富得以增加的一个最为重要的途径。分工不仅是社会生产环节内部的分工，而且从社会整体来说，每个阶级的构成也是社会的分工与合作的关系。因为分工的依据是某种交换的自然倾向。这种交换依照梁启超来说就是一种强制性的公正，是有道德心理基础的，即对自我利益的追求和满足。每一个人都有追逐并满足自我利益的需求，这是人的本性。但在一个商业社会中，每一个有着自我利益需求的社会成员，都能认识到必须通过相互间产品的交换才能满足自己的利益要求。在商品交换过程中，如果要使这个行为得以完成，需要借助的就是自我利益的杠杆。我们可以看到梁启超一再地强调：正义是平等的必然要求。对处于平等地位的主体来说，要想彼此利益都不受侵犯，就需要遵守约定俗成的互不伤害的原则，这就是正义的基础。

每一个社会成员都能够深刻体会自我利益与社会利益之间的一致性。这样的社会机制和个体心理基础保证了一个商业社会中社会成员基于分工之上的相互协作，从而导致普遍利益的实现。可见，梁启超的生产正义论就是在正义的社会制度基础上，建立起整个社会成员的分工合作关系，共享劳动的成果，共同负担政府的开支和税赋。正义制度下的共同生产、共同开支，自然能达致普遍的富裕。

再次，注重道德关怀。梁启超的生产正义论对人予以极大重视，表现出一种强烈的人道主义关怀。

一是关注贫困。梁启超对资本主义剥削制度进行了批评，对资本主义制度下的底层人民的贫困生活予以了揭露。资本主义制度并未造就社会富裕的神话，而是将一小部分人的幸福生活建筑在大多数人的痛苦之上，这样的事实有违国家繁荣的目标。梁启超认为无视社会中大部分人的生活现实，从这个意义上来说就是对财富的意义予以扭曲的认识。财富越来越集中在少数人手中，社会上的大多数人生活中贫困的边缘。国家繁荣的目的是要对全体社会成员的生活予以关注，财富的意义是为人所享受，而享受财富的人不能仅限于社会的一部分人。

梁启超指出现实中仍然存在大量的贫困现象。社会的进步固然可以提高人们的生活水平，使之与前一个时代的“高层次”生活水平相比有较大幅度的提高，但是，贫困不是以一个绝对的标准来区分的。贫困在每一个时代，都有着相对性。贫困总是以一个时代的平均生活水平作为相对标准来标示的。梁启超提出相对贫困的存在对社会公平提出了强烈的挑战。为消除社会贫困，梁启超强调要提高劳动者的工资。

二是倡导最低工资标准。梁启超认为，工资的基础取决于劳资之间的劳动供求关系。尽管这样，梁启超认为雇主们也不是为所欲为的，必须遵守一个最低工资标准。也就是说，雇主们降低雇工的工资，这个“低”必须有一个界线，否则就违背了社会的正义基础。这个最低工资也就是雇工的最低生活费。如果一个社会的工资最低标准越过人的最低生活费的话，这个社会就会陷入动荡，最后影响到整个社会。最低工资标准也就是给予劳动者生存权的保障，不仅关系到其本人的生存，而且还关系到其家庭的生存。这样的生存不仅具有维持社会稳定的功能，而且还有对人的权利的尊重。丰厚的劳动报酬固然可以带来人的生存品质的提升，但是，并不是所有的人在任何时候都能享有社会财富的成果。一个正义社会，不仅要满足人们追求的高品质生活，更要为社会的边缘人群提供最基本的生活保障。这不仅是对社会弱势群体给予的人道关怀，更是对人之尊严的维护。这样的关怀和维护，是有利于社会的存续和发展的。

三是倡导劳动自由，保障人的权利。劳动同样为财产，不可侵犯。这和梁启超所提到的私有财产不可侵犯如出一辙。人的劳动与财产利益相同，需要得到维护，而且具有自由的特性。对拥有者而言，他可以自由地出卖劳动；对雇佣者而言，他可以自由购买劳动。假如谁破坏了这样的自由交换关系，就是破坏了社会的基本正义。劳动者拥有对劳动的绝对处置权，这是历史的进步，也是资本主义制度的进步所在。从某种意义上来说，这是解脱了在人身上缠绕千年的锁链。在奴隶社会，奴隶完全失去了自我的人身自由，成为奴隶主的所有物。在封建社会，农民尽管实现了人身独立，但是依附于土地之上的不自由仍然是封建社会农民的社会关系特征。资本主义制度打破了人身上的枷锁，让人具有了独立自由的平等地位，这是一个了不起的历史进步。当然，所谓的劳动的自由在资本主义机器化大生产的条件下，又使人产生了物化和异化。这是梁启超所看不到的。但是，梁启超歌颂劳动自由，也是对人的独立与自由的歌颂，是对人道主义的歌颂。

## 第三节 《管子传》中经济伦理思想的现代启示

管子在当时社会中提出了许多先进开明的经济理论，近代中国积贫积弱，国运风雨飘摇。出于拯救国家的想法，梁启超将西方经济学领域的一些原理、思想引进到我国，同时审视我国发展与经济前景，对国民进行思想启蒙。时至今日，深入探索梁启超《管子传》中的经济伦理观点，对于我国现代化建设，尤其是市场经济的发展具有深远的意义。梁启超所倡导和追求的“国家本位”与“经济民本”观念可对我们带来启发，认识到加强伦理管理与强调伦理责任的重要性，而“贫富有度”的经济公正观则促使我们努力增强经济发展的社会公平。另外，《管子传》深刻地提出了“以人为本”的经济发展战略，这对于现代治理也具有启发意义。

## 一、注重加强国家伦理治理

经济发展过程中，首先要出于宏观立场进行伦理构思，宏观意义上的伦理治理体现了主体的经济伦理目标，表明了整体的伦理导向与价值追求。《管子传》中的经济伦理内涵正是如此，其经济思想具有一定的目标导向性与整体意识，且强调伦理精神的重要性是梁启超的一贯追求。在梁启超的观点中，经济发展的大局观最先考虑的当为国家，随后为民众。国家、民众二者是不可分割的关系。《管子传》以国家的发展作为最高目标，如此在宏观角度上明确了经济的伦理导向，国家富裕才可百姓富足。也是基于此，才形成了国家本位的经济伦理原则、功利价值追求等。通常情况下，国家是作为公共利益的代表。国家政府要行使自身职能、从事基建等，为个人与社会的发展创造前提。所以强调国家利益是十分重要的，也是经济伦理的诉求。实际上，发展经济以国家利益为主，是统治阶级坚持做的事情，只是关键在于这些人是否真正将国家利益置于最高位置。《管子传》认为，在促进经济发展的过程中，首先需要厘清国家利益的重要性，将其视为真命题。

《管子传》也将发展经济作为利民的重要方法。梁启超认为，国家利益的实现和民众的利益的维护，二者并不矛盾。他认为利国利民的措施，可以将二者充分结合起来。明确其中存在的逻辑，通过利民从而实现利国目标。在研究《管子传》的过程中，我们不难发现其包含的责任感与爱国思想。《管子传》提倡努力发展社会生产，如此才能解决民众的温饱问题，才能促进社会稳定，提升国家的实力。其分配、交换、消费思想里也都蕴含着这份责任意识，只是针对不同方面提出了不同要求而已。历经千百年发展，经济发展方式已经出现了深刻的变化，但是其根本实质依然是不变的，即为了满足民众的需求，促进经济的发展。所以，经济发展的社会责任观念也永不过时。在《管子传》中，不难发现梁启超所追求的利民是“足民之欲”，换而言之，在民众的欲望获得满足后，才能安居乐业。所以我们也需要认可群众对于自利行为的追求，认可其中的合理性，不过这种行为需要在规定的范围内。同样，国家需要通过各种措施为实现真正利民而努力，在促进经济发展过程中追求利民，在民众利益获得保障的基础上，国家才能得以发展。为了实现严格意义上的利民，需要基于百姓的层面思考问题，给百姓切切实实的利益保障。如此，讲究伦理的经济发展才能长远而持久。

在现代社会，国家治理通常与一定的价值理想相联系，遵循特定的伦理原则，它既是一种政治实践，也是一种伦理实践。若国家治理没有伦理维度，则只能是单纯的技术和策略治理。就根本目标来说，国家治理虽然在形式上呈现的是政治主体凭借政治权力进行的政治实践，但在实质层面上始终与政治共同体所追求的价值目标相联系。现代政治国家确立的个人自主原则和促进公民实现美好生活的理想并不冲突，国家治理实际上包含着人们在共同体生活当中的合理需求，蕴含着实现人们的幸福生活的价值目标。以个人自主为基础的国家不仅不压制公民个人的自由，同时也为公民的自由提供了保护和创造了条件。这是一个美好的生活理念，能够赢得理性公民的共同接受。而与现代性精神相契合的“公共善”已成为国家治理的重要价值追求，它包含了现代社会共同体生活中人们的合理需求，最终为实现人们的幸福生活。“公共善”不是简单的个体善的总和，而是有着对集体成就与目标的信仰，肯定共同体利益的价值并追求共同体的最大幸福。现代国家治理始终以政治制度的价值目标为中心，以人民的幸福为终极价值追求。从此意义上来看，现代国家治理的实践也是一个追求公共善的过程。作为政治实践的治理，一般最终目标是指向善治，而善治则是为实现良善伦理效果的政治实践。政治实践所追求的公共善，能最大限度代表公共利益和满足人民群众的价值期待。可以说，公共善表明政治实践不是任何特定个人或群体所独有的。政治实践应当向所有人开放，反映最广大人民的合理需求。特别是随着社会条件的日新月异，人们的主体意识有所提高，自由、平等、法治等观念越来越成为价值共识。故而，政治实践日益开放和更具有公共性。政府作为政治实践的主体，应当最大限度提供公共产品和提高公共效率。尤其是在现代社会条件下，政治实践的基本取向已由“管控者”转变为“服务者”，政治实践方式也从“管理”向“治理”变迁。这意味着，政治实践已不再是单向的、私人的权力控制，而是更注重在互助合作中实现公共善。这一过程会涉及多元主体的互动、政治运行形式的多样化、对人民的充分尊重与关怀等，都表明国家治理摆脱了单向的权力控制，已发展为一项追求善的事业。

## 二、努力增强经济发展的社会公平

人类数千年的发展与变迁，除了不断追求物质层面的满足，更关键的是追求精神层面的跨越，强调人与人之间保持平等，探求社会的更加合理和公正。现代文明之下，经济不断发展，让更多群众获得社会公平乃是其应有之义，而现代经济伦理需要处理的一个关键问题即如何实现经济的社会公平，这些问题同样是梁启超所重视的。

《管子传》对于这一问题的阐述，首先就体现在打击不公正利益与对于公正利益的认可与维护。此处提到的不公正利益即富商大贾利用贱买贵卖等方式所获得的暴利，而相比之下，公正利益即为百姓辛勤耕耘所获取的利益。在梁启超的思想中，不止一次透露出对于暴利进行打击防范的观点，其中的哲理光辉时至今日还有很大的借鉴意义。我们的社会应该努力让那些兢兢业业的农民、工人得到更多收入，让其可以真正地安居乐业，对于其孩子教育与医疗充分保障。利用立法的方式，对暴利进行严厉打击，同时在制度和源头上对暴利给予防控。经过正面引导和反面打击，让所有人都可以顺利参与到经济竞争中，获得平等的权利与机会，对社会中的不公正情况严肃打击。

《管子传》也认识到贫富差距的问题，认为应该做到“贫富有度”，也就是将贫富的差距控制在一定水平内，不可让差距不断扩大，以免不利于国家稳定。我国经济建设的成果有目共睹，改革开放对于中国的影响是长远而深刻的，一部分人在这场大的浪潮中富了起来。而邓小平同志早在20世纪70年代的时候就提出了“建设小康社会”，致力于让更多的普通民众过上良好的生活。时至今日，伴随着三农政策、乡村振兴等一系列战略的实施，我国底层民众的生活也达到了小康水平，这是一个前所未有的突破。

接下来，我们还将建立更完善的社会保障机制，让人们的生活得到更好的保障，这会对整个社会环境产生有利作用。另外，还将壮大中产阶层队伍，让他们占据社会主导地位，起到均衡作用，进而更好地把握贫富之度。

《管子传》还提出可以通过税收调节的方式促进经济发展，维护社会公平正义。梁启超认识到人和人之间存在的差异，“岁有凶穰，故谷有贵贱……智者有十倍人之功，愚者有不赓本之事”①。因此，尽管可能存在均等的机会，最后还是会造成贫富的分化，况且还有历史的原因。因此《管子传》表示，政府需要积极履行加快经济发展的责任，并认为对高消费者应该适当增加税收，这对今天具有重要的参考价值。对高收入者加大税收，可以更好地控制贫富差距，维持社会公平。我国在很久之前就开始实施个人所得税，对于一些高消费产品所设定的税收比率也相对较高。所以，政府一方面需要制定更加完善的税收政策，另一方面需要注重宣传教育，从而真正维护社会公平正义。《管子传》中还给出了一些具体的扶贫救弱的方案，比如对于一些底层民众给予生产资料的支持；对于一些孤寡老人或者无家庭照顾的小孩给予专门救助等。这些方法的使用和思想观念的贯彻，对于维护社会公平具有深刻的意义。如今我国正在不断加大对西部地区的投资与建设，这对于西部的开发与发展具有重要影响，也有利于彰显社会公平正义，缩小东西部差距。

梁启超十分关注公平问题，并对不公平的造成原因进行探讨分析，还从制度、结果、信息等几个方面对促进社会公平进行了具体深入的论述。

第一，建立公平制度。主要表现在设立与建设规则制定与使用制度、赏罚制度等方面。首先，创建和落实规则制定、使用制度。毫无疑问，规则是为了保障实现公平，所以制定公平的规则非常关键。“虽有巧目利手，

① 梁启超．管子传［M］//汤志钧，汤仁泽．梁启超全集：第六集．北京：中国人民大学出版社，2018：549.

不如拙规矩之正方圆也……不能舍法而治国。”① 这句话的大概意思是，尽管有锐利的眼睛与灵活的双手，也比不上通过笨拙的双手矫正方圆。因此，匠人可以制造规矩，但不能弃掉规矩来矫正方圆。尽管统治者可以出台法律，但是不可任意更改、废止法律而随意管理国家。这些论述说明了个体、规矩与方圆三者之间的关系，特别是点明了制度、法令或者说“规矩”对个体行为进行约束管理的关键意义，以及这些规矩的培养对于社会公正实现的重要性。其次，建立功过赏罚制度。之所以要设立相应的赏罚制度，其主要出发点还在于保障分配公正，这是不可或缺的重要方式，仅仅凭借口头之言或者简单印象就进行赏罚未免有失公平。倘若当权者不依法度而根据声誉和印象用人，那么臣民之间将会逐渐营造结党营私的风气；倘若按照亲疏关系而任命官员，臣民将会专注于阿谀奉承之事，而疏于正事。因此，官吏治理混乱，是因为当权者偏信声誉、赏罚不合理。另外，《管子传》中提出了不可私自赏罚。根据赏罚的公私分明情况，把当权者相应地划分为三个层次。根据规则行事的即为“上主”；对于忠言进谏充耳不闻，按照自身的想法简单决策行事的，称为“中主”；而违背公序良俗，践踏正心的，可称之为“危主”。最后，建立人才“三选制度”，具体内容与过程可阐述为“乡长退而修德，进贤……退而察问其乡里，以观其所能而无大过，登以为上卿之佐。名之曰三选”②。不难发现，在我国历朝历代的当权者中，重视人才挖掘人才的人并不少，不过如齐桓公那般严格遴选、无论贵贱合理选才的做法还是值得夸赞的。这种选才方式之所以得到人们的推崇，除了体现了齐桓公对于人才的喜爱以及重视，更重要的是他通过制度的方式对于选才工作进行全面保障，利用完善的制度、公正的程序以及严格的法令，将不公正不公平的生存空间压缩到最小。人才“三选制度”的

---

① 梁启超．管子传［M］//汤志钧，汤仁泽．梁启超全集：第六集．北京：中国人民大学出版社，2018：515.

② 梁启超．管子传［M］//汤志钧，汤仁泽．梁启超全集：第六集．北京：中国人民大学出版社，2018：533－534.

公正性，还体现在选拔出来的人才并非一劳永逸，并非永远高枕无忧，因为后续会有一系列的考核机制，根据相应的时间点进行考察。这样，那些不务正业、投机取巧、思想滑坡、华而不实的人将会被筛选出来，从而受到相应的处罚。可以发现，《管子传》在选才工作上十分严格和追求认真，是其对于公正性执着追求的一个重要体现。

第二，关注结果公平。“贫者重贫、富者重富”的情况主要是因为社会分配不公平而造成的。长此以往，将会带来愈演愈烈的贫富差距问题。假如不给予充分重视，将会形成很多安全隐患，造成国家社会的不稳定。《管子传》提出“甚富”与“甚贫”都是不利于统治的。而为了解决这一问题，将贫富差距控制在更小的水平，主要通过下面的一系列措施来落实：首先是“夺富予贫”，也就是利用合理方式获取富裕者的财富，从而对贫苦群体给予支持，这样有利于稳定社会、提高治理水平。对于什么是合理的方式，怎样才能实现“夺”与“予”？《管子传》中给出了具体的方法。“夺”是通过价格政策避免商人获取暴利，而“予”的方式是对农民群体给予一定的生活资料支持。其次是“散积聚，钧羡不足，分并财利而调民事也”①。为了避免商人利用年成好坏、社会动荡等机会，而谋取巨大的个人利益，需要严加防范。另外，可通过贷款发放、税收调整等手段，对民众的税收压力进行调节，让富裕者与贫困者之间的差距不断减小。对于不同职业之间，也要创造互相交换的机会。“贫者重贫、富者重富”关系到结果的公平性。在梁启超的思想体系里，对于结果公平的问题始终高度关注。他所主张的应该利用价格与税收政策做好调控工作，这对于我们如今的宏观调控具有深远的借鉴价值。当下，不少国家对于贫富差距不断扩大的问题非常关注，同时给出了很多示范性的解决方案，一般人们运用较多的有：利用外在调控，通过高额累进税率加大对富有者的税收压力；通过创建更加完善的社会保障系统，从而让底层群众的基础生活得到保障。这些做法以及

---

① 梁启超．新民说［M］//汤志钧，汤仁泽．梁启超全集：第二集．北京：中国人民大学出版社，2018：549.

观点和《管子传》中的内容有不少不谋而合之处。当然我们需要认识到，尽管结果公平非常关键，但是不可因此而不关注效率问题。在缺乏效率的情况下，公平的实际价值将会无从谈起。在《管子传》的阐述中，我们发现其追求的公平观某种程度上有忽略效率的倾向，也体现出“不患寡，患不均”的传统色彩。另外，梁启超追求结果公平的想法并不实际，这不仅和“士农工商”分业而治观念存在一定冲突，而且靠职业交换而换取结果公平的方法在当时的社会环境下仅仅只是处于幻想阶段，是无法实现的。就算能够达到这一目标，也会带来新的贫富差距问题。

第三，倡导信息对等。《管子传》还认识到因为统治阶级、被统治阶级所掌握的信息不对等原因，而产生了不公平的问题。所以，他提出需要采取针对性的措施给予处理，提出不管是要做什么事情，做出什么调整和转变，都需要提前公布法令。换句话来说，在办事以前，需要将具体的赏罚办法、政策制度等对民众进行公布，负责执行和落实的工作人员需要将法令贯彻到底，并给予相应的赏罚机制。在具体的谋划以及检查之前，及时对上级进行汇报，同时对赏罚实施情况一并告知。倘若存在违背法令精神的行为，就算带来了正面的效益和价值，也归属于“专制”，并将会被判处相应的罪行。在赏罚的制度对外公布后，才能真正开始落实事务。《管子传》还提出，当权者需要坚持信息公开及信息对等，这样才能实施更加公平的管理，民众在受到惩罚之后才不会存在抱怨的情绪。只有赏罚分明、公开客观，才能赢得众人信赖，才能让大家在同一水平水准上竞争，避免专制的出现，防止腐败问题的形成。

### 三、实行以人为本的经济发展战略

《管子传》对于经济发展问题的考虑，主要是将“人”作为其中的核心，同时给出了以人为本、人才发展的战略设计，并且在人才激励领域充分重视，这些对于我国当下的管理工作来说具有一点的参考价值。

根据《管子传》的阐述，一般老百姓可以有田耕耘，利用自身的劳动过上好日子；具有一技之长的，将会得到国家政府的奖励；而贤能之才可以通过被推荐的方式，获得国家政府的重视以及运用。这意味着在社会发展过程中，人才的问题很重要，而《管子传》对此也已经有充分的重视。基于经济的层面来看，发展经济需要充分发挥人的重要作用。《管子传》认为，在发展生产中，需要“尽民力”，需要鼓励科技人才、生产匠人；在管理工作上，一些贤人和专业技术人员对于改善管理工作具有重大意义。换而言之，《管子传》明确了人才任用机制对于经济领域的关键价值，并表明其观点，即人才应该得到充分的重视以及运用，并发挥自身的主观能动性，从而为生产工作以及经济发展带来更大的动力。同时，在国家发展、社会稳定、生产提高的过程中，人才也将实现自我，完成梦想。因此，这符合人类社会经济发展要求，有着深刻的经济伦理意义。当代的经济伦理观念，与《管子传》中的这些思想不谋而合，既重视社会经济协调发展，同时也讲求其伦理道德性。不管是发展经济或者是从事建设，人的重要性都是不言而喻的，人的自由和价值也都是关键性的。如果不重用和发挥人才，那么人才价值就无从谈起，因此是违背伦理与道德的表现。

《管子传》管理伦理思想的“以人为本”，主要从下面几方面作了具体阐述。首先是“从民四欲”。为实现“以人为本”，需要“从民所欲”，这体现了功利主义的特征。更具体来说，需要做到“民恶忧劳，我佚乐之；民恶贫贱，我富贵之；民恶危坠，我存安之；民恶灭绝，我生育之”①。管理者需要考虑到民众的需求，“欲为其民者，必重尽其民力”②。《管子传》高度重视富民，大力主张“务五谷”“养桑麻”“育六畜”，以此来达到富民的目的。其次是“令顺民心”。要制定符合人民意愿的法律法规，这是统

① 梁启超．管子传［M］//汤志钧，汤仁泽．梁启超全集：第六集．北京：中国人民大学出版社，2018：523.

② 梁启超．管子传［M］//汤志钧，汤仁泽．梁启超全集：第六集．北京：中国人民大学出版社，2018：544.

治者进行有效管理的重要条件。其提出“顺民心为民兴利除害”①，也充分认识到民心的顺逆、人心向背对管理的意义，指出“政之所兴，在顺民心；政之所废，在逆民心”②。再次是“取民有度”。依此，可从另一个侧面看《管子传》的“人本”观念。《管子传》指出：“故取于民有度，用之有止……国虽大必危。”③ 这种观念还体现在民众的税收问题上，所推出的政策为两年收一次税，并根据上、中、下等年份按不同的方式征收，荒歉的年岁不收赋税，待荒歉有所缓解时再收赋税，这不仅体现出高超的管理理念，同时也表明了《管子传》一以贯之的经济人本观念，从中我们可看出“取民有度”的“人本”观的范例和典型。最后是“用之有止”。“取民有度”与“用之有止”是相联系的，如果“用之不止”则必出现“取民无度”。所以，如果说“取民有度”是前提，那么“用之有止”则是保障。《管子传》的阐述中虽然有不少地方认可侈靡消费，不过设定了具体的条件，仅仅是作为调控刺激、加大消费的工具来使用。在一般情况下，都不认可奢侈消费，认为节俭应该成为社会的主流，并且，将“国侈”“用费”“奸智生”“邪巧作”当作相同意思的概念使用，指出“国侈则用费……奸智生则邪巧作”④。因此，只有把“取民有度”和“用之有止”共同提出并加以强调，才能达到应有的目的。

《管子传》中的人本经济观念与当代我们追求的“知识经济”，其实背后的朴素道理是相同的。知识经济追求知识的物化、智力的资本化，这些都离不开人去实施、去发挥作用。不同领域的人才，只有找准自己的定位，有发挥本领的舞台和市场，才能做出更大的贡献，才能在促进社会发展的

---

① 梁启超．管子传［M］//汤志钧，汤仁泽．梁启超全集：第六集．北京：中国人民大学出版社，2018：518.

② 梁启超．管子传［M］//汤志钧，汤仁泽．梁启超全集：第六集．北京：中国人民大学出版社，2018：523.

③ 梁启超．管子传［M］//汤志钧，汤仁泽．梁启超全集：第六集．北京：中国人民大学出版社，2018：559.

④ 梁启超．管子传［M］//汤志钧，汤仁泽．梁启超全集：第六集．北京：中国人民大学出版社，2018：547.

同时实现个人的价值。相反，倘若人才无法得到任用，那么就是一种浪费，对于经济发展也具有负面影响，客观上还会加快社会不公正现象的出现，是有违伦理的表现。所以，如今我们的经济发展需要注重人的发展，将人放在最为重要的位置上，力求实现经济与伦理的完美结合。

赏罚制度是外部的激励方式，在《管子传》中有很多具体的阐述以及运用。具体来说，梁启超从下面的几个方面进行了分析。第一，当权者需要论功行赏、赏罚分明，落实好“禄当其功”“积者多食”的原则。禄赏不能随意实施，如果随意实施禄赏，不仅不能收到激励效果，还会产生反作用，使管理无法施行，那么就会使奖惩无效。第二，需要贯彻“爵授有德”，对于有德之人给予相应的奖赏以及爵位。将“德”视为关键的考核依据，鼓励有德的行为，正所谓，“爵授有德，则大臣兴义；禄予有功，则士轻死节”①。给有德的人封爵位在当时是非常高的待遇，可以看出对道德的重视，并将其作为一种重要的激励手段加以应用。还将德作为首要考核的依据，如果能具备德，则可以担负起国家的重任。《管子传》在道德方面对统治者提出了很高的要求，须达到至善至仁的境界，而这一高要求是要通过一定的激励手段来维持的，例如“德义未明于朝者，则不可加于尊位”②。上述的奖惩体现了《管子传》道德奖惩观的完善。第三，有度奖惩。《管子传》提出，奖惩并非任意而盲目的，假如超出了界限将会带来负面结果。不难理解，奖赏过头的话会带来巨大的资产和经济压力，而惩戒过头将会产生暴虐，以上的两种情况都不利于积累和顺应民心。从一般的激励规律出发，也需要注意奖惩的程度。就奖励而言，它们不能作为一种经常使用的手段。奖励一次，人们就把它当作奖励；奖励两次，人们就习以为常了；奖励三次，人们则认为理所当然了。正确的做法应是在给予奖励之后有一

① 梁启超．管子传［M］//汤志钧，汤仁泽．梁启超全集：第六集．北京：中国人民大学出版社，2018：538.

② 梁启超．管子传［M］//汤志钧，汤仁泽．梁启超全集：第六集．北京：中国人民大学出版社，2018：531.

定转移。《管子传》还对奖惩的公正性设定了相应的标准，提出在具体的赏罚落实之前，需要对被执行的对方讲解清楚，使得其知晓赏罚的具体内容。“凡将举事，令必先出。”① 否则，如果赏罚没有名头，缺乏事先的透明度，就会失去公正。且《管子传》还要求管理者在管理执行中坚持公正，因为不公正的奖惩手段是难以服众的。另外，在鼓励群体的意识方面，《管子传》认为“赏不专与”“罚不独及”，提出“凡上贤不过等，使能不兼官，罚有罪不独及，赏有功不专与”②，以更好地引导群体行为。

---

① 梁启超．管子传［M］//汤志钧，汤仁泽．梁启超全集：第六集．北京：中国人民大学出版社，2018：532.

② 梁启超．管子传［M］//汤志钧，汤仁泽．梁启超全集：第六集．北京：中国人民大学出版社，2018：533.

# 结 语

相对于儒、道、法、墨等学说，管仲学派在中国古代思想史的学术地位相对较低，影响力未能充分体现其实际水平，事实上有很大的潜力可供挖掘，思想光辉值得系统分析与深入探索。从道光年间开始，中国社会出现重大变局，学术文化领域迎来近代转型的契机。《管子》一书由于蕴含有丰富的经济、政治以及科技等思想，所以受到广大学人的普遍关注。从晚清民国年间学人对管子的研究来看，不同学人给出了不同的观点和看法，研究成果十分丰富，其中，梁启超对管子的研究最具代表性，也贡献出了重要的研究成果，可谓这一时期管子研究的缩影。在戊戌变法时期，梁启超将今文经学作为指导思想，对比分析了中西方制度等多项内容，以期寻求改变当时中国积贫积弱的治病良方。《管子》提倡的是礼法并重，在制度方面则讲求刚柔相济，这与梁启超的治国理念相契合。梁启超汲取参考了当时西方国民经济学思想，发掘并诠释了管子的经济思想，其中包含着一系列具有现实价值的经济伦理思想。

本书研究的目的在于下面几方面：首先，围绕《管子》与梁启超《管子传》的研究文献开展深入研究，系统分析《管子》与《管子传》的重点内容，把握《管子传》中经济伦理思想的轮廓。其次，深入研究该思想的产生，从管子治国理政思想所具备的创化意义与深远影响、梁启超基于近代视角解读《管子》之缘由、梁启超对于管子其人其书的理解三方面阐述管子治国理政思想的影响与梁启超对《管子》的解读。再次，全面地认知整体的思想理路与脉络，使《管子传》之中的经济伦理思想基本形成体系，主要参考社会经济的生产、交换、分配以及消费四大环节，围绕梁启超所创作的《管子传》中的经济伦理思想开展深入研究。最后，关注历史事实，使用逻辑分析的方法，坚持客观的创作立场，深入论述梁启超《管子传》之中经济伦理思想的理论特征和理论本质，同时提出其对现代发展的重要启示。研究重点在于：针对《管子传》文献之中关于生产、分配、交换、消费等方面的内容展开相应的凝练，将具备鲜明特色的思想进行精炼，突出《管子传》经济伦理思想的精华；针对《管子传》中人类经济活动所涉及的道德基础、规范与秩序等深入分析，探讨管子与梁启超的经济伦理策略与伦理指导思想。

我们不应忽视管子治国理政思想所具备的创化意义与深远影响，其主要在于为法德兼治奠定了理论基础、开了利义并重之治世先河及倡导了民富国强的发展模式。1909 年正是中国历史上的一个大变革时期，当时的梁启超之所以想要为两千多年前的管子写传记，主要是缘于其史家之责、救亡之志与立宪之愿。梁启超撰写完成了 6 万余言的《管子传》一书，该书共分为 13 章，其中对管子一生所经历的主要事件进行了全面阐述，特别是深入分析了管子经济政策、建立的丰功伟绩及这些功绩实现的背景条件等，彰显与论证了管子思想的精髓以及先进性。总体而言，《管子传》并不仅限于对管子一生的评价，同时也是梁启超对管子思想的高度认可，他以近代西方资本主义思想视角剖析了管子思想对当时中国国家治理的借鉴作用，为推进近代《管子》义理研究的进程奠定基础。

本书主要是从四方面构建的梁启超《管子传》中经济伦理思想理论体系，从大框架上来说，是由生产伦理、交换伦理、分配伦理与消费伦理四大问题展开。

我们分析了《管子传》中“富国富民”的生产目的伦理思想有“积于不涸之仓”的国家本位观和“人之守在粟”的富民中心论。《管子传》经济伦理思想的核心特征为统筹两者间的冲突，从而达到个体、集体的利益的平衡。不过这种平衡并不是不求原则的平均，民富是达成国富之目标的基础，因此其必然存在手段善的特性。探究问题的根源，也就是富国、富民之间的关系判定上始终将富国放在中心位置上。《管子传》中“重农饬商”的生产价值伦理思想，既肯定了“地者政之本”的农业价值，也提出了“利然后能通”的工商业价值，并充分体现了与“重农抑商”的区别。

在《管子传》中的分配伦理思想中，我们认为《管子传》分配伦理思想的根本目标即实现国家利益最大化，同时也意识到人民利益的满足对国家利益的极大作用。因此《管子传》功利主义的分配思想中，也有许多涉及恤贫、救穷以及济困等德性主义思想成分，体现了功利主义与德性主义之间相结合的特性。其在分配目标的伦理取向上，既追求效率，又倡导公平。

我们认为，《管子传》关注到商业交换行为的经济伦理思想会对经济政策与经济思想产生影响，对经济生活发挥指导作用，因此重视商业交换行为，并认可商业交换行为的经济价值的合理性和政治价值的合理性，倡导以市为准的交换行为。但在缺乏约束的情况下，交换活动中出现了为追求物质利益而损人利己、危及他人利益的现象。交换伦理规范的出现正是为了更好地保护和实现交换双方的利益，它既保障利益的获取，又对人的贪欲给予必要的限制，从而实现两者之间的平衡。《管子传》中的交换规范伦理观主要体现在交换主体伦理规范和交换手段伦理规范两个方面。

我们也对《管子传》消费伦理思想进行了研究：既诠释了崇尚节俭的消费导向，对节俭消费的伦理合理性进行了论证，并分析了节俭的实现和践履；也对侈靡思想提出的依据、侈靡思想的具体表现及侈靡思想实行的前提条件进行了专门探讨；还辨析了节俭和侈靡的统一性和差异性。

通过从生产、分配、交换、消费四个方面梳理梁启超《管子传》中经济伦理思想的主要内容，我们发现《管子传》经济伦理思想的理论特征：第一，人本自利的人性论；第二，“国家本位”的经济伦理原则；第三，工具理性为特征的“经济民本”思想；第四，“贫富有度”的经济公正观。梁启超将传统儒家思想所讲究的经世致用与近现代所追求的思想解放与发展相融合，把西方经济学的基本原理引进中国并以此观照中国经济的命运，对国人进行经济学知识的启蒙，可判断其《管子传》中经济伦理思想主要有以下几方面的理论本质：一是政府干预主义，二是功利主义经济伦理取向，三是经济公平观。具体来说，第一，《管子传》主张积极开动国家机器干预经济的运行、发展，体现了梁启超的政府干预主义思想。他不仅论述了中国采取干预主义的理由，还提出实施保育政策的前提条件，并对政府干预的内容和范围有所界定。第二，他提出的人性论、价值目标、评价标准等，都体现了功利主义的内涵。其功利主义思想学说可以总结为：私德推进公德、个人促进群体。第三，梁启超还有着批判自由竞争、重视生产正义和注重道德关怀的经济公平思想。

梁启超拥有渊博的学识，堪称近代中国的百科全书式人物。研究梁启超的相关著作，从 20 世纪头十年起到现在一直没有中断过。但学者们对他的经济论述并未充分探索，专门从伦理学视角对其经济思想进行把握的研究成果尚付阙如，更鲜有探讨梁启超《管子传》中经济伦理思想的研究成果。《管子传》中有着非常丰富的经济伦理思想与论述。对梁启超《管子传》中的经济伦理思想进行探索，有助于拓展梁启超思想尤其是梁启超经济思想及经济伦理思想研究的新维度。

《管子》并非仅有纸上谈兵的理论论述，而是深刻融入了管仲身为齐国国相四十余年治理国家的实践经验，管仲治理齐国所取得的卓越成果，更是佐证了该书籍中记录的都是经过实践检验、有卓越效果的治国之理。深入研究《管子》的珍贵理论和经验，不仅是历史发展的必然选择，也是古代经济思想融入近代发展的时代要求。梁启超基于对传统经济伦理思想的深入分析，结合近代中国的实际情况，进而构建了适用于近代转型的经济伦理思想体系。对其《管子传》中经济伦理思想进行深入把握，有助于更为全面地认知中国近代伦理思想的研究内容与体系。通过对《管子传》中的经济伦理观念进行分析，对于加快当前我国转型时期的经济思想研究，以及建设和发展我国新时期的经济伦理学理论体系，也具有重要的启示价值。基于实践的视角来分析，我们研究梁启超《管子传》中的经济伦理思想，不仅对于我们今天加强宏观伦理控制和微观伦理责任有一定借鉴价值，也能促使我们努力推动经济发展的社会公平，还对现代社会治理具有启发意义。

需要指出的是，我们这里对一些研究成果进行分析、总结以及学习，并非简单的生搬硬套。历史经验是一定环境下的产物，伴随环境的变化，很多东西会出现深刻的变化。但是历史成果是思维、经验以及智慧的沉淀，其中的很多思想、哲理可以给我们带来启发和借鉴，指引我们找寻正确的道路。梁启超认识到古代先贤、传统文化的精华之处，他从《管子》中吸取营养研究中国的问题和出路，这种精神是难能可贵的。正如梁启超这般，我们在这里学习和探讨《管子传》，同样是期待从中获得一些启发和智慧，从而为当下的经济建设与社会发展所服务。我们同样相信，《管子传》中有很多成果值得我们借鉴与参考，可以给我们带来丰富的营养，从而服务于市场经济发展的大局。

就梁启超的经济伦理思想研究来说，本书仅为系统性研究的起步。接下来的进一步研究可从下面几方面展开：梁启超发表的 67 篇经济学文章及《梁启超全集》里其他文章中涉及的经济伦理思想还有待进一步梳理和深入分析；梁启超的经济伦理思想与同时代的严复、康有为、孙中山等中国思想家的经济伦理思想的比较研究可专门进行深入探讨；围绕梁启超经济伦理思想进行多方面系统分析，进而确定梁启超经济伦理思想具有的历史地位和重要意义。

# 参考文献

## 一、著作

[1] 陈岱孙. 政治经济学史 [M]. 长春：吉林人民出版社，1981.
[2] 陈书仪. 管子大传 [M]. 济南：齐鲁书社，2008.
[3] 陈泽环. 个人自由和社会义务——当代德国经济伦理学研究 [M]. 上海：上海辞书出版社，2004.
[4] 崔宜明，强以华，任重道. 中国现代经济伦理建设研究 [M]. 上海：上海书店出版社，2013.
[5] 崔宜明. 道德哲学引论 [M]. 上海：上海人民出版社，2006.
[6] 冯友兰. 中国哲学史 [M]. 重庆：重庆出版社，2009.
[7] 甘绍平. 伦理学的当代建构 [M]. 北京：中国发展出版社，2015.
[8] 高力克. 历史与价值的张力 [M]. 杭州：浙江人民出版社，1992.
[9] 高兆明. 伦理学理论与方法 [M]. 北京：人民出版社，2013.
[10] 耿云志，崔志海. 梁启超 [M]. 广州：广东人民出版社，1995.
[11] 侯家驹. 中国经济思想史 [M]. 北京：北京大学出版社，1981.
[12] 胡寄窗. 中国经济思想史简编 [M]. 北京：中国社会科学出版社，1981.
[13] 黄克武. 一个被放弃的选择——梁启超调适思想研究 [M]. 北京：新星出版社，2006.
[14] 黄团元. 梁启超之路 [M]. 武汉：湖北人民出版社，2008.

[15] 蒋广学，何卫东．梁启超评传［M］．南京：南京大学出版社，2005.
[16] 金良年．论语译注［M］．上海：上海古籍出版社，1995.
[17] 赖建诚．梁启超的经济面向［M］．杭州：浙江大学出版社，2012.
[18] 李长年．农桑经校注［M］．北京：农业出版社，1981.
[19] 李华兴，吴佳勋．梁启超选集［M］．上海：上海人民出版社，1981.
[20] 李茂民．在激进与保守之间：梁启超五四时期的新文化思想［M］．北京：社会科学文献出版社，2006.
[21] 李山，轩新丽．管子（全二册）［M］．北京：中华书局，2019.
[22] 李喜所．梁启超与近代中国社会文化［M］．天津：天津古籍出版社，2005.
[23] 李喜所，元青．梁启超新传［M］．北京：商务印书馆，2015.
[24] 李泽厚．中国现代思想史论［M］．北京：东方出版社，1987.
[25] 李泽厚．中国近代思想史论［M］．合肥：安徽文艺出版社，1994.
[26] 厉以宁．超越市场与超越政府——论道德力量在经济中的作用（修订版）［M］．北京：经济科学出版社，2010.
[27] 梁启超．梁启超全集［M］．汤志钧，汤仁泽，编．北京：中国人民大学出版社，2018.
[28] 梁启超．梁启超未刊书信手迹［M］．北京：中华书局，1994.
[29] 梁启超．梁启超自传［M］．苏州：江苏文艺出版社，2012.
[30] 梁启超．饮冰室合集［M］．北京：中华书局，1989.
[31] 梁启超．饮冰室合集·集外文［M］．夏晓虹，辑．北京：北京大学出版社，2005.
[32] 梁启超．中国历史研究法［M］．北京：中华书局，2009.
[33] 刘敬鲁．经济哲学导论［M］．北京：中国人民大学出版社，2003.
[34] 刘可风．伦理学原理［M］．北京：中国财政经济出版社，2003.
[35] 鲁友章，李宗正．经济学说史［M］．北京：人民出版社，1983.
[36] 陆晓禾．经济伦理学研究［M］．上海：上海社会科学院出版社，2010.

[37] 罗国杰. 伦理学 [M]. 北京：人民出版社，1989.
[38] 罗能生. 产权的伦理维度 [M]. 北京：人民出版社，2004.
[39] 吕滨. 新民伦理与新国家——梁启超伦理思想研究 [M]. 南昌：江西教育出版社，2000.
[40] 马敏. 商人精神的嬗变 [M]. 武汉：华中师范大学出版社，2002.
[41] 孟祥才. 梁启超传 [M]. 北京：北京出版社，1980.
[42] 聂文军. 亚当·斯密经济伦理思想研究 [M]. 北京：中国社会科学出版社，2004.
[43] 强以华. 经济伦理学 [M]. 武汉：湖北人民出版社，2001.
[44] 乔法容. 经济伦理学 [M]. 北京：人民出版社，2004.
[45] 乔洪武. 正谊谋利——近代西方经济伦理思想研究 [M]. 北京：商务印书馆，2000.
[46] 任继亮.《管子》经济思想研究——轻重论史话 [M]. 北京：中国社会科学出版社，2005.
[47] 司马琪. 十家论管 [M]. 上海：上海人民出版社，2008.
[48] 宋希仁. 西方伦理思想史 [M]. 北京：中国人民大学出版社，2010.
[49] 唐代兴. 公正伦理与制度道德 [M]. 北京：人民出版社，2003.
[50] 唐凯麟. 伦理学 [M]. 北京：高等教育出版社，2001.
[51] 唐庆增. 中国经济思想史 [M]. 北京：商务印书馆，2010.
[52] 万俊人. 道德之维——现代经济伦理导论 [M]. 广州：广东人民出版社，2000.
[53] 汪丁丁. 新政治经济学讲义——在中国思索正义、效率与公共选择 [M]. 上海：上海人民出版社，2013.
[54] 王汎森. 中国近代思想与学术的系谱 [M]. 石家庄：河北教育出版社，2001.
[55] 王露璐，汪洁. 经济伦理学 [M]. 北京：人民出版社，2014.
[56] 王小锡. 道德资本与经济伦理 [M]. 北京：人民出版社，2009.
[57] 韦森. 经济学与伦理学 [M]. 上海：上海人民出版社，2002.

［58］魏英敏．新伦理学教程［M］．北京：北京大学出版社，2012.

［59］吴瑾菁．古典经济学派经济伦理思想研究［M］．北京：中国社会科学出版社，2015.

［60］吴廷嘉．梁启超评传［M］．南昌：百花洲文艺出版社，2010.

［61］夏晓虹．梁启超：在政治与学术之间［M］．北京：东方出版社，2014.

［62］夏炎德．中国近百年经济思想［M］．北京：商务印书馆，1936.

［63］解玺璋．梁启超传［M］．上海：上海文化出版社，2012.

［64］徐刚．梁启超传［M］．广州：广东旅游出版社，2006.

［65］薛福成．庸庵随笔［M］．邓亦兵，编选，校点．北京：中共中央党校出版社，1998.

［66］晏辉．经济行为的人文向度［M］．南昌：江西教育出版社，2005.

［67］晏智杰．西方经济学说史教程［M］．北京：北京大学出版社，2013.

［68］杨伯峻．孟子译注［M］．北京：中华书局，1960.

［69］杨春学．经济人与社会秩序分析［M］．上海：上海三联书店，上海人民出版社，1998.

［70］姚开建．经济学说史［M］．北京：中国人民大学出版社，2006.

［71］姚遂．中国金融思想史［M］．北京：中国金融出版社，1940.

［72］叶世昌．古代中国经济思想史［M］．上海：复旦大学出版社，2003.

［73］叶世昌．近代中国经济思想史［M］．上海：上海人民出版社，1999.

［74］叶曙明．启明之星：梁启超传［M］．北京：中国友谊出版公司，2012.

［75］易鑫鼎．梁启超和中国现代文化思潮［M］．北京：首都师范大学出版社，2009.

［76］余英时．现代儒学的回顾与展望［M］．北京：三联书店，2004.

［77］袁咏红．梁启超对日本的认识与态度［M］．北京：中国社会科学出版社，2011.

［78］张固也．《管子》研究［M］．济南：齐鲁书社，2006.

[79] 张华夏. 道德哲学与经济系统分析 [M]. 北京: 人民出版社, 2010.
[80] 张觉. 荀子译注 [M]. 上海: 上海古籍出版社, 1995.
[81] 章开沅. 中国近代民族资产阶级研究 [M]. 北京: 中华书局, 2001.
[82] 张朋园. 梁启超与民国政治 [M]. 上海: 上海三联书店, 2013.
[83] 张晓川, 范矿生. 政学之间: 梁启超的多面人生 [M]. 北京: 东方出版社, 2011.
[84] 张雄. 经济哲学: 从历史哲学向经济哲学的跨越 [M]. 昆明: 云南人民出版社, 2002.
[85] 张友直.《管子》货币思想考释 [M]. 北京: 北京大学出版社, 2002.
[86] 张卓元. 政治经济学大辞典 [M]. 北京: 经济科学出版社, 1998.
[87] 赵白生. 传记文学理论 [M]. 北京: 北京大学出版社, 2003.
[88] 赵靖. 中国经济思想史述要 (上册) [M]. 北京: 北京大学出版社, 1998.
[89] 赵晓雷. 中国经济思想史 (第四版) [M]. 大连: 东北财经大学出版社, 2016.
[90] 郑观应. 盛世危言 [M]. 上海: 上海人民出版社, 1983.
[91] 郑匡民. 梁启超启蒙思想的东学背景 [M]. 上海: 上海书店出版社, 2003.
[92] 钟珍维, 万发云. 梁启超思想研究 [M]. 海口: 海南人民出版社, 1987.
[93] 周俊敏.《管子》经济伦理思想研究 [M]. 长沙: 岳麓书社, 2003.
[94] 朱俊瑞. 梁启超经济思想研究 [M]. 北京: 中国社会科学出版社, 2005.
[95] 朱贻庭. 伦理学大辞典 [M]. 上海: 上海辞书出版社, 2002.
[96] 朱贻庭. 中国传统伦理思想史 [M]. 上海: 华东师范大学出版社, 2003.
[97] 邹进文, 顾海良, 颜鹏飞. 中国近代经济思想的发展: 新编经济思想

史（第6卷）［M］. 北京：经济科学出版社，2016.

［98］阿玛蒂亚·森，伯纳德·威廉姆森. 超越功利主义［M］. 梁捷，等，译. 上海：复旦大学出版社，2011.

［99］阿玛蒂亚·森. 伦理学与经济学［M］. 王宇，王文玉，译. 北京：商务印书馆，2000.

［100］阿瑟·奥肯. 平等与效率——重大的抉择［M］. 陈涛，译. 北京：中国社会科学出版社，2013.

［101］埃里克·罗尔. 经济思想史［M］. 陆元诚，译. 北京：商务印书馆，1981.

［102］艾伦·布坎南. 伦理学、效率与市场［M］. 廖申白，谢大京，译. 北京：中国社会科学出版社，1991.

［103］彼得·科斯洛夫斯基. 伦理经济学原理［M］. 孙瑜，译. 北京：中国社会科学出版社，1997.

［104］彼得·科斯洛夫斯基. 资本主义的伦理学［M］. 王彤，译. 北京：中国社会科学出版社，1996.

［105］大卫·李嘉图. 经济学及赋税之原理［M］. 郭大力，王亚南，译. 上海：上海三联书店，2014.

［106］弗里德里希·冯·哈耶克. 个人主义与经济秩序［M］. 邓正来，译. 北京：三联书店，2003.

［107］亨利·西季威克. 伦理学方法［M］. 廖申白，译. 北京：中国社会科学出版社，1993.

［108］杰里米·边沁. 道德与立法原理绪论［M］. 时殷弘，译. 北京：商务印书馆，2000.

［109］柯武刚，史漫飞. 制度经济学——社会秩序与公共政策［M］. 韩朝华，译. 北京：商务印书馆，2000.

［110］马克斯·韦伯. 新教伦理与资本主义精神［M］. 于晓，陈维刚，译. 北京：三联书店，1987.

［111］尼·加·车尔尼雪夫斯基. 穆勒政治经济学概述［M］. 季陶达，季

云，译．北京：商务印书馆，1984.

[112] 热罗姆·巴莱，弗郎索瓦丝·德布里．企业与道德伦理［M］．丽泉，侣程，译．天津：天津人民出版社，2006.

[113] 桑田幸三．中国经济思想史论［M］．沈佩林，译．北京：中华书局，1992.

[114] 上野直明．中国经济思想史论［M］．魏建猷，译．北京：中华书局，1972.

[115] 苏珊·李·安德森．最伟大的思想家：密尔［M］．崔庆杰，陈会颖，译．北京：中华书局，2014.

[116] 堂目卓生．解读亚当·斯密［M］．杨玲，译．北京：求真出版社，2012.

[117] 狭间直树．梁启超·明治日本·西方［M］．北京：社会科学文献出版社，2001.

[118] 萧公权．近代中国与新世界：康有为变法与大同思想研究［M］．汪荣祖，译．南京：江苏人民出版社，1997.

[119] 夏尔·季德，［法］夏尔·利斯特．经济学说史［M］．徐卓英，译．北京：商务印书馆，1986.

[120] 亚当·斯密．道德情操论［M］．蒋自强，钦北愚，等，译．北京：商务印书馆，1997.

[121] 亚当·斯密．国富论［M］．郭大力，王亚南，译．北京：三联书店，2009.

[122] 亚里士多德．尼各马可伦理学［M］．廖申白，译．北京：商务印书馆，2011.

[123] 约翰·格雷，G. W. 史密斯．密尔论自由［M］．樊凡，董存胜，译．长春：吉林人民出版社，2011.

[124] 约翰·罗尔斯．正义论［M］．何怀宏，等，译．北京：中国社会科学出版社，2009.

[125] 约翰·罗尔斯．作为公平的正义——正义新论［M］．姚大志，译．

北京：中国社会科学出版社，2011.

[126] 约翰·米德克罗夫特．市场的伦理［M］．王首贞，王巧贞，译．上海：复旦大学出版社，2012.

[127] 约翰·穆勒．政治经济学原理及其在社会哲学上的若干应用［M］．赵荣潜，胡企林，等，译．北京：商务印书馆，2005.

[128] 约翰·穆勒．功利主义［M］．徐大建，译．北京：商务印书馆，2014.

[129] 约翰·斯图亚特·穆勒．政治经济学原理［M］．金镝，金熠，译．北京：华夏出版社，2009.

[130] 约瑟夫·阿·勒文森．梁启超与中国近代思想［M］．刘伟，刘丽，姜铁军，译．成都：四川人民出版社，1986.

[131] 约瑟夫·阿洛伊斯·熊彼特．经济分析史［M］．朱泱，译．北京：商务印书馆，1992.

[132] 张灏．梁启超与中国思想的过渡（1890—1907）［M］．崔志海，葛夫平，译．北京：中央编译出版社，2016.

[133] Denis Goulet. Development Ethics：A Guide to Theory and Practice［M］. Apex Press, Zed Books Ltd, 1995.

[134] Dieter Birnbacher. Utilitarismus［M］. Stuttgart, 2006.

[135] Henry Sidgwick. Die Methoden der Ethik［M］. Stuttgart, 2012.

[136] Herlinde Pauer-Studer. Einfuehrung in die Ethik［M］. Wien, 2003.

[137] Jeremy Bentham. Prinzipien der Moral und der Gesetzgebung［M］. Stuttgart, 2012.

[138] John St. Mill. Utilitarismus［M］. Muenchen, 1991.

[139] John Rawls. Eine Theorie der Gerechtigkeit［M］. Frankfurt a. M, 1993.

[140] Julian Nida-Ruemelin. Theoretische und angewandte Ethik：Paradigmen［M］. Stuttgart, 1990.

[141] Konrad Ott. Moralbegruendungen［M］. Hamburg, 2001.

[142] Michael Quante. Einfuehrung in die allgemeine Ethik［M］. Darmstadt,

2006.

[143] Norman Barry. The Morality of Business Enterprise [M]. University of Aderden Press, 1991.

[144] Peter Singer. Praktische Ethik [M]. Stuttgart, 1984.

[145] Philip C. Huang. Liang Ch'i-Ch'ao and Modern Chinese Liberalism [M]. University of Washington Press, 1972.

[146] Richard De George. The history of business ethics [M]. Praeger Publishers, 2005.

[147] Theresa Man Ling Lee. Local self-government in late Qing: Political discourse and moral reform [M]. Cambridge University Press, 2009.

[148] 永井算巳．清末にぉける在日康梁派の政治動静 [C]. 信州大学人文科学论集，1967 (1).

## 二、期刊论文

[1] 艾俊川．梁启超谈“金融”[J]. 中国金融家，2018 (4).

[2] 曹均伟．论梁启超的利用外资思想 [J]. 福建论坛（经济社会版），1988 (9).

[3] 曹俊杰．《管子》的消费思想管见 [J]. 管子学刊，2000 (2).

[4] 曹敏．梁启超政治伦理思想的基本特色：功利主义 [J]. 昌吉学院学报，2009 (2).

[5] 陈文．梁启超道德思想的现代阐释 [J]. 湖北社会科学，2012 (3).

[6] 陈泽环．梁启超论儒家哲学——基于伦理学视角的文本考察 [J]. 中山大学学报（社会科学版），2009 (4).

[7] 川尻文彦．“自由”与“功利”——以梁启超的“功利主义”为中心 [J]. 中山大学学报（社会科学版），2009 (5).

[8] 崔鹏飞．梁启超外债思想述论 [J]. 社会科学论坛，2000 (2).

[9] 崔志海．评海外三部梁启超思想研究专著 [J]. 近代史研究，1999 (3).

[10] 丁颖新，高月仓．略论梁启超股份制思想［J］．世界经济情况，2008（3）．

[11] 丁颖新，高月仓．谈梁启超利用外资的思想［J］．世界经济情况，2008（1）．

[12] 冯洁．梁启超的“功利”说［J］．广西大学学报（哲学社会科学版），2008（2）．

[13] 冯禹．欧美国家有关《管子》研究的主要论著［J］．管子学刊，1988（2）．

[14] 高力克．梁启超的道德接续论［J］．天津社会科学，2005（6）．

[15] 高瑞泉．勾通功利主义与德性论的尝试——评梁启超的“道德革命”理论［J］．探索与争鸣，1991（2）：45－50．

[16] 龚群．论功利价值观念与现代化［J］．中国人民大学学报，1995（5）．

[17] 龚天平．经济价值与道德价值如何具有统一性？［J］．伦理学研究，2011（1）．

[18] 顾红亮．梁启超《新民说》权利概念的多重含义［J］．江苏社会科学，2010（6）．

[19] 郭刚．梁启超的功利观［J］．长白学刊，2009（2）．

[20] 郭汉民，张干丁．梁启超利用外资思想述论［J］．湖南师范大学社会科学学报，1989（1）．

[21] 郭华伟．过渡时期社会伦理价值取向比较研究——以清末民初严复、梁启超、蔡元培为例［J］．许昌学院学报，2016（4）．

[22] 郭良婧．孙中山梁启超伦理思想比较研究［J］．伦理学研究，2010（4）．

[23] 郝云．论《管子》的经济伦理观［J］．管子学刊，1999（3）．

[24] 黄克武．梁启超的学术思想：以墨子学为中心之分析［J］．银行家，2007（1）．

[25] 黄克武．略论梁启超研究的新动向［J］．文史哲，2004（4）．

[26] 黄坤．一个世纪的话题：评梁启超的新民说［J］．华东师范大学学报（哲学社会科学版），1998（2）．

[27] 贾孔会．梁启超股份制经济思想浅析［J］．安徽史学，2002（2）．

[28] 姜春明．试论辛亥革命前梁启超的经济思想［J］．学术研究，1963（2）．

[29] 姜新，张成锴．梁启超和孙中山货币思想比较研究［J］．江南大学学报（人文社会科学版），2011（1）．

[30] 李炜光．梁启超：中国公共财政的启蒙师与先行者［J］．政法论坛，2011（4）．

[31] 李学桃．梁启超的土地所有权思想及对“新土改”的启示［J］．江西财经大学学报，2015（2）．

[32] 梁捷．梁启超经济思想的演变过程［J］．社会科学战线，2008（2）．

[33] 梁启超．梁启超论孟子遗稿［J］．学术研究［J］．1983（5）．

[34] 刘冠生．《管子》农业经济管理思想概观［J］．管子学刊，2005（2）．

[35] 刘光明，蒋明方．西方经济伦理学的思想先驱——亚当·斯密与西斯蒙第经济伦理思想述评与比较［J］．华南师范大学学报，1995（1）．

[36] 刘锦增．《管子》消费思想的内涵及其现实价值［J］．管子学刊，2017（1）．

[37] 刘可风．论市场经济领域中道德的适度定位问题［J］．哲学研究，2004（6）．

[38] 刘仁坤．梁启超建立新式企业制度思想探析［J］．求是学刊，1997（9）．

[39] 吕滨．梁启超的功利主义伦理观［J］．江西师范大学学报，2000（3）．

[40] 欧德良．从梁启超看晚清功利主义学说［J］．五邑大学学报（社会科学版），2010（4）．

[41] 潘国琪．梁启超论举借外债的政治前提［J］．复旦学报，2001（4）．

[42] 潘孝珍.《管子》的收入分配思想及启示 [J]. 首都经贸大学学报, 2010 (2).

[43] 彭平一."致良知""破我执"和唯意志论——梁启超和章太炎伦理思想比较之三 [J]. 吉首大学学报 (社会科学版), 1999 (3).

[44] 史元民. 试析梁启超利用外资思想 [J]. 决策探索, 1997 (9).

[45] 宋玉顺. 论《管子》的工商业思想 [J]. 管子学刊, 1994 (4).

[46] 苏新有. 梁启超公债思想探微 [J]. 中州学刊, 2007 (3).

[47] 汤曾.《管子》的分配伦理思想 [J]. 江淮论坛, 2005 (5).

[48] 唐凯麟, 王玉生. 近代经济伦理思想的萌蘖———论近代地主阶级改革派的经济伦理思想 [J]. 湘潭大学学报 (哲学社会科学版), 2004 (7).

[49] 田超. 公德、私德的分离与公共理性建构的二重性——以梁启超、李泽厚的观点为参照 [J]. 道德与文明, 2013 (3).

[50] 童中平. 密尔自由主义思想述评 [J]. 兰州学刊, 2005 (6).

[51] 王瑞芳.《管子》俭侈消费观探析 [J]. 管子学刊, 2009 (2).

[52] 王学斌. 梁启超管子研究之述论 [J]. 理论学刊, 2011 (2).

[53] 王艳勤. 国权与民权调和: 梁启超的自由主义民权观 [J]. 求索, 2011 (10).

[54] 王义忠.《管子》赋税思想及其当代价值 [J]. 税务研究, 20015 (8).

[55] 魏义霞. 自由是权利还是道德——严复、梁启超自由思想比较 [J]. 道德与文明, 2010 (3).

[56] 吴宁宁. 梁启超由"公德"到"私德"的思想矛盾困境解读 [J]. 东南大学学报 (哲学社会科学版), 2011 (2).

[57] 夏国祥. 梁启超经济思想新论 [J]. 财经研究, 1999 (9).

[58] 徐中煜. 梁启超公债思想初探 [J]. 北京大学学报 (哲学社会科学版), 2001 (6).

[59] 宣兆琦, 赵娜. 论《管子》的工商业思想 [J]. 管子学刊, 2009

(2).

[60] 阎焕利．论《管子》关于对外贸易的思想——兼谈全球化中我国矿产资源的合理利用与保护［J］．兰州学刊，2009（8）.

[61] 杨涛．析梁启超的虚金本位制货币理论［J］．安阳工学院学报，2006（6）.

[62] 叶世昌．梁启超、康有为的股份制思想［J］．世界经济文汇，1999（2）.

[63] 尤小立．梁启超道德诉求的三次转型［J］．天津社会科学，2013（2）.

[64] 虞文华，陈勇军．试论梁启超新民德思想的内在特点［J］．广东社会科学，2004（2）.

[65] 余治国．梁启超经济民族主义外债观述论［J］．燕山大学学报（哲学社会科学版），2016（1）.

[66] 俞祖华．启蒙的两种类型：严复、梁启超比较论［J］．烟台师范学院学报（哲学社会科学版），1994（1）.

[67] 元青．梁启超的财政生涯述略［J］．天津师范大泶学报（社会科学版），1992（5）.

[68] 翟奎凤．梁启超《德育鉴》思想研究［J］．社会科学战线，2011（10）.

[69] 张灏．儒家经世理念的思想传统［J］．苏鹏辉，译．政治思想史，2013（3）.

[70] 张军．政治“至善”视角下的《管子》社会财富分配思想［J］．科学经济社会，2011（4）.

[71] 张曼茵．梁启超外债观的演变及其思想根源研究［J］．经济问题探索，2005（11）.

[72] 张锡勤．梁启超《新民说》论纲［J］．求是学刊，1996（5）.

[73] 张新．梁启超的近代经济思想研究［J］．西北民族大学学报（哲学社会科学版），2006（5）.

[74] 赵景阳. 自由主义改良派论“公德”与“私德”——以康有为、梁启超、李泽厚为线索 [J]. 河北师范大学学报（哲学社会科学版），2014 (2).

[75] 赵梦涵.《管子》的货币思想析论 [J]. 管子学刊，2004 (1).

[76] 郑东华. “自由为体”的两种进路——浅析严复、梁启超自由观之同异 [J]. 哲学分析，2018 (3).

[77] 钟珍维，王发云. 论梁启超的经济思想 [J]. 华南师范大学学报：社会科学版，1985 (5).

[78] 周昌龙. 知识、道德、经世：梁启超思想的深层结构 [J]. 中国文化，2008 (2).

[79] 周建超. 梁启超与《新民说》[J]. 江苏社会科学，1997 (4).

[80] 周围，秦华，高月仓. 梁启超经济思想初探 [J]. 世界经济情况，2010 (6).

[81] 朱绍文. 亚当·斯密的《道德感情论》与所谓“斯密问题”[J]. 经济学动态，2010 (7).

[82] ArrigoOpocher. The Future of the Working Classes: A Comparison Between J. S. Mill and A. Marshall [J]. The European Journal of the History of Economic Thought, 2010, 17 (2).

[83] Chenchen Zhang. Situated Interpretations of Nationalism, Imperialism, and Cosmopolitanism: Revisiting the Writings of Liang in the Encounter between Worlds [J]. Journal of Historical Sociology, 2014, 27 (3).

[84] 宫村治雄. 梁启超の西洋思想家论－その“东学”との關連にぉいて [J]. 中国社会与文化，1990 (5).

[85] 王闰梅. 梁啓超の「経済」理念と近代イデオロギー：訳語の錯綜に見られる経世済民的実学理念（イデオロギー分析）[J]. 文化記号研究，2012 (3).

[86] 于海英. 梁啓超の晩年の民権思想について：民本への自覚 [J]. 山口大学文学会志，2018 (68).

## 三、学位论文


[1] 曹敏. 梁启超功利主义政治伦理思想探析 [D]. 西安: 陕西师范大学, 2007.

[2] 段江波. 危机·革命·重建——梁启超论“过渡时代”的中国道德 [D]. 上海: 华东师范大学, 2006.

[3] 高月仓. 梁启超经济思想研究 [D]. 上海: 复旦大学, 2001.

[4] 李晓凤. 严复、梁启超新民思想之比较 [D]. 长沙: 湖南大学, 2015.

[5] 罗宾. 梁启超宪政思想评析 [D]. 成都: 四川师范大学, 2013.

[6] 罗南石. 试论梁启超的新民思想及其现代意义 [D]. 上海: 华东师范大学, 2002.

[7] 聂文军. 亚当·斯密经济伦理思想研究 [D]. 长沙: 湖南师范大学, 2003.

[8] 唐洁琼.《管子》经济伦理思想 [D]. 南京: 南京师范大学, 2019.

[9] 汤曾.《管子》经济伦理思想 [D]. 南京: 东南大学, 2005.

[10] 田超. 梁启超的新民思想及其对当代公民培育的价值 [D]. 南京: 南京大学, 2012.

[11] 张艳丽. 梁启超的财政思想研究 [D]. 郑州: 郑州大学, 2007.

[12] 赵璐. 晚清义利观研究 [D]. 西安: 西北大学, 2004.

[13] 朱圆满. 梁启超产业经济思想研究 [D]. 长沙: 湖南师范大学, 2002.

[14] Benjamin C Tsai. Enemies of the Revolution: Ideology and Practice on the Making of Chinese Liberalism 1890—1927 [D]. University of Chicago, 2000.

[15] Lisa Marie Rogers. Nature and Ethics in Late Qing Thought [D]. University of Michigan, 2004.

# 最美不过初相遇

方草心◆著

U0912764

中國華僑出版社

**图书在版编目(CIP)数据**

最美不过初相遇／方草心著．—北京：中国华侨出版社，2014.3

ISBN 978-7-5113-4493-9

Ⅰ.①最… Ⅱ.①方… Ⅲ.①长篇小说—中国—当代 Ⅳ.①I247.5

中国版本图书馆 CIP 数据核字(2014)第 045418 号

**●最美不过初相遇**

---

**著　　者**／方草心
**出 版 人**／方　鸣
**策划编辑**／周耿茜
**责任编辑**／文　喆
**责任校对**／孙　丽
**装帧设计**／顽瞳书衣
**经　　销**／全国新华书店
**开　　本**／710 毫米×1000 毫米　1/16　印张/16　字数/220 千字
**印　　刷**／固安县保利达印务有限公司
**版　　次**／2014 年 5 月第 1 版　2014 年 5 月第 1 次印刷
**书　　号**／ISBN 978-7-5113-4493-9
**定　　价**／29.80 元

---

中国华侨出版社　北京市朝阳区静安里 26 号通成达大厦 3 层　邮编：100028
**法律顾问：陈鹰律师事务所**
编辑部：(010)64443056　64443979
发行部：(010)64443051　传真：(010)64439708
网　址：www.oveaschin.com
E-mail：oveaschin@sina.com

## 目 录

## 第一章　群租生活

“冰箱里又乱成这样！”杨芷和唐凌宵一进门，就听到许拉娣抱怨的声音。看到他俩进了门，连忙收住牢骚，拿着一盒牛奶回到了自己的房间。

杨芷和唐凌宵对看一眼，唐凌宵说：“宝贝，我们要不收拾一下房间吧？”

杨芷此刻已经很疲惫了，说：“这几天太累了，等周末吧。不过我倒是可以先收拾一下冰箱。”

冰箱里杂乱无章地放着几个人的食物，有的已经过了期，有的主人不明。但这是大家共用的冰箱，看着再恶心也不敢扔。杨芷把属于自己的过期食物挑出来，整整一大袋的垃圾。她让唐凌宵扔出去，然后又用几块湿纸巾擦了擦冰箱里那两块脏腻得不成样的玻璃，随后洗洗手进了自己的小屋。

杨芷像散架了一般刚躺在床上，就听到许拉娣又从房间出来，随后就是清晰的拖地板的声音。许拉娣有轻度洁癖，要不是因为薪水不高实在无法单独租房住，打死她都不会和杨芷这帮人合租这个房子！

一个个都懒死了！许拉娣觉得自己很亏，所以每次都要在其他三位房友回来时才打扫，好让他们看得到自己的辛苦工作。

唐凌宵扔垃圾回来了，后面还跟着活蹦乱跳的刘布谷。刘布谷一进门，就把从超市扫荡回来的一堆食物塞进冰箱。可怜的冰箱还没来得及干净几分钟，又恢复到凌乱的状态。

许拉娣脸色一阵多云转阴。

这是上海浦西一个新建的小区，小区环境优美设施齐全，堪比花园。可很多的住户把房子用来出租，一间两室一厅的单元房被隔成了好几个卧室，按房间收租。一般初来上海的年轻人都会选择群租。

但尽管是群租，租金也不低，并且要享受一段没有卫生保障、出入极不便利的生活。

杨芷和唐凌宵都是哈尔滨人，大学时代的恋人。毕业后在家乡一家民营企业工作 2 年，杨芷觉得没有什么前途，就拉着唐凌宵双双来上海闯天下，然后在网上找到了这间表面环境高雅、内部环境“谦虚”的群租房。

除了杨芷和唐凌宵这对小情侣外，刘布谷和许拉娣是另外两位房友。所有的人共用厨房、冰箱、卫生间。唐凌宵作为唯一的男性总是觉得别扭，尤其是在夏天，都不敢穿得太少出来。好在人的可塑性是很强的，经过一段时间的适应也慢慢习惯了。

“你老婆呢?”刘布谷一边往冰箱塞东西，一边问唐凌宵。

“回房间了，估计累坏了。”

“我买了老字号的盐水鸡，让她出来吃。杨芷……”刘布谷大声喊。

“听到啦！我闻着香味就出来了，瞬间精神振奋。”杨芷已经从房间出来。

“拉娣，一起吃点。”刘布谷向许拉娣发出邀请。

“我不吃了，刚自己做了饭，你们吃吧。呃……一会儿记得收拾啊。”许拉娣说完又进屋了。

刘布谷对着她的背影送了一个白眼儿，嘀咕着说：“切，有这种室友可真别扭！”

杨芷用手摆了摆，又将食指放在嘴边，示意她说人坏话小心被听到。然后赞美起食物：“其实我也吃过饭了，不过就是管不住嘴。真好吃！”

唐凌宵已经先去洗澡了，4个人轮流洗，得错开时间。这时刘布谷鬼灵精地捅了捅杨芷，说：“喂，我好久没有听到你们房间晚上的动静了。”

杨芷说：“滚，你别老不正经的，年纪轻轻的，一肚子花花肠子。”

刘布谷说：“不是我要听的啊，只是这房间的墙实在是不隔音嘛。房东为了省钱，估计都没用真材实料，你们连电脑开机的声音我都能听到，还有啥听不到的啊？”

杨芷神情暗淡地说：“我最近太累了，身体透支得厉害，实在没有精力。”

刘布谷嘴里嚼着一块鸡肉，圆眼一睁：“那可不行，不能光为工作努力，爱情也得经营啊。为了你们的幸福，我失眠也认了！”

杨芷笑着捶了她一拳，再次骂她的不正经。刘布谷咯咯咯地笑，一块鸡骨头差点没卡到喉咙里。这时她想起了什么，再次问道：“喂，杨芷，你们打算啥时候结婚呢？”

杨芷苦笑道：“我们刚来上海，我的工作刚稳定下来；他呢？刚刚才找到工作，薪水又很低，我们还住在这小破房子里，哪有时间考虑结婚的事啊？等稳定了再说吧。”

刘布谷问：“那唐凌宵有没有向你求过婚？”

杨芷摇摇头，她觉得心里酸酸的，唐凌宵从来没有提过这件事。

刘布谷也摇摇头，叹了一口气说：“以本小姐的经验，谈恋爱到了六七年，如果还不结婚，就很不被看好喽。你们谈了五年了是吧，就快到这个坎儿了。你就该学我，多点储备，择优录取，错不了！”

杨芷说：“我没你那花容月貌，哪来那么多的桃花？算了，你就祝我能幸运吧。”

这时唐凌宵已经洗完澡出来，男人洗澡总是很快。他拿着毛巾在擦头发，只穿着一件合身的五分短裤，身材修长，腰部的线条展现出最诱人的比例。刘布谷在一旁看着傻眼，真是个极优货色呢！然后悄悄地对杨芷说："你可得看紧了，你男人长着一双桃花眼。"

杨芷笑而不语。

晚上唐凌宵躺在床上玩手机游戏，杨芷在那张随时都可能塌掉的写字台上继续工作。写字台中间的部分明显下陷，杨芷用一大一小两个木凳子撑着桌面。撑桌子的时候杨芷叫唐凌宵过来帮忙，唐凌宵几次放不开手里的游戏，都说"等一下"。杨芷指望不上他，便自己动手装好了。

杨芷学的是英文专业，考回来的证书一大堆，一来上海很快就找到一家金融机构的翻译工作，主要负责陪同口译和几位领导的书面翻译，经常跟着领导出差。工作虽辛劳奔波，但收入可观。

男朋友的工作却是好不容易才定下来，是一家很小的民营企业，月薪只是杨芷的几分之一，相差悬殊。

但杨芷从未说过什么，在外人面前也给尽了唐凌宵面子。唐凌宵似乎也乐得其所，并不觉得有什么压力，加上杨芷的安慰，两人相安无事的恩爱着。

此刻，杨芷更是全神贯注地做着老板交代的作业，一份重要的总部文件和一些信件，她无暇理会男朋友的无所事事，一门心思地忙碌着。

"我们要不要换个房子住？"唐凌宵突然问道。

"我们和房东签的约还有半年呢。"杨芷头也不抬地回答。

"大不了损失一个月押金嘛。我在这里太不方便了，都是女生，就我一个大老爷们儿。"唐凌宵说道。

杨芷想了想，说道："要是单租的话，一个月至少得2500左右呢。"

"我们在租房子上多花点钱，住得舒服点，在其他方面省一点不就行了吗？"唐凌宵看来是很想要换地方住了。

杨芷心想："你倒是挺爱享受！我已经很省了好不好？再省就要回到解

放前了！我快成我们那个公司的土包子代表了。好歹我也是月收入五位数以上的人，我省钱不就是为了以后尽快买房子吗？”

她心里这样想，嘴上却没说出来，只是应付着说了句：“那你抽空看看房子吧。”

没想到唐凌宵一下就来了精神，马上打开自己的电脑，兴奋地说：“我现在就看看，说，想住到哪个区？”

杨芷说：“随便，地铁方便就行。”

唐凌宵像是等着杨芷今天的认可，马上就投入到网上找房子的乐趣中。杨芷有些无奈，也没空理会他。这时她想起来一件事，对唐凌宵说：“亲爱的，我们公司过几天就周年庆了，有个酒会，可以带家属，你也来吧。”

唐凌宵不太感兴趣：“你们公司的人都那么高级，我连个西装都没穿过，还是不去丢人现眼了。”

杨芷扭过头，看着他说：“我们公司又不是贵族社会，哪有那么夸张？像我一样白天光鲜亮丽，晚上啃方便面的人也不在少数。去吧，还能吃顿高级自助餐！”

唐凌宵同意了，说：“那我回头买身行头，不能降低了你杨小姐的身份啊，得为你赚足面子！”

杨芷看他同意了，但又说要买衣服，有些后悔。她对自己的男朋友再了解不过，他就是好面子，爱享受，特别在乎门面功夫。

以前上学的时候怎么就没有看出来呢？现在相处了 5 年，感情越来越深了，杨芷只能在平日里小心翼翼地保护着唐凌宵的自尊心。她生怕别人说她翅膀硬了就甩掉穷男友什么的。

唐凌宵在网上找了一会儿房子后，就去睡了。杨芷继续工作，忙完已经是 12 点。很累，一头倒在床上就进入了梦乡。

## 第二章　引狼入室

杨芷所在的金融服务集团公司时值 30 周年年庆，公司非常重视，邀请了各界名流来助阵，听说还会有二线歌手的演出。为此杨芷忍着巨痛买了一件看起来还过得去的小礼裙，又去小区里那个狭小的理发店把头发盘了盘，再戴着街上淘来的 20 元一对的耳环，拾掇一番总算像那么回事了。

相比之下，唐凌宵就讲究得更多，他拿着一个月的工资给自己置了身行头，从头到脚，从皮肤到袄，精心地倒饬了一番。加上外形优势，光从表面上来看，都有了一丝明星的风范，唬一唬不明真相的少女是绰绰有余的。

节省惯了的杨芷在心里咬牙切齿了千百遍：这才工作没几天，钱还没怎么赚，就投入这么多了。这该死的中产阶级坏毛病啊！

当打扮有些不伦不类的杨芷牵着帅气挺拔的唐凌宵一出场，立马吸引了部门内那些花痴们的眼光。毫不夸张地说：几乎所有的人都认定杨芷找了个高富帅。当大家知道他们青梅竹马、已经恋爱五年、情比金坚的时候，才有一部分女同事死了心。

但有个人不这么想，她就是杨芷的美女上司莫莉莉。

莫莉莉端着一个红酒杯扭动着水蛇腰走过来，带着意味深长的笑，看了杨芷一眼，转而又盯着唐凌宵，说："我叫莫莉莉，英文名 Jasmine。你好！"

杨芷赶紧向唐凌宵介绍道："这是我的领导，人如其名般美丽的 Jasmine。"

唐凌宵伸出手："你好！我家杨芷还要请您多关照。"

众人起哄，纷纷说："看人家多甜蜜啊！"

莫莉莉盯着杨芷的耳环，看出这是地摊货。她不怀好意地赞叹道："这耳环真漂亮，在哪儿买的？我也想要买一对呢。"

看着莫莉莉身上全都是名牌的真品，在那里耀武扬威地挑衅，杨芷脸都红到了脖子根。她装作镇定地说道："莫经理，这个我也不知道哎，是一个大学同学送的。"

莫莉莉心照不宣，不须拆穿杨芷的谎话就已经占了上风，她一脸得意扬扬的神情。莫莉莉招呼大家："你们随便聊，我先去敬敬老板。"说完就扭着走了，走时不忘偷偷打量唐凌宵一遍。

杨芷并不是很喜欢她的这位经理，她的工作能力和脾气成正比，全都很厉害。莫莉莉 35 岁，刚刚离了婚，心情阴晴不定，脾气难捉摸得很。最主要的是，她每次想让杨芷为她承担责任的时候，用的招术都是"温柔一刀"，屡次在上级面前装傻充愣，杨芷不知为她背了多少黑锅。

杨芷经常想，以莫莉莉的姿色和演技，要在演艺圈混，也能混到一二线或是得个金什么奖的。

公司里关于莫莉莉的花边新闻很多，杨芷并没有太关注。她虽是公司的一个新人，却是几个老板都离不开的翻译，工作忙起来连姓什么都不记得，哪有时间管这些红男绿女的八卦。

莫莉莉是总裁助理兼公关部经理，杨芷的工作归她管理分配。为此杨芷也很无奈，翻译也总得有个部门入驻啊，所以天天硬着头皮和她在同一间办公室，为她做或合理、或不合理的事。

酒会中杨芷也没闲着，因为有不少外方的领导到场，所以她的酒会实际上还是工作。她很快就被领导叫走，着实没有一刻轻松。

到下半场快散的时候，杨芷才回到自己的座位上，这时看到唐凌霄和莫莉莉已经聊得风生水起。看到杨芷过来，莫莉莉把唐凌霄旁边的位子让出来，说：“杨杨，快到这边来坐。我刚才和你男朋友夸你呢，有能力又努力，有你在，我都省心了。快快，你再不来，你男朋友一个人在这里尴尬死了，你陪他多聊聊吧。”

莫莉莉说完，又去旁边找人寒暄去了。唐凌霄的眼睛好不容易从莫莉莉身上移过来，又责怪地问：“宝贝，你把我一个人丢这儿，我如坐针毡。”

杨芷笑着说：“我看你们聊得挺好的嘛！怎么样，莫经理很有女人味吧？”

唐凌霄赶紧解释道：“有女人味也和我没关系，我一晚上都在找你，是你太忙了，顾不上理我。”

杨芷吃吃吃地笑着，说：“别生气啦。我可要大快朵颐了，一晚上没吃东西饿得够呛，还空腹喝了两杯酒。”说完便开始对付起盘子里的食物。

低头扫荡食物的杨芷没有想到，她只是眼神的少许离开，后背上就有两双像 WIFI 一样吸引的眼神在暗送“秋天的波菜”。

晚宴后回到他们的租住房，瞬间觉得从天堂掉回了现实。唐凌霄牢骚地说：“看来搬家是越快越好了，要是有一天你的同事来我们家做客，我们这都招待不了的，也给你丢分啊。”

杨芷说：“奋斗时期，咱们可不能虚荣。我们才 20 多岁，租房子很正常的，而且刚来上海的年轻人都是这样住的嘛。”

唐凌霄很敏感地说：“你是说我虚荣啊？”

杨芷说：“亲爱的，你不要这么敏感好吗？弄得我都不敢说话了。你前几天不是看房子了吗，有满意的吗？”

唐凌宵爱理不理地说："没有满意的。要不价格太高，要不又太偏远，找个房子挺难。"

杨芷说："那就再看看吧。我们这合同没到期，又不急。"

唐凌宵有些不高兴："看房子就是我一个人的事啊？你天天做大事，我做小事。"

杨芷心里也很窝火！她发现自从来了上海后，唐凌宵就越来越敏感，不知道是不是自卑的心理在作祟，总是有意无意地把那种酸溜溜的话说出来。

杨芷压抑住心里的火，说道："群租房，隔音效果不好，我们不要吵下去了，我先去洗澡。"说完后拿条毛巾去卫生间，走到门口又回过头来，看着唐凌宵说："亲爱的，早知道让你参加我们公司酒会，结果会引发一场争吵，我当初就不让你去了。我们已经好久没有吵过架了。"

杨芷说完走出门，留下满腹心思的唐凌宵。

两人一夜相对无语。

这天杨芷加班到 8 点才忙完，一到公司楼下，就看到了来接她的唐凌宵。杨芷很高兴，一路小跑着到他的身边，撒娇地说："哈哈，你怎么今天来接我？让我猜猜，良心发现，要向我赔不是了吗？"

唐凌宵生硬地笑笑，说："是啊是啊。惹到老婆可没好日子过。"

杨芷勾着他的胳膊，问："那我们去哪儿吃饭？我都快饿得前胸贴后背了。"

唐凌宵说："我看你们公司附近的餐馆都挺不错的，我们就近吃点呗。"

杨芷吐了吐舌头，说："我们这附近是金融圈，这些餐馆别看小，都贵得要命。"她还没说完，看着唐凌宵的面无表情，马上说："不过，看在你今天接我的分上，我请你好好享受一顿。"

唐凌宵很高兴，提议就去旁边的一家越南菜馆吃河粉。杨芷同意了，心里却想：吃河粉何必跑到越南菜馆嘛，小区门口就有很好的河粉吃。

杨芷觉得自己虽然身处上海，工作在高档的商圈，但自己的生活习惯却还是极度保守。努力工作、赚钱、省吃俭用，在上海买个房子、结婚、定居，是她最终的目标。她和唐凌宵不一样，对品牌没追求，对高档场所也没追求。

可相比之下，唐凌宵却是典型的“德小物丰”的类型，他骨子里就追求好的生活，却吃不了太多苦。脾性不小，毕业后短短两年工作就换了五六个。等杨芷发现他这些特点的时候，心中有一些的恐慌。她惊觉两个人的生活方向并不同，这是很可怕的一件事。可是，她又更怕失去他。

这时两人已经坐在那个越南菜馆，唐凌宵要求坐在靠窗的位置，于是两人找个大玻璃窗下的位子坐下来。

透过玻璃窗，能清清楚楚地看到杨芷所在的写字楼出出进进的人流。唐凌宵假装不经意地看着那里，把点餐的任务交给了杨芷。杨芷没多想，看着菜谱的价格叹了口气，然后点了一些最经济实惠的。

点完后顺着唐凌宵的眼神看去，发现她的美女上司莫莉莉正往外走，身边跟着另外一个同事。杨芷马上对唐凌宵说：“亲爱的，我可不想让经理看到我，你别老朝外盯着了。”

唐凌宵批评她：“宝贝，你不能逃避领导，要和她处好关系才对啊，要不然会影响你在公司的发展的。”

杨芷说：“我当然不会和她闹别扭，只不过多一事不如少一事，而且她刚离婚，离婚的老女人不好惹。”

没想到唐凌宵却生气了，他说：“不要说领导坏话，而且人家离婚也够可怜的了，再说三十多岁就是老女人吗？那我们过几年也快要三十了嘛。”

杨芷觉得自己说错了，诚心地向唐凌宵道了个歉。但同时也有一点吃味，自己的男朋友却处处帮着别人说话！她实在不想把难得吃大餐的时光搞砸，于是说道：“好了，对不起。我们吃饭吧。”

等吃得差不多，杨芷告诉唐凌宵，下周要出差几天，去海南。唐凌宵没有像以前一样说：“啊？又要出差？”“去几天啊？”“我会想你的”之类的话，他好像还挺开心，摸摸杨芷的头发，温柔地说道："出去的话小心身体，多拍几张漂亮的照片回来哟。"

杨芷当下感动得要死：这男人起码是最理解我工作的人啊！

杨芷发现唐凌宵对自己的写字楼好像异常有兴趣，总是盯着那里看，于是取笑他说："亲爱的，要不你最近也看看陆家嘴有没有合适的公司招聘，如果你也能在陆家嘴这地带上班，我们晚上就可以'夫妻双双把家还'啦。"

唐凌宵没有听她说话，只是对着从写字楼车库里驶出来的一辆白色的宝马车唏嘘道："你办公的地方真高级，开辆十来万的车，估计都不好意思过来吧？"

"哪有那么夸张啊？像我这样的草民也是很多的。"杨芷不喜欢唐凌宵眼冒金光的表情，低头继续吃饭。这都成了条件反射了，她认为只要这男人一看上什么东西，自己就要马上为其埋单。

亲爱的，你想要换房子，想要吃越南菜，想要好西服，我都可以答应，宝马我可负担不起！

白色的宝马车从窗前一闪而过，杨芷看清楚了，那是莫莉莉的车。她对着逐渐消逝的车自言自语道："幸好没有看到我哦。"

## 第三章　暗度陈仓

两年一度的海南金博会如期在三亚召开，从飞机落地的那一刻起，杨芷就开始了再也停不下的工作。公司外事活动的翻译工作通常都很辛苦，除了本身的口语要求外，还要有必要的公关知识、外事礼仪和行业的知识储备。杨芷为此随身背着一本厚厚的大词典和电子辞典，把肩膀都快压弯了。

杨芷每次遇到这样的大场合都很紧张。毕竟在老家上班时，所服务的公司没有接触过这么大的阵势。即使到了上海这家金融公司，这样重要的会议也只参加过一次。所以杨芷一刻也不敢放松，压力大得觉都睡不好。

好在英语基本功够硬，几天下来倒也相安无事。结束的那一天，领导特许她大半天假期，让她在三亚看看阳光沙滩和椰林树影，舒缓一下多日来绷紧的神经。

会议专设有免费的班车负责将人们送往亚龙湾，杨芷觉得划算又方便，想都没想就跟着人群出发了。

大巴上也是交际的好机会，人们互相递送着名片，说着赞美和客套的话。杨芷本来想坐在窗口浏览一下路上风光，结果车一摇一晃的，就把她摇睡着了。

中途一个急刹车，睡梦中的杨芷头往前面座位上猛地一冲，又弹回来，一下子撞到了旁边的人脑门上。这一撞把本来就迷迷糊糊的杨芷撞得更迷糊了。至少十秒过后，才想起向身边的人道歉，这时才发现身边不知什么时候坐了一个年轻的男人。

上车的时候身边不是坐着个50多岁的中年大叔吗？

年轻的男人满不在乎地笑着，是那种内容丰富的笑。他随手递上湿纸巾，说："小姐，擦擦嘴角的口水吧。"

杨芷没敢抬头看他，脸色很窘，拿过他的纸巾，一边擦拭嘴角一边用余光瞥瞥他的腿。

此时年轻男人已经递过来一张名片："小姐，认识一下。在这个会议上认识，我们应该是同行。"

杨芷接过他的名片，看都没有看就放进包里，她不确定这人的意图，抵触心理很重。她对男人说："不好意思，我没有名片，而且，我还要再睡一会儿。"

说完就把头偏向另一边眯起了双眼，不再理他。这时听到旁边的男人向司机喊道："司机师傅，麻烦你开慢点儿，这儿有个女人头靠着玻璃睡觉，她要是碰破了头，我可是很怕血的。"

还真是个好事的主！杨芷气也不是，发作也不是，只好继续假睡。

车程不长，很快就到了亚龙湾。因为时间有限，杨芷打算领略一下阳光海滩和闲庭信步即可，顺手再帮男朋友拍一些美丽的照片。

杨芷没有好的相机，只有一个号称400万像素的破手机可以勉强用用。她随手拍了几张，觉得不是很满意，要说这相机的区别真是天上地下啊，能把这么美丽的风景拍成了另外的感觉。她苦笑手机的不给力，索性放下手机，沿着海边慢慢地走着。

亚龙湾这带有很多高档的度假村、酒店和高级会所，有一些同行的参会人员都去做海上运动了。杨芷舍不得花钱，就选择了最不花钱的旅行方式。

这片刻的放松时间，视野开阔，让人心旷神怡。杨芷想到了寸土寸金高楼耸立的上海，那个她几经思索选择去奋斗的地方。记得当时杨芷提出要到上海时，唐凌宵也挺兴奋，他兴致勃勃地规划着在大都市的未来，希望能通过努力过上高端洋气的生活。

想到这里杨芷会心地一笑，对未来美好的期望战胜了工作的劳累感，她看着眼前的碧海沙滩，又情不自禁地把她的小破手机拿出来，打算勉强拍几张。

身后传来一个好听的男声："小姐，要用相机吗？"

杨芷以为是旅游景点招揽生意的商贩，于是本能地回答说："不用，谢谢。"头也没有回。

后面的声音消失了，等杨芷听不见任何响动的时候，偷偷地回了一下头，见一个身着西装的修长身影淹没在阳光下。

"原来不是招呼生意的啊！"杨芷自言自语道，"不过来旅游还穿得西装笔挺，真是病得不轻，又不是在开会！"

杨芷根本没有心情专注一个陌生人，继续陶醉在美景与幻想当中。

陪同来的领导已经有事去别的城市了，短短的游玩之后，杨芷一个人坐傍晚的飞机回上海。

拉着那个样式古老的行李箱刚回到住所，刘布谷正涂着厚厚的面膜在客厅里看电视。一看到杨芷，兴高采烈地跑过来，问道："杨芷你终于回来了，有没有给我带海南的好吃的？"

"就知道吃！"杨芷责怪她一句，马上打开行李箱给她翻找，一边问道："拉娣呢？"

刘布谷向许拉娣的房间努努嘴，说："在呢。"

杨芷拿着热带水果干和海鲜干到许拉娣的门口，敲敲门："拉娣，在不？我从海南带的特产，给你尝尝。”

许拉娣在房间应着：“在呢。等下我自己出去吃。”

刘布谷听到后，嘟着嘴悄悄地说：“出来和我们一起吃？这倒是真新鲜。”

杨芷又示意她住嘴：“布谷，你嘴上的表情可真丰富！”

这时杨芷才发现唐凌宵不在，她问刘布谷：“哎，我家那位呢？”

刘布谷嘴里嚼着一块芒果干，说：“下午帅气的出门了，我哪知道去哪里啊？”突然又想起什么，说：“我下午去对面的便利店买饮料，好像看见他坐上一辆白色的豪车走了。”

杨芷差点笑喷了，说：“他坐豪车？怎么可能？是什么车呀？”

刘布谷歪着脑袋想了想：“没看清。对了，你没给他说今天回来呀。”

杨芷说：“你连啥车都没看清，只看到是白的，怎么确定就是他呀？肯定眼花了。呃……我本来想给他个惊喜来着，想晚上一起吃个饭，我现在给他打电话吧。”

电话关机。杨芷对刘布谷说：“电话接不通，我们不管他了，先吃。”

刘布谷从冰箱里拿出半袋速冻饺子给杨芷煮上，说：“你就先吃点饺子吧。你们的浪漫晚餐看来是报废了。”

杨芷不在意地说：“正好给我省钱了呢。唐凌宵要是一出去，定会找那些特别高级的地方，我每次心脏都疼得滴血。”

这时许拉娣也出来了，脸上也敷着一片面膜。刘布谷嘴快，惊呼道：“拉娣，哟！我说你在房间做什么呢，原来在美容哪？”

许拉娣敷着面膜没法做气愤的表情，只留下两只眼睛干瞪着刘布谷：“怎么？就允许你天天花枝招展和花容月貌啊？”

刘布谷来自广西南宁，是清秀苗条的那种小美女，皮肤白皙，唇红齿白。父母都是老师，按理说应该是和外表一样，斯文安静。可她的个性却和外表大相径庭，处处显示一种御姐范儿：活泼、直接、讲义气，追求的男人甚多。所以她是有恃无恐的自信。

刘布谷没有理会许拉娣的醋意，她说："女人就应该打扮的嘛，拉娣，你有这个觉悟，以后关于美容养颜的事情我教你。"

许拉娣坐到沙发上，说："看着你俩一个天天恩爱、一个天天有男人献殷情，我是啥都没有。我来上海，其实就是想给我父母好看的。看我的名字就知道了，拉娣！我还有个姐姐叫'招娣'，就知道我父母多想要儿子了。等真生了一个儿子出来，我和我姐就和草一样，根本不受重视，而我弟弟是被惯得无法无天，一点礼貌也没有。我姐很争气，嫁了镇上一个挺有钱的人，父母总算对她脸色好看了很多。所以我就跑来上海，想混点出息，或者找个更好的男人回去给他们看！可我是大专毕业，在上海找好工作很难，当个小前台，一个月 2000 多块，付了房租再吃了饭，连卫生巾都买最差的，看不到头啊。"

许拉娣说着说着，眼睛里就有了泪光。刘布谷没想到她会突然来这么一段真情告白，有点不知所措。她看着杨芷寻求帮助。杨芷笑呵呵地说："拉娣，你敷着面膜呢，不要说太多话，更不能哭哈。等再敷几分钟，再好好地吃东西，聊天。"

刘布谷转身去看锅里的饺子了。杨芷此刻心里也有点不安心，她又给唐凌宵打了一个电话，还是关机。

杨芷招呼许拉娣她们吃东西，又把行李箱搬回自己房间，把东西一件件拿出来放好，随后就返回客厅吃饺子。

吃饱喝足后，大家各自回屋。杨芷洗澡保养更衣完毕，开始写会议总结。

晚上 11 点多，唐凌宵回来了，他没有想到杨芷已经回来，有片刻的诧异。不过还是马上开心地过来给她一个大大的拥抱，主动解释道："宝贝，你回来怎么不提前说一声呢？同事们一起去吃饭，要是知道你回来我就不去了。"

杨芷在他脸上送上一个香吻，说："快去洗澡吧，没事的，必要的交际不能少的。"

唐凌宵满面春风地应了一声，去洗澡了。杨芷朝着他的背景看几秒：他还穿着那天酒会上买的修身西装，只是换了一件打底衬衫。杨芷在心里笑：天气还没太冷呢，这男人为了耍帅可真是豁出去了。

杨芷给唐凌宵的手机充上电。过一会儿，叮一声，一条短信来了。杨芷没有翻看男人手机的习惯，只是不小心瞟到屏幕上跳出的一条短信，发件人是'贾思明'：到家了吗？

杨芷以为是唐凌宵的同事发来的，没有太在意。可过了几分钟，这个贾思明又发来一条短信：回复一下嘛，怎么，不方便吗？

杨芷心里有些打鼓，看这个名字应该是个男人啊，怎么感觉这么暧昧？不方便？是指我在旁边不方便吗？对感情很是白痴的杨芷实在想不出个所以然，但内心有了小小的句号。

等唐凌宵洗澡出来，杨芷告诉他，有个叫贾思明的人给他发了两条短信，好像急着求回复的样子。

唐凌宵脸色马上一阵紧张，瞬间消失了，好在杨芷没发现。他装作一副全然无所谓的样子说："这些老爷们，一定喝高了，这么晚了还不消停。"

看着杨芷完全不在乎，唐凌宵松了一口气，转而换上一副撒娇的表情，说："宝贝，几天不见了，快过来让我抱着温存一会儿，想死我了。"

杨芷看着他色迷迷的样子，朝他甜甜一笑，说："马上就好啦，再等我几分钟。"

等杨芷忙完合上电脑的时候，回头一看，唐凌宵已经睡得很香甜。

这天杨芷刚下班，又在楼下看到唐凌宵。她兴奋地跑过去，拉起他的手说："亲爱的，你有没有发现，最近来接我的次数越来越多？"

唐凌宵说："我下班比你早，所以尽尽男朋友的责任嘛。"

杨芷省钱省惯了，她又担心唐凌宵会去吃大餐，于是主动说道："我晚上给你好好做一顿，犒劳一下你。"

唐凌宵说："不用了宝贝，我其实今天来接你，主要是因为晚上还要有公司聚会，所以趁中间有时间，过来看看你的。不好意思，你得一个人回家啦。”

杨芷有些失望，不过她也知道男人的世界嘛，本来就那样，人在江湖身不由已的，又不能把自己的男人天天拴在身边。就大度地说：“那好吧，我坐地铁回家。我最近打算再考证的，正好可以去看看书。”

唐凌宵很惊奇：“你的证书已经够多了吧？还要考什么？托福也过了，BEC 最高级的也过了，还是专八，女人要这么多证书干什么？”

杨芷说：“这次不是考英语，是日语。凌宵，你也可以考虑考虑。”

唐凌宵换上一副温柔的表情，说：“我算了……没有心思学这些。”

杨芷说：“可谁让我们在上海呢？在上海，人才集中的地方，博士生都一拉一火车皮，几乎人人都是本科毕业，一不努力就要落伍了……好了，不说了，你去忙吧，我先回家。”

唐凌宵给她一个告别吻，看着杨芷走进了地铁，才安心地离开。

## 第四章　你的背叛

莫莉莉的生日马上到了，一向爱闹腾的她打算在家中举办一个大大的生日宴会，邀请整个部门的人和一众狐朋狗友参加。

她开生日宴会不要紧，杨芷却多了一些工作之外的事。严格意义上来说，杨芷虽是新人，并不算她真正的下属，杨芷通常只是为几位大领导服务的，而莫莉莉本身英文水平极佳，语言方面不需要旁人协助。充其量杨芷只是归属于她部门，流程上归她调配而已。

但新人就有新人的苦，莫莉莉只要一看杨芷有空，就给她安排点任务，还打着工作的名义。

“杨杨，你今天不是要去戴总那儿吗？下午回来的时候，帮我在街上捎几包通心粉，生日宴会上要用的。”

“杨杨，帮我在网上看看鲜花，要进口的，我要布置我家啦。”

杨芷只要拒绝的话一出口，莫莉莉就会拿出哄男人的招数来撒娇：“好啦，谢谢哦。”

这天，莫莉莉拿着一瓶限量版的香水，给杨芷放到办公桌上。她摆了一个优雅的姿势倚在办公桌旁，一双媚眼看着她，红唇启动，说："杨杨，哎，你应该起个英文名的，我都不知道该怎么称呼你了……杨杨，这个香水是别人送的，我家里的香水多得用不完，送你一瓶。你可不要拒绝哦，这可是限量的呢。"

杨芷正忙着给总部发邮件，听到她要送自己礼物，还这么名贵，马上委婉地谢绝了："莫经理，谢谢，可我从来都不用香水啊，你送给我，我也是糟蹋掉。谢谢你了，你把它送给需要的人吧。"

说完继续发她的邮件。莫莉莉早料到她会拒绝，不放弃，她拍拍杨芷的肩膀："在很多国家，不喷香水出门就和不穿衣服一样，很不礼貌的。杨杨你经常陪领导们出去，要讲究一点嘛。"

杨芷想：我要是收了你这一瓶香水，都不知道要为你跑多少腿呢？她坚持没有收，说道："谢谢莫经理，不过你给我真是浪费了。我是你的下属，有什么事情你让做就是了，不用不好意思。"

莫莉莉脸色一沉，觉得自己的心思被看透一样，轻笑一声："好吧。那香水我就放在办公室了，你随时想用都可以。哎，你真该取个英文名字的，这事交给我了，要不称呼起来真别扭。"

说完一扭一扭地走了，留下了一连串的高跟鞋声。

这公司真是有人忙得崩溃，有人闲得要命！杨芷懒得多想她，依旧低头忙碌着。

生活在一天天的充实中度过。又出了一趟短途差回来后，莫大小姐的生日马上就到了。

杨芷在为她选择生日礼物的问题上头痛不已。莫莉莉啥都不缺，贵得送不起，便宜的又拿不出手。弄得平常很少逛街的杨芷天天下班都往商场跑。

唐凌宵陪她一起逛，他建议给莫莉莉买个施华洛的水晶项链，杨芷一听就马上否决了。不说莫莉莉真金白银的首饰都不稀罕，用一两千块钱买串石头我可真舍不得。唐凌宵又出主意说："要不这样吧，田子坊那边有一些卖油画的艺术小店，价格不贵又拿得出手，我们去看看。"

杨芷问："一幅画得多少钱？"

唐凌宵有点不屑地说："你看你，就特没情趣，不管什么一张口就问多少钱，那是艺术好吗！好的，大约几百块吧。"

杨芷一听："那可以。我们去那儿看看吧。"

到了田子坊，杨芷一进那个小店就被吸引了，一个胡子和头发一样长的画家，也是老板的男人过来招呼他们，一幅幅地介绍着店里的画。

杨芷有点不好意思，觉得人家这么热情，但自己又不是什么大客户，于是直接和老板说了自己的预算。老板推荐了几幅三四百块的，都很适合送给女人当礼物。杨芷非常中意老板的推荐，很快地就选中其中的一幅，360块，物美价廉。

"不知道你们经理会不会喜欢。"唐凌宵不经意地说。

"送礼物就是一个心意，我们经理又什么都不缺。唐凌宵，你行啊，一下子想到这么好的礼物！送画好，好歹她也猜不出价格，嘿嘿，不错不错。"杨芷很开心，没有注意到唐凌宵的脸色。

"你们经理确实挺优秀的，年纪轻轻就那么成功。"唐凌宵赞美。

杨芷听了，只是笑笑，没说什么。她让老板包好了画，然后让唐凌宵抱着。画有点沉，唐凌宵不禁说道："要是有个车就好了，还是有车方便啊。"

杨芷说："一切都会有的，面包会有的，汽车也会有的。你要是觉得累，我们俩换着搬吧。"

"那倒不用。"唐凌宵摇摇头，"这点绅士风度我还是必须有的。"

杨芷开心地笑了笑，满意男友的贴心。

莫莉莉的生日正好在周日，不到中午，被邀请的男男女女们都陆续到了莫莉莉家，一共三十来个人。

杨芷和唐凌宵到达时，莫莉莉一看见他们就夸张地欢呼道："王子公主来了！哈哈！”

杨芷感觉有点窘，先不说自己并不是啥公主，她也不习惯大家这样盯着她。在这些漂亮的男男女女旁边，眼睛刺得都快睁不开了，更觉自己像只平凡的丑小鸭。她赶紧把礼物递给莫莉莉，努力绽开一个大大的笑容：“莫经理，祝你生日快乐！永远美丽！我们一点小礼物，希望不要嫌弃啊。”

莫莉莉把外包装打开，看到画后随即夸张惊呼：“这正是我想要的哎，我家厨房拐角那堵墙上一直空着，我正想着买幅画来装饰呢。杨杨，你真是太善解人意了。”

说完向唐凌宵看了一眼，意味深长地感叹道：“帅哥，你真是太有福气了啊。”

莫莉莉家很大，简约但不简单的欧式装潢，进门处很大的空间都设计成了酒柜和吧台，大家都在那里扎堆玩游戏。杨芷躲在沙发的一角，打量着莫莉莉漂亮舒适的家，很是羡慕，心中不禁又勾勒起自己将来的房子蓝图。

大老板不合时宜地打来电话，说有重要的文件需要她马上翻出来，文件已经发到她的邮箱。杨芷的手机很陈旧，没有连接 WIFI 的功能，于是把唐凌宵的手机要过来，打算先用他的手机登录邮箱看看。

杨芷打心眼里希望老板交代的是一件大事，这样就有借口离开这里回公司加个班了。真心是不想待在这里啊！

刚拿上唐凌宵的手机，就听到那边几个人在叫嚷着要莫莉莉家的 WIFI 密码。杨芷正好也要，于是竖起耳朵听着。莫莉莉告诉了大家伙一个密码，杨芷正要试一试，这时奇迹出现了！

唐凌宵的手机 WIFI 已经自动连接好！

只一秒钟，杨芷的脑子里便一片空白，耳边的人声鼎沸瞬间变成死寂！杨芷再听不到别人的说话，只有自己心脏的跳动声。她茫然地抬起头来，看着眼前如默片一样的活动的影像，难过得说不出话来。

杨芷忘了看邮件这回事，极力抑制住眼泪不要掉出来，也极力控制着没有把唐凌宵抓过来问个究竟。但她却没法控制脸色的煞白，这时唐凌宵走过来，问她怎么了，好像不开心。

杨芷的嘴唇都苍白了，失魂落魄地说："我是挺不开心的，这么一个高级的生日宴会，大老板却硬给我一个重要任务，我……我要回公司加会儿班了……任务很紧急。"

说完拎起包，走到莫莉莉跟前，面无表情地对她说："莫经理，老板给我来任务了，紧要得很，我得回公司加班。"然后转身对唐凌宵说："你就留下来玩吧，不要扫了大家的兴。"

说完不等他们说那些虚假的挽留的话，头也不回地出了门。

杨芷没有选择坐电梯，出了门就向楼下狂奔，压制的眼泪终于夺眶而出，刷刷刷地流满一脸。好在楼道并没有人，她可以哭得肆无忌惮，可以痛快地逃离。

杨芷把手机关掉，跑回公司强压着心中的难过把领导交代的任务完成。完成后，一个人晃晃悠悠地往回走。

快要到家了，突然发现自己原来并不想回去，她不想回到那个地方，她怕看到唐凌宵。她不确定唐凌宵是不是真的已经背叛，不想在一切没确定之前误会他，然后引来一场争吵。

不，这绝对不是误会！

联想起近来发生的种种，就算是再愚笨的女人，也应该知道这些都不是巧合。有人说，外遇就像蟑螂，你看到一只的时候，背后都不知道隐藏了几千只了。

杨芷失魂落魄地走到住所附近，看着那个外表高级雅致的小区，想着群租房内部的杂乱不堪，无奈地摇摇头。这一切都像唐凌宵一样，都那么金玉其外。

唐凌宵并不是一个完美的男朋友，可在杨芷的心里，却从来没有想到过两人会分开，早把他认定成自己一生的伴侣，只是，奈何明月照沟渠。

杨芷把手机拿出来，开了机。手机里没有唐凌宵的任何电话和短信，也许此刻玩得正高兴呢，我的离开正好成全了他们的放纵。杨芷想了想，打给刘布谷，让她出来陪自己一会儿。

不到十分钟，刘布谷就急匆匆地跑来了，一见面都没有缓缓神，喘着粗气连珠炮似的问：“杨芷，你怎么啦？怎么一个人回来了？怎么快到家门口了又不进去？唐凌宵呢？脸色这么难看，吵架啦？”

杨芷摇摇头，脸色安静得吓人，她说：“布谷，晚上没约会的话，陪我吧。”

刘布谷点点头，但仍然很好奇：“陪你没问题啊，不过你想去哪儿呢？”

杨芷带刘布谷去了小区附近的一个咖啡厅，找了一个最昏暗的位置坐下来。坐定后，又一段长时间的沉默。

刘布谷早按捺不住了，问道：“你快别吓我了，发生什么事了？”

杨芷说：“布谷，你曾经跟我说，看到唐凌宵上了一个白色的车……我当时不相信。原来，你没有看错。”

刘布谷还是没有明白过来：“怎么了？白色的车……是谁的？”

杨芷看着她，脸上的表情很安静，越是这样刘布谷越觉得害怕，就像暴风雨来临前的海面一样。

杨芷慢慢地说：“这些日子来，唐凌宵变得很爱接我下班，原来人家不是为了看我；他和莫莉莉不知道什么时候互相留了手机号码，我也不知道；他不允许我在背后说莫莉莉的坏话，我以为是他指正我的缺点；我那天出差回来，你说看到他坐上了一辆白色轿车，就是莫莉莉的；他手机里的‘贾思明’就是莫莉莉的英文名字Jasmine，还欲盖弥彰地用一个男人名字……我从头到尾都是一个最大的傻瓜！”说完杨芷用手捂着脸失声痛哭，眼泪从指缝里滑落，一串串地流在她的手臂上。

刘布谷也听呆了，她问：“莫莉莉……她是……？”

杨芷哽咽着说：“是我的上司，一个刚刚离过婚的有钱女人。”

刘布谷的火气“腾”地一下子蹿上来，小脸都气红了。她大声骂唐凌宵：“唐凌宵他就是一个小白脸啊！赚钱不会，就会享受。你成天养着他还不够，见到开好车的女人马上就贴上去了。小芷，你是当局者迷，我们旁人可是看得清清楚楚的。你说唐凌宵，他有什么？他和你是一个学校毕业，还是一个专业的是吧？你怎么就那么有上进心，他怎么就那么心安理得呢？一个大老爷们可真好意思这样吃软饭!”

杨芷一边想努力控制哭，这可是在公共场合。但越控制就越控制不了，眼泪像打开闸门一样止都止不住。她断断续续地问：“布谷，你说……是我多心了吗？”

刘布谷一听就生气了，声音都提高了八度：“杨芷，我说你是真糊涂还是假糊涂啊？你刚才不也条条列举了一大堆的不正常吗？事实都到眼前了，你还为他找台阶呢？要我说，就唐凌宵这种小白脸，就算是不背叛你，你跟他分手的理由都有一千条，何况还玩花花肠子？”

杨芷说：“是……你说得对……对！一个男人，不思进取，就爱贪图享受，如果再加上花心不安分，可以说是……一无是处了。”

刘布谷悻悻地说：“原来你什么都明白。那你打算怎么办？今天晚上就和他摊牌吗？”

杨芷摇摇头：“就算跟他摊牌，他也会找一堆烂理由否认，还会说我想太多了。我想好了，我要把三个人突然约到一起，他们没有沟通的机会，摊牌来个痛快。”

刘布谷突然想起了什么，她问道：“杨芷，莫莉莉是你的上司，那你的工作……”

杨芷不是没想过工作的事，但走一步算一步，如果一切都是最坏的结局，她不可能再伺候这位不要脸的女上司。

杨芷说：“布谷，晚上我和你一起睡，可以吗？我不想看到唐凌宵，也不想让他知道我哭过。我现在很乱，不想和他说话，更不想和他吵。”

刘布谷说：“小芷，你现在是不是特别后悔当初把他带到你们公司的酒会上？其实完全不要后悔，像唐凌宵这样爱吃软饭的男人，早点认清他的真面目，比什么都好！虽然你们有五年的感情，但毕竟没有让事情更坏。

难道你真想一辈子这样养着他？为他买好的衣服，给他生活费，甚至买房子？”

杨芷终于冷静下来：“我知道该怎么做。我一直以为，我们因为有几年的感情基础，就可以对他作为男人的这些致命缺点视而不见。可我心里是不开心的，我也很累。我每天都要小心翼翼地照顾他的自尊心，还得时时刻刻去鼓励他。可没想到，最后是人家背叛我，我真的想错了，全都想错了。”

刘布谷握握她的手，给她安慰：“唐凌宵这混蛋，到现在都没给你个电话，玩得够狠啊！听我的，把手机关了，我们去附近找个快捷酒店住一晚，让她找不到你！这个没良心的。”

杨芷说：“不用了，布谷，这次不是情侣吵架堵气，该面对的，总得要面对。”

## 第五章　我们完了

唐凌宵很晚才回来，杨芷提前给他发了条短信，说要陪刘布谷聊天，和她住一晚。所以唐凌宵回来后直接就回房睡了。

次日一大早，杨芷就洗漱好，和刘布谷早早地出了门。唐凌宵早上起来后又扑了个空，他这时才感到有点不安，觉得杨芷的行为太异常，要在以前，她不管怎么样都会打个招呼啊。

整整一天都异常地安静，做贼心虚的唐凌宵度过了最忐忑的一天时光，很是煎熬。

有些男人就是这样，有胆量做坏事，却没胆量看结局。

快到下班时，唐凌宵终于等到杨芷打来的电话，让他下班时去公司接她，一起晚餐。

杨芷在公司的一天也不好过，她在脑海中无数次回放关于唐凌宵出轨的点点滴滴，这些影像一幕幕呈现，就像针一样扎在杨芷的心里，痛得很。她工作频频出错，面无血色，好几次眼泪差点掉出来，硬是憋回去了。

在终于鼓起勇气给唐凌宵打了电话后，她平静地走到莫莉莉的办公桌前，微笑着对她说道：“莫经理，昨天很不好意思，大老板催得太紧，我没有办法。今天晚上我请你吃饭，算是补偿。我难得开窍，终于舍得花钱吃顿好的，在我没后悔之前，你不要拒绝我。”

说完扭头就离开了，没有留给莫莉莉说话的余地。杨芷的语气是那么地不容置疑，连莫莉莉一时都找不到话来接，她从来没有见过杨芷这么霸气十足地说话。

因为杨芷一直就在身边，莫莉莉抽不出时间去打电话和唐凌宵通通气，而且她刚要想上洗手间，杨芷就说也要一起去，一点自由的时间都不给她。

莫莉莉心里大概也预知到会有什么样的场面，所以干脆豁出去了。从某种层面来说，莫莉莉甚至有一丝的窃喜，她这辈子都在追寻这种刺激的快感。不知道是不是小时候自然灾害太严重了，而造成这样的扭曲心理。

两人一起下楼。莫莉莉凑过来，欲来挽杨芷的手臂，杨芷马上闪开了，空留她一只柔软的胳膊尴尬地架空在那里。莫莉莉“哼”地冷笑一声，不再说什么。

两人出了电梯时，唐凌宵已经焦急地等在那里，他没想到莫莉莉也在旁边。杨芷看到她，像没事发生一样，亲昵地叫他：“亲爱的，等急了吧？我们去附近那个法国料理店吧？你不是一直很想去吗？今天我请客！”

这反常的举动让唐凌宵越发不安。法国料理？杨芷请客？这太不正常了，杨芷怎么会舍得花这么多的钱吃顿华而不实的饭？他紧张得连莫莉莉的眼睛都不敢看，一个人低着头答应着。

莫莉莉倒是无所谓，她心里已经做好准备，这必将是一场鸿门宴。

很快到了店里。几个人坐定，点了餐。接下来是长时间的死寂，没有人说话。

杨芷打破沉默，她扑哧笑出了声，笑得停都停不住，只不过没有人看到她眼眶饱含的热泪。她对着莫莉莉和唐凌宵说：“奇怪了，你们两个不是挺熟吗，今天怎么都不说话了？真有默契呢。”

莫莉莉送上一个不露声色的轻蔑笑容："真会说笑！"

杨芷不理会她的态度，直直地盯着唐凌宵，又看了看莫莉莉，一字一句地说："那我不说笑了。你们两个，没有什么向我交代的吗？"

唐凌宵一身冷汗，紧张地问："交代什么？"

杨芷没有再看他，继续说道："我再愚笨，好歹也是读了点书的。前几天做智商测试题，130多分呢。所以把我当成傻瓜是不对的，就算没低估了我的智商，起码低估了我的敏感。而且这顿饭少说也要一千来块，我可是当作散伙饭来吃的，要花得值，否则这够我吃多少顿沙县小吃啊！"

字字冰冷和绝望。

莫莉莉终于开了口，她内心其实是一股胜利者的情绪，表面上装作可怜兮兮："杨杨，我和唐凌宵是情不自禁，其实我们每次见面，心里都很纠结……"

杨芷打断她："我们都是成年人，废话就不用多说了。从酒会开始的是吗？贾思明？"

这三个字就像熨斗一样烫红了唐凌宵的脸，他满脸羞愧地低下头。

杨芷说："我已经不想再问了，我要听的答案已经听到了。恭喜你啊唐凌宵，你来上海就是为了过上烛光美酒的美艳生活，你的'贾思明'可以给你这样的生活。还有，拜托把手机里的这个名字快改了吧，幼稚得很。"

唐凌宵依旧低着头，一副孬种模样："宝……不，小芷，Jasmine怀孕了，我不能不管，对不起。"

杨芷听到这里，差点就要坚持不了了，怒气冲上脑门。她抓起桌上的酒，泼了唐凌宵一脸，用接近崩溃的音调朝他喊道："唐凌宵，看在我们几年的感情上，看在你的父母面子上，只把这杯酒泼给你，我们就算扯平了。你们的事我不想再知道，我也没心情听故事。我只有一个要求，给你一晚上的时间回家收拾东西，然后彻底滚出我的房间。明天，以后，我都不想再看到你！"

把服务生叫过来结了账，杨芷便头也不回地冲了出去。

就这么简单地结束了，什么纠缠都没有，只在一夜之间。

杨芷冲到衡山路上的一个酒吧里，一口气点了十瓶酒。服务员见多识广，一眼就看出来她是一个情场失意的女人，贴心地为她递了几次干净毛巾，好让她及时地能够清理身上狼藉的酒的残留物。

舞台上一个乐队正在卖力地表演着，主唱是个头发像梅超风一样的女人，她的大浓妆下掩饰着世界上最疲惫的脸，眼神麻木成了一种风韵。台下的人们跟着他扭动腰肢，配合着简单又放松的动作。

杨芷已经喝得坐都坐不稳，可她想发泄，于是冲下去跟众人一起疯。哭了，疯了，累了，出汗了，又跑回去继续喝。她忘记了自己脸上到底有多少眼泪，只觉得胸口憋得紧，心像针扎虫噬般难受。

除了来这里，她想不到任何发泄的方式。

到最后夜已深，有一些老外跑过来搭讪，她都已经完全没了意识，一个个赶走他们，嘴里骂骂咧咧不知道说着些什么。

旁边座位上，有几个男人一直旁观着她的举动。其中有个休闲打扮的年轻男人看到那些不怀好意的老外上去拉扯她，立马过去把她从“魔爪”中救出来。男人走过去坐到杨芷的对面，看她已经不省人事的样子，和自己的同伴们打了声招呼后，把杨芷扶了出去。

这个男人就是高胜寒，在海南开会时，大巴上邻座的那个男人。

他把杨芷带到自己的车旁，一手支撑着她，一手把后座清理一下，将她放了进去。在杨芷几乎是摔到车后座上的时候，从衣服口袋里掉出一个名片盒。

高胜寒打开一看，里面有几张设计简约的名片，上面有杨芷的工作信息。他从中抽了一张自己留下，然后又把名片夹放回她的口袋。因为她喝酒太多，平躺着太难受，高胜寒轻轻地扶起她的头靠在椅背上，随后又找了一条薄绒毯给她披上。

这女人不知道什么时候才会醒？

高胜寒实在不好意思让自己的一帮朋友在酒吧等，把她安顿好后，车窗关好，转身回了酒吧。

一帮朋友见高胜寒返回来，马上开始起哄，纷纷说他今天要有艳遇了。其中有一个男人调侃他："胜寒，你什么时候口味变了，开始喜欢这种纯天然原生态的了？"

高胜寒抿了一口酒，说道："我好像也没有喜欢过妩媚妖艳的啊！行啦，看你们贼光四起的样子，就告诉你们吧。这女孩我前段时间在海南开会的时候见过，算是个同行吧，冷冰冰的，一副爱理不理的样子。不过英语是一级棒，没听到吗？刚才连骂人都是用英语的，那个流利和标准。看样子是失恋了，挺伤心。所以我就英雄救美一回，说不定以后还见面呢。"

有人问："那你刚才抱着她的时候，就没啥想法？你要是男人，就别告诉我没有啊。"

高胜寒笑笑："你们这群肉食动物。要说想法，那就是我怕她吐我身上吧，这可是我新买的衣服。行了，人家也是个正经女孩，大家别乱想了。"

高胜寒实际上有些心不在焉，把杨芷放车上他很不放心，于是说道："对了，把她放车上，貌似不太安全，不行我要回去看一下。"说完又丢下他们，转身跑到停车场了。

杨芷根本不知道这时候周围发生着什么，在高胜寒的车里睡得昏天黑地，口水横流。高胜寒既不放心她一个人在空荡的停车场，又不好意思把一杆子朋友晾在酒吧，于是两点一线反复跑了好几次。到最后干脆直接坐在车里的驾驶座上，打开一瓶啤酒喝着，慢慢等她醒来。

这一等就到了次日凌晨。等天都亮起来的时候，杨芷终于醒来了，脑袋涨得像是要炸掉一样，满脸的憔悴。

等她恢复了清醒，看到前面的驾驶座上一个陌生的男人正呼呼大睡，又看看自己身上的毯子和衣服，心想着应该也不会遇到什么危险的事，稍稍安了心。

杨芷用手轻轻地捅了一下高胜寒的肩膀。男人睡得很浅，马上就睁开眼。他神志还略有模糊，打了个大大的哈欠，同时不忘调侃杨芷："美女，你终于醒了，我想你要是再不醒来，我上班迟到，今年的年终奖就要打折扣了。”

杨芷小心地问道：“我怎么会在你的车上？”

高胜寒侧过身来看着后座上的杨芷，继续戏谑她：“怎么，觉得遇上坏人了吗？”

杨芷摇摇头，这一摇，头又像裂开一样地阵痛。她说：“看我们穿戴整齐，还间隔这么远，我想也没发生什么坏事。我只是奇怪我为什么会在你的车里。”

高胜寒说：“你要是不在我的车里，现在估计就在某个不怀好意的男人床上了。我可是抛弃一圈朋友救了你，在车里坐了一夜呢。哎，小姐，不是我说你，你看起来瘦瘦弱弱的，睡觉居然还打呼噜，好在只是几下而已。”

杨芷都顾不上脸红，她总算还有点理智，想到了自己可能根本没结账，就问：“先生，我的账也是你帮我结的吗？”

高胜寒说：“当然是我结的啦。不过算了，一晚上这么宝贵的光阴我都错过了，而且看在你失恋的分上，不用还了，算我请你的。”

杨芷问：“你怎么……知道我失恋？”

高胜寒认为她小看了自己的智商，不屑地说：“我说小姐，就你这良家妇女样，一下子喝成那个德性，不是失恋，难道还是因为失业？不早了，我们俩各自打车回公司吧。”

杨芷有点不解：“你不是有车吗？”

高胜寒不屑地看着她：“美女，酒后开车可要坐牢的，犯法的事咱不干！不过我劝你一句，你这样一身酒气去上班，老板不剥了你的皮才怪。现在还早，先回去换身衣服吧。”

老板，杨芷想到自己的上司，不由得悲从中来。高胜寒看她又沉默了，催促她：“快回家收拾一下吧，我也要上班去了。走，我带你去打车，我知道这里哪里打车容易。”

高胜寒和杨芷从车里出来，杨芷瞬间打了个哆嗦。身上的酒精已消散得差不多，身体没有热量，抑或是夏天真的要过去了，开始有丝丝的凉意。

“你要是冷，车上那毯子你披上吧，破毯子一条不用还我。”

杨芷摇摇头表示不用。

高胜寒带着她在路上等出租车，时不时悄悄地偷看她。她很瘦，从侧面看扁扁的；嘴唇没有一点的血色，眼睛红肿，脸上还有已经干掉的酒渍，脏兮兮的；头发经过一夜的折腾也变得很乱，冷风一吹，看起来很可怜的样子。

他突然对她充满了好奇。这个女人，现在像没事一样的冰冷的女人，昨天晚上的撕心裂肺，海南会议上工作那么地出彩……

想到这里，高胜寒对着空气像是自言自语地说了一句话：“越不自信的男人，越驾驭不了优秀的女人。有时候你觉得对方背叛你了，其实呢，就是老天看你太亏了，帮你作了个决定。我看你应该抽空去静安寺烧香谢谢神灵呢。”

杨芷冰雪聪明，她听懂了高胜寒的话，淡淡地回应他：“看来昨天晚上，我一定说了很多的话，你也听了一出很烂的狗血故事了。”

高胜寒笑了笑：“是啊，你知道吗？你昨天连哭诉都用英文，把我和几个朋友震傻了，你学习到这么走火入魔啊？害得我们这些想听八卦的人，听得还很费劲的。”

杨芷没理他的调侃，问道：“还不知道你叫什么名字呢。”

高胜寒递上自己的一张名片，杨芷看了一眼放在包里，说：“原来是高先生，还是同行。以后说不定会再碰到。这次谢谢你了。”

这可是我第二次给你名片了啊，杨小姐！高胜寒没打算提醒她海南大巴上的事，也不敢告诉她自己偷了她的一张名片。他忍不住试探她：“你也是金融行业的吗，应该有名片吧？”

没想到这女人居然说没有！提防心理太重，居然对他撒谎！高胜寒庆幸自己提前“拿”了一张，这小妮子！不过男人应该有气量，不和你一般计较了。

杨芷看透了他的心思，硬挤出一个笑容说："我会找你的。还欠着你的人情呢。"

出租车来了，杨芷先坐上车，摇下玻璃窗，对高胜寒说道："没想到我的失恋之夜，居然是一个陌生人陪了一夜，谢谢了高先生。"

说完这些话，出租车开走了。杨芷又突然脆弱地想流泪，使劲忍住了。这时候要先回家换衣服，洗洗身上酒味，她特别害怕看见唐凌宵。昨天已经放了狠话，让他一晚上搬出那个小屋。

杨芷心情很复杂，既怕看到他，又怕看到家里空空如也引人伤感。

很快，她的纠结就有了答案：唐凌宵真的在一夜之间搬走了，搬去莫莉莉的豪宅了。就这一夜之间，房子变得那么地没有温度，以前空间促狭的大小柜子，现在变得异常宽敞。而距离他们来到上海，才短短的几个月。

杨芷的眼泪又一次地决堤，很快变成啜泣，越是想止就越止不住，坐在那里哭起来。这时刘布谷和许拉娣都走进来，刘布谷递给她几片纸巾，小心地说道："杨芷……他走了，还是那辆宝马车……"

许拉娣在旁边说："哼，还不如一个人省心呢，连失恋都省了。"

杨芷哭得上气不接下气，肩膀不断地抖动着。刘布谷又递给她几片纸巾，说："我看你今天不要去上班了，你这个样子，那个女人看了肯定要爽，咱再不能成全她的得意了。"

杨芷点点头，说："不去了……明天再去，去辞职。"

# 第六章 寄情工作

杨芷一上班就递交了辞呈，辞职理由是：个人原因。辞呈按流程要先经过莫莉莉，莫莉莉二话不说签了字，并且很快就把杨芷的辞呈发给了大老板。

亚太区副总监，也是杨芷的真正上司——麦大卫下午才收到邮件，他觉得很突然。杨芷并没有显示出什么要离职的征兆，她的工作表现他一直非常满意，于是连忙把杨芷叫到他的办公室。

“杨，你来了，请坐。”麦大卫是个英国老帅哥，也是个中国通，说一口流利的中文。他对人总是彬彬有礼，脸上永远都挂着微笑。

杨芷坐下来，谢过老板。

麦大卫首先关切地问杨芷是不是最近有什么麻烦事需要帮忙，在得到杨芷否定的回答后，绽开一个迷人的笑：“杨，我一看到你的辞职申请，就吓一跳，这太突然了，能告诉我真正的原因吗？”

杨芷心里也不好受，谁又想到我会这么快辞职呢？她努力地挤出一个笑容，对麦大卫说道：“老板，很对不起，是我个人的原因，我也很遗憾不能再为你服务了。”

麦大卫江湖老辣，岂会相信杨芷的话。他看杨芷气色很差，眼睛很疲累的样子，一针见血地问：“杨，如果是因为感情的问题，我想你应该多考虑下，因为这个影响心情或工作，甚至影响到辞职这么大的决定，是一个很不成熟的表现。”

杨芷一下被戳中心事，眼睛差点又不争气了。是啊，杨芷我岂是一个那么幼稚的人？我不是因为感情，而是因为抢走我男朋友的人是我的上司，需要朝夕相处的上司，我情何以堪啊？

杨芷深深明白这些私人的儿女情长、小情小爱压根儿不能在领导面前表露：论资历、论能力、论魅力，公司权衡起来，自己也是不能和莫莉莉相提并论的，何苦犯傻在领导面前说这些不太光彩的事，还嫌公司的桃色新闻不丰富吗？

杨芷假装轻松地笑了，说：“老板，不是因为感情，是我个人的原因，我自己选择的原因。父母可能希望我有别的发展，我要和他们沟通沟通。”

这时麦大卫突然想起，莫莉莉为什么在这件事情上这么痛快？作为流程上的上司，起码也要多关注下属的辞职动向啊。怎么这么快就同意了？

麦大卫拿起桌上的电话，拨内线给莫莉莉：“Jasmine，你过来一下。”

一阵香气先飘到了，莫莉莉踩着高跟鞋噔噔噔地扭过来。一看办公室里的麦大卫和杨芷就知道是什么事，她装傻充愣地问麦大卫：“David，你找我？”

麦大卫问：“杨要离职，你有没有和她详谈过？”

莫莉莉早有准备，流利地回答道：“有的，我也一再挽留，可杨杨她心意已决，我只能尊重她的选择。杨杨的工作能力是一流的，我也觉得很惋惜啊。”

杨芷从头到尾都黑着脸没有看莫莉莉，眼睛里没有任何感情的符号，一副放空的状态。麦大卫看出杨芷对莫莉莉的漠视，心想她的离职说不定与莫莉莉有些关系，难道是因为受不了莫莉莉的压制和无理要求？任麦大卫再聪明也想不到这背后的纠葛，只好大手一挥，对莫莉莉说："我知道了，你出去吧。"

等莫莉莉刚出去，麦大卫就对杨芷说："杨，如果你是对公司的待遇不满意，可以提出来。不过你进公司才半年，还没有到加薪的阶段，我倒可以为你破例一次，就是不知道你是不是这个原因？"

杨芷摇摇头。

麦大卫说："因为接下来公司的大事比较多，一时招个合适的翻译很难，你知道的，一个合格的翻译员，不是光英语好就行，要有综合的素质，还要有专业的知识。你看这样行不行，我们现在开始招聘，你在公司再多留两个月，给我们一个缓冲的时间。虽然你是主动提出辞职，但到时候我再多付你半个月的薪水，你看可以吗？"

杨芷一时不好意思拒绝，但又实在无法忍受在莫莉莉身边待一天，她没有马上回答麦大卫的条件。

这时麦大卫补充一句："这两个月时间，我们工作正常。你可以搬到我旁边的助理办公室，并且，可直接向我汇报工作。"

麦大卫想，也许这才是能留下杨芷最重要的条件。果然，杨芷一听到可以搬离莫莉莉的办公室，马上同意了。

接下来的日子里，杨芷工作之外的业余时间，除了吃饭睡觉，全部都用来学习日语和法语，打算更上一层楼。上大学时已经学过日语，但水平一直有限，起码杨芷自己不满意。而现在有工作的需要，学习起来更有动力，而且还有活生生的实践场景。

杨芷希望自己的所学都不是浅尝辄止，都能做到术业有专攻，所以一旦有了决定，就一定会做好。现在孤家寡人，有大把的时间了。

失恋的阴影还没有真正过去，再加上她这种自虐似的奋斗，一日三餐都随便对付。一个多月下来，杨芷瘦了一大圈。

这天杨芷又是最后一个离开办公室，揉着酸痛的肩膀下了楼，打算去公司附近的小饭馆随便吃点东西来填补一下饥肠辘辘的肚子。她刚出了写字楼的大门，就听到有人叫她的名字。

左右看了看，并没有认识的人，杨芷想自己一定是幻听了，于是继续往前走。这时前面一辆蓝色的轿车停下来，车窗慢慢地摇下，里面露出一张男人喜笑颜开的脸。

原来是高胜寒！

杨芷在回忆里搜索了好几秒才想到是他，她走到车窗前，问道："高先生，怎么是你？"

高胜寒说："这里不能停车，上车再说。"看杨芷在犹豫，高胜寒笑着说："我要是坏人，早就趁你那天喝醉的时候把你卖给人贩子了，还会等到你醒来，再看到我的真面目？"

杨芷很豪气地说："我又没说过怕你。就我现在这怨气深重的心态，谁把谁卖了还不一定呢。"说完就坐进了高胜寒的车。

等杨芷坐到副驾驶的位置上，高胜寒接着她刚才的话，问道："还有怨气哪？"

杨芷叹一口气，说道："我又不是圣人。心中恨不得卸他们俩八大块，然后再诅骂他们俩也遭遇背叛，哼！"杨芷咬牙切齿地说完，转而又望着车窗外，幽幽地说："不过那女的怀孕了，孩子是无辜的，算了。"

高胜寒露出一副不屑的表情，撇撇嘴说："这你都信！"

杨芷马上反驳他："这难道也有假吗？谁会拿孩子开玩笑。哦对了，我差点忘了，你今天怎么会出现在这里，公事？"

高胜寒露出一丝贼笑："我是专门来找你的。"

杨芷不信："专门来找我？你怎么知道我在这里上班？哦，难道是我那天喝醉酒连这都说了？"

高胜寒没有回答她，只是继续看着前方，嘴角依旧微微笑着。杨芷以为他默认了，非常懊恼地说："以后看来要少喝酒了，否则改天连银行密码都告诉别人了。"

高胜寒说：“杨芷小姐，你真的觉得，你的那个上司怀孕了吗？”

杨芷看着他，不知他为什么会这么问。

高胜寒说：“我们打个赌，你再过几个月，如果能看到她肚子大起来，我请你到上海最高的那个旋转餐厅吃大餐！这种女人会为一个毛头小伙子生孩子，你觉得可能吗！”

杨芷听了高胜寒的话，并没有激动，她只是平静地说：“不想提他们了，行吗？”她不想再说这个，马上转移话题：“高先生，那你今天找我来，有事吗？”

车子已经停在一个漂亮的餐厅前，高胜寒下了车，帮杨芷边开门边说道：“两件事：第一件嘛，让你好好吃一顿，你比我上个月见到你时更瘦骨嶙峋了，减肥也不能不要命嘛！第二件事，等我吃饭的时候和你说。”

说完径直走到餐厅，留下一脸茫然的杨芷。她望着高胜寒的背影，觉得这种感觉真是奇怪，他明明就是一个陌生人，可总是好像知道自己需要什么似的。看来是一个情场高手无疑，要万分提高警惕！

想到这里，杨芷低头看了看自己，又否定了自己的担忧：无论那天在酒吧出现的她，还是现在的她，实在没什么让男人想入非非的理由，干巴巴的一根瘦面条，既不风情万种，也不小鸟依人。

高胜寒在门口喊她，依旧是一脸戏谑的语气：“我说，杨小姐，你还不快点追上来，你不饿吗？真是个女超人。”

时间已晚，饭店里人不多，高胜寒刷刷刷地点了一大桌。杨芷心疼死了，说：“两个人用不着点这么多吧？”

高胜寒说：“我目测你肯定能吃得了，真吃不了就打包，当你明天的便当。你可是急需滋补滋补。”

杨芷不好意思地点点头：“好吧，我承认我确实挺饿的。”

“饿成这样还不早点下班，害得我等了你几个小时。”高胜寒说完，有点后悔自己说漏嘴，转而又大方地说：“哎，不过你们公司附近的夜景我可是浏览了一个够，值了哦。”

“高先生，你找我的第二件事是什么呢?”杨芷问道。

高胜寒这时变得一本正经，他一边为杨芷盛了一碗鱼汤，一边说：“我是很想知道你有没有跳槽的打算？呃……我是说，你现在工作应该会很别扭，毕竟还要天天见到那个女人，所以想问问你有没有想要换工作?”

杨芷老实地告诉他：“我一个月前就提出辞职了，老板希望我多待几天而已。呵呵，确实别扭，虽然老板已经把我安排在别的办公室，可还是别扭。”

高胜寒说：“我们公司正在招翻译，薪水诱人。所以我就想到你，不知道你愿不愿意一试?”

杨芷笑着说：“我怎么知道你们不是骗子公司?”

高胜寒说：“名片不是给过你吗，不会又扔了吧？上面有我们公司详细信息，好歹我们公司也颇有名气，你要是没听过就是业务不精了啊。这样吧，你要是有兴趣，我可就推荐你了，这周就可以去面试。”

杨芷哑然失笑：“哈哈哈，高先……”不料被高胜寒马上打断：“你总是‘高先生’‘高先生’的，让我觉得像在商务谈判，就叫我‘高胜寒’吧，当然叫我‘胜寒’我会更乐意。”

“好，高胜寒。”杨芷接受了他的要求，继而说道：“我俩萍水相逢，素昧平生，只是我一时难过喝醉了酒，怎么好意思总是接受你的帮助呢？我现在特别后怕我那天酒后到底还说了些什么，我居然把我的这场狗血的爱情故事、我工作的情况甚至上班的地点都告诉了你？我现在很懵，感觉一切都像有计划似的，很诡异啊。”

高胜寒看她满腹的疑虑，决定把事情的真相告诉她，要不这女人一定以为我是心怀鬼胎图谋不轨了。他双手撑在桌子上，看着杨芷，认真地说道：“萍水相逢倒是真的，但也不全对。在海南的金博会上，我就见过你，你在大巴上睡着了，口水直流，我那时候就坐在你身边；再后来在亚龙湾，你拿着你的小破手机拍风景，我打算把相机借你用，谁知你头都不回辜负了我一番好意；你从头到尾就是压根儿都没有正眼看过我一次，所以，你对我完全没印象喽。”

经他一提醒，杨芷恍然大悟，她一拍脑袋：“哦对，原来那个帅气的背影是你啊？早知道是个风度翩翩的帅哥，我就接受你的好意了。嗯！记忆是不会作假的，我就相信你了。原来早见过啊，嘿嘿，真不好意思。”

高胜寒接着说：“在酒吧，你确实是说了很多，说你一心规划着和男朋友的未来，为此努力，可男朋友却和你方向大不同，那么快就投入了别人的怀抱；还说早知道就不来上海了，这花花世界让他变了。杨芷同学，我郑重地告诉你，如果你男朋友本身就是不安分的人，就是把他放在一个小山村里，他一样不安分。他的背叛只是因为条件成熟了，而以前一直没背叛是因为条件还没到。这是我当时就想告诉你的，可你当时醉成那样，说了也没用。现在你是清醒的对吧，所以现在和你说。”

杨芷沉默了，半天说不出话，心里像堵了一块巨石。高胜寒以为她生气了，赶紧转移话题：“对不起，我是一些真心话，要是不中听，就别往心里去啊。对了，你愿意去我们公司面试吗？”

杨芷诚恳地说：“没关系，你说得对，我只是需要消化一下你说的话嘛。不说这个了，我愿意去面试。我刚好辞职，再过十几天就要走了，有这么好的机会一定要抓住。不过，你为什么总是这么帮我呢？”

高胜寒被问得有点局促了，他总不能说“因为喜欢你”这样轻浮的话吧，两人这才刚刚熟识起来而已。他两手一摊，坏坏地说道：“我们公司推荐人才是有奖励的，像你这样优秀的人才，要是将来过了试用期，我有一万元的奖励呢，这个诱惑难道不大吗？”

“你们公司倒是真好！”杨芷没有戳穿他的小谎话，她看得出来高胜寒大大咧咧的外表下的心细如发。而且他总是在自己最需要帮助的时候，突然就出现了。

想想只是一个陌生人，何来的这种际遇呢？杨芷的心防并没有完全卸下，于是笑着答应了他：“高胜寒，我愿意去面试，你说一个时间吧！不过我还要亲眼鉴定一下你们公司的规模呢，如果一切属实，这一万块钱的推荐奖励，你是赚定了。”

高胜寒终于达到目的，很开心，借机要求道：“怎么样，现在可以给我一张你的名片了吧？”

杨芷递给他一张名片，不忘挖苦道：“就算不给名片，你不也知道我很多的信息了吗？像特工似的。看来我今生都要滴酒不沾了，这太恐怖了。”

这已经是高胜寒拿到她的第二张名片了，只不过这次是光明正大地拿。高胜寒想，我哪有那么神奇，是我上次偷偷“拿”了你的名片而已。想到这里，会心地一笑，这个细微表情被杨芷看到了。

“你这个表情，完全一副坏人奸计得逞的笑容，我感觉我要上贼船了。”杨芷无奈地说。

# 第七章　改变自己

杨芷把和高胜寒的一系列“偶遇”告诉刘布谷。刘布谷一听，顿时睁大了水汪汪的大眼：“这人不会是有什么企图吧？”

杨芷扑哧一声笑了：“有什么企图啊？要钱没有，要色我就牺牲一下，高胜寒长得很是玉树临风的，我也不吃亏。”

刘布谷还是一脸严肃：“不行，你去面试的时候，我陪你去，人多力量大！”

杨芷提醒她：“我去的时候不是周末，你不用上班啊？”

刘布谷一时无话了，说道：“是哦。你们是在金融会议上见过，他应该也是个同行，应该差不了。杨芷，你有没有一点儿喜欢他？”

杨芷说：“喜欢？怎么可能？我虽然刚被男人抛弃，但还不至于饥渴到那个地步。现在也没法马上爱上别人，况且根本不熟。对了，布谷鸟儿，你的那群围绕在身边的爱慕者呢，最近好像不常见了。”

没料到刘布谷一脸嫌弃的神色：“喊，上大学的时候特别享受那种众星捧月的感觉，男生们争先恐后地给我买零食、打水，制造各种浪漫，现在却觉得肤浅得很。我身边的那几个追求者，没有一个靠谱的，说白了，就觉得男人不该是那个样子的。我要的，是能用男性魅力征服我的男人，别天天唧唧歪歪跟个橡皮糖似的。”

杨芷说：“你这是捡了便宜卖乖，这些男人随便给拉娣一个，估计她高兴死了。”

刘布谷撇撇嘴说：“哎，反正就是觉得，我的真命天子还没有出现。”

杨芷的表情很坚定，她握紧拳头，说：“我接下来的时间，就是好好学习、天天向上、努力工作！然后，抽空找个房子，搬离这里。”

刘布谷急急地问：“你要搬走哇？你要是搬走，我也打算找房子了。可惜我薪水不高，再找估计条件也好不到哪里去啊。”

两个人相互安慰打气一番，杨芷就回到了自己的房间。

杨芷一点都不想在这个屋子里待着。这是一个让人极其讨厌的房子：电脑桌吱吱响，床吱吱响，衣柜也吱吱响，连沙发都是一坐就陷入一个大坑起不来。这房子里的一切都是那么的不坚固，外表看似完好的，实际上是危机重重。

杨芷找了半天，才把高胜寒的名片搜出来。她对照名片上的公司信息，到他们官网上看了看，确保公司的准确可靠。心里的大石终于落了地。

直到现在，杨芷都没有把和唐凌宵分手的事情告诉爸妈。在两家父母的心里，早已默认了他们就是一对，尤其是唐凌宵的父母，对杨芷满意得不得了，好几次都找理由逼婚，生怕杨芷一不小心就成了别人的媳妇。杨芷的性格很随和，但内心是坚定无比的，她在婚姻大事上没有优柔寡断，委婉地拒绝了唐凌宵父母编造的各种催婚理由。

而事实证明，与唐凌宵的爱情，根本经不住半点考验。生命中只要出现第二个张莉莉、王莉莉或是什么莉莉，唐凌宵能义无反顾地投奔而去。用刘布谷的话说，就是“你的节俭，在唐凌宵眼里，比水性杨花还可怕”！

杨芷突然想给自己换一个造型，她又去敲刘布谷的门：“布谷，睡了吗？我又来了。”

刘布谷很快就为她打开门：“没睡呢，这个时间睡觉的都是老年人。咋啦？”

杨芷说：“你明天有事吗？我想去做做头发，你比我时尚，所以想让你帮我参谋参谋。”

没想到刘布谷两手一摊：“还真不巧了，我明天有事。”

杨芷很遗憾，说：“没事，那我只能自己去了。那你说我弄个什么发型好看？”

刘布谷看着杨芷那一头烦恼丝，建议道：“个人觉得你的头发太长了，剪短一点吧，不要太短，披肩的那种。然后再染个深点的栗子色，烫个发尾，应该会很好看。既时尚，又干练，还不失女人味。”

杨芷被她逗得大笑：“布谷，瞧你这广告语，不知道的以为你从理发店出来的呢？亲爱的，我其实是很怕一个人去理发店，我受不了一堆发型怪异的年轻理发师围着我乱推荐，更受不了他们和我聊天套近乎，还推销会员卡，你懂的。”

刘布谷想了想，说：“那这样吧，我明天约会完，下午早点回来陪你去。不过做头发时间长，可能就会做到很晚喽。”

杨芷表示没问题，再晚也没关系呀，反正是双休日。她高兴地谢过了刘布谷，打算回房间睡觉。这时许拉娣出了房间，冲着两人说：“你俩在门口嘀嘀咕咕这么长时间，把我吵醒了。”

刘布谷刚要反驳两句，被杨芷制止了，她对许拉娣说：“Sorry，拉娣，我们已经聊完了。”

没想到许拉娣说：“我明天也想做头发，要不我们一起吧？”

杨芷和刘布谷对看一眼，欣然接受，说：“可以啊，明天我们叫上你。”

许拉娣说：“那说定了。”就转回房间去。这时刘布谷悄悄地对杨芷耳语：“叫上她，你就别想去好一点的理发店了，她肯定选择那种最廉价的。我不得不担心你这头秀发明天的命运。”

杨芷用手指堵嘴，示意她小声点。房间之间可是极不隔音的。两个人会心地一笑，杨芷便蹑手蹑脚地回去了。

果然不出所料，第二天在选择理发店的问题上，许拉娣和她俩的意见相当不统一！许拉娣醋溜溜地说：“我一个小前台接待，一个月才赚多少钱啊？比不上杨芷一个月一两万，不想做个头发就连生活费都没了。”

刘布谷心想：“那就干脆别做嘛。”嘴上没敢说出来。杨芷被许拉娣直接点名比较，也很不自在，自己不小心就被“仇富”了，可自己明明也很节省嘛。这样想着，对许拉娣说：“我们再去看看别的，比较一下，找个物美价廉的。”

最后总算选定了一家。理发师介绍了一大堆名目繁多的洗烫染价格，随便一个项目都是几百块。三个人合计一番，发现三人合办个会员卡很划算，于是刘布谷也蠢蠢欲动，打算加进来一起做头发。

理发师说：“不好意思，一个会员卡只能本人用，这是本店的规定。”

刘布谷一听就火大了：“什么规定啊？还不都是由你们来定？”

许拉娣说：“不行算了，旁边理发店这么多，我们看看别家。”

理发师看到三个人说走就走，马上急了，说：“好吧，为你们破回例，你们合办个会员卡，打5折，一次性最低充1200元。”

三人这才满意，刘布谷得意地用眼光瞟瞟杨芷，悄悄地说：“这些人就是吃软不吃硬，这行业黑得很。”

三个女人一台戏。三个女人一起做头发总算不会有人无聊了。许拉娣看她俩的话题特别多，唯独自己插不上嘴，又有点不高兴了。她用一贯的语气说道：“你们的生活可真高端啊，说的好多内容我都听不明白，哪像我一个小前台！”

刘布谷装作没听见她的牢骚。

大约四个小时后，头发总算都做完了。刚出理发店的发型没有不好看的，至于过几天会变成什么样，只有天知道！不管怎样，三个人都很开心各自的新发型。尤其是杨芷，头发剪短了些，又破天荒地染了个颜色，梨花烫发尾显得她既显熟女风范，又不失俏皮，很是精神。

刘布谷看着杨芷的改变，赞叹道："天哪，平常不打扮的人，一旦打扮起来可真是惊为天人哪。"

许拉娣话里有话地说："平常总是浓妆艳抹的人，一旦不化妆，就像生病了一样呢。"气得刘布谷牙痒痒。

杨芷也挺喜欢自己的新造型，剪了一大截头发，感觉爽得很。看来古人说头发是"烦恼丝"是有道理的。曾经是长发为君留，现在是一断解千愁。

这时杨芷的手机响了，是高胜寒打来的，杨芷接起来："喂。"

高胜寒问："杨芷同学面试准备得怎么样了？"

杨芷自信满满："没有怎么准备，不过看了你们公司的官网信息，却是越来越有兴趣了。我就做做功课了解了一下公司情况，其他的，就看你们领导的喜好了。"

高胜寒说："嗯，我在领导和人事部面前说了你不少好话，你可要加油哦！"

挂了电话，许拉娣问："杨芷，你要跳槽啦？"

杨芷回答道："嗯，一个朋友介绍的，也是同行业。"

许拉娣心里又不是滋味了，自怨自艾地说："真好，一个工作还没完，另一个机会就又来了。哎，我要是像你那样该多好，也不用当一个小……"

"不用当一个小前台嘛！"刘布谷不耐烦地抢了她的话，"拉娣，你要是想再找个好点的工作，可以学点别的技能。'技多不压人'，多学一点才能改变命运啊。不能总是发牢骚，羡慕别人有什么用？"

杨芷看气氛紧张，但确实觉得许拉娣是太消极了，于是也建议道："拉娣，要不你考一个专升本，或者强化一下外语，这点我可以帮上忙的。前台的工作也没什么不好，做好了，三百六十行都能出状元。"

许拉娣说："什么行行出状元，什么条条大路通罗马？那都是骗人的！我哪有钱报考什么课程？上海学个外语都要两三万，还不知道效果如何。"

刘布谷心想：这也不行、那也不行，学外语非要去外语学校吗？有恒心自学也能成才，真是的。

许拉娣接着说："看来我还是努力地找一个有钱的男朋友吧，最起码能养起我的，不用我过这种群租的生活的。"

杨芷想：虽然价值观有点偏离，但毕竟也凑合算是个理想。所以，我也不和你循循善诱了。她笑着打保证："拉娣，反正你要想学外语，我可以帮上忙的，不收费。"

等三个人回到租屋，许拉娣一个人先回房间臭美了。刘布谷跑过来找杨芷，她一进门就不高兴地说："这人真不知道是什么心态，天天酸溜溜的，好像我们欠她一样。她学历不高、工作不好，又不是我们造成的，她就是见不得别人好。"

杨芷看着刘布谷气呼呼的样子，又好气又好笑。虽然她们年龄相仿，但杨芷就觉得自己在她面前像个大姐姐。她安慰道："布谷鸟儿，别生气啦，再气就不美啦。我也不喜欢拉娣那个心态，但是你想啊，她从小生活在一个极度重男轻女的家庭里，一直不受重视；好不容易考上了大专，来到了上海，又没有找到什么存在感，肯定心里不平衡啊。家庭是每个人最好的老师，她有那种心态也是正常的，希望以后能找个人让她变得阳光吧。不说她了，我这个新发型漂亮不？"

刘布谷很肯定："很漂亮，也很适合你。唐凌宵看了肯定后悔死了……"觉得说错话了，赶紧住口。看看杨芷听到这话却无动于衷，刘布谷接着问："你还没有告诉你爸妈啊？"

杨芷摇摇头。

刘布谷说："杨芷，我觉得你看似没事，其实是把伤痛都憋在心里了。天天那么拼命地学习和工作，要是你爸妈看了肯定会心疼。要是我，可没你那么坚强。"

杨芷说："以前我也想，好几年的感情，怎么能说散就散。可现在知道了，就算是20年的感情，说散的时候，还是会散。散了就散了，我既不想把他当仇人，也不想和他纠缠，更不想像个怨妇一样求他回心转意。我宁愿对着一棵树发泄，都不会纠缠他们。”

刘布谷义愤填膺地发誓：“我将来也不会做那种没用的女人。美死他们了！”

杨芷叹一口气：“不过该来的总要来，我爸妈他们肯定很快就知道了。因为我最近打电话根本不提唐凌宵。父母都很了解我们的，我已经做好准备被轰炸了。”

刘布谷说：“轰炸就轰炸呗，总比你结婚了再遭背叛强！你看，头发也烫了，也要有新工作了，说不定新工作还带来一场艳遇！新的生活要开始了，前途一片光明呢！”

杨芷笑着点点头，表示赞同。

## 第八章　新的生活

自从唐凌宵搬走后，杨芷就觉得这个人像从世界上消失了一样，再没有出现过，也没有见他来接过莫莉莉。杨芷过几天就要正式离职了，要离开这个让她曾经充满希望、现在又万分尴尬的工作地点。她想可能再也见不到唐凌宵了。

这样也好，本就不想纠葛，何苦惧怕淹没？

这天杨芷下午向麦大卫请假，麦大卫问她有什么事，杨芷非常坦诚地告诉他是要去面试。麦大卫很绅士，也认可她的诚实，爽快地准了假，并祝她好运。

杨芷今天出门时把平时参加会议的衣服找出来穿上，她是老虎下山——就这一张皮，一旦重要的场合就这身衣服。这是一套黑色的小西装，修身的款式，下面一条黑色时尚裤装，看起来正式又不至于太死板。

杨芷的这身衣服在莫莉莉的眼里早成了笑话，莫莉莉曾经不只一次地取笑说："见这身衣服的次数比见情人都要多！"

杨芷想，就这衣服，穿在不同人的面前，那就都算是新鲜的！至于你莫莉莉，我的工资又不是你给发的，轮不到你指指点点！现在两人已形同陌路，更是不必将她放在眼里。倒是莫莉莉，看见杨芷这身衣服再出现，又在心里讥笑了千百遍。

杨芷刚出了公司门，唐凌宵父母的电话就来了，不知是不是心理作用，这电话铃声都显得比平常急促和刺耳，听在耳里像警报。杨芷被这突如其来的电话弄得心烦意乱，犹豫再三才接了起来。

“你好……”杨芷心里七上八下的。

“小芷，我是阿姨啊。你和凌宵到底怎么回事？我今天才知道你们散了，你们谁都不说啊气死我了！我就觉得你们最近不对劲，到底怎么回事？是不是凌宵对不起你啊？”唐妈妈根本顾不上寒暄了，急不可耐地抛出了一大堆问题，声音又高又急，还带着一点哭腔。

杨芷实在不知道该怎么回答她，小心地回答道：“阿姨，我们俩的事，凌宵应该都告诉你了，我们是分手了。”

唐妈妈说：“我是今天才知道的，他说和你分了，又找了一个。我还想问点别的，他就更是啥都不说，急匆匆地挂了我的电话。不行，我要去上海，我必须知道这是怎么回事，你们都太不让人省心了。”

杨芷不想再面对这些理不清楚的事，她对唐妈妈说：“阿姨，我觉得，这事你还是和凌宵沟通比较好，我们已经分手了，他也有了新的女朋友，你还是先问问他吧。阿姨，我今天还有很重要的事，不能多说，有事我再打给你。”

唐妈妈不肯罢休，这两边没有一个给她说实话的，都快急出毛病了。她在电话那边很激动：“不行，小芷，我得和你爸妈说说去，我们几个老人都必须去趟上海。你看，早知道不让你们去上海吧，偏不听……”

杨芷打断她的话：“阿姨，我求你一件事，我爸妈那边，你先别去说，我自然会告诉他们的。我爸身体不好，不能让他再气得严重了。而且我们两个人的事，自己会解决，我们不是小孩子了，就算你们全来了，也没什么意义。不好意思阿姨，我要进地铁了，信号不好，我回头再打给你啊。”

杨芷匆匆地挂了电话，她不敢再被唐妈妈问下去，她招架不住。她也不知道如何叙述，或者说，压根儿就不想再叙述。她不愿意让父母们再参与其中，那样除了让整件事情弄得更加满城风雨、鸡飞狗跳外，根本没有任何意义。

一路忐忑的心情。等到了高胜寒公司楼下时，杨芷把手机设成了静音，把刚才被扰乱的情绪重新调整好，深呼吸三次，上了楼。

这是在陆家嘴金融圈里的一幢写字楼，离杨芷原来的公司并不远。它矗立在周围数不清的现代化楼宇当中，时尚大气。这里很多的建筑物都直耸入云，看起来既壮观，又压抑。人立身其中有一种油然而生的渺小感。

高胜寒已经在公司门口等候。他和之前的嬉笑耍酷不同，穿着简约有型的衬衫和直挺的西裤，气质非凡。再加上胸前挂着工作证兼进门卡，一副十大杰出青年的样子。杨芷看到他时，忍不住要揶揄他几句：“今天看起来，人五人六啊。”

高胜寒没有在意她的话，反而是盯着她的头发多看几眼，不禁赞叹道：“嗯，不错，新人新气象。看你这样，定是个打碎了钢牙能和着血一起吞进肚的女汉子，我放心了。”

杨芷瞟了他一眼：“你放心什么？这有你什么事啊？你还想在烂剧情里掺和一脚啊？”说完就催着他快带自己到公司参观参观。

只从办公楼来看，这家叫 FF 的金融公司在规模上比杨芷之前的公司更大一些，公司所有的办公人员都分布在两个大厅里，一派热火朝天的工作景象。杨芷看这办公电脑用的都是苹果，不由得啧啧称奇，实力真是够雄厚。

高胜寒在旁边悄悄地提醒她：“我说杨小姐，我带你简单看看就行了吧？这样地全面参观，我在自己同事面前很不自在的。”

杨芷也意识到这个问题，很不好意思地说：“行了行了，足够了。现在带我去见你们的面试官吧。”

杨芷在面试的过程当中，高胜寒在外面焦急地等待着，任谁都可以看出他的心不在焉。同事兼最佳损友崔毅八卦地问道："寒寒，你带来的这位美女是谁啊？"

高胜寒瞥他一眼："你真是个八公，那次在酒吧，你也去了吧？"

崔毅扶了扶入时的白框眼镜，一顿冥思苦想。最终一拍大腿说："哦哦，对，我就觉得眼熟呢……呃，服装品位还是差了点，不过看你对她好像很感兴趣呢！"

"在你心目中，所有人都是土包子。我哪有啥兴趣，只是觉得肥水不流外人田，这等优秀的人才，还不快点介绍到我们公司来，为 FF 的未来贡献力量？"高胜寒自信满满地说。与此同时，他也期待面试的结果，时间过得好慢，怎么还不见杨芷出来呢？

这时小会议室的门终于打开，杨芷和人事经理 Floria 等人一起走出来。高胜寒三步并作两步地走过去，先和 Floria 打完招呼，随后问杨芷："完了吗？"

杨芷点点头，Floria 笑呵呵地对高胜寒说："胜寒，你介绍的人果然是优质人才，不过还要进行下一轮的面试，等后天领导们开会回来。杨小姐还要再来一次。"

高胜寒挺高兴，谢过 Floria 后带着杨芷往门外走。送她到了电梯口后，神神秘秘地说："杨芷小姐，你要是被录用了，薪水一定比我还高。你必须大餐伺候！"

杨芷说："等有了结果，我请你吃两顿都行。不过你怎么知道我的薪水会比你高？"

高胜寒有点支吾着说："呃，翻译员的工资，定位本来就比我们高嘛……呃……我猜的。"

杨芷问："我还不知道你到底是哪个部门的呢？"

这时电梯来了，高胜寒还来不及回答，就把她推进电梯，说道："下次再见面告诉你，我先去工作啦。拜拜！"

嗬！还神秘兮兮。

杨芷没去多想，径直下了楼，又在陆家嘴这处“高端大气上档次，低调奢华有内涵”的地方好好溜达了一圈，才心满意足地回了家。

接下来的几轮面试异常顺利，五关六将下来，杨芷正式成了FF公司的一员。今天是在旧公司的最后一天，交接完工作后，杨芷一身轻松，打电话找高胜寒要请他吃大餐。高胜寒自然乐意得很，说下班后过来接她，于是杨芷就百无聊赖地等着。

等下班时杨芷和麦大卫还有一众同事告别，莫莉莉象征性地说了几句客套话，杨芷却始终冷着脸，不搭她的茬。这些细节都被江湖老到的麦大卫看在眼里，他不露声色，提出让莫莉莉和另外一个同事下楼送送杨芷，想观察莫莉莉的反应。

莫莉莉果然借口说很忙，不愿意去。麦大卫说：“耽误几分钟而已，下去吧。”

杨芷没法拒绝，莫莉莉更没办法，于是带了另外一个同事送杨芷下楼。同事和杨芷说说笑笑，莫莉莉就从头到尾摆弄她的头发和裙角，全程“打酱油”。

直到下了楼，杨芷一出电梯就看到高胜寒的车停在门外，人站在门口等她。杨芷透过玻璃窗和高胜寒欢快地打招呼，然后回头向那位同事告别。

这时莫莉莉却突然像打了鸡血一样兴奋起来，踩着又尖又细的高跟鞋扭到门外，斜着眼打量了一眼高胜寒的车，脸上马上浮现一个不屑的表情。大概是高胜寒这辆十万块都不到的小车满足了她的虚荣感，她讥笑着说：“哟，这么快就有人来接啦，还是辆‘豪车’呢！哈哈哈！”

高胜寒就站在车外，看见莫莉莉等三人走过来，心里大概已经猜出她是谁。他很嫌弃地看了莫莉莉一眼，扭头对杨芷说：“亲爱的，工作都交接好了吗？”

杨芷听到高胜寒叫她“亲爱的”登时吓了一跳，不过马上就反应过来：高胜寒一定是故意演场小戏给莫莉莉看。于是笑着回答：“交接完了。”

高胜寒的声音磁性又好听，他拉着杨芷的手，温柔地说："交接完了就好，有没有和新来的翻译交代一下，要看好自己的男朋友，千万不要带到公司去，以防有人再心怀不轨地抢去？"

杨芷很配合，红着脸说："都交代过了。"

莫莉莉在一旁都快气炸了，脸上的肌肉僵硬得像刚打了肉毒肝菌。这时高胜寒还没打算就此罢休，他继续说道："不过你应该告诉新来的翻译小姑娘，如果哪天想和男朋友分手了，就把他带到公司，保准不需要费心，就能分得干净利落。"说完，挑衅地看了莫莉莉一眼。

杨芷笑着点点头，和同事打了招呼后，就和高胜寒走了，留下了在那边半天没有缓过神的莫莉莉。

在车里，杨芷笑着说："高胜寒，没想到你这么邪恶，不过，真是太爽啦！"

高胜寒也很痛快，说："我这是为民除害！省得以后又去破坏别人的幸福。不过我今天真是让你丢脸了，莫大小姐看到我的车，那种不屑的眼神……"

杨芷笑死了："那就让她满足一下呗。我觉得这车就挺好，要不我那天会睡在里面一晚上都不醒？这已经足以说明了它的舒适程度。"

高胜寒说："不用安慰我，哈哈。不过我也挺喜欢我的'小蓝'，小蓝就是我给这车起的名字。我们不跟她比这个，咱比的是境界！境界这么高雅的玩意儿，咱懂，她可不懂。"

杨芷笑着点点头，心想：表扬两句，你还就飘飘然了啊？

这时高胜寒说："下周就要来新公司报到了，这两天趁机好好休息一下。"

杨芷看着窗外，觉得阳光真好，心里积郁很久的结终于舒畅了一些。她一副超级慷慨的样子："好，我一定好好睡几天。说吧，今天想吃什么？我豁出去了，你就使劲地宰我一顿吧。"

"不用了，我推荐人才成功，到时候有奖金的，准确来说是你让我赚到了钱，所以，还是我请你。你呢，就继续你的节俭生涯，多存点钱，你的梦想就能早一点实现。”高胜寒在关键时刻总是表现得很男人，他每次想帮杨芷的时候，总是想方设法让她接受得心安理得，而不是给她无穷压力。

杨芷也发现他这个特点：每次明明都是他吃亏，他还要表现得像占了便宜一样。杨芷觉得：男人霸道得恰到好处，真是最最有魅力的。她转过头偷偷地看着高胜寒，花痴地想：这男人连侧脸都那么有形！十足气质帅哥一枚呢！

杨芷很想马上知道高胜寒在FF公司做什么，于是问：“高胜寒，你在公司哪个部门呢？”

“我在运营部，做互联网金融这一块，新兴领域，很有意思，我也很喜欢。不过以后很想尝试做销售类的工作。”

“做喜欢的工作是一件多么幸福的事，我看你挺乐在其中的。”

“没错，我挺喜欢我现在做的事。”高胜寒回答道。

“哎，你说我们少说也见过几面了，我这才第一次知道你的具体岗位。也不知道你是哪里人，不知道你年龄几许，更不知道你有没有……”杨芷想问他的感情状况，又觉得这个问题容易让他误会，所以打住。

高胜寒当然知道她问的是什么，故意逗她道：“听着啊，我要自我介绍了：祖籍天津卫，1984年生人，星座天秤，属相老鼠，身高体重你自己估测，家中独子，尚无婚配……”

“行行行，打住！跟征婚广告似的，一会儿该说‘房屋八间、月收入过万’了，好了好了，我知道啦。”杨芷打断他。

“我还没说完呢！”高胜寒意犹未尽，打算继续发挥天津卫的传统好口才。

“够了够了，以后有的是机会了解嘛，专心开车。”杨芷再次拒绝了他的表述，她的心里其实有个更大的疑问，于是鼓足勇气问高胜寒：“我想知道……你为什么总是帮我？不会是……有什么企图吧？”

要不是现在正饿着，高胜寒真的会喷饭。他转过头看看副驾驶座上热切等待答案的杨芷，硬忍着笑："你看你，都不如我身边的纯爷们崔毅时尚，在大巴上睡觉流口水，在我的车上又打呼噜，干瘦巴巴的，还抠门。你说，我有啥企图？"

"虽然你句句损我，不过听了我就放心了。哎，我原来真的那么差劲，怪不得唐凌宵把我甩了……"杨芷把头仰靠在座位上，一副放松，却又心事重重的样子。

高胜寒以为伤到她了，赶紧想组织语言安慰一下，等想好了刚要张嘴，发现杨芷已经迷迷糊糊睡着了。原来她刚才的话是自嘲，并不像是受伤的那种怨气话，这样想着他才安心了些。

高胜寒把车内的音乐关掉，让杨芷好好睡，同时放慢了车速。

## 第九章　温暖治愈

唐凌宵的父母还是杀到上海来了，因为唐凌宵一再地阻止，唐爸唐妈才没有直接去找杨芷。

莫莉莉借口要加班，没有陪唐凌宵去机场接，并让他们自己打车回来。在她心里，她根本不想和唐凌宵的家人发生什么交集，这小帅哥的滋味可还没享用够呢，谁要急着见家长？

一下飞机，唐妈妈看到只有唐凌宵一人，就不高兴地数落唐凌宵："你不是说新交的女朋友有车吗？怎么也不见来接一下？要是小芷，请假都会来接我们的。"

唐凌宵马上维护莫莉莉："她是那么大公司的经理，很忙的，今天加班。"

好不容易排队等上车，唐妈妈坐进车里就开始骂唐凌宵，唐爸爸虽然话不多，也在一旁帮衬着，说杨芷多么地好、多么地有出息云云。

直到到了莫莉莉的家，看到装潢高级又宽敞的房子后，唐妈妈的注意力马上就转移到了这房子上。

“这房子在上海得多少钱哪？”唐妈妈啧啧赞叹。

“少说也得100多万吧？”唐爸爸一副很懂行的样子。

唐凌宵这时终于可以扬眉吐气了，他说：“这可是上海的黄金地段，100万连首付都不够，光装修都四五十万呢。”

几乎在一秒钟之内，唐爸唐妈就把杨芷抛到了脑后，大叹儿子的有出息。才来上海半年多，就住上了这么好的房子。然后对莫莉莉的印象大为改观，忙点好啊，不去接机也没关系，你看人家多优秀，一定要好好对待她。

莫莉莉本身是高收入一族，再加上和前夫离婚时分到一些财产，日子过得相当滋润。这些当然不能和父母说，唐凌宵打算永远地隐瞒莫莉莉离过婚的事。

唐凌宵家是城市里极为艰辛的一群，父母都是老实巴交的工人，妈妈早早地下了岗，爸爸退休后每月的收入只有一千多块，没法支撑唐凌宵上大学的高额费用。于是老两口分别都在外面打工：爸爸看门，妈妈保洁。等唐凌宵毕业后开始工作，家里的情况才略有好转。

可唐凌宵实在是太爱面子，收入的一大部分全部用来置装，鞋子的数量比杨芷都多，没法照顾到家里。杨芷经常提醒他要拿出一部分钱孝敬父母，但唐凌宵都是阳奉阴违，弄得每次杨芷去他家，都要大包小包拎好多东西，大到按摩机、小家电，小到柴米油盐全都买过，帮他做了很多他该做的事。

唐爸唐妈当时喜欢杨芷，正是看上了她的能干、会赚钱，而且还懂事。可现在有个比杨芷更能干、更会赚钱的女人出现，他们几乎瞬间就说服了自己关于唐凌宵抛弃杨芷的事实。

唐凌宵问妈妈：“妈，你们还去见小芷吗？”

唐爸唐妈摇摇头：“散都散了，去也没用了，爸妈就是希望你不管跟谁，都能好好过日子……不去了。”

唐家人没有再次出现，让一直忐忑的杨芷松了一口气。她一直都害怕再面对他们，尤其是面对唐凌宵。人家新欢都有了，莫莉莉还怀上了孩子，只见新人笑，谁见旧人哭？这种关系下再见面，尴尬胜过陌生人啊。

杨芷把全部的心思都放在了适应新工作上，白天工作晚上学习，恨不得搬张小床住在公司里了。而为了让她不承受各方面的压力，高胜寒在公司不敢对她太关照，刻意保持着距离，不留人话柄。

每次到了下班时间，看到她还在那里埋头苦干，高胜寒都会专注地看着她，那时候就在心里感叹：认真的女人才最美丽。

这天下班后，办公室里只剩几个人，高胜寒和崔毅正在赶一份活动策划。

这时崔毅低声对高胜寒说："寒寒，抽个空让我带你的杨小姐去打扮一下，你看她灰头土脸的。相信我，我的品位绝对能让她脱胎换骨。"

高胜寒从上到下扫视他一番，说："得了吧！你的品位有点太超前了，进娱乐圈还差不多。在我们公司着装还是传统为主，得体就好。"

崔毅吃醋道："自从你认识这位土土的杨芷，你就总为她说话，现在连我的品位都怀疑了，哼！"

高胜寒使劲拍了一下崔毅的后脑勺，说："你一个大老爷们吃什么醋，别打我主意啊，我生理心理都正常得很。好了别忧伤了，改天有机会让你改造她，行了吧？"

崔毅这才骄傲地昂起了头，得意极了。

高胜寒手里的活已经忙完了，他走到杨芷的办公区，低低地喊她："喂，劳模，你这么个奋斗法，连我这个男人都自叹不如！不过不要太拼命了，要不很容易脱离群众，也容易树敌的哦。"

杨芷转过头，高胜寒发现她的脸色很不好看，少气无力的。刚要问她是不是哪里不舒服，杨芷开口了："我拼命……不是为了表现啊，只是因为一个人……回家太无聊了……高胜寒，我的胃很疼啊……你有胃药没？"高胜寒这时才看到她的左手一直捂着肚子。

这到底是肚子疼还是胃疼啊？不过看起来很严重的样子。高胜寒一下子急了，他埋怨道："都难受成这样还坐在这里加班……真不爱惜自己。我没有胃药，而且胃药看来也不管用，我现在带你去医院。"

杨芷依旧捂着肚子，低着头，向高胜寒摆摆手，虚弱地说："等一下，等我这阵痛过去了再走……我现在动一下都扯得很疼。"

高胜寒让她等一下，飞速回去收拾东西，很快就又跑过来，给她倒了杯温开水。杨芷喝了几口，又坐了一会儿，感觉稍好一点，才挣扎着站起来，缓慢地走出公司。

高胜寒用最快的速度把"小蓝"开出来，扶杨芷上了车，打算送她去最近的医院。一上车，高胜寒就开始责怪她，语气里全是心疼："身体不舒服，还一直硬撑，你对自己太不负责任了。女孩子远在他乡，都这么不会照顾自己……"

杨芷说："你好烦啊，跟我妈一样……"

高胜寒还想教训她几句，看她可怜兮兮的样子，实在不忍心再说，于是加快了车速，力求最快到达医院。

挂了急诊，初步检查出是急性肠炎外加营养不良。化验单子一出来，高胜寒就又好气又好笑：都什么年代了，居然还有人营养不良?!

杨芷躺在那里打点滴，挂着大小不同的三个瓶子。肠胃舒服些了，精神状态还是不太好。高胜寒出去买了一些粥和水果，强制要喂她喝。杨芷还不习惯这种有点亲昵的接触，拒绝了。

高胜寒说："肠胃不好还不按时吃饭，多少得吃点啊。"

杨芷着实觉得不太自在，又不好意思说出来，只好找了个借口。她红着脸对高胜寒说："看见没？这架子上吊着三瓶呢，这么多液体进了身体，我怕……怕上厕所嘛。"

高胜寒觉得她说得对，就没再坚持，只好叮嘱道："那输完液一定要吃哦。"说完看了看输液管内盐水的速度，觉得一切妥当了，才坐在椅子上玩手机。

杨芷躺在那里，静静地看着在病床边低头把玩手机的高胜寒，万般感触涌上心头，眼睛不觉湿润起来。自己来到上海这短短的日子里，发生这么多的事，到现在陪在身边的，却是一个刚刚认识的人。

杨芷还不想那么快就抛开一切，爱上另外一个人。只是这个叫高胜寒的男人，总是能在她最脆弱的时候，不偏不倚地打到她的心里，连她都觉得太不可思议。

杨芷也发现一个事实，那就是只要一看见高胜寒心情就会放松，一向小心谨慎的她总是会情不自禁地和他开开玩笑，斗斗嘴，毫无压力感，也不用担心彼此会生气。而这是唐凌宵没法给他的，在唐凌宵面前，她必须时刻小心地说话，很累。

这时看着高胜寒正全神贯注地对付手机里一款游戏，禁不住又想挖苦他取乐。杨芷问："喂，高胜寒，你怎么也不找个女朋友呢？都奔三了。"

高胜寒没停下游戏，漫不经心地回答道："对我示好的女人可不少，是我看不上好吧？"

"切!"杨芷才不相信，她说："你自我感觉过于良好，我在FF也一段时间了，没见谁对你示好过，吹牛吧你。"

"爱信不信。"高胜寒停下手机游戏，扭过头来看着她："不过你要是对我有兴趣的话，我可以试试，看能不能接受你。"

"哼哼，少自恋了你，不要以为帮了我几次，我就要以身相许了。"杨芷把头转过去不再理他。

等三瓶全部输完，已经晚上11点多了。两人把粥和水果都带到车里吃，高胜寒虽然不胖，但一个大男人饿了一晚上，一碗粥是肯定不够的，一口气吃了两个大苹果。

杨芷很过意不去，在路过一家24小时营业的快餐店时，跟高胜寒说稍等一下。然后下车买了一大包的汉堡和炸鸡翅，回到车里全塞给了高胜寒。

高胜寒接过来，又责怪又心疼："让我去买就好了嘛，你刚输完液还乱跑。"

杨芷笑笑，认真地对他说："也让我为你做点事嘛，我总是受你的恩惠，都不知道该怎么回报了。"

杨芷认真和感性起来，高胜寒反而不知所措了。他用一贯的耍帅掩饰了内心的窃喜，朝袋子里看了一眼，嬉皮笑脸地说："哇哦，一碗粥换来这么一大堆好吃的，我又赚到喽。"

高胜寒迫不及待地啃了两个鸡翅以示捧场。杨芷看他吃得香，也很开心。晚上路上车少，两人一路说说笑笑的，很快就到了杨芷住的地方。

到了楼下，杨芷和他挥手告别，一再叮嘱他要开车小心，这时候轮到高胜寒嫌弃她了，他说："看，你更啰唆吧！你上楼吧，我走啦，晚安。"

杨芷目送他的车出了小区才上楼。到家后刚准备在包里翻钥匙，发现门并没有关，满腹狐疑地推门走了进去，原来许拉娣一个人在客厅看电视。

许拉娣瞟见她，冷冷地说一句："记得把门锁上。"

杨芷看惯了她的臭脸，不以为然，她轻声地问道："怎么门没关上呢？布谷呢？还没有回来？"

许拉娣一直看着电视，没有转移视线，面无表情地说："你们俩真是互相关心呢，她刚才也问你回来了没。我是刚才从窗口看到有人送你回来，才特意给你开门的。"

"那谢谢哦。拉娣，我先洗洗回房睡了，你也早点睡吧。"杨芷说完往自己的房间走。

许拉娣却还有话要说，她换上一副很狞巴的笑容，试探性地问杨芷："刚才送你回来的是男人吧？还开着好车呢，是新男朋友啊？"

"不是，是同事，今天去医院，同事送我回来的。"杨芷想笑，还"好车"呢，让高胜寒听见就乐死了！没想和她多解释，说完后就准备去洗漱。

刘布谷听到她们的谈话，匆忙从卧室里跑出来，关切地问杨芷："杨芷你没怎么吧？怎么去医院啦？"

杨芷把来龙去脉和她说了一遍，刘布谷马上就唠叨起来："我就说嘛，你天天那么辛苦地工作、学习，没日没夜的，也不好好吃饭，肠胃没问题才怪呢。21世纪了，居然还营养不良!”

杨芷听了马上扑哧一声笑了，这话和高胜寒说的一模一样！这两人都是想关心人都不会说点好话的那种，真是服了。她使了个眼色，让刘布谷进自己房间。

许拉娣看到两人又要说悄悄话，都快气死了。她气急败坏地关了电视，心里暗暗地骂了句：还说唐凌宵花心呢，自己还不是很快又找了一个？说不定在分手之前就暧昧不清了呢。

等刘布谷进了屋，杨芷迫不及待地把今天的事告诉她。刘布谷听完，滴溜溜大眼睛一转，马上就有了分析结果。她以一副情感专家的语气说道：“照我看来，高胜寒总是对你这么好，十有八九是喜欢你。连你自己都觉得很暧昧是吧?”

杨芷使劲点点头，说：“他今天要喂我吃饭的时候，我吓死了，赶紧找个理由搪塞过去了。”

“那，高胜寒帅不?”刘布谷一脸的色女样。

“不是唐凌宵那种帅，不过看起来更有气质些，看起来风流倜傥的，心思却细腻得很。”杨芷一边回味一边总结。

“那就行了，你不可能再找一个像唐凌宵那样不思进取的男人吧？女人再强，终究还是需要有男人这把保护伞，自己撑一片天空太累了。哇哦，我现在好期待见见他哦!”刘布谷已经完全沉浸在对高胜寒的幻想中。

杨芷说：“布谷，我只是觉得这种感觉太奇怪，我自己也拿不准才问你的。我们八字没一撇呢。而且我现在不想谈恋爱了，伤不起。”

刘布谷急了：“因为一次失败的感情，你就因噎废食了？这可不行！不过谈恋爱倒是不急，男人毕竟是风险最大的投资，不如现在充实一下自己来得安全。”

“正解!”杨芷同意。

“不过，我还是很想见见高胜寒，哪天有机会安排一下哈。我的眼光十分犀利的，帮你把把关准没错。”

“好吧。等我们公司有什么聚会啥的，可以携带家属的，我叫你去。FF是大公司，帅哥很多呢，到时候帮你介绍。”杨芷一眼就看出刘布谷这小色女的鬼主意，就是想看帅哥。

“说定了，不许反悔。我去睡美容觉啦!”刘布谷欢快地回房间了。

杨芷等她回去，一个人坐了好久。她环顾这间屋子，不禁又自责自己的拖沓，居然一直没有找到合适的房子。

而现在，是时候搬走了。

## 第十章　欢乐表白

杨芷总算找了一个离公司比较近的房子，老式的一室户。房子设施一应俱全，过几天就可以搬进去。

杨芷最近每天晚上都抽空收拾行李，无意中翻出了唐凌宵走时留下的很多东西，有些还是他最爱的汽车杂志。她拿捏不准该打电话让他拿走，还是直接扔到垃圾桶。收拾到最后，发现了锁在衣柜抽屉里的唐凌宵的学历证书。

这么重要的东西，势必要还给他的，杨芷把属于他的东西都统一归纳好，然后忐忑地给他打了一个电话。

等他接起的过程中，杨芷还是抑制不住的心跳了。时隔数月，已然是陌生人，再联络显得很是奇怪。电话响了几声才接起。

杨芷直入主题，说："唐凌宵，你的学历证书，还有一些东西没带走，你什么时候有空过来拿一下……或者我给你寄过去。"

唐凌宵说："学历证书寄着不安全，我抽空去拿吧。"

杨芷提醒他："那……就这两天吧，我马上就搬家了。你来了要是我不在，就直接进屋拿。我门不锁，东西都放在靠阳台的桌子上了。"

唐凌宵很生疏地说了一声"谢谢"，两人便挂了电话。

打电话的时候门没关，许拉娣在客厅听到了，她探进脑袋来问："你还和唐凌宵联系哪?"

杨芷说："不联系。他的学历证书在这儿，得拿走。"

许拉娣很羡慕地说："真羡慕你，能搬到个好房子里住了，我是没指望了，一个月的工资房租都付不起。"

杨芷知道她又要痛说革命史了，安慰道："我新找的房子，也是老房子，和这里其实差不多的，只不过是独立的单元而已。"

许拉娣没说话，又跑回客厅看电视了。杨芷才发现刘布谷这会儿还没有回来，心想一定是又去约会了，于是洗漱保养完，回了房间。

等到搬家的那天，唐凌宵才过来拿他的东西。他是打车来的，出租车停在楼下，莫莉莉的车并没有让他随意使用。他一进门，杨芷就告诉他，东西放在那儿，自己去拿吧。她不想说多余的话，告诉他的时候语气里也没有什么感情色彩，平淡宁静。

唐凌宵却不想拿东西就走，他用父母对杨芷的称呼说："小芷，可以聊聊吗?"

杨芷笑笑说："我这会儿挺忙的，一会儿车就来了，没有时间啊。"

唐凌宵看她拒绝了，只好说道："那需要我帮忙吗?"

杨芷再次拒绝道："不用了，我东西不多，而且很多旧东西全都扔掉了，也就三四个包，有布谷和拉娣帮我拎几下就可以了。"

唐凌宵低着头，想要再说点什么，却不知如何开口。过了一会儿，他低声地说道："小芷，有句话我一直没有和你说，不管怎么样……"

杨芷忽然笑了，打断唐凌宵："都过去了。你现在过得很好，我现在也是，就不用说这些无关痛痒的话啦。"说完就转身去收拾东西，不再搭他的话。

唐凌宵问："你搬到哪儿啦？"

杨芷笑笑："无可奉告。"

唐凌宵又问："听Jasmine说你换工作了，现在在哪个公司呢？"

杨芷还是说："无可奉告。"

唐凌宵还有问题，被杨芷打断了："唐凌宵，一切都过去了。我们的爱情已经完了，你自己亲手摧毁的，你忘了吗？我从来不相信分手后还能做朋友这些鬼话。我们现在，各自好好生活，不打扰对方，就是给对方最好的祝福了。而且，你的女人都怀孕了，你就不要想东想西了好吗？"

唐凌宵一下被打到了痛处，他支吾着说道："其实……Jasmine没有怀孕。"

杨芷也一怔：原来还真的让高胜寒猜到了！！高胜寒说过，Jasmine这种女人是不可能为唐凌宵这种毛头小伙子生孩子的。

杨芷对莫莉莉的鄙视又加重一层，真是个人渣啊！她又对唐凌宵这种不争气的模样既气又急，不过人家已经不归自己管了，我又有什么资格提醒他？

杨芷说："嗯……没事，你们以后还有机会。真的不好意思，我要收拾东西，你要是想坐就坐一会儿，没事的话……"

唐凌宵听出人家是在下逐客令，赶紧说道："我把自己的东西打包好，我就马上走。"

杨芷递给他一个纸箱，说："都装这里吧。"

楼下高胜寒已经到了，刘布谷和许拉娣兴高采烈地打算下楼。刘布谷是第一次见高胜寒，非常激动，她发现自己还穿着松垮的睡衣，于是让许拉娣先下去，自己回房换衣服。许拉娣先提着一个小包裹下了楼。

见到高胜寒，许拉娣跑过去主动介绍道："你好帅哥，我是杨芷的同居蜜友，许拉娣，这是她的行李。"

高胜寒礼貌地向她打招呼，接过她手里的包放在后备箱，然后问："杨芷呢？"

许拉娣的阴暗心理一时兴起，撇撇嘴说道："和她的前男友在甜蜜地收拾东西呢，这前男友、现男友都到齐了，好热闹啊……呵呵，我开玩笑的。"

高胜寒以为杨芷早把前男友丢到太平洋了，没想到搬个家还要把他叫回来，心里有些不是滋味。不过他马上大方地说："好啊，人多力量大。那我就在下面等吧，不上去了。"

过一会儿，一众人马陆续下楼。刘布谷看到高胜寒，三步并两步地跑过来向他问好。然后问："你怎么不上去啊？"

高胜寒很绅士地帮她搬东西，笑呵呵地说："我上去不太方便嘛。"

刘布谷听明白他的意思，小手一摆，说："有什么不方便的，你就应该上去呢。那个人杨芷赶都赶不走，硬要帮着搬东西。"

高胜寒装作漫不经心地问："他怎么来了啊？"

刘布谷说："他的学历证书落下了，杨芷说给他寄，他说不安全，然后就来拿了啊。学历证书这么重要的东西，来拿总是应该的吧？"

高胜寒听她这么说，心里顿时晴朗了。这时杨芷他们也已经走过来，高胜寒看到她，立马给她一个最阳光的笑。

高胜寒也看到唐凌宵，果然是帅哥一枚啊，难怪有人抢着要。两个男人心照不宣地点点头，算是打招呼。唐凌宵却对高胜寒很好奇，问杨芷："这，是你的男朋友吗？"

不知是哪里来了一股力量，杨芷想都没想，就说："是。"

唐凌宵讨了一个无趣，然后把自己的东西放在出租车里，和大家说声再见就走了。

刘布谷看唐凌宵的车已经走远，问杨芷："你没告诉他你的新住址吧？"

杨芷说："当然没有，连新公司也没说。断了就断了嘛，矫情个啥！"说完发现高胜寒在身边，为自己说了一句有点重口味的话有些后悔。嗨，说了都说了，就当他没听见吧。

刘布谷和她拥抱告别，许拉娣没有拥抱，说了一些"以后常回来玩"

的话，杨芷和高胜寒就走了。

车里，高胜寒醋意浓浓地说：“唐凌宵确实……挺帅的。”

杨芷无奈地说：“他的帅，成了一枚定时炸弹，很危险的。”说完，又吐了口气，说：“高胜寒，你又赢了，又被你猜中了……莫莉莉真的没有怀孕。”

高胜寒一点都不意外，“莫莉莉的伎俩，在我看来幼稚无比。”这时他突然想起什么，看了一眼杨芷的表情，小心地问道：“唐凌宵他……知道莫莉莉骗了他，他心里……没点后悔吗？”

杨芷一脸奸笑地看着高胜寒，看得他心里毛毛的，本能地问：“干吗看我？”

杨芷道：“某些人好像很关心我和唐凌宵的故事发展哦。”

一向口齿利落的高胜寒居然结巴了，语无伦次地说道：“我是……怕你好了伤疤忘了痛……我是怕你心软，又中了人家的糖衣炮弹。”

“那你是在教我仇恨喽？”

“那倒不是，过去的就过去了，云淡风轻最好。”高胜寒说出了自己的意见。

“高胜寒，你不了解我。我是接受不了欺骗和背叛的无敌狮子座，也不喜欢拖泥带水。你这几个月也看到了，我根本没有任何心情和他藕断丝连。”

高胜寒诚恳地建议道：“女人受了伤，是可以适当地示弱的，软弱一下也无妨。太坚强了，容易断，你终究需要有去喘气的时间，对吗？有时候也不需要太懂事，你以为一直报喜不报忧，身边的人就会不被你影响吗？大错特错！其实真正关心你的人，看到你要强的样子会很心疼，比如你的父母……还有关心你的朋友。”

一想到自己的父母，杨芷的心就一阵揪得紧。她说：“你说得对，我就是太自信自己的承受能力了，总觉得天塌下来都能扛。我没和爸妈说具体的原因，只说唐凌宵和我分手了，叫他们别担心。现在经你一提醒，我才知道，他们根本不可能放心，怎么可能不担心呢？他们是不想给我压力，估计难过都自己扛了。”

高胜寒看她很落寞的神情，想说点轻松的转移她的注意力，他笑着对杨芷说：“今天搬家是好事，别想不开心的事了，一切都有我呢。”

杨芷听到他的话，心通通地跳，这太像一句表白了，虽然她并说不出这句话甜腻在哪里。两人一时羞得无言，好在高胜寒还可以继续开车来掩饰，空留杨芷在旁边坐立不安。

高胜寒坏坏地想：既然说都说了，不如再乘胜追击。他说：“今天唐凌宵问我是你的男朋友吗？啊，我好像听到某人说‘是’，我应该没有听错哦？”

杨芷继续脸红着，没理他。

高胜寒继续提议：“不承认就算了，女人的心思不能猜。喂，劳模，你的东西不多，一会儿我和你收拾完，请你看电影好不？除了工作学习赚钱，精神食粮也不能缺嘛。”

杨芷不假思索地点点头，答应之快像是没听清他问什么。高胜寒又确认一遍，才知道她是真答应了，暗爽。心里已经盘算着该看什么片子好。

因为家居设施一应俱全，杨芷的行李又很少，再加上高胜寒动手能力极强，房间很快就收拾完毕，看起来还舒适有加。高胜寒看着她柜子里少得可怜的衣服，不禁感慨道：“你这纯粹是个男子的节奏啊！女人的衣橱和抽屉，不是应该花花绿绿的吗？”

杨芷说：“嗯，听你的，接下来的时间我努力把这些柜子塞满，还可以找崔毅来帮忙。高先生带我去看什么电影啊？”

高胜寒将手一挥：“跟我走！”

高胜寒以为杨芷会喜欢一些爱情电影，没想到建议一提出，马上被否定了。杨芷说，想看一些高智商的，如果没有，就看美国大片吧。使得高胜寒一度以为杨小姐是在迁就自己。

谈恋爱的人，电影院是必去场所之一。究其原因，就是因为电影院容易制造各种暧昧，立竿见影地让感情升华。

杨芷想起自己的初吻就是在电影院进行的，那时的唐凌宵早做好一切准备，而杨芷全然蒙在鼓里，以致措手不及地被连吻两次。那时她面色一直潮红到散场。结果是除了电影名字，什么内容都不记得。

直到坐进电影院，高胜寒才明白原来人家不是迁就自己，而是有意躲避爱情片制造出的那种氛围。看着屏幕上不是翻车就是爆炸、震撼死人不偿命的恢宏场面，高胜寒真是一根肠子都毁青了。倒是杨芷，看得比他还投人，爆米花也吃得吱吱响。

高胜寒按捺不住了，把手伸到那个大大的爆米花纸桶里，生气地说："给我也吃点啊。一人独享！"

杨芷把整个桶都给了他，低声地说："晕，又爆炸了，难道大片的含义就是不断地 Boom、Boom、Boom 吗？"一边说着，一边还夸张地做出爆炸的脸部表情，声效也极像。

高胜寒被逗乐了，两人相视一笑，继而转为哈哈大笑，这种快乐的感觉很真实。不过大笑惹来身边观众的抗议，两人赶紧闭嘴。

黑暗中，两人的手几次不经意地相碰，最后高胜寒趁机抓住杨芷的手，任凭她愿不愿意都不放开。杨芷并没有挣脱，任由他握着，两眼直勾勾地看着大屏幕，全神贯注得像是施了定身法。

高胜寒并不曾想过要进行别的动作，就这样牵着她的手，一直牵到了电影结束。

从电影院出来后，两人的手还没有松开。杨芷的脸红到脖子根，她一副上了贼船的表情说道："电影院真是个好场所，就这样不声不响地把月老的工作全做了。进去时还是一种状态呢，出来后就已经是另外一个状态了，你说电影院是不是该收红娘费？"

高胜寒阴谋得逞，喜形于色。他笑着说："手牵上了，就不能放开了。现在带你去吃好吃的，我的女朋友要是再营养不良，我就颜面无存了。我要在短时间内把你喂成小胖子，谁说减肥我跟谁急！"

“你的角色转换倒挺快，这就‘女朋友’啦？你干吗不直接找个前凸后翘的啊？还嫌弃我的身材！”嘴上和他斗着嘴，心里却是甜滋滋的。在高胜寒面前，杨芷总算变回一个小女人，越来越习惯着他的安排，还有啰唆的关爱。

她被他牵着手，很知足地走在夜色里，享受着难得的安全感。

## 第十一章　狭路相逢

杨芷在FF的新工作很得领导赏识，她过硬的专业知识加上极强的理解能力，很快就成为管理层里几位领导的得力助手。每次出差，她的行李都比任何人的都大都沉，里面装满了各种资料文档、词典工具等。她自诩为安全感不够，所以身边才随时拖个百宝箱。

听了高胜寒的建议，杨芷不经常在公司加班了，转战到家里继续勤劳了。高胜寒全力支持她的事业和目标，拍拍胸脯说一定能给她一个有可以做梦的空间。

杨芷很感激，也很喜欢这种相处模式。

这天领导们都不在，杨芷低头正在埋头整理下午要用到的视频会议资料。这时一阵香味飘过来，越来越近，随之一团绚丽的色彩往杨芷前面一站，一个阴柔的声音传过来："小芷，你在忙什么呢?"

不用说，定是那个不太纯的纯爷们儿崔毅！杨芷抬头和他面对面，感觉就像对着一个闺密，她有点好奇地问："你怎么会这么称呼我啊？帅哥?"

"我这身衣服怎么样？"崔毅的焦点只在服装上。

"可以去开演唱会了，非常不错。你还没有回答我刚才的问题呢。"杨芷无奈地再问一次。

"演出服？不是吧？演出服是那种平常走在大街上会被骂作神经病的服装，我这才不是呢。我这个，是宴会服。"崔毅对着装分类可是很严肃的。

杨芷都无力吐槽了：这有区别吗？她与这个帅哥的关注重点看来这辈子都不可能一样了！她耐着性子再问一次："是是是，很帅，很亮。对了，你刚才为什么叫我小芷啊？"

"因为你没有英文名字啊。告诉你哦，我一叫你的名字就想起莫泊桑的《羊脂球》了。"一边说一边笑着捂嘴，等笑够了，才用手挡住嘴，凑近杨芷悄悄地说："我是跟着寒寒叫的，别以为我不知道你俩好上了。"

杨芷曾经和高胜寒商量过不要公开恋情的，但崔毅知道却不足为奇，他们两个是超级损友嘛。她推开崔毅捂着嘴的手，说："不要这么神神秘秘的，别人以为我俩嚼什么舌头根呢？说，找我有什么事啊？"

崔毅拿着一支笔指指杨芷的头发，又指指她的衣服，说："你也看到了，头发经过改造变得就是不一样，可服装嘛……作为高胜寒的死党，我不能看着哥们儿的女朋友走在时尚的边缘，所以特意请示过他，要打造一下你。"

杨芷想高胜寒定是不堪其扰才勉强答应的，这哥哥可真够缠人。她哭笑不得地问："那你打算怎么打造我？事先声明，那些一件衣服、一个包包就花费掉我一个月工资的事儿，我可打死不干！"

"瞧把你吓得。"崔毅很不屑，"放心吧，我只是业余喜欢画画和设计服装，做了几件衣服，那可都是限量版的。要是有点门路，认识点明星啥的，说不定早火了……为了朋友我友情赞助你两套，瞧我多够义气！你见过我这么有义气的人吗？这世界上有几个人能穿上自己设计的衣服？"

杨芷听了赶紧摆摆手，她用脚后跟上的那块死皮都能想到崔毅的衣服风格将是什么样。她可驾驭不了那么前卫的衣服，必须马上把他的想法扼杀在摇篮里！

杨芷换上一副严肃的神情说："崔毅，你太不珍惜和尊重自己的作品了。创作是一个多么艰辛的过程，你好不容易设计出来的，不能让我这种路人甲穿。如果有一天哪件衣服被某个时尚圈的人士看中了，本来挺喜欢，可人家一听是一个路人甲穿过，对这件衣服的印象可就大打折扣了，多可惜。你要囤积居奇，对自己有信心，而且要坚持，懂得等待。"

等杨芷说完这番话，她觉得自己的舌头都要打结了，真像一个恨铁不成钢的老师啊。可没想到崔毅却听了进去，他一阵沉思，稍后作恍然大悟状，对杨芷感谢道："怪不得寒寒会喜欢你，你真是冰雪聪明！你分析得太对了，我就是有点太急于求成了。嗯，我要耐得住性子，才能看得到花开。小芷，真是爱死你了。"

杨芷想，人和人的思维真是大不同。不过细想刚才那番话，虽然是用来敷衍崔毅的，听起来却也句句在理。她偷偷地小乐一下，接着对崔毅说："我看好你，加油！帅哥，你的梦想是做服装设计师啊？"

"当然啦。我以前就学画画，然后自学服装设计，我对美特别敏感。现在啊，是完全入错行啦。"崔毅一脸遗憾的表情，又发现自己声音高了些，赶紧收了话。

"你找我就这个事啊？"杨芷手里的事挺忙，不想再耗费时间闲聊了。

"哦，差点忘了，寒寒不是要出差几天嘛，他嘱托我有空的话叫你和你的小姐妹去家里吃饭，说你厨艺差、人又懒，担心你的营养状况呢。"

一阵暖流涌上心头，是那种暖到骨子里的暖。杨芷谢过崔毅，然后拍胸脯保证说："我有个小姐妹在上海也没啥朋友，到时候我叫上她。你做菜，我买菜，保准不让你吃亏。"

崔毅满意地走了。杨芷继续工作，心里一阵甜丝丝。除了自己的父母，大概这是人生中第二次觉得自己是个被人照顾的小女子。然而充当大姐强出头的日子太久了，一时还不太适应，想着想着又偷偷红了脸。

下班后，杨芷和崔毅一下楼，就看到已经等候多时的刘布谷。一看有小美女，崔毅就火速地围攻上去，热情地打招呼，并且直言刘布谷的着装品位胜出杨芷几条大街。

两位美女准备去菜市场采购，崔毅却坚决要去进口超市买那些贵得要命的有机食材。还没等杨芷制止，刘布谷圆眼一睁："五棵青菜20块？脑子进花露水了吧？而且菜要新鲜，还是要去菜市场，这点我最有经验！"

小美女不愿意，崔毅也不再执拗，跟随两位女士去了。杨芷小声地对刘布谷说："你居然能治得了他！"

崔毅果然烧得一手好菜，高胜寒真是唯人善用。此人烧菜绝对属于是高精尖的档次，技术层面极高的那种。冰箱里布局井井有条、绝无异味；家里的调味料应有尽有，杯盘餐具拿在手里个个都是艺术品。杨芷和刘布谷吐了吐舌头，对此瞠目结舌：这个男人对生活品质的要求可真是不一般！

一顿丰盛的晚餐，两位美女硬是把崔毅精心摆设的餐桌吃得像刚被打劫过，崔先生很心疼。饭后崔毅就找机会和刘布谷小美女聊天听音乐了，他对布谷的兴趣明显比对杨芷多得多。杨芷正好捡到了自由的时间，躺在沙发上给高胜寒发美食的图片。

在高胜寒近乎啰唆的细心关照下，杨芷的肠胃一天天好起来，已经好久没有再痛过。身材也丰润了些，气色明显比之前好多了。刘布谷啧啧称奇，夸奖道："以后谁再跟我说排骨美，我就跟谁急！杨芷你现在就比以前干巴巴的时候美太多了！"

倒是崔毅不以为然，他一直崇尚"人要瘦得青筋暴露才上镜"，说还是怀念小芷扁扁的样子，以前从侧面看，也就一本牛津大词典的厚度。杨芷耻笑道："我也没打算进娱乐圈，谁要那么变态啊？"

日子在欢快又进取的状态下一天天地度过，伤口也在高胜寒的尽力呵护下，慢慢地愈合。高胜寒的出现，让杨芷内心所有的忐忑变成了快乐。

这天FF公司受邀参加一个业内的金融服务研讨会，杨芷和崔毅都有任务，所以跟随各自的领导去参加了。沪上几乎所有知名的保险、银行、金融、证券等公司都派出了各自的代表人员。所以，杨芷不可避免地会遇到原来公司的同事。

会议中场休息时间，崔毅跑过来和杨芷沟通接下来的工作内容，两人异常投入地埋头准备着，头靠头看起来很亲密。这时麦大卫和莫莉莉悄悄地走到了杨芷身后，麦大卫轻轻地拍了拍杨芷的肩膀。

杨芷太专注了，这一拍惊得她马上回头，看到麦大卫和莫莉莉站在面前。

麦大卫笑嘻嘻地向杨芷问好："杨，好久不见，越来越漂亮了。"

杨芷很不好意思地搓搓手，笑着说："David，再见到你好高兴啊。"她没有和莫莉莉打招呼，把她当成了空气。

麦大卫一边耸肩一边无奈摇摇头："哦，天哪，看来我给我的员工太大压力了，杨，你以前脸色总是很不好，也太瘦，现在，整个人状态都好极了，所以，我很惭愧。"

杨芷说了一些感谢领导栽培和问候的话，但从始至终没有正眼看莫莉莉。这时麦大卫说："杨，下半场会议快要开始了，我先去准备一下，找时间再找你聊。"说完拥抱了一下杨芷，非常帅气地转身走开。

莫莉莉却没有走，麦大卫好像刻意要躲开，留给她们说话的时间。杨芷见麦大卫走了，正准备回头继续忙碌，她没有闲工夫和眼前这个女人多说一句话。这时莫莉莉开口了："才三个月不见，就气色这么好，看来爱情滋润得不错哦。"

崔毅在一旁大概猜出了莫莉莉是谁，他也陪着杨芷不搭理她。

然而莫莉莉却还没说够，她瞟了一眼崔毅亮眼的一身行头，和怒发冲冠似的潮流黄发，从嘴里哼出一声冷笑："这位又是新欢吗？上次见的那个已经成历史了？品位真是越来越……特别了。"

这句话一下就踩中了崔毅的地雷！你可以说崔先生傻、说他笨，甚至说他是同性恋，但绝对不能怀疑他的品位！

崔毅推了推他那个新潮的白框眼镜，上下打量一番莫莉莉，回击道："本来我还觉得，你浑身上下名牌傍身也算是有些腔调。现在才明白了，一个一把年纪的老女人，当然要用这些贵得要命的衣服为你充充脸面啦。再把几千块钱一瓶的化妆品往脸上一抹，就能勉强骗骗那些不明真相的傻小子。要不，还真不能细看呢！不像我们家小芷，青春无敌难自弃，披个编织袋那也都是气质!”

杨芷在他耳边悄悄地提醒道：“我也不青春了……”

崔毅瞪她一眼，不让她说话，依旧不依不饶地骂莫莉莉：“小芷的男朋友你高攀得起吗？你给他提鞋，他都要考虑考虑呢。我劝你还是收收心，趁着没有人老珠黄，赶紧找个像你们老板那样有钱的老男人，过几年就能养老啦。”

说完拉着杨芷跑去别的地方，一路上气呼呼的，始终没有停止骂骂咧咧。杨芷算是服了，男人要是伶牙俐齿起来，比女人可真是有过之无不及。先是高胜寒，后是崔毅，这两位一前一后都为自己出了口恶气，心里舒服多了！

杨芷笑哈哈地对崔毅说：“帅哥，不生气了哈。没必要跟她怄气，我早把她当个屁，放了。她的目的就是让我生气，我要是真生气，不就中了她的招了吗？所以压根儿不理她。”

崔毅气没消，抓住杨芷问：“你说，我的打扮有问题吗?”

“没有！是她脑子有问题，你帅呆了!”杨芷举手发誓，用最肯定的语气说。

这时崔毅才好受点，指着杨芷说：“小芷，肯定是你拖累我了。不行，我还是得改造你，改天带你去买衣服。还有……带上你的那个小美女，布谷。”

杨芷心里暗觉崔毅是喜欢布谷，也挺愿意顺手当个红娘，就一口答应了他。并一再嘱咐，千万不要去太贵的商店。

这时崔毅倒是想到了另外一个问题，他对杨芷说：“有个疑问。我在想啊，现在这个讨厌的女人知道你现在在哪儿上班了，会不会回去告诉你前男友，到时候他会不会来骚扰你啊?”

杨芷也有此疑虑，不过分析来分析去，任何女人都不可能告诉自己男朋友，说他前女友在哪儿吧？那不是自讨苦吃吗？她很放心地说：“我想莫莉莉没那么笨，她是一个只知道背后使坏的人，在唐凌宵的眼里，她完美得很呢。”

嘴上这么说，心里还是觉得这种相遇终归不让人愉快。就算唐凌宵不来烦扰自己，作为同行业的人，她和莫莉莉始终是要低头不见抬头见的。这将是最讨厌的经历啊！

## 第十二章　热恋了吗

天气已近初冬，冬夜夜渐长。上海这时并没有林枯木衰，夏日的绿叶还在挣扎着保持最后的青涩，一点不服冷。气温舒适得刚刚好。

这天高胜寒牵着杨芷在外滩观景大道上散步，黄浦江的轻风拂面而来，一弯清新的上弦月悬挂苍穹，夜色很美人更醉。

走到大道下面一个休息处时，高胜寒开心地和杨芷分享一个消息："公司最近内部晋升 FA 网络营销部的经理，我申请了，你会支持我的哈?"

"当然！随着级别的晋升，学到的东西会更多，掌握的行业信息也更准确，高度也不同。我支持你，但是别太累啊。"杨芷鼓励他。

"现在需要我们每个人做一些好的活动设计方案，作为晋升考核的最主要环节，公司给了我们很长的时间，不仅要看方案，还要实践起来的效果，看谁能抓住市场的动向和消费者的心态。所以这是一个长久战呢。如果我最近一段时间照顾你不周，还望娘子多体谅。"

"谁是你'娘子'了？好啦，我又不是小孩子，实在想改善生活了就去蹭崔毅的好菜好饭嘛。”杨芷体谅地安慰高胜寒说：“高胜寒你就别天天为我操心啦，想当年我多么强悍一女人啊，现在感觉自己像生活不能自理一样。”

“话说我们也谈了一段时间了，怎么还‘高胜寒’‘高胜寒’的，我不是让你叫我‘胜寒’吗，嗬！还是崔毅好，天天‘寒寒’‘寒寒’的，多暖人心啊。”

“寒寒……这名字我一听就鸡皮疙瘩掉满地，酸死了。好吧，你请我吃顿好的，就当我的改口费，我保准给你一个听了绝对得糖尿病的甜腻称呼。”杨芷提要求。

“那你打算叫我什么？我得先听听满意不满意。”高胜寒不上当。

杨芷想了想，说：“在公司不能太亲密，我还叫你‘高胜寒’，或是‘胜寒’，私底下吗……就叫你……大寒！”

“你干脆叫我‘霜降’和‘白露’吧……好吧我饶了你。”高胜寒一口老血差点没喷进黄浦江。说完，他把杨芷的身体轻轻扳过来面对着自己，深情地注视着她，有点可怜兮兮地说道：“你说，我们也牵手快一百天了，怎么进度比中学生恋爱都慢呢？我们可都是血气方刚的年轻人啊，你看，我连个亲昵的称呼都没捞着。”

杨芷被他看得心神不定的，眼看就要沦陷了。以前唐凌宵就经常说她永远学不会妖娆和发嗲，她也深知自己可能这辈子与性感无缘。不过此时柔情时刻，她是下定决心从此改变一下。

杨芷双手搂住高胜寒的腰，把头向他轻轻靠近，近得都能感受到对方身体的热浪。两个人额头轻触，在夜色霓虹中被投射成两个长长的身影，那么亲密。高胜寒再也控制不住了，旁若无人地吻了上去，同时将她抱得更紧。杨芷在他霸道又火热的亲吻里贪婪地享受着，一时之间忘记了他们是身在何处，好在只是观景大道下面一个人流量较少的地点，要不然这免费的好戏，可是给好多人看了便宜。

待两人缓缓睁开眼，才发现选择的地方实在不对，太不注重市容市纪了！杨芷红了脸，就像刚刚被夺走初吻的青涩女孩，好久不敢再抬头看高胜寒。

高胜寒得逞后相当兴奋，像捡了便宜一样调侃杨芷："小芷不鸣则已，一鸣惊人。"

杨芷骂他："你就处处勾引我！以后亲昵的称呼权我收回，继续叫你'高胜寒'。"

高胜寒说："我就喜欢你这娇嗔又撒娇的样子，答应我，小芷，你一辈子只和我拌嘴，好不?"

杨芷对爱情的怀疑心态还没有完全放得下，她没办法回答这种关于'未来'的问题，那对她来说太遥远，更不敢约定什么。她只想快点离开这个让人害羞之地，高胜寒却说："不行，我要多看看这个具有纪念价值的地方!"

自从和高胜寒走在了一起，杨芷发现自己没有以前那么上进了。以前每天下班后，不是加班就是学习，有做不完的工作，考不完的证书。而现在，只要高胜寒有空，晚上都会带她出来，在各种有故事的大街小巷，领略这里的各种风情。

而更糟糕的是，杨芷还很喜欢现在的这种生活，她不禁怀疑原来自己骨子里就是一个家庭妇女的心。

这是杨芷来上海后，第一次真真切切地接触这座城市。告别以前两点一线的枯燥生活，了解这个百年兴旺的魔力都市。越了解，就会越喜欢，也越不后悔自己当初的选择。

高胜寒是和崔毅合租一套两室一厅的花园洋房，虽然是租屋，但内部格局却极有格调，再加上崔毅这种对生活品质绝不凑合的要求，他们生活得很惬意。清洁舒适得看起来都不像是男人的住处。

两位男士经常邀请杨芷和刘布谷去他们的家里做客。崔毅负责当大厨，高胜寒负责善后，女士们只负责吃喝玩乐，可以短暂享受一下那种少奶奶的生活。

崔毅很喜欢刘布谷，只要一有机会就献殷勤，只要这段时间杨芷不去了，他都会提醒："小芷，怎么不来我们这里啦？嫌我做的饭不好吃吗？"

杨芷曾偷偷地问过刘布谷："你喜欢崔毅吗？"

刘布谷总是说："他要是能再爷们儿一点，或许我就不纠结了。"

隔段时间，高胜寒还会开着他的小蓝带大家去周边旅游。江南美景数不胜数，旅游资源丰富，永远不用担心旅游创意会江郎才尽。高胜寒负责大局掌控，兼当司机；崔毅负责后勤工作，兼当摄影师；两位女士负责享受，外加说几句温软的感谢之词。

高胜寒觉得终于迎来了和杨芷的恋爱状态，原来就很开朗的他现在更是开心愉悦得做梦都能笑出来，天天像有了喜事一般。

杨芷相对来说比较淡定。那个刻骨的伤痛隐隐还在，她虽没有沦落成怨妇，也没有对爱情失望，可还是没法一下子那么热忱。但杨芷深知人生必须向前看，也懂得珍惜眼前。

最近高胜寒要全力准备晋升考核的工作，杨芷要为12月即将到来的日语考试用功学习，崔毅忙着完成本年度的冲刺任务，大家都忙得不可开交，好久没有出去玩了。

"小杨，你来一下。"杨芷的老板覃晖打内线叫她。杨芷停下手里的工作，赶紧去了覃总的办公室。

"小杨，有一个给总部传的文件，需要翻译一下，内容不少。你先把其它工作停了，先做这个吧，周四下午下班后要给总部汇报用的。另外还有，帮我准备15分钟的英文演讲稿，要去香港的一个大学演讲用。这两项工作要得比较紧，这几天就辛苦你了。"覃晖说完递给他一个厚厚的文件。

杨芷拿着东西回自己办公室，准备挽起袖管大干一场。这时刘布谷电话来了。

"杨芷，拉娣明天要回老家了。虽然我并不喜欢她，可她在上海也没什么朋友，所以我们三个晚上一起聚聚，请她吃个饭就算饯行，你有空吗？"

杨芷很为难，现在可是除了时间，什么都不缺啊。不过许拉娣明天就要走，等她回了老家，再见面的机会等于零，还是要见见的。

三个女孩当初怀抱着不同的梦想来到上海，各种机缘才住在一起，也是一种缘分。她们的各种追求，各种矛盾与纠结，是所有来上海打拼的年轻人的缩影，也是她对这个城市最初的认知。

杨芷硬着头皮答应了，顶多再熬一个夜嘛，年轻力壮有什么了不起？然后直到下班的这段时间里，杨芷连上厕所的时间都省出来了，勤奋地完成着领导交待的任务。

晚上三个女孩约在一家著名的火锅店，这是许拉娣经常挂在嘴里、却又一直舍不得吃的那家店。杨芷提前就说好由她来请客，谁都不要抢账单。刘布谷不禁喜出望外："杨芷，你终于想开了。以前就知道省钱，舍不得花，也不懂得打扮自己，结果……"说到这里，刘布谷停住了，觉得自己说错了话，很忐忑地看着杨芷的反应，希望她没难过。

就算是再好的朋友，也不能口无遮拦啊！

没想到杨芷根本不在意，她说："我心里可没那么脆弱，不用那么小心说话的。"

许拉娣今天也像换了一个人，大概是"人之将走，其言也善"，也没有多余的时间存放她的小心眼了。她诚恳地对杨芷说："杨芷，我对你说抱歉。"

杨芷问："抱歉什么？"

许拉娣低着头，说："那天搬家，你新男友来接你，我告诉他，唐凌宵和你正在收拾东西，而且是你叫来的。"

杨芷小吃了一惊，但马上释然了，说："就这事啊？没事，都过去了。"

许拉娣解释道："我吧，就是忌妒你们。忌妒你们有男人追，学历高，还有那么高的收入。我跟你们说过，我的家庭重男轻女，从小父母就没多在乎过我。好不容易上个大专，父母死活不愿意投资，说女孩读那么多书干啥啊？"说完喝了一口酒，表情很忧伤。

杨芷和刘布谷虽然早就习惯了听她痛说革命史，但还是有些动容，她们相信许拉娣此时此刻是真情流露。

许拉娣接着说："你和唐凌宵分手，我那时心里可痛快呢。你说我这是什么心态啊？太阴暗了，自罚一杯！"说着又将杯里的啤酒一饮而尽。

刘布谷说："拉娣，你这必须得改。你的心里不阳光，看啥都是阴暗的，这样下去，你的朋友会越来越少。"

许拉娣借着酒意，有些兴奋，她红着脸说："是啊，我就恨不得天下的女人都没我漂亮，没我幸福，没我有钱。可事实全是相反的，谁都比我幸福，比我漂亮，比我有能力。我姐姐嫁了一个当老板的扬眉吐气，而我呢，本来想来到大上海，混得好一点给他们看看，结果发现我根本就不适合这里。我前几天见到一个高中的同学，他在我们县城里开了一个砖厂，规模还不小。他去浙江台州谈业务，顺便来上海看我，然后借机就向我表白了，然后……我就同意了。"

刘布谷说："哦，原来你是回老家结婚啊？那你以后就是砖厂的老板娘啦。你爸妈肯定以后对你另眼相看！恭喜恭喜！"

杨芷也问："拉娣，你喜欢你这个高中同学吗？"

许拉娣摇摇头："要什么喜欢啊？看得下去就行。他又黑又小的，说句不好听的，我们公司那送水工都比他有气质。但有这样条件的人愿意要我，就已经很不错了。我这辈子吧，就追求两个字：面子！"

杨芷听了她的话，心里觉得很不是滋味，又不知道该说什么来安慰她。

这世界上的每个人都有不同的追求，我们真的没法权衡谁对谁错，谁高雅谁低级，只要这个追求能让自己安心，能让自己舒服，能说服得了自己就行。

杨芷祝福她："希望你这个老板太太以后幸福美满。"

刘布谷给每个人杯子里斟满酒，说："看来，我得马上找房子了，我们三个人群租的生活，彻底结束了。来，为我们新的生活，干杯！"

干杯！一路顺风！

# 第十三章　静水微澜

不知不觉中，满大街已经尽是新年的气氛，杨芷来上海快要一年了。和高胜寒的恋爱也不温不火地谈了一些时间，除了小斗嘴，印象中从来没有吵过一次架。

杨芷总觉得和高胜寒的爱情缺少了年少时的那种激情和疯狂，不知道是因为高胜寒把她关照得太好、挑不出毛病，还是自己对爱情早已不敢飞蛾扑火？

杨芷甚至从来没有对高胜寒吃过醋，看到他和女同事谈笑风生也安之若素。所以她经常怀疑自己对高胜寒到底是出于感激，还是其他的什么。

有时候人就是矫情。好像爱情不经历死去活来和腥风血雨就不深刻似的。可人世间哪来那么多机会需要生死相依？

直到有一天杨芷终于发现，在这个顺风顺水的爱情里，自己对高胜寒的爱早已刻在内心的最深处，深刻又隽永。

这几天高胜寒又出差了，杨芷的日语考试也已经完毕，晚上下班后的时间变得轻松起来，她打算和几个同事去逛逛街。

一出写字楼大厅，就看到了唐凌宵。外面寒风凛冽，他以前帅气的发型被吹得反了方向，杂乱无章地在风中飞舞，看起来有些凄凉。

杨芷不知道他为什么会出现在这里，她很抱歉地和同事说没法逛街了。等同事走后，她步伐犹豫，带着怀疑的态度走到唐凌宵面前，面无表情地问他："你找我？"

唐凌宵将四处张望的眼神收回，看到了杨芷。才几个月，两个人的精神状态来了一个大逆转。杨芷面色红润，眼神明亮，着装发型都已经和之前判若两人；而一心追求时尚的唐凌宵脸形越发瘦削，尽管名牌西装在身，还是掩饰不住面容的倦怠感。

唐凌宵看着杨芷说："小芷，可以找个地方聊聊吗？"

杨芷问："你怎么知道我在这里上班？是莫莉莉告诉你的吗？她倒是挺大度，居然把情敌上班的地方告诉现任男友……"

唐凌宵低声地说："你别再讽刺我了。"语气黯然，眼神里没有半点神采。

杨芷想他一定是遇到了什么事，不禁关切地问道："你怎么了？"

唐凌宵坚持要求："我们找个地方吧，你不会不方便吧？你别误会，我就是找你说说话……"

"走吧。"杨芷打断他的解释，干脆地回答道。说完就带他去公司附近一个小的咖啡店。

没想到在店里碰到了崔毅。崔毅当时正拿着笔记本忙碌着什么，一看到杨芷身边的唐凌宵，就满脸狐疑地看着他们。用手里的钢笔对唐凌宵一指，问道："小芷，这位是谁啊？"

"唐凌宵。"杨芷向他介绍道。

旁边的唐凌宵听到崔毅喊"小芷"，心里疼了一下。能这么亲昵地称呼她，关系肯定差不了，这个称呼早不属于自己了。他不知道接下来该怎么进行，盯着杨芷看她的反应。

崔毅也站在那里，满脑子问号，又不知道该如何。最后很忐忑地建议道："要不……一起坐下来喝杯咖啡？"说完也看着杨芷。

杨芷很大方，她也不想逃避谁，于是对崔毅说："帅哥，我们今天有点事，就不一起坐了，你忙你的，我们上二楼。"

崔毅并没有听过唐凌宵的名字，直觉告诉他：这应该是小芷的那个花心男朋友。啧！可真热闹，前段时间刚在会议上碰到那个叫莫莉莉的女人，今天又碰到这个唐凌宵。是明摆着让我打小报告吗？

崔毅和高胜寒可是死党，感情比海深的。他是一根肠子通到底，弯都不会转的那种人，此刻就气得牙痒痒。寒寒才出差几天啊，杨芷居然和她的前男友来喝咖啡？

崔毅已经没心思在工作上了，任凭电脑在那里空着。他又要了一些咖啡点心，坐在那里向楼上张望。他心中很想知道杨芷他们在说些什么，但窥私总是很不道德的，只好在楼下一直坐着看好戏。

此刻楼上的两人已经坐定，杨芷点了咖啡后，再次问他："你找我有什么事？"

唐凌宵使劲挤出一个笑容，看得出他心情很不好。他一副落寞的神情，声音很低地说："我就是来看看你。"

杨芷提醒道："可我们已经分手了啊……凌宵，我真的觉得，分手后就不要再这样纠扯不清了，这对我们大家都不好。"

唐凌宵说："我知道我知道，我本来也不想打扰你。就是听 Jasmine 说你在哪个公司后，我心里就不平静了，就一直想过来看看你。"

杨芷不知道他到底要说什么，她不想听到那些无病呻吟的废话。但她看到唐凌宵精神状态不佳，很想知道他是不是身体上出了什么问题。她问："凌宵，我看你瘦了不少，身体没事吧？"

"没事，现在流行瘦……小芷，你倒是比以前胖了，胖了好看。我想是男朋友照顾得好吧？"唐凌宵小心翼翼地问。以他对杨芷的了解，杨芷断然不会回答他这个问题。

果然，杨芷呷了一口咖啡，没有说话。仿佛在告诉唐凌宵，我有没有男朋友这件事，与你无关。

这时唐凌宵开口道："小芷，你恨我吗？"

杨芷摇摇头。

唐凌宵说："真没想到，来到上海后，那么快，那么快一切全变了。"

杨芷继续摇摇头。

唐凌宵不懂她摇头的意思，说："小芷，你一直不说话，我觉得很害怕。"

杨芷长吁一口气，看着他说："凌宵。我也曾经这样想过，觉得是花花世界淹没了我们的感情，可现在我早不会那么想了。任何事情的发生，都只需要一个条件。上初中时课本里就教过'内因才是最主要的'，我们能在一起5年，只是没遇上那个让我们变化的条件，我们有很多不稳定的因素，不要去责怪老天，不要责怪这个城市。"

杨芷喝了一口咖啡，稳定一下情绪，接着说："你直到现在也没有看明白，我们两个人本身就存在很多的问题，只不过，没有想到是用那种极端的方式收了场。你背叛了我，找了我的有钱漂亮女上司，就像电视剧一样。你问我恨不恨你，我不是说假话，真的不恨，因为我要是恨了，就否定了我5年最美好的青春岁月。大家走过了，爱过了，也痛过了，人生苦短，我没有时间去恨什么。"

听到这里，唐凌宵早已经是泪流满面，眼泪刷刷地流在那个棱角分明的脸上，变得很深刻。他用手捂着脸，拿餐桌上的纸巾拭泪，越不想让人看见，就越是遮掩不住的悲伤。

唐凌宵泣不成声地说："小芷，真的，我比起你来，最缺少一样东西，你知道是什么吗？"

杨芷等待着他的答案。

唐凌宵说："几两骨气！你是有的，我没有，我是一个没什么骨气的男人，我真的很失败。"说完眼泪又哗哗落下来。

杨芷看他哭，心里也动容了，眼眶红红的。但她依旧忍着没哭，她不想眼前成为一个互诉衷肠和眼泪纷飞的场所。她把纸巾递给他，问：“你来见我，莫莉莉知道吗？凌宵，我只喜欢简单的生活，不要因为见我又回去闹得鸡飞狗跳，我不想再参与这样的狗血大戏了。”

唐凌宵说：“没有。她根本没有心情管我去哪儿……”

杨芷觉得他话里有话，问道：“怎么了？你们？”

唐凌宵头摆得像拨浪鼓，一个劲地说：“没事，没事没事。”

杨芷确定他一定有事，又不好再追问，只好说道：“没事就好，你既然选择了她，就好好珍惜眼前吧。我们以后也不要见面了……我真的，不喜欢那种复杂的关系。”

唐凌宵点点头。

结束后杨芷要结账，唐凌宵赶紧抢过账单，说：“小芷，也让我请你一次吧。以前总是花你的钱，很不男人……就别跟我抢了。”

杨芷笑笑，同意了他的要求。两人下楼后，崔毅还在那里假装忙碌，眼神却一直瞟向楼梯口，看他们下楼便马上站起来。崔毅看到两人的眼睛都红红的，觉得有鬼，只好探测性地问：“哟，你们俩这是怎么啦？没抱头痛哭吧？小芷，你怎么啦？”

杨芷当然知道他心里想什么，她此刻没心情和他解释，说道：“没事的，帅哥，我和朋友先走了，你继续。”说完走出了咖啡厅。

崔毅没有得到想要的答案，很失望。很快结完账走人。

杨芷不知道崔毅会不会把眼前的一切告诉高胜寒，凡事一经转诉，八成会引起误会。再加上崔毅如果要是打小报告，必定是绘声绘色添油加醋。杨芷本来想告诫一下崔帅哥不要多嘴，后来又想自己身正不怕影子斜，怕什么？小心翼翼反而显得自己做贼心虚似的。于是作罢。

只是后来两天的一些异常，让杨芷断定：崔毅已经把她和唐凌宵见面的事和高胜寒说了。

高胜寒每次出差，都会抽空给杨芷发发短信，传个美图啥的。可临近回公司的这两天，电话短信全部消失，连晚安都没有。用一根头发丝都能想到，高先生肯定心中不爽了。

小气鬼！

这天早上一进公司，杨芷就看到高胜寒早早地到了，和崔毅在那里忙碌着。趁公司人还不多，杨芷兴高采烈地跑过去和他们俩问候，还嗔怪地说："胜寒，你回来都不和我说，任务提前结束了吗?"

高胜寒很平淡地挤出一个微笑："嗯，结束了。忘了和你说了。"

杨芷也觉得气氛不对，尴尬地笑笑："那我先回座位了。有空再找我啊。"

旁边的崔毅装作没事一样看了杨芷一眼，这一眼就足以证明了他的心虚，因为眼神太闪躲，因为表情太不自然！

杨芷又在极度大的工作量中忙碌一整天，直到下班的时候高胜寒都没有找她。杨芷很郁闷，这男人要是小心眼儿起来可真是拦都拦不住。杨芷不喜欢互相猜疑，坚持信奉"有事就地解决"的真理，所以决定直接去找他。

下班后，同事们大部分已经都走了。她走到高胜寒的办公桌旁，敲敲他的桌子，说："高先生，不理人家，给个理由呗。"

高胜寒早就气不起来了，说："哪有?"

杨芷邀请他："那高先生应该饿了吧，我开发出一家非常好的小店，晚上牺牲色相陪你去尝尝，好不好？崔毅也一起吧?"

崔毅已经闻出浓浓的火药味，他鬼灵精地拒绝了："不行呀，小芷，我约了人。哟，不行，我现在得走了，要不迟到了人家会骂我的。"说完用特种兵的无敌速度收拾了办公桌，逃也似的离开了现场。

高胜寒依旧没什么情绪反应，平淡地回一句："好的。"

杨芷松了一口气，她生怕高胜寒拒绝。冷战才是最可怕的，一个人的无动于衷，比激烈的争吵更让人受伤。

为避开周围人的眼光，杨芷先下楼找个地方等高胜寒去开车。很快高胜寒就到了，杨芷一坐到车里，沉默了不出三秒，就直奔主题："高胜寒，你干吗对我冷战?"

高胜寒看着汽车的仪表盘，头也不抬说道："没有啊。"

杨芷用双手捧住他的头，使劲转过来面对着自己，说道："胜寒，以前我和唐凌宵在一起的时候，每次遇到什么事都不说，在心里积累，彼此都积累了太多的不满、牢骚、秘密，到最后爆发了，就是毁灭性的，一发不可收拾！自此我就发誓，以后对待另一半，一定要就地解决问题，不要冷战，也不要累积负面情绪。"

高胜寒眼里已经是湿湿的，但还是没有说话，眼睛盯着方向盘。

杨芷把他的头扳起来，看着他的眼睛，高胜寒的立场再也不坚定。杨芷说："我知道，你肯定知道了唐凌宵来找我的事了。我不想赘述这个过程，也不会去解释什么。我伤心的是，你这么不相信我。"

高胜寒终于开口说话："小芷，崔毅说你和唐凌宵见面，还都哭红了眼……我很吃醋，很吃醋。我在想，什么事能让你们哭红双眼，是不是两个人都后悔了？忘不了对方？是不是太怀念过去？所以我很难受，也很害怕。"

杨芷说："我没有哭红双眼，是唐凌宵哭了。崔毅这家伙果然添油加醋，等我哪天好好损损他的着装品位，气死他！你们俩真逗，都这么脆弱，这样一比我反而像个男人了。胜寒，因为在一次会议上碰见莫莉莉，她把我工作的地方告诉了唐凌宵，他才知道我上班的地址的。莫莉莉看来是玩腻了，唐凌宵状态很不好。他说了几句忏悔的话，一时动容哭红了眼，而我也表达得很清楚，不想纠缠不清。他了解我的个性，估计以后也不会再来找我了。"

高胜寒这才高兴了。杨芷骂他："高胜寒，原来你也是人格分裂啊，又哭又笑的。以前那个风趣幽默的高胜寒哪里去了?"

高胜寒说："这还不是你害的？我不知道以前的高胜寒哪里去了，我只知道和你在一起以后，我变得患得患失，特别怕你哪天离开我。我只知道，我们俩的车再多停一会儿，后面的司机就要跑过来揍我了。”

杨芷这才发现后面已经有几辆车在按喇叭，赶紧催高胜寒快开车，惹毛了司机叔叔后果很严重的。高胜寒一脚油门，飞速逃离这里。

两人已经冰释前嫌。杨芷揶揄高胜寒：“哎，没想到你也会吃醋！小心眼儿。”

高胜寒抗议道：“小心眼儿和吃醋可不能画等号，不是一回事。”

杨芷坚持自己的理论，提高了音量：“就是一回事！”

高胜寒把车停在路边，抱住杨芷狠狠地吻住她。杨芷挣扎好久才挣脱，埋怨地说道：“刚摆脱了一群气急败坏的司机，现在又想被开罚单啊？”

高胜寒不在意罚单，他赖着脸说：“好久没见女朋友了，见面还冷战一天，还不让我好好亲亲啊？”

杨芷把他的手打开，说：“你因为唐凌宵而吃醋，可我连你以前有没有过女朋友都不知道，不公平。快点开车吧，小心乱停车被扣分！”

## 第十四章　不速之客

年底的节日太多，多得都能连线了。圣诞新年春节情人节，中间都不带喘口气的。热恋中的男女们节日一个接一个地过，除此之外再加上认识100天纪念日，200天、300天……接吻100天纪念日，200天、300天……

高胜寒不用苦脑节日太多，他苦恼的是杨芷对这些节日从来不感冒。杨芷说："感情好，天天都是好日子。感情不好，过个节日也白搭，除了给商场饭店烧钱，实在没啥特别的意义。"

高胜寒终于确定一件事：他家小芷确实是条"汉子"。

快要春节回家，杨芷开始抽空给父母采购春节礼物。这是她第一次离家这么久、这么远。所以一想到快要回家，杨芷心情就非常地激动，连续几个晚上都睡不着，日日夜夜倒数计时。

高胜寒就当没事人一样，天天帮她采购，吃的穿的用的，唯独自己不采购。杨芷不禁讽刺他："你看，儿子就没有女儿好吧？男人粗枝大叶的，礼物都不给父母买一点！"

高胜寒嘿嘿地一笑："讨好岳父岳母更重要啊。"

杨芷正色道："我还不能把我们的事告诉父母。在他们眼里，我是刚刚分手的受伤女子，我马上又找了一个，他们知道了心脏受不了，说不定还会被亲戚朋友扣上水性杨花的帽子。而且，他们会觉得是你把我抢跑的，对你的印象大打折扣。所以，我们的事暂且保密！你不知道，家长们的联想能力那可是超级丰富的，多一事不如少一事。"

高胜寒点点头，说："娘子考虑的是，小的不急，不急。"

杨芷赏他一记拳头，处罚他处处占便宜。

最近几天高胜寒总是异常地神秘，每次一到下班，就提前说有事，早早地走了，两人已经好几天没有一起吃晚饭了。杨芷觉得有点奇怪，不过也不想干涉他的私生活。当初可是说好的，大家就算结婚恋爱，也都要给对方空间的。

可越来越不对劲，杨芷都忍不住拐弯抹角地问崔毅，对方却是一问三不知。因为有唐凌宵的前车之鉴，一朝被蛇咬，十年怕草绳，心里还是有些忐忑。现在只希望高胜寒不要有什么事，至于其他的，可以找机会问问他。

这天杨芷把回家的机票订好，打电话问高胜寒，问是不是需要一起帮他订了。高胜寒在电话里支支吾吾着，语无伦次地说："行，哦，还是不用了……我回不回家还不一定呢，想好了我自己订吧。"

真不知道他在搞什么啊？

倒是崔毅这个热心肠，几次跑过来都欲言又止好像要说什么，不过最后都咽回肚子里了。杨芷问："崔大帅哥，你是不是有话和我说啊？"

崔毅灵机一动，转了话题："是哦，我是想问问……布谷为什么最近没来找我？"

杨芷看他撒谎，翻了一个大白眼儿，打了他一拳："想人家就自己打电话问啊。"

崔毅的举动越发让杨芷不安，他决定要找高胜寒谈一谈，崔毅看来是完全指望不上了。

下班后杨芷发了一条短信给高胜寒，问他是否晚上有空，一起吃饭。高胜寒没有回复，直接来办公室找她，身边还跟着崔毅。

崔毅说："小芷，晚上我们三个人一起吃饭，你不介意我这个电灯泡吧？"

杨芷开玩笑说："介意能怎么样，我也没法把你这灯泡灭了啊！"

高胜寒表情有些不太自然，他只是本能地跟在两个人的后面，一切听从崔毅的安排，微笑不说话，心事重重的样子。

三个人走到浦城南路上一个湘菜馆，门口好多的人在排队。几个人拿了一个号坐下来，崔毅手舞足蹈地说："一想起辣得让人吐舌头的那个小尖椒，我全身的细胞都兴奋死了，不过又要亲密接触一次地沟油了。"

高胜寒说："这种饭店应该不会有地沟油吧？"

崔毅对在外面吃饭其实没信心，他每次在外面吃一顿，回家都要用各种方式排排毒，以保护他那个白嫩的小脸蛋。他说："难说。听说不管是路边摊，还是星级饭店，都逃不了这个可能呢。哎呀，既来之，则享用之，大不了回去多喝水清肠胃。"

杨芷说："以前老蹭你的大餐，今天我请客。"

"那我就不客气喽！"崔毅双手交叉在胸前，做了一个无比女性化的幸福表情。

"你们俩最近忙什么呢？"杨芷装作漫不经心地问。

"老家来人……"高胜寒明显底气不足，撒谎话的时候眼睛都闪躲着。他还没有练就那种说谎话时脸不红心不跳的本事。

杨芷一眼就看穿他，没戳破。她相信高胜寒不会刻意隐瞒她什么，所以没再追问下去。崔毅在一旁打着哈哈，倒也没有尴尬。很快轮到他们的号，三个人就啥都不想进去吃饭了。

吃饭的中间，高胜寒出去过一次，时间不短，回来的时候忧心忡忡的。

杨芷实在忍不住了，开口问他："胜寒你去哪儿这么长时间？"

没等高胜寒开口，崔毅就帮腔道："能去哪儿啊？肯定是洗手间呗……这儿正吃着饭呢，咱不聊这个行吗？"

"好吧。我看你俩能忽悠我多久？女人生来就是柯南，就是福尔摩斯，别指望着骗我哦！"杨芷大口地吃菜吃肉，她的威胁让两个男人更害怕了。本来就不太会说谎的高胜寒，这一顿辣到极致的饭，在他嘴里也变成食之无味了。

这一顿饭吃完，杨芷也没有得到想要的答案，只是占用了高胜寒的一个晚上而已。吃完饭后，高胜寒开车把她送回了家，就和崔毅淹没在车水马龙里了。杨芷大人大量，没有再继续逼问，心想如果高胜寒想告诉她，一定会告诉她的；如果不想说，那我追问也没有用。

杨芷在网上搜了搜附近的健身房，自己的身体状况急需锻炼啊。她想练得壮壮的，彻底告别面黄肌瘦！然后让高胜寒看到她美美的、健健康康的样子。

没想到自己住处附近的健身房个个都贵得要命。虽然杨芷现在已经不像之前那样抠门了，却还是觉得一下子支出五六千块钱办个卡有点肉疼。反复纠结了好半天，决定第二天下班后找刘布谷一起去考察考察。刘布谷是还价高手，在看看健身房实际环境的同时，带上她肯定是有百利而无一害。

这头高胜寒和崔毅已经到了家，一进门就看到了同样刚刚进门的吴晓语。崔毅一见吴晓语就立马换上了脸色，连招呼都不打翻了个白眼儿就进自己屋了。高胜寒一声不响地换鞋，也没有看她。

吴晓语主动开口了，嘟着嘴说："你们一个个摆脸色给谁看啊？我还心里有气呢！"

高胜寒淡淡地说："晓语，先坐下。我有话和你说。"

吴晓语坐下了，怀里还抱着一大包薯片，咔嚓咔嚓不停地嚼。

高胜寒组织了一下语言，说："晓语，你过年不打算回家了吗？"

吴晓语哭了："你这是赶我走哇！人家好心来上海看你的，接你回家啊。而且我是你的女朋友，在你这里住是天经地义的。"

高胜寒简直哭笑不得："你什么时候成了我的女朋友了？"

"你不承认，叔叔阿姨承认！在他们心里我就是他们的儿媳妇。我现在知道了，你一直不接受我，原来是有了别的女人。"高胜寒的话把她惹怒了，声音提高了八个分贝，又尖又细。

吴晓语天天像个鬼魂一样跟着自己，今天更是夸张到去高胜寒的公司楼下去盯梢。今天高胜寒晚餐时出去十几分钟，就是发现了吴晓语也在餐厅不远处吃饭。他最明白这位姑奶奶在这里出现的原因，对她这种极端的行为既生气又无奈。最后高胜寒用最平和的方式，好说歹说才制止了吴晓语的胡闹。

"什么别的女人？晓语，你这么年轻，为什么也那么老思想呢？那只是我们双方父母的一厢情愿，并不是我的意思啊，这你是知道的。你这么新潮的一个人，就愿意接受父辈们这些荒唐的安排吗？"

"虽然是父母的安排，但人家是喜欢你的嘛，否则父母也不能把我怎么样。只不过没想到你已经找了女朋友，违背了承诺！你有没有试探一下，那女的是不是为了你的钱才和你好的？"

高胜寒简直哭笑不得，这是什么逻辑？我压根儿就没有承诺过你什么啊，怎么一不小心我就成了陈世美了？

高胜寒无可奈何地说："你年纪轻轻，不要满脑子被那些铜臭思想所占据。这是什么价值观？人家对我家里情况压根儿什么都不知道，她自己就是很独立、很优秀的，况且我又没有什么钱。"

一看到自己喜欢的男人嘴里赞美别的女人，女人忌妒的天性马上就涌了上来。

吴晓语计上心头，打算不再和高胜寒争吵，要装成一副温柔可人的样子，男人才会喜欢嘛。她撒娇道："胜寒哥哥，人家是奉父母之命，来上海接你回家过年的，你不要对人家这么凶。唉，你的女朋友，叫什么名字啊?”

高胜寒并没有回答她。吴晓语哪怕多知道一点信息，对杨芷和他都是噩梦。他此刻真是一个头两个大，根本没有心情再同吴晓语谈下去。无所不能风流倜傥的高胜寒，终于是“老革命遇上新问题”，不知如何是好了。

吴晓语见他没说话，也气上了，说：“哼，不告诉我，我也有办法知道。”

高胜寒马上一脸严肃，他严厉地说：“晓语，你不要胡来。这是我们两家的事，不要影响到别人。你虽然是 90 后，但也是个大人了，不能这么胡闹。”

吴晓语被他的语气吓着了，眼泪汪汪的，嘴里嘟嘟囔囔地不知道说些什么。高胜寒不想和她说下去，只用了一招就中止了谈话：“别哭了，假睫毛都飞了，再哭不漂亮了，快去洗澡吧。”

这一招果然有用，吴晓语飞也似的跑去洗手间对着镜子检视自己的妆容。看着那张大花脸，立刻忘了刚才发生的事，一门心思地倒饬自己去了。

高胜寒知道自己遇上了大麻烦，但碰上就碰上了，该面对的总该是要面对。杨芷从来都没有过问自己的家境和过往历史，自己也不是有意向她隐瞒，而是这其中的瓜葛连自己都理不清楚，不知道该如何向她解释。

超级大管家崔毅给他递过来果盘，高胜寒拿着叉子大口大口地吃着，中间都不带停顿的。仿佛这盘水果是横在他和杨芷之间的阻碍，必须大快朵颐才解气。

旁边的崔毅看他张牙舞爪的样子，无比同情他。他拍拍高胜寒的肩膀，同情地说：“你以后只能自求多福了，祝你好运。”

高胜寒说：“你必须和我站在统一战线上!”

崔毅点点头。这时吴晓语已经洗漱出来，脸上抹着厚厚的一层黑色面膜，看不到她的表情。她对高胜寒说：“胜寒哥哥，你放心。我们一起回家过年，回去后和爸爸妈妈说明情况，过了年后我就不来上海了，不打扰你了。”

高胜寒以为自己听错了，她打死都不相信这话是从吴晓语嘴里说出来的。崔毅也不信，鼻子里哼一声，就躲开了。他已经烦透了这个不折腾死人不偿命的女孩，平常都尽量躲得远远的，不想给自己惹麻烦。

吴晓语冲着崔毅的背影悄悄地说：“哼，胜寒哥哥，真不懂你为什么会和这么一个人住在一起。”

高胜寒说：“不要说我朋友的坏话。还有，你回家的机票订了吧？”

吴晓语说：“订啦。我们一起回家嘛，我不会说话不算话的。我爸妈从小就教我，要有诚信。”

高胜寒心里耻笑了她千百遍。相信你才怪！只不过目前只能走一步算一步了。

## 第十五章　高不胜寒

次日清晨。

早起的两个男人一切收拾妥当准备上班去。自从吴晓语这几天住在这里，高胜寒和崔毅上班比以前更早了。崔毅极不情愿地为吴晓语准备好营养丰富的早餐，留她一个人吃。而两个男人宁愿跑到外面去吃豆浆油条茶叶蛋。

这一切的急迫举动都被吴晓语看在眼里。这位从小到大不知受伤为何物的娇娇女心里不乐意了。看高胜寒越着急，心里就越来气。她认为胜寒哥哥这么急着上班就是为了见到女朋友，心中便打翻了一洗澡盆的醋。

吴晓语趁他俩不注意跑去高胜寒房间拿走了他的手机。

出门时高胜寒发现自己的手机找不到了，央求崔毅和他一阵翻箱倒柜，无果。崔毅拨了几次他的手机号，都没有听到手机响。

“别打了，听不到的，我昨天晚上设置了静音。”高胜寒很沮丧。

吴晓语得意扬扬地站在门口，看着手忙脚乱的两个男人，心里着实满足。她晃晃手里的手机，像晃着一块诱人的骨头一样吸引着高胜寒这个饥饿求餐的“小狗”。

果然，高胜寒一看到她手里拿着的正是自己的手机，就盯着目标飞快地跑过去，准备抢回来。

“弄疼人家了。”吴晓语不高兴地说，同时把手机攥得死死的。

“晓语，别闹了，还给我，我上班要迟到了。”高胜寒求她。

崔毅在旁边看着他们，一脸“烦透了”的表情。他那个“想找个有钱的女孩、好让自己服装设计事业得到经济支持”的念头，瞬间全部推翻了。

好家伙！如果摊上这么一位闹腾的主，不出两年就被她折磨得精神错乱了，说不定哪天一时兴起，把自己的脑袋割下来当球踢、当座椅都是有可能的。

还是小芷好，土是土了点，起码还相当靠谱。崔毅愤愤地想。

“不给。”吴晓语完全意识不到两个男人眼里的不耐烦。

“晓语，我要上班的！”高胜寒加重了语气。

“就是，这一天迟到，一年的全勤奖就泡汤了。”崔毅在旁边帮衬。

“泡汤了才好呢。不干了更好！胜寒哥哥家里有大把大把的生意等着他做呢。再说啦，你要是不想在你爸妈身边待着，就来我家帮忙啊，我家的公司比你家的还大！”吴晓语根本没把高胜寒的这个工作放在眼里。

崔毅鼻子里又哼了一声。这个不屑表情被吴晓语抓到了，她马上就回敬崔毅一句狠话：“你这个死人妖哼什么？关你什么事？”

要不是看在高胜寒的面子上，崔毅同学早杀人于无形了！这小丫头再撒泼，可岂是我崔毅的对手？想当年在菜市场发生一些争执，三个泼妇都没吵过我，还能轮到让你这不知天高地厚的小丫头片子喊我“死人妖”？

崔毅早没了耐心，他拍拍高胜寒的肩膀，说：“寒寒，你自己保重吧，我帮不了你了。时间不早了，我可得去上班。你有后路，我没有啊，我还指望着奖金多点回家孝敬父母呢。”说完甩头转身出了门。

高胜寒被吴晓语已经弄得一个头两个大。要不是对方是女孩，他估计早要爆发了。他深呼吸三口，缓了缓心绪，用心平气和的口气对吴晓语说：“晓语，你有事回来说，我希望你能尊重我的工作。”

吴晓语完全听不进去，说：“把手机给你可以，那你就得带我去你们公司；要不就请假两天，带我逛上海滩。你自己选择吧。”

“晓语，昨天晚上不是说得好好的吗？怎么突然又变了？”

“美少女都有这个变卦权利的。你手机在我这里，再不顺从我，小心我拿着手机给你的女朋友发短信啊。”吴晓语威胁道。

高胜寒生怕她拿自己的手机做什么荒唐的事，如果去骚扰杨芷就更可怕了，这姑奶奶啥事做不出来呀？

所以坚决不能把手机留在她那里！

高胜寒已经是无计可施了：秀才遇见兵，还有什么道理可讲？一直自诩无所不能的高胜寒此刻变得异常无助。以前面对多大的困难都可以兵来将挡的他，现在一丁点办法都没有。

高胜寒觉得这种感觉糟透了，他无精打采地对吴晓语说：“把手机拿给我。”

吴晓语很警觉，手机攥得更紧。

“我答应你，陪你去玩。但你总得让我给崔毅打个电话，让他帮我请假吧？”

吴晓语这才把手机给他。然后飞快地跑到门口，用身体挡住门，生怕高胜寒耍花样。高胜寒看到她那个滑稽的样子，说：“放心吧。我答应你了就不会去上班了，不是每个人都像你那么不靠谱。”

“谢谢。”吴晓语胜利了，愉快地回应道。

给崔毅打了电话，崔毅在电话里说了无数同情他的话。还没有说完，就被吴晓语把手机又抢去了。

吴晓语对着手机说：“手机啊，手机，看来你真的是某人的软肋啊，哈哈！从现在开始，每个打来的电话我都要审查：客户的、同事的让你接；有什么乱七八糟的女人的，我全都拦下了。胜寒哥哥你要感谢我，我是你的 360 啊。”

高胜寒厉声厉色地说：“晓语，你好歹也上了不少学，不要说话这么难听好吗？什么乱七八糟的女人？”吴晓语是家中独女，家境又优渥，从小就被父母惯得无法无天。再加上是老板的女儿，所有见到她的人都毕恭毕敬，不敢得罪。这所有的一切都造就了她的目中无人。

吴晓语听了高胜寒说她，很不高兴，但也觉得自己说得有点过分，所以住嘴了。高胜寒不管她的情绪，催促她说：“要出门，就快去换身衣服吧，我今天带你到上海各处转转。”

吴晓语去换衣服了，走时不忘把他的“尚方宝剑”——高胜寒的手机带走。听着她愉快地哼着歌，高胜寒连死的心都有。

这个空当里，高胜寒脑海里全都是杨芷，越想心越乱，真不知道自己消失两天，一点音讯都没有的话杨芷会多着急，也不知道崔毅会不会帮自己说点好话。

高胜寒选择自己最喜欢的行业，就没想着要放弃，将来要以此为生的。他的爸爸有稳定工作，妈妈是女强人一枚，开着一家化学用品公司，员工两百多人。父母一唱一和的，公司效益一直还不错。

高胜寒是家中独子，爸妈一心想着他读个文凭就可以，早点接手家族生意才是正道。但高胜寒对自己家中那个行业没有半点兴趣，也对其没有信心。他有自己喜欢的事，就是金融类行业。于是他读书非常用功，只为能考上一个好大学，将来说服父母接受他的选择。

在报考专业时父母就被高胜寒幽了一默，父母看他报考的是一个很有名的财经大学，并且是“金融投资”专业时还挺开心，认定儿子学成后必定是要为家族服务了。等了四年，等到高胜寒毕业时才知道，这小子根本是另有打算。

高父恨铁不成钢地教育他：“咱家的公司现在发展到一个瓶颈，不进则退，正是需要你的时候。你学那么高的学历居然胳膊肘往外拐，去给外人打工，早知道不供你上大学了。”

高胜寒说："就算是弄几个博士过来也没用。我学的金融行业是未来的主打，要想将来不会被社会淘汰，就必须要接受新事物。"

气得高父差点要打他，最后还是被高妈妈拦住了。

而吴晓语家却是开服装加工厂的，很多知名的品牌都在她家的公司里挂牌生产。无论从规模性，还是行业稳定性都比高胜寒家的公司好一些。高胜寒大吴晓语整整十岁，没有半点共同语言。高父高母却很愿意两家结个亲，而且难得吴晓语还挺喜欢自己的儿子。

高胜寒在这种内外夹攻的不自由生活下，几度试图逃离樊笼。最后跟父母讨价还价，说来上海要实践几年，学习几年，学成归来后再为家里的公司服务。这样才抛开家族企业，拒绝了吴晓语来了上海。

在上海的两年时光里，是高胜寒活得最轻松的时光，他从来没有这么快乐过。他用自己的所学找到一份不错的工作，再用存下来的钱买了一辆8万元的小车。没事就和一帮同事聚聚会，打打趣，逐渐有了属于自己的圈子。

一直到后来误打误撞地认识了杨芷，高胜寒觉得自己的生活即将要安定下来了。他和杨芷的目标一样，天天做着喜欢的事，看着自己爱的人，还有气味相投的朋友几个，没事开着小破车到处闲逛，人生不亦快哉！

可高胜寒终究脱离不了家庭，快活的日子总是要被打压。让他从梦想回到现实的如来佛祖，不是别人，正是他的家庭。而吴晓语，就是被派来降他的天兵天降。

高胜寒觉得自己的名字很讽刺，明摆着是"高处不胜寒"嘛。

高胜寒并不是那么叛逆，事实上他内心是个比较成熟的人。他是真的觉得自己家里那个化学厂好景不会长。在工厂运营的期间，经常有政府或民间的环保机构向上反映工厂的污染问题，就差电视曝光了。妈妈为此经常焦头烂额，几次在原材料等方面做改进，都无济于事。

高胜寒本身是个环保人士，所以在精神上，也与家里那个不环保的行业特点相背离，他实在说服不了自己接手父母的生意。

高胜寒想：自己的选择父母现在不太接受，将来一定会理解的。社会在进步，市场也在发展，人得高瞻远瞩才能不被前浪拍在沙滩上。所以他毅然选择了上海，这个人才最集中、金融行业也发达的地方。

但事实证明，逃避并不是一个好的办法。逃避的最坏结果就是，让原本主动的事情变得被动起来。就比如现在，自己像只囚鸟一样被困在这里，就算是回老家，连和杨芷打招呼的机会都没有。

父母不是不知道吴晓语的刁蛮无礼。阅人无数的高妈妈还曾说过吴晓语的没家教，可不知道为什么最后改了主意，非要撮合他们这一对，高胜寒想不通。

这时吴晓语已经打扮好，像只花蝴蝶一样出现在他的面前。兴奋地问："胜寒哥哥，好看不?"

"好看。走吧。"高胜寒没有抬头看她，转身去拿车钥匙。

吴晓语也识趣，但她就喜欢看到高胜寒着急的样子。胜寒哥哥一生气时脸部比平时更棱角分明，简直帅呆了。

吴晓语一只手向高胜寒的臂弯挎过去，却被高胜寒躲开了。

## 第十六章　短暂分离

吴晓语精力旺盛，就像打了鸡血一样地兴奋。高胜寒不仅是她的导游、司机、行李员、提款机，还必须是她的好参谋。她自己大袋大袋地买东西，都要不厌其烦地问："胜寒哥哥，你看这个好不好？"

每次说"胜寒哥哥"的时候，声音都很高，好像时时刻刻要宣示主权一样。有几次这四个字一出，旁边的服务员都偷偷地笑。高胜寒都快窘死了。

她拿着网上搜来的资料，一会儿要去这里，一会儿又要去那里，而所去的地方经常是一个东一个西，相离甚远。所以明明是在上海区域转转，一天下来却比跑了个长途还费油。

高胜寒应付也不是，不应付更不是，被她折腾得快要散架了。

已是晚上 9 点，商店快要打烊，吴晓语还在试一件皮草披肩，试穿好后，把神游的高胜寒喊回来，问道："胜寒哥哥，这件好不好看？"

高胜寒说："好看。不过再好看我也不会买。"

吴晓语嘟着嘴说：“小气鬼，都说了嘛，发票留着给我，我晚上回去一起给你报销。我就是想享受那种我买东西，男人付账的感觉。”

高胜寒说：“我说不会买，是因为我永远不会穿皮草。拒绝杀戮，也拒绝皮草，知道吗？”

吴晓语别的没听进去，她哪管什么环保？既然她的胜寒哥哥那么不喜欢，就算了。

等到10点，很多商店都打了烊，这位姑奶奶还不想回去，提出要去上海的酒吧玩玩。高胜寒继续用刚才那一招，说“名媛淑女现在这个时间都该睡美容觉了”，才让吴晓语打消了念头。

等两人坐在车里后，吴晓语开始嫌弃高胜寒的小蓝：“这车又矮又破，空间也不宽敞，颜色难看死了。”

高胜寒看她说自己的小蓝，很不悦，男人爱车如生命的。但也没打算和她争辩，只是沉默着。

一路上吴晓语都很聒噪，叽叽喳喳地问东问西。看到夜晚的上海华丽的风貌，情不自禁地说：“要不，我也来上海好了。”

这话吓得高胜寒差点把车开到路边的花池子里。他必须用世界上最臭的一张脸来扼制吴晓语的这个念头，否则，他未来几年，很有可能为了躲她而逃到非洲。

高胜寒搜索枯肠，力求想一条最有用的理由，让吴晓语知难而退。为此撒个大谎都不足为惜！

高胜寒严肃地对她说：“晓语，你别忘了，你可是要继承家族的事业的，你怎么可以丢下你们那个大公司跑了？说实话，你家那个公司，在天津算不错，到了上海，很快就被竞争得不见踪影了。就我们那个公司，每年上千亿的销售额，还经常冒出各种危机呢。你是不是不想过公主的生活了，想过几年和别人租上下床铺的那种生活？”

吴晓语知识不丰富，分析不出高胜寒说的可信度有多高。她一时被吓住了，只是还是有点疑问：“那么，这些普通人不也生活得好好的吗？”

高胜寒乘胜追击，继续说："普通人？像我这样的研究生，在我们公司都是学历最低的了，我们公司人人都精通三门外语，五六项技能！连扫地的大妈都是本科生。你要在上海也可以，可以让叔叔阿姨给你带几千万开个公司，你当老板，但我不能保证一定能存活多久；或者，现在就报几个学习班，天天上课，晚上用功到一两点，几年下来也能学个三四门外语，再像我一样找个工作。"

吴晓语不说话了，在心里已经彻底打消了这些念头。她不是读书的料，只要一听"上课"两字就头痛。而且，她家再有钱，几百万拿得出来，几千万那纯粹开玩笑。

高胜寒看她终于安静了，借机问道："晓语，你昨天晚上说，这次回去就和父母说明情况，原来……只是逗我玩的啊？"

吴晓语心生一计，她的小聪明用得向来是游刃有余的。她说："当然是真的啊，我只是想借用你几天陪我玩嘛。我向来说话最算话了。"

高胜寒苦笑。他不知她说的是真是假，但怎么看起来都不像真的。

吴晓语生气地问："怎么？你赶我走啊？放心，我再待两天就走，保准误不了你除夕的年夜饭！"

高胜寒这时语气温柔了。人家也是好不容易来一次，还说是来接自己回家的，就不要再刺激她的玻璃心了。于是笑笑说："没有，没有赶你走。"

吴晓语看他难得笑笑，趁胜追击："那么，你干脆别上班了，过两天我们两个一起回家。"

高胜寒缄默。

吴晓语又急了："手机还在我手里，你必须跟我一起回家。多请一天假又不会怎么样！你答应我，我就在回家的那天把手机还给你。"

高胜寒想了想，答应了她。现在看来，陪着她逛街总比她去找杨芷麻烦更好一点。只是，春节之前再也没机会看到杨芷了。

一想到这里，心头就一阵乱，看来只能晚上和崔毅商量一下，看到时候能不能空出一点自由时间。

高胜寒提了个要求，他说："晓语，手机你可以拿着。但不能给里面的任何人乱发短信或打电话，否则要将你扫地出门！"

吴晓语同意了。

连续两天，高胜寒开着小蓝带着她，把上海所有的景点转了一个够，扫荡的衣服连车的后备箱都装不下了，吴晓语才心满意足。高胜寒帮她叫来快递，她把这些采购的东西放在两个大大的纸箱里，一个黑色大垃圾袋一裹，就邮寄回家了。仿佛这些都不是名牌而是烂抹布，完全没有一点珍惜的意味。

晚上，高胜寒一进门就迫不及待地去找崔毅。

崔毅一见他，斜眼打量了他一遍，感叹道："寒寒，看你这个样子，灰头土脸的，一看就知道没少受罪。放心，假我已经帮你请好了。"

高胜寒说："不好意思，你还得帮我多请一天。理由随便编吧，越严重越好。"

崔毅瞪大了眼睛，不可置信地说："再请一天，那就是放假了啊！寒寒，你现在是要晋升项目经理的，这是最关键的时候，别人都铆足了劲地表现呢，你这样怎么行？想前功尽弃啊。"

高胜寒摊开双手，做了一个无可奈何的表情。

崔毅也知道他的没办法，不耐烦地说："算了算了，某人可真是个祸水。"

高胜寒问："你今天见杨芷了吗？有没有帮我做个解释？我未来两天都没有机会联系到她了，真不知她会怎么想。快帮我想个办法。"

崔毅一边抚弄他窗台上的那个铃兰，一边说："当然去找她了，我说你的那个老乡出了事，你必须要在身边陪着，手机可能没带在身上……不过明天我就不知道该用什么借口了，总不能手机天天都落家里吧？"

高胜寒谢过他，并且拿过崔毅的手机，说："我就在你房间，用你的手机给小芷打个电话吧。和她提前说明一下，要不事情真闹大了。"

在电话里，杨芷没什么疑问，说了几句关心的话，告诉他自己在年前还要出一次差，陪着领导去参加一个新春茶话会，然后就直接回家了。高胜寒心里惋惜得很，因为这意味着，两人要十几天都见不着面了。

杨芷反过来安慰他一番。最后高胜寒告诉她："因为手机坏了，所以白天可能没法给她电话。"说完了连自己都觉得理由太牵强。

撒谎的滋味真不好受啊！

打完了电话，发现崔毅正盯着他看。高胜寒问："怎么了？"

崔毅说："很少见到说谎话的你。以小芷的冰雪聪明，你也瞒不了多久。我说啊，你还是要尽快把这件事向小芷交代清楚，否则你将来会很被动。"

高胜寒叹了一口气，说："我也想，可我现在打电话都得向你借。等春节一过，我就会好好地跟她说明这一切。天啊！这种感觉真是糟糕透了。"

崔毅表示不理解，他说："寒寒，你爸爸妈妈也是见多识广的，怎么会看上这么一个女孩，就因为她家有钱？是不是他们也有什么苦衷啊？你一定得把这事搞清楚，越逃避越糟糕。"

高胜寒点点头，说："我也有疑问呢，这次回去希望能问清楚。"

临近过年，公司同事已经有人回家了。杨芷把回家的行李都已经打包好，就等着和领导出完差后，直接从北京回哈尔滨。

关于高胜寒这段时间的举动不正常，他不说，杨芷也没打算问。她愿意选择相信他，他想说的时候一定会说的。

这天下班杨芷把刘布谷叫上，想去看看健身房。据说春节之前健身房都会有优惠，有合适的现在下手应该会很划算。刘布谷收入没有杨芷高，她也很想办张卡，但又觉得价格实在是太吓人，舍不得投入这笔钱。

两个人已经去了两个比较知名的连锁健身中心咨询过，价格果然比平时低。杨芷说再比较一家就三选一，看完了再请布谷吃大餐。刘布谷笑盈盈地调侃杨芷："高胜寒的魅力真是太大，你真的和以前完全不一样了呢。我要有个他这样的男朋友也心满意足了。"

杨芷想到最近高胜寒的情况，摇摇头说："珍惜现在就好，有时候我也不知道将来会怎么样呢。”转而又问刘布谷：“那你呢？还没有定下来啊？”

刘布谷说：“前段时间，我的一个大学同学给我介绍了一个张江高科男，见过一面，觉得还行。来电的感觉没有，就是觉得各方面条件都不错。身高、体重、头发密度、普通话标准度、学历、星座、穿着打扮……”

杨芷惊奇地问：“连你居然也去相亲？”

刘布谷哈哈大笑：“没有相亲，就是跟我的那个同学去参加个聚会，正好这男生也在。我同学就使劲拉郎配，然后那男的就展开追求了，说实话我到现在还无感呢，就是觉得条件还不错而已。”

“可怜的崔毅小朋友要伤心了。”杨芷现在对崔毅的印象已经大为改观了。她觉得崔毅其实挺男人的，对待朋友家人都很有责任心。

“有机会，有机会。”刘布谷说，“我又没有答应那个张江高科理工男，只不过要是把他和崔毅两人带到家长面前，家长们铁定会更喜欢理工男。”

“又不是你家长谈恋爱，重点是你自己要喜欢啊。”杨芷提醒她。

刘布谷想起了什么，歪着脑袋思考着。杨芷问她想什么呢？刘布谷说：“我那个大学同学还单着呢，真不知道为什么要给我介绍？难不成是想把一个不太好的推给我，然后自己再找个优秀的来显摆？”

杨芷不知道怎么回答她，这也太负面了。她只能告诉刘布谷千万别多想，心眼儿太多了活得多累。刘布谷还是自顾自考虑着，然后撅着嘴，一副恍然大悟的样子，说：“哼，你提醒我了，我还是觉得崔毅更好，更有感觉。我突然发现，我挺想念他的呢。”

杨芷大喜过望：“意思是，有戏？”

刘布谷不好意思地笑着，说：“嗯，有戏，有戏，有那么一点儿心动的感觉了。”

## 第十七章　友情做伴

杨芷春节后返回上海，遇见的第一个人就是刘布谷。她春节没有回家，给家里寄了大包大包的过年用品，然后又汇了钱。杨芷以为她是和家里闹矛盾了才不回去，刘布谷说："我没有你恋家啦，三年不回也是正常的。"

刘布谷去机场接杨芷，身边还跟着一个比平常更加亮眼的崔毅。因为杨芷飞机晚点，他们两个人在机场等了好长时间。等看到了杨芷终于出来，崔毅第一个跑过去，抱怨地说："小芷，你终于到了！我和布谷快把机场的老鼠有多少只都数清了。"

杨芷赶紧赔不是，说："都说不用接了嘛，你们这样兴师动众的，我都不好意思了。"说完又打探似的看了两人一圈，贼贼地笑道："你们两个……怎么一起来了？嘿嘿，是不是该交代一些事啊？"

刘布谷赶紧否认："别乱想啊。我是春节这几天闲得发慌了，就天天找事做。至于他嘛，他回上海比较早，正好就一起了。"

杨芷才不会这么轻易被打发，正要追问几句，被崔毅打断了："快点排队打车去，要不得等多久啊。你们又不是不知道虹桥机场等待打车的队伍有多长。”

“坐地铁不是很方便吗？我家是直达的，比打车快多了。”杨芷最懂得省钱。

“重点是，要去我家！”崔毅不容分说，拖着杨芷的行李就往前走。杨芷还站在那里，有些犹豫。

“寒寒还没有回来，我得负责你们两个馋嘴女人的伙食啊。”崔毅解释说。

“小芷去吧。这男人知道你回来，昨天准备了一天了。”刘布谷告诉她。

杨芷想：嘴上得理不饶人，又处处嫌别人品位差的崔毅，其实和高胜寒一样，细心得不得了。如果刘布谷真的和他在一起，生活中必定处处欢乐，还一定会被照顾得像少奶奶。杨芷没有把心里话跟刘布谷说，只是拉着刘布谷快速地走，紧跟着前面一门心思排队打车的崔毅。

等到了高胜寒的住所，崔毅招呼他们进了屋，然后就跑去厨房忙活了。杨芷转身去拿行李，她给朋友们带了很多的家乡特产。

崔毅很快就忙活完了，一切都是现成的。他把热腾腾的咖啡和漂亮的三明治等食物搬上桌，得意地介绍道：“小芷，知道你天天在家大鱼大肉的早吃腻了，准备了一些清淡的西餐。这三文鱼酱可是让朋友从德国带回来的，好得很。你们俩快尝尝。”

杨芷看着咖啡拉花，忍不住夸奖道：“要说嫁人就要嫁会做咖啡拉花的男人啊。”刘布谷不解，问为什么？杨芷说：“首先，这样的男人很有情趣；再者他愿意为女人做事，值得嘉奖；还有很懂得审美，侧面说明他的女友肯定错不了。”说完细细地啜一口咖啡，啧啧赞叹。

三个人坐定，崔毅绅士地为两位女性服务，一边还不忘叨叨杨芷：“小芷，寒寒家里有事，要晚几天才到，你们的长相思看来要再熬几天了。”

杨芷说：“过年时联系也不多，人家一欢乐就把我忘了。”

崔毅一本正经地说：“其实啊，很多事情都是无奈的，小芷你知道寒寒心里是有你就可以了。有些事情，眼见的不一定为实，两个人在一起，需要的是彼此的信任。"

刘布谷吐吐舌头，吐槽道："真受不了有人说话，总是有弦外音，大道理一通又一通的。"

杨芷觉得崔毅也是话里有话，明白他那颗维护死党的、忠贞不二的心。杨芷哑然失笑，逗他说："我现在越来越觉得，崔毅同学，你才应该和高胜寒在一起，你真是处处为他说话啊。刚才铺垫了这么多，是不是你的寒寒有坏事瞒着我啊？是不是？快说！"

"当然没有啦！"崔毅加大了音量回答道。从心理学上说，越是慌的人，把声音提高才会掩饰内心的不确定。崔毅意识到自己的心虚，赶紧说："我只是一时感慨，别多想。"

杨芷说："我才没有多想呢。"

顾不上别的，三人就对着盘中物大肆扫荡。

吃饭的时候刘布谷和崔毅的眼神总是不经意地碰撞，悄悄地"暗送着秋天的菠菜"，还时不时打情骂俏一下。这些细节让杨芷看在眼里，让她瞬间觉得自己是个超级无敌大灯泡，在旁边碍事得很。

饭后刘布谷叫杨芷去她新租的房子里去看看，于是两人回了趟杨芷的家，把行李放下后便去了。刘布谷新租的房子离杨芷不远，地铁两站的距离，杨芷建议不要坐车了，趁着冬日有阳光，一起散散步。

下午的光线还很充足，金灿灿的阳光让脸上的汗毛都根根可数，逆光看下来很有画面感。刘布谷挽着杨芷的胳膊走在干净的红砖路上，说："小芷，你有没有觉得，我们来上海一年，其实变化挺大的呢。"

杨芷点点头。

刘布谷脸上一副神思向往的表情，说："我经常在想，我们什么时候就可以与这些摩登的现代文明天衣无缝、无往不利呢？"

"我觉得有点原始情调也挺好。如果努力地贴近生活，却还是有距离，说明目标可能定错了，太累了。看来我终究是一个没啥大出息的良好公民，哈哈。”杨芷自嘲着忍不住就笑起来。

“你看，小芷，你还是笑着好看，以后要多笑。每个人都一样，笑总比哭好看。我们毕竟不是黛玉，没有那种楚楚可怜的病态美。”

“行，那我以后就常笑笑。对了，布谷，你以前的那些追求者，都散了吗？”

刘布谷笑着点点头：“所以说，这一年我变了，那些追求者我全部让他们出局了。我不要求高富帅，只要求是个懂事靠谱的。你知道吗？追我的很多男生，有的都还拿着父母给的生活费呢，却天天或借钱、或信用卡负债给我买那些不切实际的礼物，以为我会喜欢。是，我以前会喜欢，觉得这是感动，可现在不这样想了。”

“那崔毅呢？我看你们俩现在的感觉挺对的。”

“崔毅，比以前多些喜欢了，现在良性发展中。”刘布谷觉得崔毅的个性太戏剧化了，在上海不足不奇，带回老家就可是挺另类的。不过杨芷说得对，这恋爱是自己谈的，又不是要和别人过日子，首先自己要认可。

杨芷说：“布谷，不要看崔毅表面那样，其实骨子里很有梦想的，而且很多时候，我觉得他是一个爷们儿。他对朋友很好，很有担当。他很想当一个服装设计师，为此还天天用功。认真做事的男人就挺可爱的。至于他的穿着打扮，在这个大城市其实一点都不奇怪，是我们太保守了嘛，这一点我看可以睁一只眼闭一只眼。你不也觉得他挺有趣吗？”

刘布谷点点头，所以说我也没拒绝他啊。然后话锋一转，问杨芷：“小芷，你会相信高胜寒吗？”

杨芷说：“男人这动物，你选择相信他，他就是可信的。”

刘布谷说：“三毛有句话怎么说来着，‘看的顺眼的，千万富翁也嫁；看不顺眼的，亿万富翁也嫁’，是这样说的吧？那如果是高胜寒，你多少钱就嫁呢？”

杨芷斩钉截铁地说：“我看人们在教堂结婚时，神父不都要问那句话吗？你愿意娶某某某为妻，无论贫穷、富贵、疾病什么的都不离不弃吗？

可好多人都仅仅把那句话当成台词。跟着一个人，当然是要选择走下去，唯一走不下去的理由只有一个，就是他不爱我了。”

刘布谷说：“小芷，你不觉得自己自从遇到了高胜寒，变化很大吗？他把你骨子里最真实的个性都挖出来了，看得出你天天都很开心。这是你和唐凌宵在一起时不曾有的。”

杨芷看着刘布谷，说：“高胜寒的话，只要他心里有我，我心里就会有他。我是接受不了背叛的霸气狮子座嘛。”

两人情不自禁地一起唱：“七月份的尾巴，我是狮子座……”笑成一团。

快到了刘布谷新租的房子时，刘布谷用手指着路边的一个公园给杨芷看。这样绿树成荫、花草繁茂、锦鲤清池的公园在上海随处可见，让这个处处是摩天大楼的、像鸽子笼一样的城市显示出一种好风水的特有灵秀。它们源源不断地为这个城市输送着鲜活的氧气，并成为人们身心休憩的场所。

刘布谷说：“这个公园里有很多的白桦树和银杏，秋冬季节最美，拿起相机随处一拍，就是灿烂的黄或红，漂亮极了。我搬来新房子后，经常坐在这里的木椅子上，看来来往往的人们。看他们的腿，看他们的脸，然后分析他们都来自哪里。无聊吧？”

杨芷建议：“那我们现在去坐坐？”两人一起向公园深处走去。

刘布谷说：“我家就在前面，也是一个一室户的老房子，条件一般。哎，你说，小芷，如果有一天我们真的有了钱，你能过得了那种体面的生活吗？”

杨芷马上摇摇头，说：“可能不行。我的胃从小就是酸菜粉条打的底，到死都爱吃酸菜粉条。”

刘布谷不认可，她指着公园里一条铺着劣质花岗岩的小路说：“你看，到处都会有好的，也有不好的，而一个城市就是海纳百川的，什么都要接受。我们也得这样，要接受不同的生活，体面的也行，乞丐般的生活也行！”

杨芷不禁竖起了大拇指：“布谷，你在上海也一年，我也一年，我咋就没有你升华得这么快呢？以前我怎么就没发现你还这么有哲学呢？来，让我看看，你到底还隐藏了多少的学问啊？”说完就装作要扯她的衣服。

“住手，你这个小色女！”刘布谷抗议道，“我哪懂什么哲学，我是前几天看了一本书，生搬硬套地在你面前显摆一下罢了。你放手……”

两个人走累了，坐在花园里一个洁净的木椅子上继续聊天，心情好极了。不远处的小树林里，有一对小情侣，女孩哭，男孩哄，虽然听不清他们说什么，但可以看出来是在吵架。

刘布谷轻轻地捅了捅杨芷的胳膊，问：“小芷，你说他们在吵什么？”

杨芷看了看，哈哈大笑：“原来你平常就是这么度过无聊时光的？”

刘布谷示意她小声，“别那么大声啊，你快猜猜，他们在吵什么？”

杨芷想了想，说：“看他们的年龄不大，没有太多成年人的纷繁芜杂，一定是一些鸡毛蒜皮的小事。女孩肯定是嫌男朋友打游戏不陪她，或者忘了她的生日，或者是和别的漂亮女生多说了几句话，或者是在她来大姨妈的时候没帮她洗碗……之类的。”

刘布谷问：“那男生呢？”

杨芷说：“男生会说，我哪有不理你，我哪有看别的女生，我带你去吃好吃的，给你买你最爱的“Hello Kitty”小钱包，别哭了，我爱你。哈哈哈哈。”

两人相视大笑。空气里瞬间充满了欢乐的因子。刘布谷总结道：“所以说，女孩与女人的区别，不在于年龄大小，而在于心灵。女孩就是给她个棒棒糖都会开心一天，而女人就是给她颗钻石都不一定满足。”

“懂了，懂了，布谷，你将要晋升成一个哲学家了。”

“所以，杨芷，你还是女孩，而我，是半个。”

## 第十八章　你要强大

春节后的工作总是异常地忙碌。一年之计在于春，再加上年前积累的事情，杨芷成天忙得浑然不知肉味。

不过开心的是，杨芷的日语考试成绩下来了，意料之中的，她成功过关。杨芷打电话给高胜寒，告诉她这个好消息，还说自己已经开始做锻炼，准备迎接那种时不时流汗的健康生活。高胜寒很替她开心，告诉她再过一两天就会回上海，到时候一起庆祝。

杨芷满心期待着，年前年后加起来十几天没见他了，真的很想他。向来工作认真严谨的杨芷小姐破天荒地工作走神了，工作效率明显放慢。而且过两天可能又要出差，真不知道在出差之前能不能见到他。

晚上又有一个重要的会议，杨芷极力收起心绪，努力准备着。

这是一个互联网金融会议，老板说这次参与的目的就是学习和汲取。当晚来了业内诸多知名企业和远道而来的国外金融家。尽管杨芷极力地躲避着以前的同事，但还是不偏不倚地撞上了。杨芷自此发誓，干脆大大方方面对他们，躲避着好像自己做错事一样。好在是随身翻译，几乎可以时时刻刻陪在领导身边，不需要总是单独去面对某些无所谓的人。

会议上，杨芷早就看到了麦大卫和莫莉莉，他们坐在离演讲台最近的位子上肩挨肩地坐着。莫莉莉的眼光死死地跟着杨芷，仿佛长在她屁股上的眼睛一样。这让杨芷觉得很有趣，难不成这个女人就是做鬼都不放过我吗？

等杨芷终于找到一丝空隙去洗手间时，会议已经接近尾声。不知是谁说过：洗手间是最不安全的场所，这里往往是通往事情真相的必经之路。所以偏偏就在这里，杨芷听到隔间的莫莉莉嗲嗲的声音：“David，会议完了后，我们还有活动吗？哦，那太棒了，你真的好贴心，那我今晚就在你那里喽，爱你。”

莫莉莉和麦大卫？那唐凌宵呢？

等莫莉莉从洗手间出来后，迎面看到一脸铁青的杨芷，眼睛里冒着愤怒的火焰，看样子是在等她。莫莉莉气势马上被调动起来，她在杨芷面前从来都是有一种油然而生的自豪感。

“杨小姐是在等我吗？”莫莉莉化得无懈可击的眉毛向上一挑，这一挑暴露了她的年龄，因为眉毛扯着的眼皮，起了皱。

“是。”杨芷眼睛死死地盯着她，脸上一片冰霜，光看就能吓死人。

“你别摆这个脸色，本来长得就够严肃的了……你找我有什么事？”莫莉莉嘴上说，心里还是有些忐忑。她欺负惯了杨芷，还没见过她老虎发威的样子。

“你又有新的猎物了，那唐凌宵呢？你不是说对他‘情不自禁’吗？难道只是单纯地为了针对我？”

莫莉莉听了哈哈大笑：“哟，原来是偷听别人讲电话啊，这可是很不厚道的。怎么，为你的老情人打抱不平了吗？真是情比金坚。我找什么样的男人，与你好像没有半毛钱的关系，唐凌宵和我，一个愿打，一个愿挨。再说了，他不是深深地伤害了你吗？你还旧情难忘，这么为他说话，真是让人感动哦。”

杨芷不卑不亢地说：“你打电话声音那么高，是个人都听到了，还用偷听？莫莉莉，从我认识你，到你做了一些很烂的事，我都没有好好地骂过你。不是因为我不敢，而是因为我不想中你的圈套，因为你一直都想看到我气急败坏的样子，可我偏偏没有那个样子！我不知道到底是什么样的成长环境，造就了你这么变态又阴暗的心理，但你却自我感觉很良好？你喜欢抢男人，越是有家有室的你越抢，你从中得到快感，然后玩腻了再抢，一次又一次……像你这样的女人哪懂得什么叫感情？在你自认为漂亮的脸上，其实早就是满脸的沧桑，你的眼神处处都透露着无情无义；你因为男人太多，整个身体里都藏圬纳垢，既不纯洁，也不美丽。就像一块生满烂虫子的大树，表面漆再多的白色涂料都是白搭，你已经无药可救了。”

杨芷说这番话时的气场镇住了莫莉莉，她一直以为杨芷就是个逆来顺受的人，即便被抢了男朋友都没有反抗过。而最刺到她内心痛处的，是杨芷的话直指她的家庭。这招太毒了，因为这是莫莉莉最不愿意示人的心理疮疤，而杨芷一针见血地分析出她这种扭曲心理的存在原因。

而此刻的杨芷也觉得很畅快。因为今天高胜寒不在场，崔毅也不在身边帮衬，她独自一人就可以无所畏惧地回击了莫莉莉重重的一枪。她变得强大了！即使现在莫莉莉一巴掌打过来，她都不后悔，她都可以勇敢地再还击回去。

莫莉莉也非池中物，虽然她对杨芷冰冷的眼神有些心慌。她定了定神，收回一些气势，说：“说实话，我对唐凌宵早腻了，都这么长时间没把他赶出家门已经是很仁慈了。你应该很清楚他的缺点所在，我怎么会将自己交给这样的男人？我看你就少在这里骂我吧，赶紧去安慰一下你的那位前男友，因为，他马上就要滚出我家了。”说完，用手捋了捋散在肩膀一侧的大波浪秀发，踩着红底的高跟鞋噔噔噔地走了。

尽管这结局是早就预料到的，但真的发生了，杨芷却和曾经想象的心情不一样。唐凌宵当时背叛她时，她恨不得这对狗男女马上就玩完，可到了唐凌宵真正被人家扫地出门，杨芷却并没有那种快感。只有对他的哀其不幸，怒其不争。

杨芷想：这或许是唐凌宵该上的人生一课。上完这一课，或许他能有所成长。

开完会准备打道回府，杨芷和领导们去停车场开车。这时覃晖看着远方的什么，惊奇地问："小杨，你看那个车里的人，是你以前的老板麦大卫吗？"

杨芷朝他指的方向看去，没错是麦大卫的车。不过领导让他看的，是车里的活色生香画面。此刻麦大卫和莫莉莉正干柴烈火地激吻，完全不知道已经给旁人做了演出，或者人家根本就不在乎。

杨芷心想：还真是天雷勾动地火、烈火喜逢干柴呢。

"这些外国的领导太开放了，还和自己的下属玩这个，一点都不注意影响，在这种场合……"覃晖摇摇头，转身去开车门，他表示很不可理解。

杨芷心想：看样子，唐凌宵早就是莫莉莉的眼中钉了。她和覃晖等人坐进了车，扬尘而去。

次日下班后，杨芷想约唐凌宵见一面，为了不再引起误会，她把莫莉莉的事跟崔毅简单描述了下，以表示自己没有偷偷摸摸。基于同情，崔毅虽然打心眼里瞧不起唐凌宵，还是建议杨芷可以去探望一下他，就当是老乡或是老朋友的关心吧。

"崔毅，你要对我有信心。"杨芷说完，又很觉得不对劲。啥时候和高胜寒的感情问题，需要过他这一关了？哎，不过谁让人家是死党呢？谁让人家对她寒寒的友谊衷心耿耿呢？

"当然。"崔毅对杨芷的秉性已经很清楚了。

没等杨芷主动联系唐凌宵，唐凌宵的电话已经来了。他语气很悲怆，一连保证说这是最后一次打扰她。弄得杨芷觉得自己好像狠心毒妇似的。

两人约在初来上海经常去的那家东北小菜馆。这里的格局一切没变，一进饭店就感觉到热烘烘的那种亲切感。老板娘看到他们进来，热情地招呼道："哎呀妈呀，两位好久没来了。是不是我们的菜做得不好吃啊？"

杨芷也热情地和老板娘寒暄，旁边的唐凌宵只是局促地笑着，没有多说话。两人找个位子坐下来。

"哟，这小伙子可比以前瘦了，上班太累了吧？听阿姨说，上海生活压力大，但工作再忙也要注意身体啊。不过瘦点也好，我想瘦还瘦不成呢，哈哈。"老板娘笑呵呵地把菜单拿过来。

唐凌宵尴尬地笑笑。杨芷拿过菜单，没问唐凌宵的意见，刷刷刷地点了几个菜，她知道他的口味。唐凌宵看杨芷点完菜，不自在地说："我已经好久没有啃酱骨头了，Jasmine 接受不了这些食物，觉得不高级，……我已经梦到过好几次酱骨头了。"

杨芷说："那你今天晚上就啃几大盘吧，我陪你一起啃。"

唐凌宵一脸寂寥的神情，说："小芷，谢谢你。我现在明白了，不管多么飞黄腾达，也不能忘记自己的出身。难道人一旦有两个臭钱了，可以呼风唤雨了，心里就容不下一盘酱骨头了吗？我就是太虚荣了，心里有病，病得不轻。现在才知道了，在不合适的时候，硬把自己逼着进入另外一种生活，简直是活受罪。"

杨芷说："虚荣根本就不是错，只是要虚荣得有尊严。对了，为什么说今天见我，是最后一次打扰我了呢？"

唐凌宵一听，落寞的神情更加重了。他说："我知道你现在有男朋友了，不能总是这样骚扰你的生活，也没这个权利嘛。而且，我也要离开上海了。"

杨芷有些惊讶："你要去哪里？回哈尔滨吗？"

唐凌宵摇摇头，一边手忙脚乱地对付着手里那根大大的酱骨头，一边说话，场面看起来很滑稽。他说："我在上海短短的一年，发生这么多的事，不想再待在这里了。而且一无所有，女朋友还弄丢了，也不能就这样回去，丢人；我想换个城市，去深圳，收拾一下行李明天晚上就走了。票都买好了，最便宜的坐票。我想……好好地重新开始。"

杨芷本不想伤感，可一听他这么说，鼻子还是酸酸的。这时唐凌宵招呼她："小芷，快吃呀，别光看我吃，这味道好得很。"说完用带着塑料手套的手，递过来一大块骨头。

唐凌宵一边啃着骨头，一边继续说道："Jasmine，莫莉莉，她和你以前那个领导好上了，那个男人不是国外也有老婆的吗？可她不在乎这些。其实我在莫莉莉眼中就是一个小白脸，就是她的一个玩具，随时就可以抛弃掉的……小芷，你是不是也一直这样看我的？"

唐凌宵停下了嘴里的食物，盯着杨芷的脸，渴求一个答案。杨芷不知该如何回答他，尽管她曾经是这么认为。不，是现在也这么认为。

唐凌宵看杨芷没说话，自嘲地笑了，笑声很悲凉。如果不是店里的气氛太热闹，这笑声足以让人在夜里听了毛骨悚然。他说："其实你不用回答我，连我自己都这么认为。跟你在一起的时候，我曾经想，如果有一个满脸皱纹、长得像木乃伊一样的老富婆喜欢我，我会不会跟她？答案居然是肯定的！可笑吧？你居然不知道我是这样的一个人。所以，我离开你是对了，而上天也很快让我得到了教训。这么多年你辛苦我不说，还经常有花花心思，我根本配不上你。"

杨芷眼里湿湿的，但她真的不敢去感伤。有些东西过去了，就过去了，再也回不去了。她苦笑，说："对不起的话，你已经说过好多次了，不用再说了。我们得向前看，不是吗？那你现在呢？还想找富婆吗？"

唐凌宵眼神中终于发出一些有神采的光芒，他说："Jasmine说要给我2万块钱，她说让我去深圳时租房子用，其实她是想让我越早走越好。你知道吗？我拒绝了！我终于做了一件自认为有点骨气的事，第一回觉得自己挺男人！这种感觉原来这么爽！我现在谁的钱都不要，我要去深圳，租最便宜的房子，好好找个工作，像你一样，多学点生存技能，然后凭自己的能力改变现在的状态，用自己的能力去虚荣。"

杨芷泪中带笑地鼓励他："唐凌宵，我相信你一定能改变的。男人就该是血气方刚，有担当、有责任感。你长得那么帅，上天已经是待你不薄了。

你可千万别辜负自己的一副好皮囊和一身男儿骨。但你如果还像以前那样，就永远都不要来找我了，我会带着对你的鄙视进棺材。”

“不过，我可能真的……很难再见到你了。”唐凌宵突然哭了，哭得像个孩子。他断断续续地说：“你要好好的，保重。”

杨芷忍着酸酸的鼻头，硬撑着说了一句比较理智的话：“好啦，又不是生离死别。到了深圳，如果需要帮忙的一定要找我，我的男朋友他，他是个很大方的人，不会多想的。来，我们把酒喝了吧。凌宵，我希望你的明天，能和你的名字一样：凌宵高歌！”

“嗯，我一定会有我的凌宵之志。不能枉费父母给我起的好名字！”

装满啤酒的两个劣质玻璃杯清脆地一碰，他们向昨日告别。

## 第十九章　相思成灾

杨芷送别了唐凌宵，直接坐地铁去了刘布谷的住处。心里压着太多的情绪想要发泄，而在上海，除了高胜寒，她只愿意在刘布谷面前哭。

路上，杨芷买了一个刘布谷最爱吃的提拉米苏。可她一进刘布谷的房子，就知道今天来错了。刘布谷的家里此刻正在聚会，五六个女人围在一起涮火锅。一个女人相当于500只鸭子，这么多女人聚在一起整个房子都闹翻了天。

刘布谷招呼她坐下，其他几位都喊着让她过去一起吃，杨芷强颜欢笑道："不用了，我刚吃过了，还饱饱的呢。"说完还摸摸自己的肚子以证明真的不饿。

刘布谷看她脸色不太好，想和她说话，又不能冷落客人。她对杨芷说："小芷，都是我的同事，还有一个大学同学，都很熟的，不要拘束，而且……"刘布谷放低了音量："我们马上就散了。"

杨芷让她去招呼客人，一个人跑到卧室的小椅子上坐下来。

几个女人也没有“马上就散”，过了好久还都兴奋地聊着，没有要停下来的意思。女人的声音天生分贝高，卧室门又没关，声音字字句句都清晰地传过来。

“我老公最近换工作了，工资涨到一万三。他要是再不换工作，我和孩子都要饿死了，于是我就天天催他跳槽。”一个女人说。

“以前工资也不低啊，不至于饿死吧？”另一个女人羡慕地问。

“以前一万，还是税前，在上海属于贫困线的边缘好吧？”第一个女人说。

“像我们一个月才四五千，又没有男人的怎么活啊？”

“所以呀，你要加油找个好的。我看年龄不是问题，有本事就行。”那个老公工资不低的女人说。

“呀，瑶瑶，你脖子上这条项链，是真钻石的吗，还是水钻的？”不知哪个女人问。

“当然是真的了，我对假首饰过敏的，我买给自己的生日礼物。”一个自豪的女声。

“你看瑶瑶今天穿了一件这么低领的毛衣……”女人之一有新发现。

“原来就是秀给我们看的啊，哈哈哈。”女人们恍然大悟。

一阵肆无忌惮的笑。杨芷也不由自主地被吸引过去，看看哪个女人脖子上挂着一串真的钻石项链。

那个女人很好找。白花花的脖子上一个圆圆闪闪的亮点，随着身体的晃动滚来滚去。这时刘布谷正好也看过来，给杨芷抛了个媚眼儿。她大概怕杨芷一人无聊，所以时不时地关心着卧室里的动静。

杨芷给她一个宽慰的笑，随即把视线又收回。

好不容易散场了，杨芷出去和刘布谷一起送别她们。送走她们回到屋子，杨芷卷起袖管打算帮她收拾这桌杯盘狼藉，被刘布谷拦住了。刘布谷说：“不用忙着收拾，就先放着吧，我们说说话。”

“一边收拾一边说，你这一坨垃圾工程挺浩大的。”

“你怎么啦？”刘布谷拗不过她，只好同意。

“刚才一股眼泪差点就喷出来了，心头堵得慌。可现在又缓过一些劲儿了，没事了，我这辈子看来也成不了苦情戏的女主角了。我刚才就是心里难受，想高胜寒，总觉得他这么长时间回不了上海，一定是有什么事情瞒着我，我知道他肯定会告诉我，可我就是憋得难受。”

杨芷一个不小心把盘子里的汤汁溅到了自己的衣服上。刘布谷说：“看，不让你收拾吧？快去把衣服洗一下，省得洗不掉。”

杨芷哭笑不得地说：“真是笨手笨脚啊我！算了，反正也脏了，收拾完再洗。我发现每次想和你抱头痛哭一场的时候，见了你后就又不想哭了，你说这是什么气场啊？”

“神经病！人格分裂，谈恋爱的女人真是不可理喻。”刘布谷看她又开起玩笑，就知道这内心强悍的女人一定不会有事。

“今天是什么日子？怎么突然和朋友聚会了？”杨芷问。

“哎，说来话长。我根本不想聚啊。是一个大学同学，就上次给我介绍张江高科男的那个，她也在上海的。她说要来我这里看看，但当时和另外几个同事说好要晚上一起吃饭的，我说家里有客，她们就说干脆一起吧，就凑一块儿了。”

“原来如此。”

刘布谷无可奈何地缩了一下肩膀，说：“就那个瑶瑶，钻石项链那个。我一直不太想和她联系，因为她太优秀了，也太自负了。以前一个宿舍的，其他的舍友抬着头仰望了她四年！四年啊，这四年里她有意无意地训练我们成了她的粉丝，哪个同学要做点惊天动地、有点成就的事，她就接受不了了。你知道吗？她来我这个小破屋一坐，多么的心满意足呢！所以，我们宿舍的几个姐妹都不太主动联系她。因为谁都是有自尊的吧。”

“女人心海底针，女人的友谊可真累。”杨芷想起晚上那几个吃火锅的女人表面和气、暗地里攀比的场面，不禁摇摇头。她们必须靠这些外在的东西为自己加分，这些外表的光鲜能掩饰她们内心所有的不安。离开男人的馈赠与施舍，估计会惊慌得不知所以。

杨芷说：“算了，反正联系也不多，面子上过得去就可以了，君子之交淡如水。布谷，我今天晚上住你这里了，我们好久没躺一个被窝聊天了。”

刘布谷还沉浸在上一个话题，她说：“但为什么我和你就可以有友谊呢？”

“因为啊，我不是女人呗。而且本人的姿色对任何女人造不成侵略性，而且也没有钻石项链！”杨芷分析道。

“哈哈哈哈，笑死我了。才不是咧，自从遇到高胜寒你可是越来越漂亮了，现在又开始健身，状态越来越佳。哎，好的男人可真是女人的美容圣品呢。对了，我们要不要下楼买点零食啥的，我们晚上估计要聊到很晚了。”刘布谷提议。

两人一边说着宽慰的话，一边洗漱，很快就收拾完了。之后相约去楼下 24 小时营业的便利店买了一大包零食上楼。初春的夜晚还很冷，两人挤在一个被窝天南海北地谈心，直到刘布谷体力实在不支，提前进入梦乡。

杨芷还是睡不着，她正在用最无力的躯壳，对抗最清醒的意识。最后总算不敌身体的疲惫，眼皮沉沉地睡去了。

第二天恰逢周末，两个人睡到日上三竿后才起来。刘布谷有事要出去，杨芷便简单洗漱了一下去了健身房。

健身房有杨芷租用的一格换衣柜，里面有杨芷提前放好的运动衣。杨芷换好衣服后，将头发绑一个马尾就跑去热舞教室了。杨芷的肢体比较僵硬，每次做瑜伽的动作都跟不上，所以就想先做做热身运动。

因为是周末，今天上课的人特别多，杨芷找了一个最角落的位置，跟着老师和人群活动起来。

中间休息的时间，累得满身是汗的杨芷坐在旁边的一个休息椅上擦汗。这时一个年轻的女孩跑过来，主动地和她打招呼。

“你好，我可以坐这儿吗？”女孩问。

“当然。”杨芷说着往一边挪了挪。她以为这场谈话就此结束了，杨芷不太喜欢和陌生人太热乎，所以故意把眼睛朝别的地方看，不和这位女孩正视。

女孩丝毫不在乎，继续热情地问着："你经常来这里锻炼吗？"

"这是第二次来。一个星期一两次吧。"杨芷礼貌地回答。

"我的卡也是刚办的，但我这几天每天都来。因为我不用工作！"女孩快人快语的。杨芷笑着回应说："真幸福。"然后就不再说话了。

女孩自我介绍道："我叫吴思寒，思念的思，寒冷的寒。你呢？"

杨芷听到"寒"字就不由自主地想起了高胜寒。她曾经以为用这个字命名的人不多，看来是错了。原来这么多人叫寒啊？她实在不想告诉她自己的名字，不过又不好意思拒绝，就勉为其难地说："我叫杨芷。"

女孩还要问什么，休息时间已经到了。杨芷告诉她开始上课了，这女孩子才停止热络，跑到队伍里跳操了。杨芷故意站了一个离她有点远的位置，不想和她过分地亲近。这大概就是一个人来疯的女孩，说不定下次见我，就早把我忘了呢。

没想到跳完操后去跑步，又遇到她了。杨芷刚跑了没一分钟，吴思寒就出现在她身边的跑步机上，一边气喘吁吁地跑步，一边上气不接下气找她聊天。杨芷真后悔没有把耳机带过来，那样就可以找个借口专心锻炼了。

吴思寒好像对她特别感兴趣，问她是做什么的，是哪儿的人，多大了之类的。在得知杨芷比她大几岁的时候，马上就亲密地叫起了"杨芷姐姐"，弄得杨芷这个慢热型的人很是不自在。

运动完又洗完澡，杨芷提着一包被汗水浸渍的衣服准备回家。刷卡的时候又看到吴思寒，她笑呵呵地问："杨姐什么时候还会再来啊？"

杨姐？这一称呼一下子把我整老了20岁，这完全是街道办事处主任大姐的叫法嘛！天啊，本小姐才26岁啊！杨芷没好气地回答说："我的时间不定的，再见。"

于是扔下还有一肚子疑问的吴思寒，匆匆开溜了。这人要太热情了，真是让人害怕啊。

回家的路上，高胜寒打来电话。

“亲爱的，想我不？”高胜寒看来心情不错。

“不想。”

“但我很想你。咦，你怎么气喘吁吁的，在外面吗？”

“嗯，刚从健身房跑出来，现在在路上走着呢。怎么样，我生活健康吧？”杨芷得意地问。

“等我回去也办一张健身卡。对了，小芷，我明天就回上海了，先直接去公司。然后，我们一起吃晚饭。我有好多的话想跟你说呢。”

“我也是……幸好你明天回来，要不然我后天又要出差了，再见何年啊。”杨芷很开心终于要见到高胜寒了，她说：“我最近打算向崔毅学做饭呢，希望哪天也能给你做点拿手的。”

“我真是受宠若惊，不过我的嘴可是被崔毅给养刁了，你可得做好吃点。”高胜寒得寸进尺。

“爱吃不吃！哼！”两人打情骂俏完。杨芷告诉高胜寒，唐凌宵去深圳了，莫莉莉甩了他，去勾搭老板去了。

高胜寒沉默了几秒钟，说道：“虽然这个结果是我早预料到的，但没想到这么快。唐凌宵找过你？”

杨芷说：“是的，去深圳的前一天来找我。精神状态不太好，但总算明白一些事情了，这样也好。”

“怎么？心疼啦？”高胜寒吃醋了。

“我认为你不应该问这样的问题。你年前年后这段时间，举止反常，又平白无故消失这么长时间，我可什么都没有问过！要怀疑和吃醋，也该是我先，轮不到你。”杨芷气场足足的，直接呛了回去。

“我明天晚上就向你坦白。还有，小芷……我爱你。”

突然间的浓情蜜意让杨芷有些不习惯了，她脸皮很薄，此刻又在大街上，不好意思也说这样的话。她咳了一声，说：“嗯，臣妾心神领会，就不礼尚往来了。待明日再议吧。”

两个人聊了好一会儿才挂了电话。因为心情大好，杨芷走路的步伐都变得轻快起来，两边的风景看着都比平常美。

## 第二十章　娓娓道来

高胜寒终于回来了，带着一身的风尘仆仆。

杨芷远远地看到他进了公司，却不能无所顾忌地跑过去找他。高胜寒也朝这边看了看，两人隔着数个办公格间心有灵犀地一笑。也不知道这笑彼此看到了没有，简直就像偷情一样。

杨芷在全力准备第二天要出差的东西，下午又去做了一个长长的工作报告，时间倒也过得很快。等下午忙完后，公司的大多数人已经下班了。

崔毅还陪在高胜寒旁边，像个尽职的小女人一样守候着。工作看来早就忙完了，拿着个手机在那儿划拉。杨芷看人不多才走过去，这时崔毅抱怨道："哎呀，小芷，你那么小心翼翼干什么？说不定公司里的人早知道你们俩的奸情了。"

杨芷悄悄地说："办公室恋情最好还是在地下！"

"真受不了你们两个，跟做贼似的。行啦，你别担心，我晚上不当你们俩的电灯泡，我只是当个掩护，和你们一起下楼，然后就自己走了。寒寒，走吧。”

高胜寒看着两人拌嘴，一种久违的感觉，觉得很亲切。杨芷说：“走吧。其实我天天跑到你这边来找你们，眼睛明亮点的肯定也知道我们关系非浅了，我还天天自欺欺人的。”

“不想公开，就不公开，我是无所谓。这也没啥不好意思的，明星还不是这样的吗？单独相处两个春宵，非要说是在一起谈剧本，你能拿他们怎么办？又不能叫警察把他们抓起来。”高胜寒堂堂大男人，不在乎这些。他帅气地扭头望着杨芷：“别纠结了，走吧。”

虽然他又开始一如既往地耍酷，但脸上疲倦的深情出卖了他。

“嗯，气色不错，值得嘉奖。”高胜寒忍不住看着杨芷。

“你可是变成老男人了。连胡子都没有刮干净，过个春节把你祸害成这样啊？”杨芷看他不像是过了个春节，倒像是去野外训练一回。

高胜寒笑了笑不说话，转过头深情地亲了杨芷一口，坏坏地说：“男人有胡子，不性感吗？”

“性感！性感死了，好吧？”杨芷“嘁”他。

“晚上去哪儿吃饭？”高胜寒问。

“本来想给你做饭吃的，不知道还来不来得及……”

“来得及啊。不过你明天要出差了，今天晚上做饭会不会太累？”高胜寒有点心疼，烧菜收拾浪费时间的，他只想安静地和杨芷独处。

“那我们就买点半成品，回去一炒。”杨芷说。

“看在你满腔热忱想为我当厨娘的分上，同意！”

两人在杨芷家附近的超市买了一些差点就可以直接吃的食物回家了。杨芷一到家就像模像样地系上了围裙，跑到厨房忙活起来。高胜寒几次跑进去，都被他赶出来。杨芷的理由是“你看着我紧张，我怕做不好”。

等杨芷再从厨房出来，已然像上过了战场，满脸通红，寒冬夜里却大汗直流。手里端着两盘看起来卖相不错的菜，高胜寒跑过去要接，杨芷说：“去厨房端粥吧。我熬了皮蛋瘦肉粥。”

高胜寒忍着笑，就在超市买的现成的，一热，也叫熬啊？他不敢找打，乖乖地去端粥了。

饭菜上桌。杨芷满怀期待地看着高胜寒，想听听他的意见。

“还不错。”高胜寒说，“能把速冻食品做成这样，已经不容易了。”

杨芷也开始吃了。味道平淡，不好不坏，反正做熟了就行。

“高胜寒，你不是有话跟我说吗？”杨芷问。

高胜寒放下了筷子，隔过桌子拉住杨芷的双手，说：“我现在就说，不过希望你不要生气。”

杨芷心头一紧。一朝被蛇咬，十年怕草蝇。她很害怕又听到像唐凌宵那样的消息，她表面再坚强，内心也受不了这种刺激。

高胜寒说：“其实，我是觉得这没有什么可讲的。因为从始至终，我都是一个被动参与者。春节前的几天，我说来了一个老乡，其实是一个女孩，住在我和崔毅那里的。”

杨芷睁大眼睛，本能地问：“什么？”

高胜寒赶紧安抚她说：“你听我说。这个女孩是我爸妈在老家帮我物色的媳妇，算半个富二代。但我从来没有答应过他们，哦，一想起来我就头疼，这女孩快把我折腾散架了。说来话长，严格来讲，我来上海一半是为了找自己喜欢的事业，一半是为了逃避父母，还有逃避她。”

说到这里，高胜寒没心思继续吃东西了，他神情看起来有些凝重。他自嘲地笑笑说：“还有，我也算半个富二代，别人这么称呼我的，但我讨厌这个称呼，我只是比一般人家境好一些而已。家里有个化学用品公司，曾经很风光。父母一直想让我接手，可我对那个行业没信心，也不喜欢，所以还是大逆不道地违背了他们的意思，坚决要来上海。当时为了说服他们不软禁我，我说是学习两年就回去的。”

高胜寒看着没有啥面部表情的杨芷，以为她生气了，故意喊她说：“小芷，喂，有点反应好吗？听到自己的男朋友是个富二代，怎么没有一点兴奋感啊？”

杨芷瞪了他一眼说：“富二代了不起啊？又不是富一代！继续说。”

高胜寒看她还能开玩笑，放心了。继续说道：“那个女孩家境比我更好些，父母就看中了这个门当户对。其实我也一直不理解，以我妈妈那精明的眼光，她根本就知道我和那女孩不合适，可还是要坚持。这次回去，我才明白了：原来我的乌鸦嘴灵验了，我家的那个化学工厂面临关门。因为污染太严重，而且厂子的设备也已跟不上时代，各种原因夹杂在一起，开不下去了。我爸妈白头发多了好多。”

“然后呢？”

高胜寒失落之余还不忘逗她，“你也不安慰一下我。知道我即将落寞了，很失望啊？我好伤心。”

杨芷恶狠狠地说：“是哦，我好失落哦！好不容易瞎猫碰上死耗子，碰了个金龟婿，还没高兴到三分钟呢，你就又让我回到现实。少贫了，后来呢？”

“后来啊，我就打算牺牲出卖色相挽救家族生意了啊。”

“那好啊。”杨芷就配合他的不正经。

“弄不好，家里的公司都要负债关门了。”高胜寒没法再假装轻松了，他说：“小芷，你放心，我爸妈只是想做别的行业，又没什么经验，现在连钱都没有了，所以才会病急乱投医。我已经是个大人了，他们现在很尊重我的想法，现在最主要的就是后续的问题解决好，让家里的公司不要赔得太惨。”

“那你的门当户对呢？”杨芷问。

“整个春节都天天在我家讨好父母。没办法，我实在太有魅力了，连这种快要小我一轮的小女生都对我情不自禁。不过，后来我和她说清楚了，她好像已经接受了的样子，后面几天就消失不见了。长痛不如短痛，不能给人家空留个假希望，对吧？而且我觉得像她那样条件的小女孩，说不定很快就有了新目标了，到时候早把我忘了呢。”

“看你的样子，还挺舍不得。”杨芷有醋意。

"小芷，你吃醋啦，你也会吃醋，我好开心啊。我怎么会'舍不得'呢？我除了担心父母外，没有其他的想法。他们的风光一夜之间变成灰色，这世界上好多看似坚固的东西，其实都脆弱得不堪一击。而我对他们的贡献，除了叛逆，什么都没有。"

高胜寒眼中露出一种伤感，杨芷很少见他有那种挫败的表情，不知道该说什么。于是过去抱住他，安慰说："一切都会变好的。"

"这就是我要向你交代的一切，一个没落的富二代的故事。"高胜寒自嘲地笑笑，然后转身问杨芷，"给我一些时间，你愿意等不？"

"不愿意也得愿意啊，我又没有其他的选择。哎呀，我的少奶奶的生活啊！"杨芷作痛心疾首状，然后笑嘻嘻地点点头，"胜寒，你一定行的。你父母就靠你了，我汉子一个，不用太操心了。"

"能不操心吗？从超市买回来的半成品，人家连调料都备好了，你都能炒成那样！"高胜寒想杨芷的厨艺也能和她的语言能力一样强就好了。

"说实话了吧？就知道你刚才在演戏，哼，爱吃不吃！"

"吃，吃。"高胜寒又拿起筷子。

"对了，你那个门当户对叫什么名字？"

"叫吴晓语，怎么了？我后来就再没有见过她了。"

"没事。情敌嘛，就想多问一句。"杨芷喝了一口粥。

"想知道我就多说一些，难得见到某些人醋意大发的样子。是这样的，她啊……"

"不用了，不用了，嘿嘿。"杨芷并不想提这个话题，既然高胜寒说已经过去了，那就过去了。难道只许自己放火，不许人家点灯啊？

"胜寒，你年前年后请了这么多天的假，你的晋升还有戏吗？公司的晋升考核项目里是有考勤一项的。"杨芷想起崔毅的担忧，她也觉得在这个节骨眼上，高胜寒这种表现对他晋升不利。

"不管有没有戏，我都还是要做最后的努力。我现在很需要让自己尽快变得强大，练就一副强壮的肩膀，让父母，还有你依靠。"高胜寒不打算破罐子破摔，他现在越发明白凡事都有诸多可能了，不试怎么知道。

杨芷鼓励他："高胜寒，我觉得你是个男人，加油！"说完向他竖起了大拇指，又说："不知道我能帮你做什么？说，无论帮你出谋划策，还是端茶倒水当老妈子，我都全力配合你。"

"这些都不用，以身相许就行了。"是啊，这才最实际。

"讨厌！"杨芷拿一包纸巾砸他。

饭后，高胜寒磨磨叽叽地不想走，还先入为主地给崔毅打了个电话说不回去了，打完后得意扬扬地看着杨芷，意思是"电话都打了，你就从了我吧"。

杨芷深深地感叹男人可真是肉食动物，不能当素食主义者对待啊。她看着贼兮兮的高胜寒，痛快地答应了他。高胜寒一想起自己晚上可以抱着香香软软的女朋友入睡，也高兴得不得了，暂时忘了从家里远道而来带来的失落，欢天喜地地去洗漱了。

半夜发生了一段小插曲，因为小蓝停得不是地方，车位的主人回来后不断地按喇叭，惊动四邻。高胜寒睡意正浓，被杨芷叫起来后，才发现是自己惹出的问题。赶紧跑下楼把车开到别的地方。当然，是在好几个亮着窗口的骂声中去的。

停好车后，被冻得够呛的高胜寒回到杨芷身边，居然马上又来了睡意。迷糊中说了一句："小芷，我和你的理想一样，我们要有个……放小蓝的地方。"

"嗯，这是我初来上海时最向往的呢，可惜……不过自从遇到你后，花钱比以前大手大脚了，要不也快存了半个首付了……"话没说完，发现高胜寒已经在混沌状态，就没有继续说下去。

没想到高胜寒已经半睡半醒了，断断续续地说："买房子的事，哪轮到你一个女人操心……"然后就睡着了。大概是舟车劳顿加上一顿折腾实在太累了，二次睡眠的高胜寒还打起了轻微的鼾声。

杨芷看着他线条分明的脸，越看越迷恋，念婪地注视了好久，脑中还有一刻闪过了唐凌宵。

杨芷赶紧晃晃有些走神的脑袋，静静地往高胜寒旁边蹭了蹭，在他的体温中心满意足地睡去了。

## 第二十一章　毅的理想

次日凌晨，杨芷一大早就去赶早班的飞机了。出发前给高胜寒在桌上留了面包和一颗白水煮蛋，和一张小字条。

高胜寒太累了，一觉就睡到了8点钟。看到杨芷的小字条上写着“这是我全部的厨艺，牛奶自己买”时笑了笑。虽然没法和崔毅那丰富的五星级早餐做对比，但还是让高胜寒找到一丝家的感觉。

高胜寒前一天晚上轻描淡写地给杨芷讲了家里的情况，目的是不想让她过分担心，而实际的情况显然更糟，他面临人生中第二次重大的选择。

父母的公司负债关闭，如果能按正常的程序申请关门，厂子盘出去还可以收回一些成本。可墙倒众人推，眼下就是难办事、办事难，过程磕磕绊绊的。

早上高母的一通电话，更让高胜寒火上浇油。高母说：“儿子，过年后好多天没见晓语，昨天晚上我请几个朋友吃饭，碰上了吴叔叔，他说晓语早就来上海了。怎么，没联系你吗？”

高胜寒恍然大悟：我说怎么缠人缠得像牛皮糖一样的吴晓语怎么那么痛快就答应退出了，原来是来上海了。她来上海做什么呢？

高胜寒也想不通这位大小姐到底要来做什么，她并没有和自己联系，于是安慰母亲说："她没有联系我啊。别多想了妈，可能是她年前来了一次，觉得上海挺好玩，又过来玩了吧。"

高母还是不放心，但也猜不出个所以然来，于是叮嘱高胜寒，"有时间联系一下她吧，在上海她人生地不熟的，你知道，我现在正想寻求你吴叔叔的帮助呢……"

"知道了妈。"高胜寒看到妈妈也这么低声下气的样子，心里很难受。春节时买年货，他看到平日里贵族气质十足的老妈为了几块钱和卖菜的小贩讨优惠时，也有现在的这种想法。

人有时候从高处跌下来，往往比一直在低处的人更惨。古语说"高处不胜寒"，高父当时给他取名时，就是想反其意而用之，希望他在"高处也能胜寒"。

一想到吴晓语，高胜寒马上狠狠地骂了自己几句。在这节骨眼儿上可真是添乱啊！他总是一再地相信她说的话，最后总是被她骗。

在吴晓语的生活中没有别的事情可做，不用愁生存大计，唯一剩下的就是谈恋爱。她看中哪个人，必须是以排山倒海的攻势去拿下，都不需要通常恋人们必经的相知、相爱、相处这些过程。

她到底来上海做什么呢？真的只是过来游山玩水一番吗？一个没有啥生活经验的娇小姐在上海也不知道是不是安全？高胜寒不得而知。犹豫再三，他打算给吴晓语打个电话。不管怎么样，希望她在上海平安无事，否则真是没法交代了。

电话是停机状态。

看来吴晓语是刻意要躲着自己了。没办法，高胜寒继续开车急急地赶着上班。

一进公司，崔毅就嘟囔地说："寒寒，你是不是不想当经理啦？还不赶紧的？你的劲敌多着呢，但你比他们多了个优势，那就是……有我。”说完得意地仰仰头。

“你真的不打算参与一下了？”高胜寒问。

“算了，我的兴趣不在这上面。”崔毅只想着他的服装设计。

“那就辛苦你了。最近每天晚上都要陪我在家里多做点功课，你英文好，帮我多看看国外的同行的材料，学习学习。”

“其实吧，寒寒，你不用做得太好。你要做得没有错误，中规中矩，但又不要太过于亮眼，这样才有利于你的晋升，”崔毅放低了声音，“因为，我们的老板不喜欢下属太强太优秀，懂不？”

高胜寒点点头，“不过这个度很难把握。”

崔毅又得意了，“所以你需要我呀。”

高胜寒欣慰地笑笑，拍拍他的肩，说：“谢谢了哥们儿。我可能一两天还要回趟家，和爸妈去办点事。升职这件事，我尽力就行了，听天由命去吧。”

崔毅说：“都说了，有我呢。你不在的日子，我会帮你多做点功课。不过，考核内容又不只是要做一个好的方案，还要有林林总总几十条项目呢，好在你人缘还不错，要不然360度考核这一关你就过不了了。算了，说这些没用，工作吧。”

一整天都在忙忙碌碌中度过，等要离开公司的时候天已经完全黑了。崔毅给刘布谷打了一个电话，叫她晚上过来吃饭。高胜寒说：“布谷要来啊，那我们过去接她吧。”

崔毅打电话问刘布谷，是不是要去她的公司楼下去接。刘布谷说不用了，直接来我住的这里接吧。

一看见刘布谷，崔毅就欢呼雀跃地跑过去，就像一个初人爱河的小女生。崔毅牵着刘布谷的手，让她先坐进车里，自已也重色轻友地和她一起坐在后座。

高胜寒问：“布谷，今天没上班吗？”

刘布谷说："失业啦。"语气里倒不见什么失落。

崔毅自责道："哎呀，我太失职了，布谷失业了我都不知道。怎么了，是做得不开心吗，还是就等着拿了年终奖走人呢？"

"我是被炒的。"刘布谷大方地告诉他们。

"谁这么没眼光，居然炒你的鱿鱼？"崔毅很惊讶。高胜寒也觉得奇怪，问："布谷，你在公司都那么长时间了，公司向来都是想留老员工都来不及呢，怎么会开了你？"

高胜寒觉得"开"这个字有点不太妥当，一时间又想不起可以替代的字眼。好在刘布谷没在意，她嘴里嚼着几块小饼干，眨巴着眼睛说："上司嫌我太漂亮了呗，早看我不顺眼了。"

"你的上司是女人啊？哎呀，寒寒不让别人在车里吃东西的，别吃了……"崔毅看小饼干的屑屑一个劲地往下掉，急忙提醒她。小蓝虽然不尊贵，但高胜寒可是很爱护的，他不喜欢别人在他的车里吃东西和带有气味的东西。

"没事，没事，继续吃。自从谈恋爱后，这个禁令早被解除了。"高胜寒说，同时也问刘布谷："你的上司是个女人？"

"一个内分泌失调的女人，天天疑神疑鬼。身边有点姿色的女下属基本都命不长。他老公多和别人说几句话，甚至是多看几眼，肯定就成了她的眼中钉了，找各种机会刁难。后来她偷偷地招了一个长相谦虚的，然后找个借口就让我下岗了。"刘布谷看来对此结果也早有所准备。

"算了，咱家布谷不愁找工作的。投简历了吗？"崔毅问。

"我想先玩几天再投简历。英文简历还想等小芷给我写呢，我的英文水平嘛也就同胞能看懂，等小芷回来再写。这两天每天都能睡到日上三竿，真是舒服啊。"刘布谷真想一辈子不上班。

"我也想离职了。"崔毅突然宣布。

高胜寒听到后没有大的反应，这是他预料当中的。刘布谷却不淡定起来。她终于停止了吃饼干，瞪着崔毅说："你也要离职？我可以理解为……

我们要‘夫妻双双把家还’了吗?”

崔毅说:“等寒寒的经理考核这事完了,我就辞职。我要去一个大牌的服装公司当设计师的小助理,当打杂的都愿意啊。布谷,你会支持我吗?”

“会……会啊。”刘布谷嘴上说,脸上却露出了很失望的神情。大概在她的心里,这无疑为未知的未来又添了一丝风险,为她初定的爱情加了一些不肯定。

高胜寒看不到后座上刘布谷的表情,他当时只是打心眼里感激崔毅这位兄弟,太够义气了。杨芷说得对,有的男人外表阳刚,实则外强中干;而像崔毅这种,外表是娘了点,但骨子里绝对是个纯爷们儿。性取向明了,对朋友义气,还对未知的理想很是勇敢,同时还兼具厨师的手艺、护士的细心、艺术家的审美和得理不饶人的评论家的口才,实属世间罕见。

他不禁伸出手,想向后座上的崔毅拍拍肩膀,被崔毅阻止了,“你少恶心我,说那些感动的话,注意开车吧。”

男人的友谊很直接。高胜寒想,如果崔毅在他的设计师道路上需要帮助,自己一定不遗余力地帮助他。

此刻刘布谷的心里也有两种声音在交相会战。刚刚和崔毅突破暧昧,算是承认是他的女朋友了,他就要抛开一个多金又牛气哄哄的职业,去做一件前途未卜的事了,这让人很不安。刘布谷对此很没有安全感。

古人云“艺高人胆大”,刘布谷对自己的才学没有过高的评估,她甚至觉得自己最大的优点除了长得还有点姿色外,一无是处。平时咋咋呼呼的处世风格下,其实是有一颗极不自信的心。

“怎么啦?布谷,半天不说话。要对我有信心,我觉得我就是成不了大师,混口饭吃还是可以的。你没听过一句话吗?‘兴趣是最好的老师’,真不知道是哪个人说的这话,不过还真有道理呢。再说了,我怎么可能允许自已的生活品质降低呢?我这充其量是卧薪尝胆。”崔毅看出了刘布谷的担忧。

高胜寒也帮衬着说:“哥们儿,我看好你。改天打入了时尚圈,帮我要几张明星的签名照回来。国内的我要汤唯的，国外的我要……”

“国外的我要艾薇尔的。”刘布谷被高胜寒的话题逗得来了精神，她顿悟到原来崔毅面临的是一个金光闪闪的职业啊。她自我安慰的能力极强，又深觉自己对崔毅太没信心了，有些不好意思，于是赶紧找话题掩饰自己刚刚的焦虑。

刘布谷向崔毅开出了一长串的明星签名单，“我要周杰伦的、张学友的、权志龙的、阿黛尔的、泰勒·斯维夫特的、赵本山的……”

“我不得不说，布谷，你喜欢的明星类型还真多元！好，为了你的明星签名这么宏大的理想，我一定头悬梁、锥刺股地为你奋斗去。”崔毅下了保证。

“行。我回头列个明细，贴到墙上，你就为这些签名奋斗吧。”刘布谷又吃起了小饼干。

“我把它裱起来挂墙上，当山水画来天天膜拜，你就等着收签名吧。”崔毅看她高兴，也变得开心起来。

高胜寒开着车，会心地笑笑。他现在的脑子里被各种烦事占据着：家里的公司、经理考核、吴晓语莫名其妙来上海……只恨自己分身乏术，没有生个三头六臂出来。

“想什么呢？”刘布谷一边吃饼干，一边问。嘴里咔嚓咔嚓地响。

“我在想啊，古代的人是不是比我们更有诗意？那时候随便在路上捡块砖估计都是艺术吧？现在呢，就算是穿上一身名牌西装，喷上名贵香水去听场音乐会都不会有啥感觉，充其量只是装艺术。崔毅帅哥，你将来做设计，做得有文化点儿，行不？要不然我真的不会捧场。”高胜寒不想说自己的烦心事，故意把话题扯到崔毅身上。

崔毅就喜欢别人跟他谈艺术，听了高胜寒的话，拍拍胸脯，说：“当然，我肯定把中国传统文化加进去，兼古兼今，兼中兼西，为此我熬夜多看几本书都行！哎呀，一勾勒起未来的蓝图，我的肾上腺素都上升了，有一种要拯救服装界的感觉，还有拯救快要枯竭的艺术的感觉，特别的兴奋。

我就期待有一天，那些名媛和明星们为了穿我设计的衣服而打破脑袋，然后我在一群人高马大、瘦得跟骷髅一样的模特儿群里，被隆重地介绍出来，全场掌声雷动，连奥巴马那样级别的都为我鼓掌，哇哦……”

刘布谷看着窗外，没理会这个幻想成瘾的男人，在她眼里这些都太遥不可及了。

高胜寒也是只微笑不说话，听着崔毅马不停蹄地畅想未来，觉得这时光都变得特别有趣。

## 第二十二章　思寒其人

等杨芷出差回来的时候，高胜寒又回天津了。走的时候给杨芷的冰箱和自家的冰箱里都买满了储备粮食，结结实实地当了一回二十四孝男友。

杨芷自知帮不上他什么大忙，只好一有空就和崔毅为他经理晋升考核的事做各种准备工作：查资料，写方案，做市场调查、做数据统计等。崔毅感叹地说：“小芷，你真的能做寒寒最坚实的后盾。”

杨芷也学高胜寒，拍了拍崔毅的肩膀以示鼓励。

来上海的这些日子里，虽然开始的故事很悲情，但好在认识了一帮相亲相爱的朋友，让杨芷觉得在这个原本陌生的城市里越来越温暖起来。她也会时常想起唐凌宵，但那种想已变成了一种对过往回忆的回放，只是岁月里一段苦涩的插曲，只是会让她更珍惜眼前的友情和爱情。

一朝被蛇咬，十年怕草蝇。杨芷有时也会害怕和高胜寒的感情之路不会那么顺畅，但不能因为前方有困难，就止步不前了。她也一直告诫自己不要想太多。

这天晚上和崔毅忙了半天工作，已经很晚了。崔毅伸了个懒腰，说："小芷，你去洗澡吧，我去热点牛奶。晚上就住寒寒的房间。"

杨芷想了想同意了。她一直不想住下来，是觉得只有崔毅和她，两个人同在一个屋檐下有点别扭。不过今天崔毅一句话就打消了她的疑虑："小芷，你不要觉得别扭。咱俩就是哥们儿，你就是脱光了在我面前跑来跑去，我都会把你当成商店橱窗里的模特，半点出格的事都不会做的。"

杨芷想：听了这话，我是该放心呢，还是该自卑呢？

喝了崔毅给热的牛奶后，杨芷就回高胜寒的房间，躺在那张舒服的大床上给他打电话。

"高胜寒！你猜我现在在哪儿？"

"在我床上呗。"

"你怎么知道的？崔毅大舌头？"杨芷惊奇他怎么能一猜就中。

"我知道你和崔毅这几天为我的事很辛苦，我心里很内疚，让你俩这么牵连受累。不过大恩不言谢，小芷，谢谢你。"

"咳，我真受不了这样煽情的表白，没事啦，我正好也多学习一些技能嘛。你怎么样？你家的事顺利不？"杨芷关心地问。

"不太顺利。天天都要见很多才情干瘪、钱包很鼓的人。这段时间看了世界上最多的摆架子，才知道爸妈以前开个公司多么不容易，或许人只有自己开回公司，当回老板才能体会到那种压力。相比之下，我工作的压力倒是不值一提了。小芷，你最近好吗？又是好几天没有见到你了，咱俩的时间总是匆匆错过，我好想你。"

"我非常好，相当好，不用担心。"杨芷也好想高胜寒。

"你不要只忙我的事，下班后还是继续去健身房吧，把身体锻炼得倍儿棒才是正道。还有……帮我谢谢崔毅。"高胜寒觉得虽然哥们儿之间不需要过多感性的话，但该说的感谢，一定不能吝啬。

"知道啦。你放心忙你的，我呢，乖乖地去健身房，然后再请崔毅他们小两口吃顿豪华大餐，行了吧？"杨芷向他保证。

两人聊了聊就挂了电话。杨芷是内敛的人，心里已经甜得不行了，嘴上也说不出来，只好用实际行动表达。所以直到现在还叫“高胜寒”，连“寒寒”二字都出不了口。

崔毅说杨芷：经济适用女！这辈子也没法勾魂摄魄了。他家寒寒算是独具慧眼，才在人潮汹涌里挖到了她，并且挖到了她隐藏的可爱一面。

这一夜，在高胜寒的床上，杨芷一个人睡得很香，就好像在高胜寒的环抱里一般踏实。

第二天下班后，杨芷回到家拿了运动衣和瑜伽垫就去了健身房。她几乎在前台刷完卡的一刹那，就看到远处的吴思寒。

吴思寒也正盯着她看，这种感觉有点毛骨悚然的。因为直觉告诉她，这个女孩绝对是专门在看她，而不是又一次的偶遇。

杨芷已经忘了她叫什么名字了，就记得好像有个“寒”字。她感觉不太自在，皱了皱眉就去换衣服了，带着一肚子的疑问。

等换好衣服出了更衣室，杨芷看到吴思寒已经坐在门口的木椅子上等她。一看到她马上就跑过来，高兴地说：“杨姐，你来啦?”

一听到这个万恶的称呼，杨芷就哭笑不得。她对吴思寒说：“小妹妹，我知道你青春无敌，OK，我是比你大几岁，但你叫我‘杨姐’，我怎么有人到中年的感觉，甚至都快要到绝经期了。”

吴思寒笑了：“那我叫你什么呢？杨姐姐?”

杨芷苦笑着说：“随便吧，其实直呼其名就可以。不好意思，你是叫什么‘寒’?”

“我叫吴思寒!”对方马上作答。眼睛睁得老大，像是要保证没有撒谎一样。杨芷没在意这些，只是很奇怪为什么总是在这里能遇到她，于是笑笑说：“好巧啊，每次来都能碰上你。”

“我说过嘛，我平常没有什么事，所以天天不是逛街就是在健身房。你只要来就能碰到我。”吴思寒解释道。

“原来是这样……”杨芷觉得自己太自作多情了，人家怎么可能是在等自己。于是冲他笑了笑，走进热舞教室。

教室里正在上课，吴思寒停止了盘问，两人有板有眼地跟着老师做动作。杨芷以前没有怎么运动过，肢体僵硬又不协调，做起动作来颇为滑稽。

杨芷可是做足了勇气才敢出来献丑的，她立志要改变以前很死板的自己。可吴思寒总是看到她失误的时候便咯咯咯地笑，动作越失败，她就笑得越开心。这让杨芷好不容易建立起来的信心又瞬间灰飞烟灭了，越来越束手束脚。

这女孩是孙猴子请来的克星吗？

中场休息时，杨芷主动走过去和吴思寒说："小妹妹，我有那么可笑吗？"

吴思寒没心没肺地说："一看你以前就不锻炼。好好，我下节课不笑了。"话没说完又止不住笑了。

杨芷想：还有下节？然后转身去了别的教室，躲开这个惹人烦的小妮子。

健身房说大不大，根本躲不开吴思寒，她马上就跟来了。总之就是杨芷在哪儿，她在哪儿，弄得杨芷都恨不得把这几千块钱的健身卡转让他人。

杨芷不断精神催眠自己：这只是个无聊的小女孩，不用管她，不用管她！越是这样想就越是被绑架一样，抛不开吴思寒的阴影。吴思寒用这种无孔不入的精神，成功地干扰了杨芷的正常思维。

这次杨芷戴了耳机，所以终于在最后跑步的时候清静了一会儿。做完运动后，杨芷坐到一张椅子上去揉小腿肚子，耳机从头到尾都不敢摘下来，怕吴思寒乘虚而入，腾地一下又跳出来。

吴思寒好像消失了，杨芷偷偷地四处扫视一圈，没有发现她。这才放心地摘掉耳机，换了衣服去桑拿房。

杨芷刚在桑拿房里蒸了几分钟，敷了一片面膜，正要闭眼养神的时候，吴思寒又出现了。手里拿着手机！没错，她在这个高温高蒸汽的密闭空间里，拿着一个手机进来了。

吴思寒打开手机让她看："杨姐姐，你看，你刚才跳舞，我录了一小段，就 20 多秒，哈哈哈。"说完就把视频打开让杨芷看。

视频里杨芷头发凌乱、手忙脚乱，外加满脸是汗地跳着热舞，准确地说，是把现代舞跳出扭秧歌的感觉来。如果再加上一条长长宽宽的红绸子，那直接就可以威风锣鼓了。

杨芷窘死了，她其实本来觉得这并没什么，只是好笑。不过好在头脑总算好使，两秒钟内转过弯来，知道这女孩是在嘲笑她呢。而且私拍别人视频，可是侵权的。

杨芷一本正经地说："吴小姐，你快把这段视频删除，否则这间房子里所有的人都会怀疑你有所目的。你不要玩大了，这种犯法的行为最好还是别碰！还有，这里温度这么高，你手里的手机随时都会爆炸，赶快拿走！"杨芷是真的担心吴思寒的手机会被烤爆了。

旁边的几个人也开始抗议，此刻每个人都是赤身裸体的，要是被吴思寒拍了视频或照片，这些人非把她活剥了不可。有个阿姨用上海话大声地指责吴思寒，吴思寒听不懂她讲什么，但心里是真的害怕了。当着杨芷的面删除了视频。

杨芷不再理她，吴思寒拿着手机出了桑拿房。留下一堆女人在那里叽叽喳喳地议论这个话题，都说"现在的女孩子怎么都这样"、"一点也没有礼貌"之类的，还认定吴思寒和杨芷肯定有感情瓜葛。

杨芷的心情很受影响，面膜也敷不成了。一把撕下来后便懊恼地出去了。

随便冲了个澡，杨芷便换衣服打算回家。阴魂不散的吴思寒早在门口等她，她依旧一脸笑容，丝毫不受影响，仿佛刚才的一切与她无关。杨芷已经开始烦她，使劲躲开她的目光，径直出了门。

吴思寒在身后喊："杨姐姐，不好意思，我和你说抱歉。人家年少不懂事，别和我计较嘛。"

杨芷站住了，然后猛地转身，气呼呼地对她吼道："首先，我不是你的什么杨姐姐，以后不要这样称呼我，要知道我们根本是陌生人！其次，你偷拍我，还找机会取笑我，还说没有目的？还有，你说你年少不懂事，其实我只比你大几岁而已，我像你这么大的时候，可没有像你这么荒唐过，别再拿年龄小说事!”

说完转身就去坐电梯了。吴思寒还想跟着，被杨芷瞪了一眼就退回去了。

杨芷一肚子火，好不容易有了健身的念头，没想到出师不利，一开门就碰上了这么一位。健身卡才刚刚办好，又不能作废，真是越想越恼火。

杨芷在健身房旁边的一个咖啡馆坐了下来，锻炼那么长时间还没有喝口水呢。都被那个吴思寒搅和的。刚坐下就看到打扮整齐的吴思寒也出了健身房。她穿着那种满是花边和褶皱的衣服，粉红一片，脑袋上箍着一个宽宽的大发箍，走路还是那样蹦蹦跳跳的。杨芷看她随手拦了辆出租车，走了。

看着吴思寒这身绚丽的打扮，杨芷分析她应该确实是一个闲得无聊的小女生，天天无聊找乐子，自己正好成了她的目标而已。

不对，怎么我一离开，她就离开了呢？

这个想法让杨芷心里一惊，总觉得这个女孩出现在这里是与自己有关，但又想不出个子丑寅卯来。心绪太乱，就给刘布谷打了个电话，满腹怨气地和她说两次遇见这个极品女孩的事。

刘布谷听了，也想不出原因，和杨芷想法一样，只是觉得遇上一个爱搞恶作剧的女孩，应该没啥事。末了，刘布谷遗憾地说：“早知道当时和你一起办卡了，我们两人在一起实力壮些。不过我现在失业状态中，更是不敢花大钱了。”

杨芷这才想到布谷失业的事，说：“对了，布谷，你让我帮你写英文简历来着，不好意思呀，罪过罪过，我都忙得忘了。晚上你把简历发过来吧，我帮你翻译。”

刘布谷哈哈一笑，“是我根本还不想找工作呢。越休息越懒了，怎么办？要不是怕过几个月断了粮，我真想狠狠地休息一个月。”

“行了。年纪轻轻的休息那么长时间干吗？等老了休息的时间多着呢。说好了啊，晚上把你的简历发过来，我今晚不为高胜寒服务了，为你服务。”

“好，顺便帮我的简历润润色，我写简历水平不行。连我自己看了都枯燥无味，没有看下去的冲动。”刘布谷说完后，又说：“干脆晚上来我这里吧。想和你说说话，方便不？”

“有啥不方便的！我说我这几天，不是在高胜寒那里，就是去你那里，我看我的房子都不需要租啦。”

“那快来吧。我零食备着，嘿嘿。”

## 第二十三章　一跳成名

刘布谷坚持认为吴思寒这个极品女孩一定与莫莉莉有关联。杨芷觉得不太可能，她和莫莉莉早没有了什么瓜葛，唐凌霄也远走高飞了，对方没有道理抓住自己不放。

刘布谷说：“不要觉得电视剧狗血，生活永远比电视剧还要狗血！”

杨芷也被说得有点相信了，所以在第二天去健身的时候，坚决拉着刘布谷一起。刘布谷说：“我没有健身卡啊，怎么办？”

“这有何难？健身房不是让人推荐会员吗？我就说介绍你去体验。”杨芷计上心头。刘布谷想这是个好主意，然后就屁颠屁颠地跟着去了。

这次刷卡时，杨芷多长了一个心眼，问前台服务员，“小姐，我的好朋友吴思寒来了吗？我们约好的。”

前台服务员说声“稍等”，在电脑里查询了一下，没找到，问杨芷，“请问是哪两个字啊？这边找不到。”

杨芷告诉她“思寒”的写法，服务员又搜索一遍，确认说没有这个人。

杨芷说了声谢谢，和旁边的刘布谷递了一下眼神，然后对前台说："这是我介绍来的朋友，她今天来体验一下。"服务员听了很高兴，热心地把她们请进去了，还递上了两瓶矿泉水。

"吴思寒是个假名字？"杨芷开始动用脑细胞。

"看来是。晕，这个人太神秘了，我怎么听着有点毛骨悚然的，感觉像名侦探柯南一样，马上要进行破案了呢。"刘布谷觉得很不可思议。

"吴思寒呢？"杨芷用眼光搜寻着，觉得有点奇怪怎么会不见她的身影。难道她是看到自己有了伴就不出现了吗？

还容不得多考虑，吴思寒就出现了。她不知从哪里冒出来，站在杨芷的面前，同时用眼神打量着刘布谷。刘布谷看到她就有了战斗细胞，全身的力量都被调动起来。

"杨姐姐……哦，杨芷，你来啦？"因为杨芷警告过她不要叫"杨姐姐"，吴思寒及时纠正了称呼。

刘布谷故意问杨芷："这谁啊？"

杨芷说："她叫吴思寒，不过我刚才通过前台打听她来了没有，服务员说没有叫吴思寒的，所以……"

"我，我就叫吴思寒！我是拿着……我表姐的身份证办的卡，怎么啦，不行啊？"吴思寒是天不怕地不怕，撒谎撒得比真话都真。

"没事，我去锻炼了。"杨芷冲她笑笑，拉着刘布谷走开了。吴思寒也跟着，杨芷没有再刻意躲她。健身房就这么大，能躲到哪里去呢？

只是这次吴思寒不再缠着杨芷，对身边的刘布谷兴趣更浓些。这让杨芷有点卸下心防：看来这女孩确实是闲得发慌才会找自己，这不，人家马上有新目标了嘛。

杨芷终于心无旁骛好好地做了一次健身。吴思寒一直都和刘布谷在一起，走到哪儿跟到哪儿，像个跟屁虫。杨芷拉完筋后打算叫刘布谷去冲澡，发现吴思寒正拉着她，在那里拿着手机比画着什么，看她们俩的样子倒是挺投缘，起码比自己强多了。

因为有之前桑拿房的闹剧，杨芷心有余悸，不敢让吴思寒跟进来。吴思寒也乖了，这次没有打扰她们。

冲凉时，刘布谷悄悄地对杨芷说："小芷，事实证明，她对你真的很感兴趣。你不要看她一直和我在一起，问的全都是关于你的问题。我也想从她那里套点话出来，可这小姑娘就是睁着眼睛说了半天瞎话，而我明知道她是在说瞎话，却也没办法，她信誓旦旦的。"

"她问什么啦？"杨芷运动后，全身都红红的，再用热水一冲，看起来白里透红的煞是有喜感。她比以前红润多了，身体也结实一些了。

"她问你有没有男朋友，男朋友做什么的，帅不帅，对你好不好、有没有同居啥的。又问你是啥学历，哪儿人，和我怎么认识的。就跟警察调查案件一样，恨不得连你祖上三辈是什么行业都想问了。"刘布谷说。

"呵呵，我现在感觉自己就像被扒光了，被放在阳光下拍卖一样，特别没安全感。"杨芷想了想，又问："她不会真的跟莫莉莉有关吧？"

"我觉得不会。因为我忽然喊了一声'莫莉莉'的名字，想看她什么反应。她好像完全没有反应。对了，她缠着我要你的微博和QQ，我不给。然后她居然很有耐心地把你的人人账号搜出来了，就那么一页页地找。"

杨芷听了，只觉得后背一阵发凉，热热的水冲下来都不管用了。她很无奈地笑笑，"我的微博也很好找，都有我们公司FF的标志的。哎！不说她了，实在不行，我在网上把这张健身卡卖掉，赔点钱也无所谓了。这样下去我会做噩梦的。"

可怜的杨芷，又不是明星又不是名媛的，就莫名其妙地被当成了箭靶。看来以后出门要看黄历了。

杨芷和刘布谷收拾妥当后准备离开。晚上还要一起去崔毅那里继续帮高胜寒做功课呢。两人本能地四处看了看，没有形迹可疑的人，才安心地走了。

这日子过得一个心惊胆战！

杨芷没有想到，这才只是一个开始。高胜寒还没有回来，他正在父母身边尽男子汉的责任，也是各种大事小事一把抓。杨芷没有把吴思寒的事告诉他，怕给他添乱。她一直都相信，吴思寒玩够了，一定会突然就消失，就像她突然出现一样。

这几天，杨芷只要一有空就帮高胜寒找国外很多同行的资料，一字字翻译成了中文，再分门别类地整理成册，力求让自己的男友看时一目了然。有时候忙起来，会忘了吴思寒这个困扰的存在。

这天一上班，杨芷像往常一样走进办公室，发现办公室气氛不对，因为其他部门好多并不熟悉的同事，几乎都要抬头匆匆地看她一眼，然后又假装无意地把眼神撤回，抿着嘴笑。

一开始，杨芷觉得自己是多心了，自己有啥可看的？人家只不过是本能地看一下旁边走过的一个人而已。直到走到自己的办公间，才发现不对劲，因为远处的崔毅正笔挺地站在那里，看着自己，像是有消息要传达的样子。

杨芷拿着手机向他示意，意思是我们可以发短信。很快，崔毅的短信来了，一条长长地短信：有人把你在健身房跳舞的一小段视频发在微博上，还发给了FF公司的所有领导和同事，只要带着FF标志的都捎带上了，包括我们的官方微博。小芷你出名了！不过发微博的人，账号无迹可寻，没啥真实资料。

杨芷马上打开电脑，她对这段视频的始作俑者心知肚明。她现在恨不得马上冲出公司，找到吴思寒把她大卸八块！

电脑仿佛比平常启动更慢，再加上启动后还有一系列的自动杀毒、测速等软件运行，杨芷迫不及待地打开了微博。

自己微博里居然没有这条信息，但她一搜索就马上找到了。因为有的同事还幸灾乐祸地转发，并且好奇地奔走相告，互相询问谁干的？杨芷顾不上理这种职场的人心险恶，马上看那段视频。

没错，正是吴思寒在桑拿房里给她看的那一段，自己傻不愣登地跟着别人跳舞，形象几乎可以说是零！

杨芷气不打一处来：当时明明看着她删除掉的啊！难道她还备份了？或是已经提前发到网上了？

杨芷突然觉得很委屈，一时间愣在那里，满嘴说不出的难过。

我一介良家妇女招谁惹谁了？从莫莉莉开始，就感觉总是有人和自己过不去，想来想去都想不通这是为什么。我杨芷既没有美得对任何女人造成威胁，又没有口无遮拦地得罪过人，天天中规中矩，小心翼翼，掉到人堆里都不会有人注意到，为什么总是有人处处挖我的墙脚？为什么啊？

想着想着，眼里已经有了泪。身边的同事看她快要哭了，有几个坐得比较近的都过来安慰她，并陪她义愤填膺地骂了几句。杨芷知道办公场合不能太情绪化，逼着自己做了几个深呼吸，正要摊开一堆文件打算工作，发现覃晖站在自己的身后。

“覃总，你好。”杨芷本能地打了一个招呼，然后语无伦次地说：“你要的报表我一会儿送过去……还有昨天视频会议的记录……”

“视频会议的资料你昨天下班时已经给我放在桌上了，忘了吗？小杨，来我办公室一下。”覃晖脸上没有表情，不温不火地说。

杨芷知道要说什么事，她放下手里的工作，跟着覃晖进了办公室。

“杨，公司很多同事昨天晚上突然看到有人发的这个视频，很奇怪。现在初步看来，这应该是个闹剧，不用太往心里去。”

“谢谢老板理解。”杨芷觉得挺温暖。

“不过……这个影响毕竟不好。我不想去猜测什么，毕竟每个人都有各自的私事。可FF公司这么大，几乎人人都会说是因为你的个人生活问题，影响到了公司的形象。比如你的感情生活，或是其他事情得罪了人，然后引发这种荒诞的闹剧。我希望，你能把自己的个人问题处理好。”覃晖的话让杨芷马上负罪感加重，刚才稍纵即逝的温暖也全不见了。

“覃总，我知道了。我会在这两天把这事处理好。”杨芷低着头说。

“我相信你的为人。我会发邮件让收到这条微博的同事全部删除这段视频，网络的世界信息传播很快，尤其是我们这种性质的公司。这要是让同行看到了，会笑话我们的。好的，杨，你出去吧，不要影响工作。”

杨芷谢过覃晖后出了他的办公室。使劲憋着眼里的泪水。这怎么能够不影响工作呢，她现在完全没有心思工作，只想马上找到吴思寒问个究竟。

手机“叮”一响，又是崔毅的短信：小芷，别想太多了，幸好这视频只是你的一个窘样子，并不是什么见不得人的事，或是出卖商业机密什么的，大家笑笑就都忘了。开心！

杨芷想起了什么，赶紧给崔毅回过去：谢谢安慰，我没事。这事暂时不要告诉胜寒，我心很乱，现在不想听任何的安慰，也不给他添乱了。

这一天在公司，杨芷几乎都低着头走路，所到之处眼睛都不想直视任何同事，总是处于一个放空的状态。好不容易挨到了下班，和身边同事告别后，她第一个打卡，冲出了公司。

每天的这个点都是健身房人最多的时候。华灯初上，在写字楼坐了一天的人们都纷纷来这里寻找健康的方向。在这个充满着汗臭味和塑胶味的、空气极度不流通的场所里，体现着属于都市时髦人群的现代文明。

杨芷没有换衣服，在健身房的每个角落寻找着吴思寒，无果。

以前只要杨芷一出现，她都能像事先埋伏好的战士一样，在最短的时间里窜到杨芷眼前。可今天似乎太不寻常，或许吴思寒是知道自己做了错事不敢出来，又或许是她的无聊闹剧已经成功，已经没有必要再出现。这些杨芷都不知道，除了吴思寒，没有人知道。

杨芷没死心，坐在门口等她。好几次服务员过来问她要不要先刷卡，然后问她要不要上晚上7：30的瑜伽课。杨芷没好气地说：“我自己决定好吗？我连自己的时间也不能决定吗？”连她都害怕自己今天的坏脾气。

打开自己的微博，想寻找一些关于吴思寒的珠丝马迹，根本找不到。吴思寒的账号是新注册的，只发了那一条害人的微博就再没有其他的信息，而注册的手机等信息都是不公开的。

实在没办法，杨芷就在网上搜“吴思寒”三个字，搜来搜去，翻了好多页的信息，似乎都与眼前的这个女孩无关，于是作罢。

## 第二十四章　原来是你

一连两天的等待，吴思寒都没有再出现。看来她“功成名就”，已经没有必要再出现了。

高胜寒马上就要回沪，电话里语气轻松，像卸下了一个沉重的包袱，看来家里的事情进展得不错。

崔毅几次扬言要动用电脑高手来查那个陌生微博的底，都被杨芷拒绝了。她说：“帅哥，不用查了，我知道是谁。但我找不到她。”

崔毅这才知道杨芷这些天来一直在遭受着另外一个女孩的骚扰，只不过她只字不提。她很同情地看着杨芷，说：“小芷，你说你招谁惹谁了，谁这么天天就想看你笑话啊？要我说，一定是和那个莫什么莉莉的有关。走，我陪你去问她个清楚。”

同样火冒三丈的还有刘布谷，她和崔毅两人恨得牙痒痒，一唱一和地说不管那女孩躲到哪里，不愁找不到她，然后再让她到 FF 公司登门道歉。

杨芷看着这两人的样子，都被逗笑了，“按照你俩的说法，我现在应该拿把吉他，到地铁里去弹一下我的忧伤？都说了，没事，不就是现了一个丑吗，又没啥。再说我平常也没有花容月貌和光鲜亮丽过，没啥损失。”

崔毅说：“哟，小芷，你心态可真好。那你能保证，接下来不会发生别的大事？人家在暗处，你在明处，这很不安全吧？”

杨芷也想过这个问题，说不定这个“精神病院 16 床”的吴思寒哪天一发神经，又给我的身心造成伤害啥的，那后果才可怕！

可吴思寒不出现，我们能有什么办法呢？总不能派警察叔叔去抓她吧？然后告她名誉侵权？

第二天高胜寒回了公司，一上班就听说了这件事。他拽着崔毅把前因后果问了一遍，高胜寒脑子里马上有个答案：吴晓语。

要说了解，高胜寒当属最了解吴晓语的，除了她，还有谁？

想当初听到吴晓语来上海的消息，高胜寒就有不祥的预感，但她刻意换了电话，也联系不到。这次回去其实也见到了吴晓语的父母，但吴家父母都对女儿的事守口如瓶，高胜寒也不敢再多问。

没想到吴晓语越来越离谱。高胜寒生平最讨厌别人把这些鸡毛蒜皮的破事牵扯到工作上去，还弄得在 FF 公司满城风雨。

更委屈的是杨芷，高胜寒一想就心疼。小芷她一方面挤出时间为自己的晋升做准备，还要天天承受着有人在背后捅她一刀，真不知道这些日子是怎么过来的。她是那么的要强和好面子，被人这么耍不可能没事。说没事，只是表面装坚强罢了。

杨芷今天不在公司，她跟领导出去了。高胜寒给她发了好多的信息都没有回复，想来是不方便。好不容易等到下班的时间，高胜寒给她打电话，却已经显示关机。

崔毅说：“呀，该不是有危险了吧？”

高胜寒说：“应该是手机没电了。我们去小芷家看看。”说完两人火速收拾东西，开车去了杨芷家。

家里没人。崔毅给刘布谷打了电话，确认杨芷没和她在一起后，两人又一起去健身房找。

杨芷没有在健身房，高胜寒很失望，也很担心。对崔毅说：“我们先回家，或许小芷会找我们，而且她开了机肯定会找我们的。”

他们俩刚走后不久，杨芷就一个人到了健身房，与他们擦肩而过。

杨芷今天来的目的，就是要打听吴思寒的下落。因为是老客人，前台服务员一看到她就热情地打招呼。她笑盈盈地走过去，问道：“你好，我想问一下我的那个朋友，就是常来的那个小姑娘，和我老在一起的，她在健身房登记的名字叫什么?”

服务员顿时警觉起来，本能地问：“小姐，我们不能泄露客人的资料的。”

杨芷早料到她会这么说，解释道：“是这样的，我是在健身房认识的她，她说叫吴思寒，但上次我让你们查了，不是这个名字。她说是用表姐的身份证办的卡。因为我有一次让她帮我拿我的文件夹，最后东西落她那里了，我现在急着要，又不知道她的电话，很着急。”

服务员一听，半信半疑。不过保持着最好的服务素养，说：“好的，我帮你查一下。”杨芷提醒她顺便看一下电话，现在可急着要文件呢。

过了一会儿，服务员把电脑的屏幕转过来让杨芷看，“小姐，你看是这个女孩吧？她叫吴晓语，就是用本人的身份证登记的呀。”

杨芷一看照片，连连点头说：“就是这个。我把电话记一下，谢谢哦。”

吴晓语，这个名字真的好熟悉，好像在哪儿听过。杨芷只觉得脑子不够用，用了半天才想起来。好像是高胜寒嘴里说过的那个门当户对。对！就是她！吴思寒，思念高胜寒，原来是这层意思。我怎么这么笨呢？

杨芷自我嘲笑两声，真的够荒唐的。只听高胜寒说过她很闹腾，没想到真的是行动力极强，说下手就下手了。杨芷手机没电，她把电话抄在一张纸上，放在口袋里打算回家。刚出了电梯，她就看见吴思寒坐在健身房楼下的一张会客椅上，等着她。

杨芷走过去，用似笑非笑的表情问：“思寒小姐是在等我吗？怎么没有像以前一样兴奋地冲到我面前来啊?”

吴思寒快人快语，她说:“我是在等你，那你坐吧。我真受不了你们这些有文化的人，本来恨我恨得要命，还拐弯抹角地发问。”

杨芷淡淡地说:“我为什么要恨你?”

吴思寒先急了，“我把你那么丑的视频发给那么多人，让你丢人，让你出丑，你不恨我?”

杨芷说:“做了坏事还敢来见我，说明人品还不差。恨倒谈不上，我只是觉得你太过于幼稚，吴——晓——语!”

听到这三个字，吴晓语还是慌了神，她没想到杨芷这么快知道了自己的名字，支支吾吾地问:“是胜寒哥哥告诉你的啊?”

杨芷说:“我也是刚刚知道，不是你的胜寒哥哥告诉我的。不过我想他一定很了解你的个性，知道了应该也不会多惊奇。吴思寒，哈哈，看来你真的很喜欢你的胜寒哥哥啊。”

吴晓语说:“是，我很喜欢他。要不是你，我说不定早和胜寒哥哥结婚了。而且听我爸妈说，他家的厂子关门了，现在欠了不少钱，只有我家才能帮他们重新做点别的生意，别人都根本不会帮他们的。你呢，你能为胜寒哥哥做什么?”

杨芷不说话了。是啊，我能为高胜寒做什么呢?

杨芷说:“是，我为他做不了什么，我很惭愧。可你现在做的这些也是没有用的，其实你心里是很清楚的对吗?”

吴晓语说:“我就是想知道，他喜欢的究竟是个什么样的人，有多漂亮，有多好。现在知道了，不过如此嘛。没想到这么快游戏就结束了，真没意思。”

杨芷忍不住笑了，说:“不好意思，让你失望了。早知道我去韩国整个容，这样还能气气你。说实话，这几天我一直挺生气，直到刚才来找你之前我还是一肚子气，但我现在气不起来。说白了你也是喜欢高胜寒才这么做的，这世界上又多个人喜欢他，也不是什么坏事。可是……”

吴晓语问："可是什么？"

"可是就算没有我杨芷，还会有张芷王芷李芷各种芷，他喜不喜欢你，并不是因为身边多了一个我，你懂我的意思吗？"杨芷非常坦白地告诉她。

吴晓语没说话，不知道是不是真的明白了杨芷的话。她今天很安静，和以往的聒噪不太相同。她想了想说："我很早以前就喜欢胜寒哥哥了，我以为我是爸妈的宝贝，走到哪里都是宝贝，都是以我为中心的。可我现在知道了，我离开了爸妈什么都不是，起码在胜寒哥哥那里就什么都不是。我和爸妈说要来上海找工作，骗他们的，我哪是找工作呀，来之前老爸就给我的卡里存了20万元零花钱，才没几天，已经花了好几万了。我还真羡慕你们，虽然没啥钱，可网站上那些工作的要求都能达到，我离开父母，什么都不是。"

杨芷做了一个鬼脸的表情，说："有多少人羡慕你呢。"

吴晓语有些黯然伤神，这表情出现在她脸上倒是很难得。她对杨芷说："反正胜寒哥哥喜欢你，你就赢了。不过要知道，是我先不要他的，我身边追求者多得很呢，他还比我老十岁，哼，而且现在他家里已经变穷了，配不上我了，是我不要他了，知道吗？"

杨芷说："是是是，是你甩了他，我会让全世界知道是你甩了他！"

吴晓语站起来，对杨芷说："走吧。"

"去哪儿？"

"去胜寒哥哥，不，高胜寒那里啊。我以后不叫他胜寒哥哥了，他肯定还有事情需要我帮忙呢，还有，我要当着你们的面主动承认我的'罪行'。"

杨芷这才想起已经一天没有联系高胜寒了。好久没见，好不容易他回来了还见不着。于是答应了她，两人一起向门外走去。

出租车到达高胜寒的住所时，杨芷拿出交通卡准备付账，被吴晓语拦住了："真受不了你们这些人，明明没钱还要装有钱，我来付。"说完甩出一张百元大钞，说了句"不用找了"就准备下车。

司机觉得可疑，他可从来没见过这么大方的客人，拿着钱对着灯光照，辨别真假。这时吴晓语不耐烦了，有点京腔津韵地说："放心吧师傅，我真钱都花不完哪，哪还会用假钱？师傅晚上开车小心。拜拜了您。"

杨芷在旁边目瞪口呆，自己真是遭人家嫌弃呢。不过她对吴晓语有了新的看法：她就是那么闹得干脆，俗得彻底，又善得可爱。

当两个人一起出现在高胜寒和崔毅的住所，两个男人的惊讶程度不亚于见了鬼。高胜寒说："晓语，你终于还是出现了。玩失踪哪？"

崔毅不屑地撇撇嘴，"不知道又搞什么花样。"

吴晓语瞅了他一眼，说："我们三个人的事，你这个外人少插嘴，可以回卧室休息去了。"

崔毅扭头回了卧室，他才不想掺和在其中，看着吴晓语就烦。等他走了，高胜寒开始责问吴晓语："那些视频都是你发的？"

"是啊，怎么了？连杨芷这个当事人都原谅我了，你大惊小怪什么？"吴晓语很嘴硬。

"晓语，你在我们之间怎么闹都可以，你可知道你这些疯狂的举动，让杨芷在公司很抬不起头。幸亏她的上司明事理，要不然后果很严重的。不要把这些私人的恩怨弄到工作的环境中好吗？"

吴晓语自知理亏，没说话。

杨芷看着高胜寒，感觉比上次回时更胡子拉碴，也更清瘦了。只不过这样的高胜寒看起来更加多了一些男人味，才短短的几天就有一种饱经历练的感觉。

高胜寒也看着杨芷，她依然那么地平静，好像什么事都没有发生。她身上没有同龄女孩的那种活泼和跳跃，但同时也多了一些淡定和从容。高胜寒一直不知道为什么杨芷会有这种气质，她不太说她的家庭。以前他也希望自己的女朋友可以稍微幼稚些，但现在也越来越享受杨芷的宠辱不惊。

只是高胜寒也知道，杨芷内心还是有一团团的小火焰的，深深地走进她的内心，她就是一个急需保护的小女孩，只是外表修练得很大气罢了。

女人就是不同类型的书，有的女人就像历史书，表面枯燥，可越研究越被吸引，越挖掘越有趣。

高胜寒还要数落吴晓语几句，被杨芷拦住了，“胜寒，这个小插曲就让它过去吧。从某个角度上看，吴晓语还帮了我呢，她让我认识到，我的形象建设真的是有问题，以后多注意。而且，今天是她主动找的我，诚意可嘉，所以这件事算了，就此画上句号。”

高胜寒不相信，问道：“可是，晓语，你已经保证过很多次了，没有一次履行过承诺!”

吴晓语扬起骄傲的头，说：“这次是真的。本姑娘不玩了，不好玩！而且，我已经有了新的帅哥了，不喜欢你了。”

杨芷说：“是啊，高胜寒，是人家甩了你，你就别再缠着人家了。”吴晓语小姐的自尊心无比值钱，小姑娘要面子，就一定要给足她，让她开心。

吴晓语被激起了脾气：“不相信啊？我现在就给我爸打电话，当着你的面告诉他，我不要你了。”

说时迟，那时快，吴晓语已经拨通了吴叔叔的手机。电话通了，吴晓语说：“老爸，我过几天就回去了。我把高胜寒甩了，我早说了我不喜欢他嘛，我看上我们健身房的教练啦，可帅呢……啊？当然是我甩得他啊，高胜寒可伤心呢。”

挂了电话，吴晓语对着高胜寒说：“胜寒哥哥，我最后一次这样叫你，习惯了，一时改不了。我爸说了，是我淘气对不起你在先。说不定哪天就和你爸妈合作了呢，我只能帮你到这里了，算是将功补过吧。我走了。”

说完就潇洒地摆了摆手，走了。高胜寒追上去，说：“我送你。”

“得了吧。你那小破车，还不如那个世博出租车舒服呢，我走了。”吴晓语出了门。杨芷说：“我们一起走吧。”

吴晓语像是没听明白，转头望着杨芷。杨芷说：“我们一起走，一起打车。”

## 第二十五章　各有梦想

吴晓语彻底地离开了上海，走的时候拒绝了任何人去送她，她说讨厌大家假惺惺依依惜别的表情，她一个人来，一个人潇洒地走。她专门买了最贵的机票，又一次买了大包小包女孩们喜欢的小物件，打了个包寄回去，就用最原始、最暴发户的形式狠狠地治疗了失恋的伤。

高胜寒家里的事，算是得到一个还不差的结局。厂子按正常程序注销，不动产拍卖，不亏不盈。父母虽然失去了往日的风光生活，但心头重担卸下，少了很多的压力，多了很多人生的唏嘘。

高胜寒告诉杨芷这些的时候，眼里几度湿湿的。只不过他的人生哲学是“以幽默的人生态度，对待一路发生的苦难”，所以每次到有感悟时，都无一例外地向正能量靠拢。

好在，一切都不坏，是吗？

杨芷说：“我其实很羡慕吴晓语，敢爱敢恨，很勇敢，我做事要能像她那么痛快淋漓就好了。”

高胜寒觉得有点奇怪：“你就一直都没有吃醋吗？”

杨芷说：“还没有到吃醋的时候。女人的感觉是最灵敏的，觉得这件事还不够我疯狂。哪天真的遇上了，一个按键，我就马上开启疯狂模式了。到时候说不定比吴晓语还能折腾，我劝你就不要尝试了，以后还是小心行事吧。”

高胜寒怕怕地点点头，心想女人真的是老虎呢。

杨芷看着高胜寒，语气平稳地说：“高胜寒，你还是把你身边的杂事处理干净吧，我真的累了。这难道是墨菲定律吗？我就是平凡得不能再平凡的人，越想过点简单的生活，生活就对我越不客气。我真的很害怕再出现一个莫莉莉或是吴晓语，我不想陪她们玩这类型的游戏，无聊透顶。我不是神仙，不可能真的对这些事情装聋作哑，你应该懂得，我只是在装无所谓。”

高胜寒也很内疚：“从一开始我就想做你的大伞的，没想到最后，你成了我的大伞，为我做那么多的事，还背负了那么多的委屈。我很是过意不去，以后加强弥补，只要你对我有信心。”

杨芷笑了笑，还是兴奋不起来。她说：“我为你做什么都不会觉得累。我只是害怕再有人来打扰我的生活。不知道为什么，吴晓语离开上海时，我觉得她有一种很悲壮的感觉，让我心里也添堵了，有时候甚至觉得她比我更爱你……好了好了，我不想了，不能让这种情绪蔓延下去。胜寒，我晚上想一个人，就先回去了。”

高胜寒没有挽留她，他看出来杨芷心绪不佳，想一个人静静。她的心智比较成熟，说想安静的时候，就让她静，她自己会很快地走出来。高胜寒把她送到楼下，帮她拦了辆出租车，就让她走了。

等她走后，高胜寒一个人回到家里，兴致也不高涨，也没有叫崔毅，一个人暗暗地坐在沙发上，心思成行。

崔毅上洗手间，一开门看见一声不吭坐在那里的高胜寒，大叫一声：“哎呀妈呀，吓死我了。我以为你们都出去了呢，小芷呢？回去啦？”

高胜寒点点头。

“哎呀，你跟个鬼一样坐在这里，一点声音都没有，真受不了你。给你个选择，要么去洗了睡，要么就好好地为你的经理考核做准备。这些天可把我累坏了，你这本尊回来了，我终于可以打酱油了。”崔毅催他。

“快去上你的洗手间吧。我现在马上就工作！”高胜寒把他赶走。

高胜寒走到餐桌前，餐桌的一侧堆了好多的资料和本子，这是崔毅和杨芷这段日子为他用功的地方。时间挺紧迫，容不得想太多，高胜寒翻开一页页地看。

崔毅从洗手间出来，走到餐桌前坐下，说：“寒寒，你对你这次升职有信心吗？”高胜寒摇摇头。崔毅又说：“我觉得吧，你年前年后请了这么多的假，领导没把你开了都算好的了，而且你耽误了很多重要的会议内容，幸好我都给你做了笔记。你都看看吧，放心，有我这个大喇叭为你传达会议精神呢。”

高胜寒说：“没事。成与败咱控制不了，该做的事一件不能少，不努力过怎么知道不行呢。只不过你们跟着我受累了，好兄弟。”

“少肉麻！”崔毅白了他一眼。

“你真的打算过段时间辞职吗？决定了？”高胜寒问。

“决定了。我今年都27了，要想转行趁早！就那服装公司我已经投过很多次的简历了，人我也见过，就等过段时间直接去呢。不过工资是真低，寒寒，你猜，我当助理的工资是多少？”

“反正你又不在乎钱多钱少，你是从长计议嘛！”高胜寒知道他肯定不会计较的。

“猜猜嘛！”

“五千？六千？能有多低？”高胜寒觉得那么大的公司肯定不会太跌分吧。

“两千八！夸张不？”

“两千八！保洁员都不止这收入啊！崔毅，你真的想好了吗？这工资，是你现在的五分之一都不到吧?”高胜寒提醒他。这也太低了，就算是助理，好歹也是技术类小工，怎么当打杂的来定位。

“想好了。两千八又不是我的终极目标，我现在的存款，够我撑一段时间的，大不了，把爱喝的咖啡都换成了速溶的，把有机蔬菜换成无机的，苦日子谁没过过？不怕!”崔毅很坚定!

“好样的崔毅！我支持你！没事，钱不够了还有我呢，我的爱好就是金融，我会烂在这块领域里，坚持下走。保准有你吃饭睡觉的地方，不会让你沦落街头。”高胜寒特别佩服崔毅的坚持。

“你也是好样的，我们都是好样的。”崔毅眼冒金光，仿佛眼前不是餐桌，而是金光闪闪的T型台。

“你只要答应我，一定要坚持，不要放弃。”高胜寒提出要求。

“没问题!”两人击掌，像是在分享成功的喜悦一样。等兴奋过去，崔毅说：“好了，我的付出终于有回报了，我到时候落魄了，你可得管我。好吧，我们现在需要做的，是帮你好好地当上经理，然后再当总监、老总。”

“行行行，快别手舞足蹈了。崔毅，我跟你走得近了，现在都会跷兰花指了。”

“滚!”

两人忙活着，在工作里寻找着最大的安全感。高胜寒心想，自己一定得努力，才有配得上杨芷的优秀，才能配得上自己当初那个叛逆的决定，才能对得起自己所有的失去。

杨芷也没有闲着，回到家打开电脑，为刘布谷的简历锦上添花。这姐们儿已经休息了一段时间了，也不急着找工作，一副享受不够的样子。杨芷看她的简历搜索关键词写着“热情友好”“团队精神”“吃苦耐劳”等字眼，不禁哑然失笑。

难怪没有工作找上门，没有一家公司搜索条件时会输入“吃苦耐劳”四个字啊。

整个简历唯一不需要修改的，就是刘布谷的玉照，青春美丽的脸宠在一排琼花树前笑靥如花。杨芷盯着电脑一句句地给她修改着，加了好多专业描述的内容，到最后将简历全部翻译成英文后，两个小时已经过去了。

电脑里的音乐正播放到了张雨生的一首遗作《我轻易地结束了一段感情》，这是唐凌宵喜欢的一首歌，只是没想到一语成谶，成全了预言。

我轻易地结束了一段感情

轻易得太没有道理……

播放器列表里的歌有将近200首，杨芷从未清理过。它们就像笔记本一样记录着历史，每首歌都拥有着不同的主人，诉说着不同阶段的故事；它们风格迥异，却相安无事地存在于同一个人的播放器里，就像是人生的包容。

杨芷给刘布谷QQ留言，告诉她简历已经修改好，并且帮她写了一封求职信。按照她的经验，在投递简历的时候，附加一份中英文的求职信的效果会更好一些。

忙完了这些，杨芷便把头轻轻地仰在椅子靠背上，难得地享受了一段音乐的时光故事。

刘布谷第二天一觉睡到大中午，她看到杨芷的留言，还有做得完美无缺的简历，马上高兴地打电话感谢。她对着手机亲了杨芷两口，以感谢她细心周到的服务，同时向杨芷保证说当天就好好地大幅度投简历，不再偷懒。

杨芷听了急了，说："布谷，你选择工作慎重点嘛，千万不要'一键全投'啊。"

"为什么？投简历就要广撒网嘛。"

"人家一个公司会发多条求职信息的，你'哔'一下全投了，人家重复收到你的申请，一眼就看出你就是没认真看啊。这会让你的形象大打折扣的，越好的公司越在乎这点。"杨芷苦口婆心。

"知道啦，杨一老一师！"刘布谷加重语气取笑她。

"哈哈，我也觉得自己有点为人师表了，你看你真是让我操碎了心啊。"

杨芷笑了笑，又问：“那你到底打算找哪个行业啊？”

“我还没想好呢。”

“那计划找个什么职位啊？”杨芷又问。

“也没有想好呢。”

“我要疯了，你这个全无目标啊。不会简历也让我帮你投吧？”

“正有此意！哈哈哈！”

“行行，懒得理你。我要上班了，你下午去网上看看工作吧，挂了啊。”

上午高胜寒在MSN上告诉杨芷，他和崔毅昨天晚上的谈话内容。崔毅的理想，高胜寒的奋力一搏，未来很未知，但有理想，就会让人时刻都充满斗志。杨芷因此也想了想自己的理想，好像一直都坚定地在那里，从未忘记：那就是成为一个优秀的同声传译，而且至少要掌握三门外语。

所以一听刘布谷没有职业的规划，杨芷打心眼里为她着急。在上海这段时间里，这个铁打的四人组合，杨芷希望每个人都好。

## 第二十六章　爱的考验

日子过得总是很快，不知不觉已经到了初夏。FF 运营中心激烈的经理竞争已经结束了。就像紧张的高考一样，FF 大公司大做派，非要搞一个“开榜”的日期，这让几个候选人过得度日如年，天天焦急地等待着结果。

上面的解释是，此次经理的岗位将担当一些新的职责，对每个人都要综合考虑，并且要经过分公司和总部的一致认可。所以才会有一个开榜周期。

高胜寒却一身轻松，这半年的经历让他成长不少。在这么紧凑又杂事缠身的一段时间里，高胜寒如同进行洗礼一样，重新审视了自己的能力以及责任。所以自从提交了方案的最后一天，他已经全身心地放松了。结果重要，过程亦重要，努力过了也没什么可后悔的。

同时一身轻松的还有崔毅，他提交了辞职申请已经有十几天了，这几天正和承接的同事交接工作。同事们知道他要去一个服装公司当设计师的小助理时，都表示不理解，午休时围着他问东问西的。

"你这可是行业大跨跃啊，怎么会想到做服装设计?"

"一个月给你多少钱啊？舍得抛下 FF 这么好的公司待遇？"

"以后想见你，是不是还得看电视啦?"

"……"

大家七嘴八舌地问，崔毅就一个个解释，唯独对工资这一块撒了个谎，如果告诉这些人试用期工资一个月才两千八，他们非把自己归为脑残不可。

等崔毅真正离职的那一天，正好是个周五，部门同事都为他饯行。这是自从到了 FF 公司后，崔毅吃得最放松、最热闹的一顿饭，散伙的含义都不重要了。席间大家说了好多感慨又充满希望的话，互相鼓励。

有个男同事说崔毅天生就是做服装设计的料，他平常的举手投足都像极了一个真正的大师，特有范儿。崔毅听了这话高兴得差点和那个男同事来个法式湿吻，并表扬这位男同事眼光独到，是伯乐级的水平。

但崔毅其实保持着清醒。等同事们都散了后，他在高胜寒的车里，望着窗外很伤感地说了一句话："天下没有不散的筵席，寒寒，我们最美好的同居生活，结束了。"

高胜寒一时之间不知道该怎么接话，只是听到"同居生活"这四个字，笑得想把饭喷到方向盘上。两人之间也不需要那种虚伪的客套，而且他也觉得有点伤感。

曾经有人唱着"男人哭吧哭吧哭吧不是罪"，男人感伤更没有什么可丢人的。

崔毅接着说："我的新工作，会跟着我的老板，也就是那个有身份有名气的设计师到处参加活动，估计以后在上海的时间会很少了。加上我的低收入应该会持续很长一段时间，所以，到时候我租不起现在的这个花园洋房了，哎，我的美美的小'耗子'（house）。"

高胜寒马上说："那倒没关系。你在上海时间再少，回来的时候总得有个落脚点，难道你要和布谷同居了吗？"

"哪有？布谷才不同意呢。我想找个便宜点的房子，一千五左右的，要知道我将在相当长的时间内坐吃山空呢。住不了好房子喽。”

“那你付给我一千五，继续在这里住，OK 不？”高胜寒笑着说。

“那不行，一千五，连三分之一都不到呢，你太亏了嘛，我们好朋友清算账，不行不行。”崔毅赶紧拒绝道。

“行，我向天下人宣布：你有骨气，是个爷们儿，好了吧？房子你就住着，别唧唧歪歪像个女人。好了，下一话题。”高胜寒最清楚崔毅了，此君对生活品质的要求那么高，让他住个凑合的房子等于剥夺了他人生大半的快乐。人家喜欢小资是好事，起码是上进的表现嘛，一定要尽力成全。

崔毅听了高兴极了，快速地拍了一下高胜寒的肩膀，又鼓掌道：“那我谢谢你了寒寒，我就知道你不会弃我于不顾的。等我改天出名了，一定好好报答你。”

高胜寒大笑道：“你说我们俩的女朋友为什么都那么独立呢？要能住在一起，不省了很多房费吗？不过我们是新时代的男人，要懂得尊敬女性的，包括要尊敬她们的想法，是吧，哥们儿？”

“那当然。我可不是大老粗！”崔毅自豪极了，又说：“不过你和小芷可以考虑一下一起住的问题，我嘛，感情还没到位，所以算了。”

“我也算了。”高胜寒最了解杨芷。

两个男人的车刚驶到家门口，就看到楼下正在等待的杨芷和刘布谷两人。她们两个都坐楼下的台阶上聊着什么，身边的地板上放着大包小包的东西。

初夏的夜晚温度适宜，两人早都迫不及待地穿上了裙子。杨芷穿的是长裙，刘布谷是短裙，正如两个人的性格，一个稳重淑女，一个活泼灵动。

在夜晚柔和的路灯投射下，两个女孩的画面在那里显得异常的美丽和真实。高胜寒的眼光不禁被吸引了过去，心里一种莫名的感动。他掩饰了情绪，对崔毅说：“我先去停车，你快点给她俩开门去，今天一定是为你而来的。”

果然，刘布谷一见到崔毅就马上奔过来，嚷嚷道：“你们终于回来了，我和杨芷屁股都快坐出茧子了。”

崔毅拥抱了一下她，说：“好，我的错我的错，走吧，上楼！”说完走到杨芷旁边把地上的几大袋东西提上。

“这都是什么呀？这么沉？”崔毅往袋子里看了一眼。

“都是我们买的美食，还有红酒，打算今天晚上熬通宵。”刘布谷说：“你们吃饭了，我俩可还没吃呢，只拿零食垫了垫。”

崔毅心疼坏了，一进屋就拿着一堆食材进了厨房，给刘布谷她俩做饭吃。杨芷把零食和红酒都拿出来放在茶几上，又不时地看着门口。

“瞧你急的，你的寒寒马上就回来啦。”刘布谷看透了杨芷的心思。

杨芷不好意思地笑笑，随手打开一瓶酒。这时高胜寒回来了，一进门看见正在用力开红酒的杨芷，赶紧跑过去帮忙。杨芷坐在一旁一言不发地看他开红酒。

“怎么啦？累了吗？”高胜寒问杨芷。杨芷摇摇头，等高胜寒把红酒开了，把他拉到房间，顺手关上门。

高胜寒一脸诧异，想她一定是有话要说，就紧紧地抱住她，温柔地说：“哦，你这是要迷奸我啊？上班的时间虽然没什么机会交流，但我们都可以暗送秋波，怎么一会儿不见就这么想我啊？”

杨芷说：“我下周要到深圳分公司工作几天，新加坡和日本有几个客户要去那里考察，我这边有两个领导都要去。”

“要去几天啊？”

“不确定，至少要十来天吧。”杨芷说。

“哦。虽然我好不容易才和你待了几天，不舍得放你走。但我必须支持你啊，就像你支持我一样。怎么了，这没什么问题啊，怎么还非要关上门说？崔毅和布谷又不是外人。”高胜寒还是觉得有点好奇。

杨芷沉默了一下，她不知道该如何说才能不让高胜寒误会，低头想了一会儿，才鼓起勇气说道：“你知道的，唐凌宵去了深圳……”

“我知道啊，你说过唐凌宵被净身出户，一个人去了深圳……哦对不起，我不是有意要贬低他。那你的意思是……”

“唐凌宵现在在深圳，我也要去深圳，你不担心吗?”杨芷眯着眼睛看着高胜寒。

高胜寒没有马上回答他，拥抱着的两个人一时限入了沉默，显得有些不自在。过了一会儿，高胜寒才松开杨芷，满是疑惑地问:“我相信你已经完全放下了，如果放下了，就算去了也没关系啊。但你为什么要怕我担心呢?”

杨芷早料到他会这么问，不急不缓地回答说:“是的。我要去找他，但并不是放不下，哦，这也许是另外一种放不下，我也没法自圆其说。唐凌宵的事情，我没有和你说太多，因为那段时间我们聚少离多，天天要面对的事情也很多，我没有时间和心情说。”

“现在说也行。”高胜寒笑着说。

“你听我说……唐凌宵当初去深圳确实是身无分文的，估计也只有一点生活费，他说会去找在深圳的同学。可前几天，我们那个在深圳的同学说，唐凌宵只在他那里住了几天，然后就自己去住地下室了，然后……说两次看到唐凌宵在那些很不好的场所出现。”杨芷说到这里声音也提高了些，夹杂了很大的情绪。

“什么不好的场所?赌博还是色情啊?”高胜寒问，语气里有一丝的不屑。

“是!”杨芷斩钉截铁地回答。她对高胜寒那个表情有点生气，继而说道:“高胜寒，你不要用那种语气和我说话！我知道你看不起唐凌宵，说实话我有时候也看不起他。但他并不至于要沦落到如此地步，我们才可以大快人心！如果他真的吸毒赌博又花天酒地，沦落成一个混蛋，我觉得我以后的日子也会很不开心的，这与还爱不爱他没关系，这完全是两码事!”

“我又没说什么嘛，你看你又急了。”高胜寒干笑两声。

杨芷也认为自己有点激动，她稍微收了一点情绪，对高胜寒说:“胜寒，唐凌宵背叛我，要在旁人看来，恨不得他得到如此报应，我也曾经这么想。可他后来也算得到报应了，我觉得已经够了。我真的很担心他会堕落成那个样子，他爸妈我都认识，我无法想象他父母知道后那种绝望的样子。”

高胜寒看她生气了，赶紧发挥出男友的优点来缓和气氛，又一次把她揽到怀里安慰道：“我也不希望他沦落成那样，我难过，是怕你们总是有一丝线在牵着，并不是不相信你。你能这么坦然地跟我说这些，就足以证明你们什么事都没有。”

“你不相信。”杨芷觉得委屈。

“是，我一开始是不相信，觉得你旧情难忘。听你解释了我就相信了嘛！我们经常在网上看到那些小猫小狗或者是弱势群体受欺负都会跟着骂几句呢，唐凌宵如果真的那样了，我觉得或许只有你才能在思想上引导他。因为小芷，你毕竟是唐凌宵这么多年最亲近的人。不过我真的吃醋，我现在脑子里都是你和他见面的场景，我怕你俩说到动情处就忍不住提到以前的事，又忍不住……在一起了。我真的好害怕，我们两个在一起，兜兜转转多不容易啊。”

杨芷说：“如果你害怕，就趁机考验一下我吧。”

高胜寒马上解释：“不需要考验，不需要不需要，我相信你对我的真心。”

杨芷很坚持，“不！你考验一下我。虽然世界上很多东西是经不住考验的，但两个人在一起，以后的路很长，不可能没有波澜，我们就趁此机会看看我们的感情有多稳固。”

“好，那就考验。以你的个性，反正是什么结局你都会告诉我的，对吧？我们不说这个了，你有唐凌宵的联系方式吗？”高胜寒问。

“我有他的 QQ，还有深圳那个老同学的电话，不愁找不到他。”

“那就好。不过你要答应我，千万不要和他喝酒，我可担心你会喝完酒就失去理智，嘿嘿，开玩笑的。”高胜寒还是有点吃醋。

“或许我今生唯一的酗酒经验，就只有咱们相遇的那一次了，估计不会再有了。胜寒，谢谢你。”杨芷动情地说。

“不客气。”高胜寒很受用她的感谢，然后说：“怎么样，直到现在，你对我的称呼还是变不了吗？天天连名带姓地叫，真生分。”

“我不想叫得亲昵，是怕叫顺口了，在公司也不小心脱口而出嘛。你知道我脸皮最薄了，秀恩爱那种事永远都学不会啊。”

“那你原本打算叫我什么？”

“叫你‘寒’，可以不？哎呀太让人脸红了……”杨芷说着都有点觉得肉麻。

“那你知道我想叫你什么吗？”高胜寒笑嘻嘻地让她猜。

“你不会想像其他人一样叫我‘老婆’吧？”

“正是这个！我想叫你‘老婆’，这没什么不好。”高胜寒觉得这称呼大俗即大雅，再好不过。

“可我喜欢你叫我小芷……”

这时门外传来崔毅洪亮的尖嗓门，“你俩在屋里腻歪什么呢？这不是天天见嘛，还这么黏！今天说好我是主角的……你们俩快点滚出来吃东西，今天晚上葡萄美酒，不醉不休！”

拥抱着的两人这才松开来，相视一笑出去了。

## 第二十七章　脱胎换骨

深圳街头。

这已经是杨芷来深圳工作的第三天，却还都没有联系上唐凌宵。她在QQ上给唐凌宵留了言，一直没有收到回复；老同学提供的手机号码打了几次都没有人接，短信也不回。这让杨芷越发觉得担忧起来，脑子里全是唐凌宵在那种声色和边缘场所出没的画面。

白天是纯粹没有时间的。中华区几个办事处的领导这几天都聚集在深圳公司，连总部的二老板和新加坡的亚太区总裁都来了。杨芷的工作被安排得密不透风，连个喘气的机会都没有。

几乎每天晚上都有各种的觥筹交错和杯盘碗盏的盛会，为此杨芷又忙里偷闲地买了两身像样的衣服。每当这时，她都会想起自己初来上海时在第一家公司里，衣着品位成天被莫莉莉耻笑的情景。

莫莉莉，这个女人，一个改变杨芷一些人生轨迹的过路人。正是她，也改变了唐凌宵的人生轨迹。说起来真的不可思议，就像冥冥之中一切自有天意一样。如果唐凌宵真的因此而走向堕落，杨芷连骂莫莉莉的勇气也没有，因为在人家看来，这只是一个笑话。

今天饭局早早结束，杨芷便一个人在东门的商业步行街上闲逛。有深圳的同事说等工作忙完后会带她到处转转，杨芷一心想找到唐凌宵，所以提前就自助游了。

这个时间的深圳气温已经升高，过夜生活的人也多了起来。杨芷走着走着有点饿了。和领导客户吃饭往往是干瞪着美食发呆，永远吃不饱。所以她用眼睛搜罗着街上的小吃，打算找上一两种心仪的然后大饱口福。

这时手机响了，是一个陌生的号码。杨芷想可能是广告，就极不情愿地接起来。对方听到她的声音，很兴奋地说："小芷，我是凌宵。"

终于有他的消息了！杨芷很激动，直接切入主题，"唐凌宵，你在哪儿？我找了你好几天了。"

"我在深圳啊。哦，对，我的号码是王超告诉你的吧？那个电话我现在不常用，又办了一个新号。"唐凌宵解释道。王超是他们的那个大学同学。

"那你现在在哪儿呢？我现在在东门步行街这里，离你远不？"杨芷问完，又觉得有点不合适，毕竟已经是大晚上了，这样去找他是很不方便。

唐凌宵问："我还在外面呢，再忙一会儿就完了。你来我这里，还是我去找你？"

"我去找你吧，我正好也不想逛了。你把地址发我手机上。"杨芷决定去找他，都这么晚了，还在"忙"，忙什么呢？她很想知道。

还有些时间，杨芷禁不住馋虫，火速地去吃了一些鱼蛋肉丸和钵仔糕。吃得很满足后想想唐凌宵或许还没有吃饭，于是又打包了一杯双皮奶和腊味饭，打了个车去了唐凌宵的住所。

唐凌宵已经在小区门口等着，远远地看去，他在路灯的映射下显得更清瘦了。一件棉质的灰色 T 恤和一条修身的七分裤，依旧挺拔，完全没有颓废至死的痕迹。

杨芷下了车，冲唐凌宵微微一笑。然后把手里打包的食物给了他，说道："你刚才说你在忙，我想还没吃饭，帮你买了一些。"

唐凌宵笑得很灿烂，接过食物说道："谢谢，不过我已经吃过了。当然我不介意再吃一点。"

杨芷向这个小区望了望，转头问唐凌宵："你在这里租的房子吗？环境不错！"

"我租的地下室。"唐凌宵告诉她，接着又说："小芷，真没有想到，你会来深圳看我，我没想到这么快又能见到你。"

杨芷笑着，没说话，只顾往前走。她总不能说"我是听说你堕落了才来的"吧？这一切还没有真相大白呢。她有的是时间去了解，也由不得他撒谎。

很快就到了唐凌宵住的地方。这是地下的一个小格间，房子是与一楼相连，主人住在一楼，地下室就分成三个单间出租。虽然是地下室，但至少有 80 公分是露出地面的，也就是说，白天时房子还是会有阳光，不是传统里那种阴暗潮湿的地下室。

"这要是遇上个坏人，真是叫天天不应，叫地地不灵了。"杨芷一边往屋子里走，一边说道。

"不会的。房东就在楼上住，下面住着的几个小伙伴都很好，而且，设施还不错呢。"唐凌宵给她讲解道。

小房子的布局不错，大约有七八个平方米，一张单人床，一个电脑桌，中间用一个帘子隔开。能看见太阳的小玻璃窗边，唐凌宵买了一个花木架子，上面摆好多绿色的植物，看起来倒也舒适温馨。

"这些小花都是一个女孩送我的，让我用来净化空气。怎么样，屋子里没异味了吧？"唐凌宵说。

"帅哥果然是走到哪儿都有桃花啊！就你这姿色，应该又有不少女人为你打破头了吧？"杨芷揶揄他。

"哪有那么夸张？不过是有一些女孩喜欢我，我看得出来。但我全装傻充愣了，就当看不见！"

杨芷问："为什么？没有你看上的？"

唐凌宵摇摇头，说："也是，也不是。我也是曾经沧海的人了嘛。"话说出后，唐凌宵觉得不适合提及伤感，转移了话题问杨芷："这地下的房间没有霉味吧？"

"完全没有！真没想到你居然也能接受这样的居住条件。很不错，还物美价廉。"杨芷赞美道。

"这条件我已经很满意了。小芷，你这次来深圳是出差吗？"

"是的。是来深圳公司有些事，要待十来天呢。"杨芷一边说，一边打量唐凌宵的小窝。干净整洁，没有什么看起来可疑的东西。

"那好啊，我抽空可以带你四处逛逛。不过我一周只能休息一天，只有这么晚了才有空，也不能去太远的地方。"唐凌宵诚恳地说。

"没事，我白天也是没空的。对了，凌宵，你做什么工作呢？怎么会这么晚才下班？"步入正题。

"我啊，你打死都猜不到，所以就不和你玩猜迷游戏了。我在送外卖。"唐凌宵说完就自己先笑了。

"送外卖？"杨芷确实吃惊不小。

"是的。送外卖，午饭和晚饭的都送，在一家烧味店打工。"

"深圳工作很难找吗？"杨芷觉得很奇怪。

"刚来时找了一个，后来辞职了。刚开始在王超那里住了几天，很不好意思打扰他，所以一直在看房子，但都觉得好贵。后来就去了烧腊店打工，这家店在深圳很有名的，是连锁店，员工有集体宿舍，还管三餐，我就去了。然后，做了两个月后就自己租了这间地下室，还是喜欢清净点。怎么，是不是觉得一个名牌大学的毕业生去餐厅打工很意外。"唐凌宵变得开朗了，非常正面地面对自己的职业。

杨芷说："说实话，是有点。这倒不是有什么职业偏见，只是觉得不太符合你的个性。或许我错了，我对你的印象还停留在以前，我应该也与时俱进的。"

唐凌宵看出她的疑虑，说："我是这样想的，因为深圳白领很多，这种腊味饭又受欢迎。我一边送外卖一边学习开店经验，将来也开个专门送外卖的公司，就专做港式餐饮，而且要做那种既干净又美味的。"

"哇哦，真的是升华了呢！越来越务实，真为你高兴唐凌宵。"杨芷一直以为唐凌宵只能接受得了那种看起来时尚漂亮又体面的职业，现在看来，他终于是明白了自己想要的东西。从他嘴里听到这些对未来有规划的话，很是难能可贵。

"我要是再不懂事点，就真的是无可救药了。"唐凌宵很感叹。

"那你现在经济还有困难吗？我是说，刚来一个陌生的城市总是不容易嘛，如果有需要的话，还是可以找我……我们一起解决问题。"杨芷本来想说"有需要的话我可以帮你"，觉得这话太居高临下了，于是临时改了话。

"谢谢你小芷，谢谢你能来看我，真的，谢谢你一直没有……放弃我。"唐凌宵有些动情，眼睛又红了起来。在他的心里，感觉一辈子都欠杨芷的，一辈子都觉得愧对她。而现在自己变好的时候，她已经不在身边了。

杨芷拍拍他的肩膀，说："哎，我身边的男人一个比一个感性，我都受不了了。唐凌宵，你可不能再哭了啊，眼泪早就是过去啦，还没流够啊？"

唐凌宵有些窘，尴尬地笑笑，说："哈，我当然要找你帮忙了啊，我到时候还要向你借巨资呢，你可一定不要拒绝我。"

杨芷当真了，问道："真的需要吗？"

"跟你开玩笑的。你不用担心我了，我现在有吃有住的，而且一个送外卖的也不用穿什么太好的衣服，反正是经常流汗流到湿透。你知道吗？虽然我天天要送很多饭，见很多人，但除了店里的同事，没有几个人知道我的名字。我现在只有一个头衔，那就是'送外卖的'。"

"好，那'送外卖的'唐先生，你现在尝一下我给你带的饭好不好吃，和你们店里的比起来怎么样？而我，也该走啦。"杨芷把打包来的双皮奶和腊味饭打开给他尝，唐凌宵接过去大口大口地吃起来，虽然，他已经吃过晚饭。

吃完后送杨芷回去，两人又一次走在这夜色的小区里。杨芷感慨地说：“老实说吧，唐凌宵，我来的时候，真的以为你像别人说的那样堕落了。可现在眼前看到的，比我想的一切结果都好，我真的是好开心。”

“你这次来见我，你的男朋友知道吗？”唐凌宵这才想起了这个问题，一晚上光顾着寒暄和激动了。

“知道的。”

“那他……他同意吗？还是你坚持要来看我？”唐凌宵很高兴见到杨芷，但也很怕这会影响到她的感情。他太了解杨芷了，知道她有些固执，温顺的外表下，内心很有主见。

“没事，你不用担心这个，他是个很大方的人。而且两个人相处，这种信任必须有的，没有的话也得培养出来，否则一辈子路那么长，该怎么白头偕老呢？”杨芷很平静。

“那就好……不过站在男人的角度，我觉得男人们经常是装大方的，我是男人我最懂。为了面子，为了制造一个好男人的形象，男人们会经常说一些违心的话。小芷，反正不希望我的这些小事影响你们的感情，遇到对的人，一定要珍惜。”

“我知道，别操心啦。”杨芷给他一个肯定的眼神，表示不会有事。

出租车来了，唐凌宵坚持要送她去酒店，然后自己再回来。杨芷拒绝了几次都不行，只能由他去。在出租车里，杨芷逗他说：“深圳治安这么不好吗？”

“不是，是你对这里不熟，我不放心。”

到了目的地后，杨芷下了车，然后和坐在车里的凌宵挥手告别。唐凌宵趴在车窗口对她说：“小芷，我现在也在偷偷学厨艺，你要是还在深圳的话，我可以利用下班的时间做几道菜给你吃，你觉得好吃，我就写进我将来的菜谱里；觉得不好吃，我就改进，好不？”

“可我对吃东西不讲究，给不了什么建设性的建议啊！”这工作杨芷觉得挺难。

“没事，到时候你就实话实说。好，回头再联系。”

说完这番话，出租车一个转弯，很快就消失在夜色里。

## 第二十八章　飞来横祸

接下来的几天，杨芷又见了唐凌宵一面。在他的出租屋里，唐凌宵用他那台嗡嗡作响的笔记本把留意到的厨艺知识一字一字地敲进去，然后尝试着做一些简单的小菜。

因为条件有限，最重点的叉烧、蜜汁烧鸭烧鹅等都还在纸上谈兵的阶段。想要做得好吃，不是那么容易的，有很多细节需要注意。唐凌宵说。

唐凌宵随身有一个小本子，和平常送外卖时那个记录的小本子放在一起，掩人耳目。总是在送外卖的途中把刚刚看到的东西记下来，他不敢让老板或主厨知道。

当初唐凌宵去面试服务员的时候，以他的条件和气质就让老板怀疑过很久，觉得有点不太符合常理。他还为此隐瞒了自己的学历，只提交了自己的高中毕业证。

唐凌宵告诉杨芷：餐饮和服务业的竞争大得不可想象。现在的人警戒心强得很，很多人会很敏感，动不动就以为是别家店派来的间谍什么的。

杨芷吃了唐凌宵做的几样下午茶点，觉得味道不错。不过她实在对广式茶点并不精通，所以除了“好吃”“味道不错”之外，再说不出其他的词汇来，也没法和别的店的作比较。为此，她一有空就一个人去茶餐厅，以比较其中的差别。

“我这有点东北风味。是改良过的广式美食，哈哈。”唐凌宵听她表扬，已经很开心了，笑呵呵地说道。

杨芷跷起了大拇指，说：“可以大胆创新，不过千万不要弄成个四不像！”

见过唐凌宵两面后，杨芷的心终于放下了。在她和高胜寒每天一通的爱情电话里，杨芷把唐凌宵目前的情况一一汇报，乖巧坦诚得很。高胜寒听过后虽然没有杨芷那么兴奋，也还是挺为唐凌宵高兴。只不过醋意还在，天天催促着杨芷快点回家，否则天天留心爱之人在情敌身边，真真不放心啊。

“这世界上大概没有比我更大方的男人了。”高胜寒如是说。

杨芷在深圳的工作马上就要结束了，她已经把行李整理妥当，就等着最后一天工作完毕后和几个领导直接奔赴机场。她没有再去找过唐凌宵，对她来说，已经够了。

就在要离开的这一天，杨芷给唐凌宵打去电话和他告别。电话里声音很杂乱，一群人仿佛在七手八脚地做着什么。终于有人拿过电话问了句：“喂？谁啊？”

杨芷听到不是唐凌宵的声音，疑惑地问道：“你……你好，我找唐凌宵。”

对方急促地说：“小唐出车祸了，现在正往医院送呢，没空接电话。”

杨芷心一下子紧张起来，连声音都变了。她连忙问：“什么？那……要送到哪个医院，我这就过去。”

对方报了一个医院名字，杨芷问了身边深圳的同事，又向领导告了假，就火速地打车去了。

唐凌宵挂的急诊。等杨芷赶到的时候，唐凌宵还在急诊室没出来，于是杨芷就坐在走廊里等。

走廊里还有唐凌宵的几个同事，杨芷是从他们的谈话内容里辨认的。在确定后，她走上前向他们询问唐凌宵的事。

“你好，我是唐凌宵的朋友，他摔到哪里了?”杨芷问，话里全是焦急。

“腿……我看小唐腿是保不住了。”其中一个男人说道。

“什么?”犹如五雷轰顶，杨芷脑子都懵了，一片空白。

“好像那车是辗到腰那儿了……”另外一个男人说。

腰?!杨芷吓得连哭都忘了，拉着那个男人问：“那你们送他来的时候，他还有意识吗？还能说话吗?”

“还能说话，但也没啥声音了，估计也疼得没力气了。”那男人胳膊被拉得生疼，眼睛看看杨芷放在他胳膊上的手。杨芷这才意识到，把手抽回来，愣愣地站在那里，直到这时眼泪才刷刷流出来。

唐凌宵！你怎么那么不小心?

被拉胳膊的那个男人看到杨芷的面色煞白，好奇地问：“你是他的什么人?”

“哦……我是他的大学同学，是朋友。”杨芷语无伦次地说。

这时身边的一个服务员打扮的女孩警觉地转过头来，肆无忌惮地上下打量着她，问道：“小唐的大学同学?”

“是，我是他的大学同学，我叫杨芷。”杨芷心一直揪着，本能地回答她，不知道自己已经重复一遍了。

“哦。”那女孩也没有再问，和其他的几个同事说话去了。大家都替唐凌宵惋惜，说长得那么帅要是残一条腿，一辈子就完了之类的话。杨芷听不进去，吼他们说：“你们不要乱说，别诅咒他了好吗?”

这时警察也来了，问了很多的问题，作了详细记录。其中一个年轻的警察说：“那个小车司机也没逃逸，但他坚持说自己不负主要责任。具体的还要再调查，等病人脱离了危险期后，情绪和意识稳定后我们会过来作笔录。司机在掌控中的，跑不掉的，你们放心吧。”

说完警察就走了。大家都不吭声，并且有意地回避了杨芷，躲到离她较远的地方去聊天了。杨芷找了一个椅子坐下来，也顾不上哭，眼睛直勾勾地盯着急救室的门。

过了好久好久门才打开，唐凌宵被推了出来。杨芷看到他的眼睛虚弱地睁着，才稍稍放了心，唐凌宵也看着她，没有力气说话，嘴角使劲挤出一个微笑。

杨芷下意识地看了看唐凌宵的腿，上面盖着厚厚的一层被子，看不清腿到底怎么样，她害怕极了，不敢想象唐凌宵要是失去一条腿会是什么样。眼前的他躺在那里，在与命运对抗，看起来很无助。

杨芷看着看着眼就红了，她极力地忍住，给了唐凌宵一个微笑，说：“凌宵，没事的啊。”

“晚上晚一点再来探病人吧。现在还不行!”医生下令。

唐凌宵被推走后，杨芷一个人静静地坐在椅子上，思绪万千。才一眨眼的工夫，两个人却要在医院相见，人生真的是太无常了。杨芷的负罪感加重，总觉得是自己给他带来了噩运，越想就越无法自拔，陷入一种思维迟迟出不来。

电话响。是覃晖的电话，问她现在怎么样了。杨芷这才想起不知不觉已经出来了好长时间，她和覃晖说：“老板，我的一个好朋友出了车祸，他在深圳没什么朋友，所以我现在在医院等着呢，晚上才能看看他。”

“你朋友没事吧?”覃晖问。

“目前脱离危险了，不知道还能不能保住一条腿……”说到这里杨芷哽咽了，快要说不下去。定了定神，又说：“老板，不知道能不能请我几天假，他父母也不在身边，我或许需要照顾他。”

“你还是要马上通知一下他的父母，不要隐瞒，请假可以，事完了尽快回来吧。”覃晖是旁观者，还保持着理智。

“好的，谢谢，我会尽快回上海。”杨芷谢过老板，挂了电话。

好不容易到了可以探病的时间，同事们只留了一个在，其他的都已经回去了。医生说只能进去一个人，杨芷让那个男同事在门外等，自己进去了。

高胜寒还醒着，他的不昏迷给了杨芷很大的心理安慰。她坐在唐凌宵的床边，轻声地说："唐凌宵，你不用和我说话，养足体力对抗伤痛吧。我会在旁边一直待着，还有，你有个同事也在外面呢，不用担心。"

唐凌宵少气无力地看着她，嘴角微微向上，努力地想微笑。杨芷看他的样子心里好疼，但她现在能做的，就是让唐凌宵没有心理负担，人在遇到大难或大悲时，快乐更是难能可贵。她拿出包里的一面小镜子，给唐凌宵照，说："你看，一张帅脸，丝毫无伤，放心了吧？"

其实杨芷心里早已痛得不行，现在随便一句话都可能让她马上哭出来。

一会儿医生和护士进来了，杨芷出了房门，看见一直等着的同事，过去和他打招呼，然后问道："很不好意思现在才问你，怎么称呼呢？"

"叫我小蔡吧。"那男人说道。

"你好小蔡，我叫杨芷。我很想知道，唐凌宵这次事故，呃，是在送外卖的途中发生的，不知道会不会算做工伤，你们店会管吗？"

"这个我不知道，我不是老板。不过我们那个老板，抠门得很，希望不大啊。"小蔡对这个不抱希望。

"你们都没有上保险吗？有没有医疗保险？"杨芷问。

小蔡摇摇头，说："我们连劳动合同都没有签。我们这儿是看着正规，其实扯淡，服务员都是来来走走的，干长久的不多，所以很多人都没有签劳动合同。也不知道小唐签过没有，反正我没签。"

杨芷说："应该签的，这是对自己的一个保障……算了，现在说这些没用。唐凌宵的腿要是没事才好，听医生说，不用截肢，但是要想像正常人一样走路，不那么容易。"

小蔡没接话，表情也很严肃，不知道是不是因此想到了自己的权益，想到了太多的辛苦和不易，杨芷不知道。杨芷对他说："小蔡，谢谢你了。

晚上我在这里吧。你要是有事先回去，反正……还是会再见面的，而且，到时候可能还要麻烦你呢。”

小蔡回去了，杨芷去住院处咨询，先付了一部分住院和医疗费。本来想给唐凌宵的父母去个电话，后来想想唐凌宵既然是清醒的，应该问问他的意见，于是作罢。

因为回家的日期推迟，高胜寒准备好的一切浪漫惊喜都全部作废，有点失望。最恼火的是崔毅，大骂他怎么可以让小芷去见那个青梅竹马的前任去？

高胜寒说：“崔毅，别这样，唐凌宵是出了车祸了，再吃醋也不能拿别人的不幸开玩笑，小芷留在那里是对的。”

崔毅悻悻地说：“我当然知道啦……我又不是冷血动物，就是担心……担心人家患难见真情，又旧情复燃嘛，行了行了，就你伟大好吧？再没见过你这么伟大的了，不理你了。”

高胜寒想：这也不是伟大，充其量就是一个正常人该有的反应罢了。

深圳。

这边病床上的唐凌宵睡了醒，醒了睡，此刻已是深夜时分，状况极不稳定的他又一次睁开了眼，迷糊中看到躺在身边陪床上的杨芷。她和衣而睡，只掩了一方被角，看起来很累的样子。

唐凌宵内心一阵苦涩，刚动了动嘴想要叫醒她，又咽回去了。他只恨自己没有办法起身为杨芷盖一盖棉被，只能这样费力地看着她。护士中间来了一次，检查了一下唐凌宵的伤势，就悄悄地走开了。

直到凌晨两点的时候，杨芷才醒来。睁开眼睛的第一时间，就腾地坐起来，吓坏了旁边已经眼皮沉重的唐凌宵。

唐凌宵虚弱地问：“怎么啦？做噩梦了？你刚才那一个鲤鱼打挺，可真是吓坏我了，吓得我都忘了疼了。”

杨芷还沉浸在刚才的梦里出不来，转眼看到旁边的唐凌宵，才稍稍缓了缓神，说道："我刚才确实做了一个噩梦，梦见一个浑身是血的男人一直追我，我跑也跑不动，站也不安稳，眼看就要被他追到了……"说完看看周围的环境，恍然大悟，接着说："怪不得香港的鬼片都喜欢在医院取景呢，这可真是一个阴森森的地方，你看这白床单，你看外面那长长的、黑黢黢的楼道……"

唐凌宵要不是因为身上有伤，早笑趴了，他说："我看你就是睡姿不正确才做噩梦的吧？别自己吓唬自己了，再睡会儿吧。"

"不睡了。"杨芷斩钉截铁地说："在这床上不知道往生了多少人呢，说不定刚才梦里那男的就是车祸去世的，浑身是血……哎呀不说了不说了，这大半夜的吓死人了。我就拉个椅子坐在你旁边吧，陪着你。"说完拉了一个椅子坐到唐凌宵旁边。

唐凌宵看到她神游天外的样子，不禁觉得稀奇，因为他一直认为杨芷就是那种打不死的"小强"类型，很少有六神无主的时候。

杨芷很快就平静下来。他问唐凌宵说："医生说你现在不能喝水，再忍一下。不过你要是想让我打盆水清洗一下你那帅气的脸，我倒是可以冒着生命危险去帮你打一盆。"

唐凌宵说："算了，都在鬼门关走了一回了，还在乎脸干不干净？正好给我个理由邋遢一次吧。"

杨芷心疼地说："你怎么那么不小心啊？都这么大的人了还和别人抢时间？医生说你是不幸中的大幸，不用截肢，保全你漂亮的外形！不过将来还能不能站起来，要靠你的毅力了。我有一个伯伯，当年也是和你类似的情形，医生说一辈子站不起来了，可他就是凭着毅力用了三年的时间坚持复健和锻炼，现在健步如飞，还是家中的顶梁柱。"

唐凌宵明白杨芷这番话的含义，就是希望他不要就此消沉，还是要充满希望。腿还在，未来也还在。他对杨芷说："谢谢你小芷。你在我最需要的时候，又陪在我的身边，而我却总是不能为你做到这一点。你放心，我不是以前的那个唐凌宵了，我能站起来，我还想继续帅气地去骗骗小女孩呢!”

“有这个‘远大’的志向撑着，我就放心了。对了，要不要给你爸妈说一声?”

“不用了。反正事情也没有最坏，不用截肢，就不给他们添乱了，省得又大惊小怪地为我担心。”唐凌宵说。

“那好。你睡吧，多休息对伤口有好处。我就不睡了，等着天亮了再闭眼。”杨芷说完就去拿手机，打算打游戏来打发时间。

“谢谢你，小芷。我看你害怕，什么都为你做不了。”

“又来了，快睡吧。别谢来谢去的了。”杨芷不耐烦地打断他，逼他快点睡。

## 第二十九章　陪护佳伴

杨芷基本算是住在医院里了，尽管护士说她完全可以回去休息，但她还是不放心。唐凌宵虽然过了危险期，还是全天候卧床，甚至每一次大的扭头，都有可能会牵扯到腿部神经而引起剧痛。

这还不算什么，吃饭和护理都没问题，唐凌宵想要方便时才是最麻烦的问题。

杨芷已经打算豁出去了为唐凌宵解决这个问题，没想到她每次问到这个问题时，唐凌宵都微弱地摇摇头，说："现在还没有感觉呢，小便是插尿管，你不用操心。而且之前已经清过肠胃了，目前还没有大便的冲动。"

"你还逗我笑！现在是非常时期，唐凌宵，你不用难堪的。"杨芷发誓只把他当病人，不会想太多。但唐凌宵依旧说没有感觉。

杨芷打算找护工，但是护士说这种护工不好找，还是要家人。这可愁坏了杨芷，两天时间里差点把脑细胞都耗尽，也没有想出个好的办法来。

不过这个问题在第三天的下午得到了解决，解决这个问题的不是别人，正是前两天出现在医院里的、唐凌宵的同事：林英子。

话说这林英子相当有霸气，当天下午一个人来了医院，拎着红红绿绿十来种水果，一进病房看见唐凌宵醒着，就先声夺人地说："我也不知道哪种水果你能吃，就每样都买了一些。刚才问了医生，说上火的除外，都可以吃。这下好了，我买的大都不上火，哈哈！等着，我去洗洗，一会儿就有新鲜诱人的水果吃啦。"

"哎，不用不用，我不敢吃太多食物的。"唐凌宵马上阻止。

"医生说了可以吃，而且你身体需要营养，你放心，我会切成小块喂你，不用你费力的。"说完林英子拿着随身带的塑料盆和一个大水果盘，一溜烟儿跑出去了。

等林英子走后，杨芷朝唐凌宵望了望，耸耸肩膀，无奈地说："这位女士是谁啊？你看，人家完全把我当透明人了。让我猜猜啊……她不会就是送你满屋子绿色植物的那个仰慕者吧？"

唐凌宵也无可奈何地笑笑，说："是她，她叫林英子，是我的同事，在店里当服务员来着，好像……对我相当上心啊！"

"还好像？人家这举动可就是女主人的姿态呢！她大概把我当成情敌了，对我有敌意，哈哈。我看有必要给你们单独待一会儿，给她解释解释。"杨芷看出林英子喜欢唐凌宵，而且还勇敢地"女追男"，很是欣赏。只不过，为了不让剧情太跌宕起伏，有必要早点说清楚。

"解释什么啊？我又没答应她什么。小芷，你别走开，要是只剩下她和我，我会被她的热情轰炸得体无完肤的，头痛死了。"

"怎么，你还看不上人家？我说唐凌宵，你也别太多成见啊。你自己隐姓埋名地去送外卖，你怎么就知道人家姑娘没有鸿鹄之志呢？搞不好人家也和你一样正在偷师学艺、卧薪尝胆呢？"杨芷以为唐凌宵是嫌弃林英子，顺势教育他。

"我哪看不起谁，感情这事……算了，不说不说。小芷，我问你，你天天都在医院，你的工作怎么办呢？"

“这个你不用管，我已经请了假。”杨芷递给他一个坚定的微笑。

“工作要紧，你不用请太多假，过两天就回去吧，我没事……”唐凌宵没有说完，林英子已经端着一盘水果进来了。她自带的餐具和生活用品非常齐全，来时就拎着一个大大的旅行包，好像要长住似的。

“你们俩聊什么呢?”林英子看了两人一眼，很警觉。

“没聊什么……”唐凌宵回答道，然后给两人相互介绍：“英子，这是我的大学同学，呃，好朋友，杨芷。杨芷，这是我的同事，林英子。”

“那天在医院走廊里见过了。”林英子朝杨芷笑笑，就转身去切水果了。

杨芷看她醋意纷飞的样子，觉得好玩，于是和唐凌宵说：“那天你在里面急救，林小姐和你的几个同事一直在外面等着呢，直到晚上才走。唐凌宵，你的同事都好关心你的。”

“麻烦你们了，英子。”唐凌宵感谢她。

“这几天店里太忙了，我们从早到晚都不得休息，本来是两班倒的，现在弄得快成全天班了。而且，老板说了，他会亲自来看你，让我们别分心。”林英子说到这里有点生气，很不满领导的薄情。

唐凌宵大难不死，鬼门关走了一趟，已经很看得开了。加上他现在也没法做什么动作和太大的表情，只是淡淡地一笑，说：“没关系，老板嘛。”

“我不该和你说这个，影响你的心情，都怪我……”林英子自责道。说完一拍脑袋，“啊呀，我忘了带水果叉子了，也没有牙签，没办法，我用手喂你吧，你放心，我手刚洗过的。”

说时迟，那时快，一小瓣苹果已经到了唐凌宵的嘴边，唐凌宵犹豫两下，就张开嘴吃了，因为头是仰着的，吃得很费劲，而且容易呛着，杨芷不禁为他担心。

唐凌宵吃完一瓣苹果，有点不舒服，只好老实地告诉林英子：“英子，我现在被固定了，不能大动作，只能晃晃脑袋啥的。这样吃水果，真的不舒服。谢谢你了，我真的不能吃了。”

林英子一听他说难受，马上就不喂了。把一篮子苹果都推给杨芷，说：

“杨小姐，水果我俩吃了吧。等凌宵好一点了，我再买新鲜的。”

杨芷谢过她，想给他们留点单独相处的时间，就借口电话来了，出了病房。

等杨芷走后，林英子悄悄地对唐凌宵说：“凌宵，你和这位杨小姐，一看就知道关系不一般，不要问我为什么，女人的直觉。”

唐凌宵告诉她：“这是我的前女友。中间的过程我不会再去回忆，她也找到了自己的幸福，我们现在是很好的朋友。”

林英子说：“这个我相信。因为你们俩的眼神，看着就不是恋人的眼神了。不过杨小姐可真够意思，她这样一直陪着你，换作其他人可能也做不到。”

唐凌宵当然知道林英子的心事，只不过，他现在还没法给她什么答案。林英子快人快语，倒没觉得自己的话有什么问题。她接下来说的，正是杨芷之前也考虑过的一个重要问题，她说：“凌宵，你住院期间的生活护理，吃喝拉撒，都全归我了。你千万不要因为不敢大小便，而不进食。等过两天好一点，你是需要补充营养的，知道不？”

唐凌宵都傻了。杨芷提出来时，自己都不答应呢，何况是林英子！林英子，他连她的手都没牵过，从头到尾只是对方在猛烈攻势啊。想到这里，唐凌宵马上摇头，这一摇就摇得身体跟散架了一样疼。

林英子不管他的反对，提高了音量，不容置疑地说：“唐凌宵，你一个大老爷们儿有什么不好意思的。告诉你，我在老家时，我就这样照顾过我爷爷，我并不觉得这有什么不妥。就你现在这样，我哪有什么非分之想？你也别想着报答我，这是我乐意的，千金难买我乐意！要不，你就忍着，我就不信你一辈子不拉屎！”

唐凌宵被她逗乐了，但又不敢大笑，只好说：“随你吧，你爱怎么样就怎么样吧。反正我知道，我也反对不了。英子，我现在困得快睁不开眼睛了，可以让我睡会儿吗？我现在的体力，真的，很差，很容易困。”

林英子马上住嘴，她是真心关注唐凌宵的身体。她把窗帘拉紧，对唐凌宵说："你睡会儿吧。我出去和杨小姐吃水果了，顺便……也聊聊天。"

病房里刚才那精彩的对话，杨芷在外面都听到了。杨芷心里一个劲地乐呵：唐凌宵，你可遇上对手了！而且，我纠结的大难题总算得到解决了，看来林英子这个护工一定会尽心尽职就像老妈一样啊。要说唐凌宵一生的女人缘都奇好，真是走到哪里都有桃花运，总有女人对他好。

刘布谷说得对：唐凌宵长着一双桃花眼。

林英子从病房出来，手里拿着几个水果，好像一下子要吃光的样子。杨芷这才认真地看了看她。头发乌黑，扎条粗粗的马尾，发量多得让人羡慕。一件可爱的粉色 T 恤，配一条浅蓝色的牛仔短裤，是这两年流行的样子。大概是在饭店伙食好，身材略略丰满，牛仔裤把屁股包得紧紧的。

是个顶可爱的姑娘。

不知道为什么，杨芷觉得她身上有和吴晓语类似的气质，是什么又说不出来，反正感觉很像。

杨芷帮她拿了两个芒果，因为看林英子的样子，两只小手快要拿不住了。两人坐到离病房有点距离的一个长凳上后，林英子就大口大口地吃起一串提子。

杨芷也剥开一个芒果吃，手上顿时被染得黄黄的，于是腾出一只手找纸巾。她没有说话，因为她知道，林英子一定会主动开口找话题。跟这样的女生在一起，你只需担心耳朵负荷太重，不需担心冷场。

果然，林英子递给她一张纸巾后，开口了。她问："杨小姐，你是哪一年的？"

"86 年，你呢？"杨芷问。

"我是 88 年的，属龙的。"林英子说完，又问道："杨小姐，你是在上海工作？"

"叫我杨芷就可以了。对的，我在上海，这次来深圳是出差，你怎么知道的？"

"呵呵……"林英子这次笑得有点深意，然后平静地说道："唐凌宵出事那天，他说要想快点送完餐，然后赶着去机场送一个上海来的朋友，我想是你吧。现在知道，他为什么那么着急了。”

杨芷听了林英子的话，大吃一惊，怔在那里。芒果汁滴到身上了都没有发觉，那种负罪的感觉袭卷而来。她明明告诉唐凌宵不用送，而唐凌宵也答应了，没想到，唐凌宵的车祸居然因自己而起。

“别想了。这是命，又不是你的错。快吃吧，汁都滴到衣服上了，小心洗不掉。”在林英子眼里这就是宿命，躲不掉，所以异常地淡定。

杨芷嘴里的芒果顿时变得无滋无味，机械地嚼着。林英子又说：“其实我知道凌宵不喜欢我，他那么帅，肯定看不上我。可我就是想对他好，反正我也没谈过什么恋爱，就一厢情愿一回也没关系。”

杨芷说：“不会的，他会喜欢你的。”

林英子眼睛一下子明亮亮的，高兴地问：“真的吗？他和你说过？”

杨芷说：“不是，他没说过。不过有人对他真心，他一定感受得到。而且爱情嘛，虽然现在的人越来越务实了，但是什么条件啊、技巧啊什么的，都敌不过一颗真心。不是有首歌这样唱过吗？‘攻真心，才是最厉害的武器’，所以，一切都有机会。我看好你哦。”

林英子很开心，她毫不掩饰这种开心，扭捏作态那可不是她。林英子说：“谢谢你，杨小姐，哦不，杨芷，我相信你说的。我觉得你应该最了解他，你说有机会，那就有。我会对他更好的。”

杨芷被她逗乐了，然后压低嗓子，凑近林英子，悄悄地说：“不过，我告诉你哦，男人有时候很可恶的，唐凌宵也一样。你要争取到他的心，光对他好是不够的，记得还要学会忽冷忽热。对他好得不行的时候，又突然冷淡了，他才能意识到你的可贵啊，对吧？”

“嗯嗯。不过，杨芷，你刚才还说用真心才是最厉害的武器呢，现在怎么又教我用小伎俩了？”林英子不知道到底该怎么样了。

“真心是必需的，有点小伎俩也不影响。这是一个拼智商的年代嘛，哈哈。英子，加油！”杨芷对她很期许。

“杨芷，你真的对唐凌宵放下了吗?”林英子疑惑地问。

“你觉得呢？我觉得女人天生是侦探，直觉是很准的。”杨芷反问。

“我觉得你放下了，他没有。”

“英子，其实我们都放下了。如果两个人分手后，发誓老死不相往来，发誓再也不见到他，希望对方不幸福，这种毒誓背后，是变相的牵挂，是放不下！像我们能见面，平平静静的，这才是一种真正放下的表现。我和我现在的男朋友，很好，他才是适合我的那个人。所以你放心吧。”杨芷必须要打消林英子的疑虑。

“杨芷，不管以后我能不能和唐凌宵走在一起，我都想成为你的朋友。你不介意吧?”林英子睁着大眼睛，满怀期待地等着杨芷的答案。

“当然不介意！我们一定能成为好朋友!”杨芷痛快地说。

# 第三十章　赔偿问题

在杨芷和林英子两位女士的精心照顾下，唐凌宵的伤势恢复得比其他人更快，连医生都说比预期的情况好很多，将来恢复行走完全有可能。

唐凌宵经历了大难，反而变得比以往更乐观了。用他的话来说，就是“开窍了”。他说：“一件事，用不同的眼光去看，就是不同的效果。比如这次车祸，旁人会觉得是大难，而我觉得捡回一条命，又不用截肢，就是大运！而且，我想厄运已经到头了，快要‘否极泰来’了呢。”

警察又来过两次，在问了一些问题并经过分析后，结合当时马路的视频，那个司机确实不负主要责任，只是有一点点的超速，主要还是唐凌宵在不该转弯的时候急急闯了红灯。但司机还是说愿意出一万元医药费，并且称这是仁至义尽的价格，算作私了费，接受不了就打官司吧。

杨芷和林英子问了唐凌宵的意见，唐凌宵没有多想就同意了。

唐凌宵几次三番地催杨芷快点回上海，再不回去老板估计要发飙了。而且，要发飙的肯定不只老板一个。但杨芷总说还有事要做，暂时回不去。

刘布谷几乎每天夜里都会打来电话，两个人睡前要有个长长的电话粥。刘布谷向杨芷汇报上海那边所有的事，包括高胜寒的情绪。刘布谷说高胜寒同学没有生气，但天天挺忧愁的样子，杨芷听了也很过意不去，知道让高胜寒受委屈了。

刘布谷说："小芷，你不能因为高胜寒的大度，就伤人家的心。不过我知道，要是遇上我，碰上唐凌宵这样的事，我也会留下来照顾他的，这不是小事。"

杨芷过意不去，说："胜寒那边，我天天都会和他打电话说这边的情况，我想他会理解。而且，我一定会好好地回报他，呵呵。"

刘布谷问："你还是回不来吗?"

杨芷说："其实唐凌宵现在不缺我照顾，但是英子说想争取一下赔偿问题，留下林英子一个人面对有些太难了。因为她即将面对的，是一个挺冷血的老板，我陪着她，起码气势上大一些，虽然我们心里都没底。"

杨芷说得没错，唐凌宵他们现在最大的问题是，进店里时公司没给他们签劳动合同，也没有入社保。用林英子的话讲，就是店里的"个别员工"才有此待遇。老板的解释是：服务员和外卖员这类工种流动太快，减少麻烦。

合同不签，但押金却是每个人都要上交的。杨芷只懂一点法律知识，深知这种种的条件都极不合理，但她和林英子一样，都说不出个所以然来。林英子说："总不能现在临时抱佛脚，去拿本劳动合同法来学习吧。"

杨芷说："我看行!"

杨芷这才知道，法律知识的重要性，法律就是每个人自由的保护武器，应该从娃娃抓起的一门课程，总有用得到的地方。

不过中国有句老话，叫"情理道理，明辨法理"，杨芷深信通过和英子的努力，总能为唐凌宵争取点什么。林英子更勇敢，人家可以连工作都不要了，直接和老板发生对峙，自己又怕什么呢。

这一天，已经是两个女人第二次找老板了。这家腊味店的总经理叫肖强，用杨芷的话来说，就是“这名字起得太没诚意了”，祸起萧墙，明摆着就是有祸在身边啊。林英子说：“找肖总说理，基本是一个抗日持久战!”

肖强一看见她俩进门，就开始下逐客令了。他胖下巴抬高，盛气凌人地说：“我说英子啊，你都不是我们店的员工了，还这样总是跑过来，不太好吧?”

林英子颇有大将之风，能屈能伸，她说：“肖总，我也不想老打扰您，如果事情早点解决了，我就不用老上门了，知道您平时特别的忙啊。”林英子加重了“特别的忙”这四个字的语气。在她心里，肖强就是天天坐在那里颐指气使，没啥可忙的。

“唐凌宵这小子挺有福气的，有两个女人为他这么奔波请命。以前就没看出来，英子你对他这么情深意重，看来以后不能招太帅的员工了，内部影响不好。”肖强斜着眼睛看着她们。

杨芷说：“肖总，这些不是我们今天要讨论的，您知道我们来的用意。其实我们都是本着好好商量，一起想解决办法的目的来的，只不过没想到人们一提到钱字，就变得特别敏感，这话还没有说呢，就剑拔弩张的。唐凌宵毕竟是在送外卖的过程当中出的车祸，我想应该算是工伤；就算不是工伤，如果他有医疗保险的话，就少了很大的后顾之忧。而现在，一切都得不到保障。于情于理，店里都不可能完全坐视不理。”杨芷一口气说了一大串话，说的时候始终看着肖强，看得他眼神都躲开了。

但肖强岂是池中物，他说：“唐凌宵是临时工，而且是自己同意不签合同的，来时就知道我们店没什么四险一金啊。走到哪儿我都没责任管他。跟我说那些没用，你们要是真的有精力，就跑到劳动者保护协会去告我们吧？不过我想一定会白费力气。”

林英子接着说：“肖总，我在店里我最清楚了，你是答应我们的这些手续，一拖再拖，不是我们不签。因为通常是员工还等不到合同时已经走了，所以就不了了之了。哪有员工不愿意签合同、交保险的？虽然我们的工作不那么高端，但是普通劳动者也是人，也是要受到保护的啊。”

肖强生气地吼道："林英子你知道你在跟谁说话吗？我就奇怪我怎么当初瞎了眼，招了你们几个不安分的员工，搞得现在祸起萧墙……"他自觉说错了，马上又圆道："搞得现在鸡飞狗跳的。我哪有你们那么闲，我很忙的，我天天有一大堆的事需要我去做，手下这么多人，哪有时间和你们耗？走吧，走吧，我现在要去见个领导了，就不送了。"

杨芷没理他的横，笑呵呵地对林英子说："肖总和我们不一样，他是个大忙人，我们先告退吧。"

肖强听了杨芷的话，眉头舒展了很多，正要表扬杨芷比英子懂事，没想到杨芷接着说："我大学同学有不少在深圳的，有做律师的，有做记者的，我们可以去咨询一下，或者在网上发起个话题，问问广大网友我们现在这索赔，到底合不合理？万一是我们不占理呢，对吧？我们可不能冤枉了肖总这么好的人。我那个朋友很厉害的，还是个专栏作者，听说微博的粉丝就一百来万呢，我们问问他。"

林英子很聪明，说："那现在就去吧。跟你说哦，杨芷，唐凌宵在这儿干了几个月，附近写字楼呀、居民楼的人基本都认识他的，都知道他是这儿的员工。唐凌宵人长得帅，又有气质，所以虽是个送外卖的，其实还挺红的呢。"

两人说完看了肖强一眼，说："肖总，不打扰了。谢谢你的接待，改天再见！"然后双双出了门。

两个人内心很忐忑地走在大街上，林英子还觉得挺痛快，兴奋地说："杨芷，你觉得我们这样吓唬肖强有用吗？"

"应该没啥用！哈哈，肖强毕竟也是在'江湖'上混过的，见过场面，不过……心里还是太痛快啦！你觉得呢？"

"我也觉得太痛快啦！原来，敢于向恶势力宣战的感觉这么爽呢。"林英子咬牙切齿的，她也觉得自己越来越勇敢了。不过现实问题是，不知道下次再见肖强时，该怎么化解这个尴尬呢。

林英子说："杨芷，可我也觉得我们图一时嘴快，惹急了他更不好办啊。”

杨芷说：“嗯，也是哦。不过我却觉得，已经找过他两次了，都是我们低声下气的，也没效果。他就把我们看成那种为了求他办事，特好欺负的那种了。适当地吓唬一下也没什么，而且我刚才也说了，‘或许我们不占理呢？’也算给我们留了一条后路吧。”

“行行，车到山前必有路。杨芷，这几天你也没吃好，我带你去吃点有特色的。今天暂时晾唐凌宵两个小时吧。有一家小饭店做潮汕菜，环境一般，但味道一绝，我带你去。”

“我还吃不好？你天天给唐凌宵做的饭，买的好吃的，他没吃多少，都便宜我了。所以今天我请客，走吧。”

晚上。

杨芷跟高胜寒打电话说起这件事，高胜寒马上就担心起来：要是这个肖强要横动粗怎么办？尽管杨芷一再保证这事不会发生，让他放心，高胜寒还是没法放心。杨芷后悔死和他提这件事，徒增他的担忧，于是尽力转移话题。

“喂，胜寒，你也给我说说最近上海发生的事呗。”

“我想想啊，事情倒是有不少，第一件嘛，本来想等你回来才告诉你的，但我也憋不住了，就告诉你吧：我升职啦！唉，我本来还纠结你对我怎么称呼呢，现在好了，你以后就叫我高经理吧！哼哼！”高胜寒装出一副小人得志的样子逗杨芷。

“真的啊？”杨芷很开心，没理会他的戏谑。

“当然是真的啊。”高胜寒说。

“太好了！胜寒我就说你一定行的！哦不不，高经理嘻嘻……”

“还有第二件喜事呢。崔毅旗开得胜，只工作了一个来月，就成功地为刘布谷要回了明星的签名。”高胜寒继续汇报着。

“不错。是谁的签名？”杨芷很好奇。

“这个明星我们都不认识，刘布谷在网上搜索了一遍才勉强找到一些资料，哈哈。不过好歹也是一个好的开始，崔毅会继续朝这个光荣的使命去努力。”

“听起来，还挺感动的……一个男人，为了满足自己女朋友要明星签名的梦想，一步步向前走。真是既励志，又感人。”杨芷一直对崔毅有信心。

高胜寒又讲了一些好玩的事，报喜不报忧，每一件都能让杨芷开怀大笑。他永远都是最让杨芷最舒心的那个人。

说到最后，高胜寒开始一本正经地又绕回到唐凌宵这个话题，他说：“小芷，你们这样确实不是办法，没有什么过硬的手段给那个老板压力。不过你有一件事说对了，我倒是真有记者朋友，也是我父母认识的记者，如果真需要帮助，我或许能帮上忙。”

杨芷连忙说：“我说着吓吓他的，哪还真需要到这一步啊？我可不想把事情闹大。我现在已经做好最坏的打算了，如果实在争取不到，唐凌宵就吃一堑长一智吧，反正大难不死，必定有后福。”

高胜寒不同意，他说：“如果因为这事能让社会对这种用工行为关注起来，也是一件很有意义的事。”

杨芷很钦佩高胜寒，说：“你的想法是对的，可暂时先不要那样做。我现在就想先把唐凌宵这个事情处理好，脑袋已经是一团乱了。而且我妈从小就教我‘不要断人财路’，你断人家财路，人非找你拼命不可。我可不想我们周身都是麻烦。”

“好好好，我听你的就是。不过小芷，就你和林英子两人为唐凌宵讨公道这事，我就觉得颇有勇气，可我就是太担心。”

“胜寒。我想问你一句话，你这么大度，难道真的不吃醋吗？我想听实话，我希望听到你的心里话，我一直都觉得我太自私了，没考虑你的感受，对不起。”杨芷很认真地问出这个问题。

高胜寒没想到她会突然这么问，想了几秒，说：“我真的吃醋，有时候甚至觉得我就要失去你了，觉得一切都还有很多变数。我尽量让自己不那么想，男人疑神疑鬼太丢脸。”

杨芷听着就红了眼睛，她的声音都哽咽说：“布谷说你最近话很少，聚会时也是一个人躲在一边，我就知道你肯定不开心，对不起。我就这两天，忙完就回去了。高胜寒我挺想你的，没你在身边，我现在生存能力都变差了。”

高胜寒见杨芷道歉，认为自己不该给她添堵，不过想想两人把话说开也好。情绪积累的最坏结果，就是某一天会突然爆发，爆发到不可收拾。

高胜寒有些懊悔自己的小心眼，甜蜜地对着电话一个很响的吻，说：“我也想你啊，你要是再不回来，我可就要杀到深圳了。”

杨芷也笑了，说：“高经理，你就把自己收拾得精精神神的，在上海等着我吧。我很快就回去啦！”

## 第三十一章　争取权益

林英子最终还是打动了唐凌宵，这种好是让人无法招架的，尤其是病床上那个正需要帮助的男人。

唐凌宵说："老天很厚待我。"

林英子却悄悄和杨芷说："我总觉得自己有种乘虚而入的感觉。如果是这样，我也分不清唐凌宵是感激我，还是真喜欢我。不行！我要等他恢复后，是个健全的人的时候，再要这个答案！"

杨芷知道林英子很喜欢唐凌宵，但她也并不需要别人垂怜她，她是个果敢的姑娘，要的是一份真心。

这天病房里只有杨芷和唐凌宵，两人正说到林英子。杨芷告诉他，林英子是个宝，一定要珍惜。

唐凌宵说："你也是个宝。"

杨芷杏眼一瞪："唐凌宵，我和你认真说话呢，英子就是个宝！你少扯到我身上，我告诉你，别跟我玩暧昧啊。"

唐凌宵没罢休，继续问道："小芷，如果有时间机器，你愿意回到什么时光呢?"

杨芷没看他的眼睛，说："我觉得现在就很好呢。不过如果真有时光机器，我希望退回到半个月前，你不要出车祸。"

唐凌宵说："我希望能退回到两年前，我们刚来上海时的样子。如果一切都能重头来过……"

杨芷很尴尬，正要打断他，电话响了：是高胜寒的电话。

"小芷，唐凌宵在哪个医院?"高胜寒问，电话那边听到机场大广播的声音。

杨芷马上猜到高胜寒肯定是来深圳了，赶紧问："你现在在哪里?"

"我刚下飞机，在机场。告诉我医院地址，我尽快赶过去。"

杨芷告诉他地址，然后扭头和唐凌宵说："高胜寒来深圳了。"

唐凌宵苦笑，说："我这个车祸惊动太多人了。"

杨芷想到马上就要见到高胜寒，心里说不出的激动。两人自从在一起后，就经常性两地分离，长时间不见面，也不知道为什么身边总有一大堆的麻烦事。

尽管在唐凌宵面前没法表现，但杨芷喜悦的神情还是遮都遮不住，她说："高胜寒一会儿也来医院看你。"

这时林英子兴高采烈地跑进来，手里提着为唐凌宵熬的排骨粥和小菜。唐凌宵现在可以自己坐起来吃饭了，林英子帮他把饭菜盛好，放上小桌，然后对杨芷说："刚才肖强给我打电话了，让我们过去一趟，不知道是不是有好消息。"

"应该不是要把我们打一顿吧。"杨芷问。

林英子吐吐舌头，说："希望不是。不管怎么样，我们都得过去一趟了，小芷，等凌宵吃完我们就去。"

唐凌宵说："你们俩，听话，不要再为我的事奔波了。这样太危险了。"

林英子眼睛一瞪，喝斥他："唐凌宵，你现在的住院费，除了那个小车司机赔的一点钱，其他的一直都是杨芷帮你垫付的，你不知道吗？这是很大的开销，没有告诉你是怕吓着你，怕不利于你的病情。我没钱，你也没钱，还不维护一下自己的利益怎么行？咱凭什么拖累人家杨芷啊？"

杨芷却只听到了一个重点："咱"！林英子已经完全把自己看作是唐凌宵的人了，而她，杨芷，是个外人了啊。

杨芷笑着说："好啦好啦。哪有什么危险？太夸张了，光天化日的，我们只是讨说法，又没有要动刀动枪的。"

"可是高胜寒应该快要到了啊。"唐凌宵提醒她。

林英子歪着脑袋看着杨芷说："高什么寒，他是谁啊？"

杨芷说："是我男朋友。"说完一脸的窘状，心想：可真够热闹的，都来了，都可以凑成一桌麻将了。

林英子挺兴奋，说："哇，我很想见见呢。要不让他和我们一起去吧，多个男人我们底气更足些。"

杨芷不同意，她说："胜寒他刚才给我电话，坐机场大巴，堵在路上了，一时半会儿到不了。而且我不想让他去，带个男人去，让人感觉是要去打架似的，还是就我们两个小女子去比较好，女人有优势嘛，天性温柔，可春风化雨……"

林英子"扑哧"笑了，说："其实我认为我们俩也没有很温柔，好吧，那我们走吧。我心里好紧张啊。"

两人相伴走了，一路上互相打气，内心极度不安。

很快就到了肖强那里，肖强今天穿着一件白色的短袖衬衫，脸部线条也比以往柔和，看起来少了很多的凶神恶煞。这大概是一个吉祥的前兆。

"来了？"肖强还不痛不痒地打了个招呼，让杨芷很受宠。

"你好，肖总。"

"调查得怎么样啊？你俩？记者还是律师啊？"肖强给了个下马威。

"我们这几天是咨询了我的律师同学，我们也趁机多普及一下法律知识。最主要是不想胡来，要解决问题，还是要有法可依的。"杨芷开始扯，她再不懂法律也知道企业不和员工签合同是违法的，而且据说还要双倍赔偿。

“哼哼，”肖强鼻子里哼出两声冷笑，随即说，“唐凌宵的事我向总经理汇报了，总经理说我们可以进行一定的赔偿。我们是正规的餐饮行业，不会恶意榨取员工的劳动力的嘛，在业界也是有口皆碑的。”

林英子在心里狠狠地耻笑了一次肖强的这番话。

肖强说完拿出一摞钱放在桌上，说：“这是 5000 元，你们给我写个收据。公司真是仁至义尽了啊，全面保护员工的权益。其实唐凌宵也已经不是公司的员工了，我们也照旧补偿。”

5000 元？林英子和杨芷互递了眼色，这也太少了吧？

杨芷看到林英子又要发火了，马上抢话说：“肖总，非常感谢您为这件事做的努力，您真的是个大好人。不过唐凌宵在店里工作了 5 个月，这个是很好的证明，他拍过不少工作的照片，这附近的客人也都认识他。试想一下，如果他有医疗保险，按现在所花的医药费比例报下来，都是远远超过 5000 元的；或者，我了解到如果员工一个月内不签劳动合同，好像从第二个月起企业就要付双倍工资了，我对法律不精通，听我的同学是这样说的，这样下来也是两万元啊。”

肖强刚才脸上的柔和早已消失不见，他有点不耐烦了，说：“你们两个，别白费心机了，说实话，这 5000 元都是总经理看在我的面子上，不愿意让店里影响不好。证据，你有啥证据？没合同，谁能证明他在这里工作过？谁会为他做证？你们再这样下去，连这 5000 元都没有！”

林英子怒了：“杨芷，看来我们是必须找我们的记者朋友了，不为这个钱，为了揭露他们这种黑手段，也得让报道报道，我想你们根本经不起‘深入调查’吧？你们就是看中了这店的服务员大都没背景、没学历，可劲儿地欺负他们呢！”

“哟，还真有不怕死的，林英子，你就横吧。我倒要看看你有什么能力！还真把自己当根葱了。”肖强不认理。

杨芷也鼓起勇气和他针锋相对："肖总，你还别说，俗话说'皇帝也怕一条蛇'，别小瞧这些草民的力量。现在都网络时代了，别活在土皇帝一家独霸的年代！"

杨芷说完，拉起林英子往外走。办公室外面有几个假装工作、实则在偷听的服务员和厨师，都是林英子以前的同事。大家想过来跟林英子说几句话，却又都不敢，只用眼神打招呼。

林英子对杨芷说："现在看这些同事好可怜，在一个毫无保障的地方工作，生存真不容易啊。"

杨芷也深有感触，虽然她自己所在的公司不存在这样的问题。她觉得真的是太幸运了。她想起妈妈说过的一句话，说："你年轻的时候多学知识，辛苦一点，以后就会舒服一点，否则人生就会反过来，一开始安逸，将来辛苦。"

杨芷说："英子，算了，我想大家都心知肚明，只不过为了生存必须这样罢了。每个人都有不同的无奈啊。"

刚走出店门不远，就有一个男服务员追出来，冲着他俩喊道："英子，英子，肖总让你们再回去一趟呢。"

林英子自言自语道："怎么了，难道良心发现了？"

那个男服务员说："不知道，你回去吧。没事的，他要欺负你们，我们也不干了，看他怎么办？"

林英子对他的仗义很感动，说："谢谢。不过不用冲动，我们这也是没办法。小芷，我们回去看看，不知到底他又要耍啥花样。"

肖强再次见到她们，径直对杨芷说："这位小姐，你要是真有什么记者朋友，不如帮我们店宣传宣传，何苦要刀光剑影的。讲句良心的话，我们这店里的饭菜还是过硬的，从来没有用过那什么油，这点你可以问林英子。"

林英子点点头，说："这点倒是真的。要不然我这脾气，肯定早说了。"

杨芷说："我们公司的深圳办事处就有一百多个人，就离这儿不远，我可以推荐，没问题；只要你的东西对得起消费者，我一定会帮你宣传。”

肖强说：“我刚给总经理打了电话，这两天陪你们去趟医院，看看小唐，顺便看一下医疗账单，我们负责报一些。跟你们说，最多一万多块，我已经尽力了。而且这钱我们也要走账的，要有账单。”

杨芷想了想，又看了看林英子，说：“行!”

林英子也说：“肖总。你咋就突然想通了呢？你能这样做，我林英子给你竖大拇指，是个爷们儿！谁愿意天天和别人过不去啊？谁愿意没事找事？不是我们的钱半毛不要，我们就是想要一个说法。肖总，你肯定会说话算话的对吧?”

肖强不理会她的赞美，面无表情地说：“你们两个女人还真够可以的，唐凌宵这小子有什么好，值得两个女人为他做这么多，真是积了德了。行了，你们回去吧，我明天去医院。”

两个人站着没动，面面相觑。

“怎么？还怕我骗你们不成？要骗你们就不会把你们叫回来了。走吧走吧。”肖强下了逐客令。

两人欢天喜地地跑出了餐厅，击掌庆贺。杨芷说：“不管怎么样，我们的努力没白费!”

林英子说：“加上司机赔偿的，我算一下，还是差不少钱呢。”

杨芷说：“剩下的我先垫上吧。等唐凌宵好了，再让他还，他跑不掉！我现在觉得，其实世界上还是好人多呢。”

“希望如此!”林英子不太乐观。

“英子，我觉得你真厉害，相信我的眼光，你一定能成大器的，很有大将之风！你不要太悲观啊。”

林英子被表扬得有点不好意思了，说：“哪有啊，我一个服务员，学历也不高，能有什么出息啊?”

杨芷笑了笑，拉着她往前走，说：“要是唐凌宵真能和你走在一起就太好了，他小子有福气了！不过如果他要是腿一直无法恢复，不能走路了，倒是挺委屈你的。你真的没有想过这些吗?”

“当然想过了。而且，如果让我妈知道，肯定要打断我的腿，还会骂我‘你没见过男人啊？这么一个累赘都要’？但我就相信他的腿一定能好起来，就看他有没有毅力了。如果真好不起来，也有好不起来的活法。”林英子很坚定。

“嗯，我现在对你真是可以用‘尊敬’来形容了，你知道吗？让我尊敬的人可不多，呵呵。英子，他要是不珍惜你，是他没眼光，有眼无珠，你可千万不要因此而妄自菲薄。”杨芷也不确定唐凌宵的真实心情。

“知道啦。对了，杨芷，你男朋友应该到了吧?”林英子问。

“是哦，光顾着和肖强过招，都忘了这回事了，那我们赶紧回医院吧。”

“你男朋友长什么样子呢？好好奇哦!”林英子无限遐想，她此刻的表情让杨芷想起了刘布谷，当时要见高胜寒时，也是这个表情。

“一会儿就知道了!”杨芷拉着她加快步伐。

“你爱他吗?”林英子问。

“当然啦！又爱又喜欢。”杨芷肯定自己的内心感觉。

## 第三十二章　朽木不雕

高胜寒在路上整整堵了一个小时，好不容易到了，又去帮唐凌宵买了一些水果，按杨芷说的地址到了医院后，杨芷她们还没有回来。

病房里两个男人面对面，一个站着一个躺着，画面就很尴尬。高胜寒把水果放在床头柜里，转身问唐凌宵：“伤势好得怎么样了？”

“有杨芷她们照顾，恢复得挺快，坐吧。”

高胜寒问：“杨芷和林英子呢？怎么没见到她们。”

唐凌宵说：“还是为我奔波赔偿的事，两个傻女孩，非要坚持找我的前领导。我现在就像废人一样，什么都做不了，让你见笑了。”

“哪有？”高胜寒恨不得杨芷她们快点回来，打破这种尴尬，否则还得让他搜索枯肠找话题。

沉默少许，唐凌宵先开口了。他说：“高先生，你知道我是为什么会那么不小心出了车祸吗？”

高胜寒觉得很莫名其妙，出车祸难道还有计划吗？他实在不明白唐凌宵说的意思，也没直接问，只是礼貌地说："叫我胜寒就可以了，不用那么客气。"

唐凌宵接着说："那天我知道杨芷要走，说好是不送她的，但我想给她个惊喜，又请不了假，所以骑电动车的时候太急了。一拐弯，那辆车撞上来的时候，我脑子里全是杨芷。"

高胜寒有个不祥的预感：你到底想说什么？

"撞上后，我还有点意识的时候，我居然脑子里想的是：杨芷肯定会照顾我，我又能多和她待几天了。呵呵，你听起来很可笑吧？"

高胜寒局促地笑笑，不知道该如何接唐凌宵的话。一个男人，听到另外一个男人在说与自己的女朋友多么地感情深厚，没有暴跳如雷，把那个男人暴打一顿已经是很不错了。看在他是个病号的分上，忍了。

高胜寒说："你真厉害，生死关头居然想着风花雪月，你是想说你甚至可以为小芷去死对吗？我是不是还要为你感动？"

唐凌宵呵呵干笑两声，说："我只是没想到，我这次伤得不清，虽然盼来了杨芷在我身边，不离不弃地照顾我。但我也知道我连累了她，她不仅为我垫了医药费，还为我争取肇事司机的赔偿、为我争取我们餐饮公司的赔偿，这是我最不愿意看到的。但也因此，我看到了她对我的真心，我觉得她还爱着我，而且，她说过，她对你只是感激，不是爱。"

高胜寒目光已经变冷了，最后那句话像刀子一样刺痛了他的心。在他还不明白唐凌宵真实的意图之前，也看在唐凌宵是一个病人的面子上，没有大发作。

高胜寒死死盯着唐凌宵，一字一句地说道："据我所知，跟小芷一起照顾你的还有一个叫林英子的姑娘，你刚才说了这么多，居然只字不提这个姑娘！小芷说，这个姑娘对你的照顾远在她之上，对你可以说是无微不至，就是你自己的亲娘估计也没那耐心。而且她还为了你丢掉工作，为了你不顾一切地和以前的老板翻脸、理论，你就算瘸一条腿人家都不嫌弃！可你现在，居然对她只字不提，只是一个劲地说小芷，你摆明了纯心想气我是吗？”

唐凌宵没说话，高胜寒绝顶聪明一个人，聊聊几句就说透了他全部的心思。

高胜寒接着说：“你一个劲地跟我说那些‘你为了杨芷、杨芷又为了你’的话，是想给我下马威吗？小芷愿意照顾你，是她人好，是她看你举目无亲，需要身边有人帮助，你是不是想太多了？而且我和小芷彼此信任，不会因为别人说了什么而受影响！”

唐凌宵挑衅地说：“你和小芷才认识一年多，我们却是相恋5年！5年，人在最青春的时候的五年，敌得上任何一段回忆。你真的认为她能把我忘得干干净净的吗？”

高胜寒曾经想到过杨芷不会轻易地忘了唐凌宵，但他一直选择相信她。在高胜寒的心里，杨芷是个冰雪聪明的女孩，不喜欢暧昧也不喜欢拖泥带水。但并不代表她的内心不去想。

高胜寒被唐凌宵说得有些动摇了，他半天没有说话。唐凌宵觉得自己的话起了作用，有些得意，火上浇油地说：“看来小芷并不是什么都和你说啊。”

高胜寒起身，几个箭步走到窗前，望着窗外思绪万千。他胸脯起伏着，硬压着一团火。

过了一会儿，高胜寒转过身子面对着唐凌宵的床，一字一句地说道：“我觉得你有些事搞错了。两个人的感情，不是用‘年’来计数的，五年又怎么样，十年又怎么样呢？唐凌宵，我今天是来看你的，但说白了也是看着小芷辛苦，想过来看看有什么能够帮助她。而你呢？看到两个女孩为你这么操劳，四处受委屈，你却还挺有成就感？你真是自私到极点了！别跟我说你是东北爷们儿，你别给他们丢人了，我认识的东北的朋友，全都是顶天立地的汉子！”

唐凌宵说：“高先生，你这么生气，是心虚吧，是不是也很不自信杨芷对你的爱？你敢说你完全信任她吗？”

高胜寒已经不想再和他说下去了，打算马上走人。他对唐凌宵很失望。杨芷曾经说过，她说唐凌宵变了，和以前很不一样了。可看来一切都是假象，这男人的心态，不是他所能想象的，他真后悔默许杨芷帮了他那么多忙。眼前这一切，都正如当初预料的一样。

唐凌宵看到他要走，不慌不忙地说："你不想亲眼看看，杨芷是如何做选择的吗？怎么？不自信了？"

高胜寒冷冷地看着他，眼光能杀了人。唐凌宵看着自己把高胜寒激怒了，觉得目的达到了，反而讪笑着，一脸的平静。

高胜寒说："唐凌宵，我没时间跟你玩这种幼稚游戏。你当初找富婆，抛开小芷，把她伤得那么深；现在有人对你好，你不珍惜，又想回头找小芷，还利用人家女孩对你的真情……你的心怎么长的？"

"唐凌宵，你知道吗？杨芷请了这么多天的假，又帮你垫医药费，你就没有一点内疚吗？有一件事我不敢告诉她，就是听说她的顶头上司早怒了，她现在回上海可能连工作都没了。两个女孩全都为你丢了工作，为你付出这么多，你很得意，嗯？觉得自己长得一副好皮囊，就可以玩世不恭？"

高胜寒说完就往门外走，他不想再和唐凌宵多费一句口舌。对这样的男人，说再多也没有用！就算被富婆抛弃，被车撞了腿，都没法让他有所长进！

没想到，高胜寒迎面撞上了从门口冲进来的杨芷和林英子。两个男人在病房里的对话，几乎都被站在门外的两个女人一字不落地听到了。

高胜寒看到满脸铁青的杨芷，本能地叫道："小芷，你……你都听到了？"

杨芷面无表情，拉起高胜寒的手，说："胜寒，我听到了。我现在就跟你回上海。"

高胜寒看着她的眼里已经积满了泪，那是又一次被欺骗后的委屈，觉得很心疼。此刻的杨芷，觉得自己就像一个猴子一样被耍，要不是唐凌宵躺在床上，他真想过去扇他一巴掌。

很快，有人帮她完成了这个心愿。林英子飞速走到床前，抬手给了唐凌霄一巴掌，她眼泪刷刷的，一边哭一边说道："唐凌霄，没想到你有这么多的辉煌经历啊，你可真是个人渣啊！"

杨芷本来要走，看到林英子又忍不住留下了，她过去拉住林英子，说："英子，不要为他动气了，不值得。"然后又对唐凌霄说："你刚才不是问胜寒，说要他亲眼看我选择吗？唐凌霄，你对自己太自恋了吧？这还用选择吗？我现在就告诉你，就算是没有听到刚才你们俩的对话，我也会选择高胜寒。明白了吗？"

林英子更伤心，和杨芷说："杨芷，你早该告诉我关于他的一切，什么为了富婆不要你这类的事，你早该告诉我。你太宽宏大量了，我一直以为你们就是和普通恋人一样，正常地分手而已。"

杨芷此刻也有些内疚，她抱歉地说："对不起英子，我原本以为他已经变好了。对不起……"

林英子不忍心再怪她，又转而安慰道："别自责了，连你都被他骗了。杨芷，你今天就回上海吗？"

杨芷点点头，说："英子，肖强赔偿的钱，你还是帮着付了医药费吧。你这段时间没工作，也贴了不少，我可以先借你一点，毕竟要生活啊。"

林英子说："不用操心我了，你损失更大。而且，你也快要失业了……"林英子说完，又望了病床上的唐凌霄一眼，失望地摇摇头。然后对高胜寒和杨芷说："我们走吧。"

三个人出了病房门后，林英子再也抑制不住心里的难受，痛哭起来，眼泪哗哗地往外涌，手里的纸巾很快就湿透了。

杨芷递给她一包纸巾，默默陪她流泪。她此刻有高胜寒在旁边守护，比林英子好受一点，而林英子就像一个无助的孩子一样，精神重心全无，哭得像个泪人。杨芷从来没有见过她那么柔弱的样子。

这时听到病房里传出一个声音，是唐凌霄在喊林英子。林英子一听是唐凌霄的声音，马上紧张了，一边拭泪一边问："他叫我呢，我该回去吗？不知道是不是出了什么事？"

三个人火速地跑回去，看到唐凌宵安然无羌地躺在床上，林英子便火冒三丈："你又怎么了？别考验我的耐性。"

"英子，我只找你一个人。其他的人都走吧。"唐凌宵很冷静。

林英子看了看另外的两个人，说道："杨芷，你们先走吧，在医院大门口等我。我要送送你们的。我留下来，看看他要和我说什么。"

待杨芷两人走后，林英子黑着脸问唐凌宵："喊我什么事？"

唐凌宵说："英子，你帮我最后一个忙。帮我要一下杨芷的银行卡号，我以后会把钱慢慢还给她。如果她不给你，你就想办法拿到，我会把钱还给她的，谢谢。"

林英子问："你还是很爱她是吗？"

唐凌宵没有回答。

林英子又问："从头到尾，你都是在利用我的感情，为自己服务是吗？"

唐凌宵还是没有说话。眼睛里没有任何的感情符号，让人猜不透。

林英子说："你不想说就算了。我知道我条件不好，你也不可能会喜欢我，是我自己一厢情愿，明明是丑小鸭嘛，偏要做白天鹅的白日梦。我答应你的事，我会帮你做到的，这是你该还杨芷的，你欠她得太多了，岂是钱能还得了的？"

唐凌宵终于开口说话，他说："英子，再帮我一个忙。帮我打个电话给我家里，就说我出车祸了，让他们来深圳。"

林英子说："好。这些是举手之劳。明天肖总会来医院，我就再为你处理一下医疗费赔偿的事吧。这是我最后为你做的事，等你父母来了，我们就不用再见了。"

林英子说着说着，眼泪又刷刷地流下来。她不再期待什么答案了，只是觉得一切都知道得太快，让人接受不了。

唐凌宵说了声谢谢，就把头转过去，说要睡觉了。扭头的一瞬间，两行热泪悄然地流下来，一串串地流到了枕头上。

而这些眼泪，林英子全都看到了。

## 第三十三章　接近幸福

半年后，上海。

此刻的杨芷又回到之前的那个状态，天天为工作忙碌，所有的休闲活动全部取消，除了工作，就是学习，再也没有其他。

高胜寒自从变成了高经理，工作量翻了不只一番，天天大会小会，大项目小项目，大问题小问题，忙得不可开交。初当经理的他经验不足，前任又调到别的办事处，无法就近取经，所以很多事情解决起来都比较困难，高胜寒常常眉头深锁，陪杨芷的时间也越来越少。

自从半年前从深圳回来后，两个人的关系在悄悄地发生着变化。表面上还是很正常地相处，但存在着旁人看不出的那种微妙变化。

杨芷知道，唐凌宵终于还是成功地搅和了两人的关系，他故意说的那些话在高胜寒的心里起了化学作用，致使她和高胜寒的爱情不再那么稳定了。

杨芷和林英子还常常联系着。林英子最终还是没有忍心抛下唐凌宵不管，在那段时间里，坚持帮他处理了好多事情。

林英子对杨芷说："因为那天你们走后，我看到了唐凌宵的眼泪，然后就原谅了他。我想他只是因为太在乎你了，变得有些不可理喻。不过，我对他不敢再有爱情的幻想，伤不起了。"

杨芷已经不再愿意提起唐凌宵，林英子知道她的心思，从此以后就很少说到他。有一次，林英子在电话里问杨芷："杨芷，你还会再见唐凌宵吗？"

杨芷说："我想不会了，我也不敢再见他了。我再也不相信'分手后还能做朋友'这句话了，这摆明了就是一身的麻烦债。"

林英子说："你曾经说过，坚决说不见面，这是一种放不下，你是放不下吗？"

杨芷说："我早放下了。"

林英子不相信。当她知道杨芷和高胜寒的感情也在面临考验时，很有感触地说了一句话："哎，感情肯定不会顺风顺水的，有点波澜是好事。如果唐凌宵真害得你俩分开了，我首先觉得是件好事，因为能说明你和高胜寒经不起考验！然后，我再替你狠狠地扁唐凌宵一顿，把他另一条腿也打残！"

杨芷听了这话忍不住笑了，她不得不承认林英子说的话很有道理。

和林英子一样不相信的，还有高胜寒。从深圳回来后的这些变化，杨芷不相信只是因为他"工作太忙"。想见一个人，就算忙到连上厕所的时间都没有，也会挤出时间来去见，而"工作太忙"的背后含义只是"我没有时间见你"。

两个人的情感，就像穿鞋子，合不合适脚，只有主人最清楚。

崔毅的新工作需要常常在外，这些日子回上海的机会是越来越少了。没有了崔毅这样的大厨压阵，高胜寒、杨芷、刘布谷三人的伙食水平明显下降。

刘布谷找了新工作，薪水普通，但相对来说清闲，时常和她的一帮新姐妹相聚，生活内容丰富多彩。男朋友经常不在，又给了她足够的空间，所以，这些人里，她的日子过得算是最滋润的。

杨芷从深圳回来后，和老板进行了一次长长的谈话，老板基于对她工作能力的认可，和她的为人实在找不出什么问题，没有让她丢掉工作。这让杨芷心存感激，不断地用更加勤奋来回报。

这天下班后，刘布谷来找杨芷，约她晚上一起吃个饭。刘布谷提出的条件是：单独约会，不要叫男人。

又是一个冬日的夜晚。时间过得太快，每年的这个时候，都有不一样的心境。杨芷每到这时都会感觉时光荏苒，而自己身上的故事又太戏剧性。她想到这里，悠悠地叹了口气。

“小芷，怎么啦?”刘布谷问。

“没事，嘿嘿。”杨芷冲她笑笑。

“好长时间没来找你玩了，你还是那么忙啊?”

“越来越忙，将功补过中！哎，而且现在工作之余又开始学习。”

“高胜寒也还是那么忙吗?”刘布谷又问。

“嗯，他更忙！他是经理嘛。”杨芷笑得很苦涩。

“你们这样下去不行，现在状态很不对。小芷，你不要只顾着工作和学习，还是得找时间多和他沟通沟通的。看你们自深圳回来后，就很不一样了，连我都能看得出来。”刘布谷很为他们着急。

“……”

“小芷，你又在学习什么呢？你可真是学无止境!”刘布谷好奇地问。在她的心目中，杨芷已经是相当优秀了。

“我想申请一所国外的大学，去读书。所以最近下点功夫。”杨芷就这么轻描淡写地说出来。

这下轮到刘布谷吃惊了，她问：“你要去留学？高胜寒知道不?”

杨芷摇摇头。

刘布谷意识到事情的严重性了，这是分手的前兆啊。去读两年硕士回来，谁还能保证感情不生变？异地恋情大多数的结果都是不了了之，尤其是在两人还心有芥蒂的情况下。

刘布谷本来想说杨芷几句，看杨芷那过于平淡的表情，把话咽进去了。她一狠心一闭眼一咬牙，跟杨芷说了一个深藏半年的秘密。

“小芷，有件事……我一直都在犹豫着是不是该告诉你，我心里是藏不住话的，心里装个秘密就像便密一样难受。每次看到你都觉得话到嘴边了，又使劲吞回去了……”刘布谷支支吾吾地说。

“什么大事啊?”杨芷很好奇。

刘布谷还在犹豫，没说出来。

“我说布谷，你刚才这比喻还真是重口味！而且你什么时候变得这么吞吞吐吐的了?”杨芷虽然强作轻松，但其实她看到刘布谷的紧张劲儿，心里早已跟着紧张起来。她特别害怕听到高胜寒有了新欢的消息，如果真是那样，她一定无法像现在一样镇定。

刘布谷小心翼翼地说：“小芷，其实你那次出差时，正好赶上高胜寒升了职，他很开心，还想给你另外一个惊喜。只不过，没想到你因为唐凌宵的车祸，那天没有回来……”

杨芷没听到重点内容，催着问：“布谷，快说重点，是什么惊喜啊?”

刘布谷说：“高胜寒花了不少钱买了一个钻戒，还是我和崔毅帮着挑的，好漂亮的一枚戒指啊！他还订了外滩那家最有名的法国餐厅，打算向你求婚的。在准备这些的时候，高胜寒看起来好幸福啊，而且好用心，还帮你买了一件好漂亮的长裙……”

惊喜。掩藏。求婚。长裙。不复存在。

杨芷心里苦丝丝的，又喜又悲。喜的是，高胜寒已经准备向她求婚，意味着他已经愿意和自己一直走下去；悲的是，这一切皆因唐凌宵的搅局而烟消云散了。

“小芷，说句话你别不爱听，我就觉得唐凌宵就是你的克星，有他出现就肯定没好事。他自己过得不如意吧，还处处过来叨扰你的生活，你说这是什么心态？当初是他背叛在先，怎么现在反过来了，好像你欠他一样，好像人家高胜寒欠他一样，我看就是他欠了身边所有人的人情债。”刘布谷义愤填膺的。

“对，我们画个圈圈诅咒他！让他一辈子咸鱼不翻身，永远找不到真爱。好不布谷？”杨芷看布谷生气了，就想着哄她。

“你还有心思开玩笑，服了你了。不过，小芷，我也是说气话，我是嘴硬心软，要是他真在我眼皮子底下出车祸了，我也不可能视而不见。”

杨芷说：“关键是唐凌宵处心积虑地编了那么多话去气胜寒，而胜寒就真的相信了！也不怪他，唐凌宵说得有声有色的，而且我当时确实也在旁边照顾他，胜寒他心中动摇也可以理解。”

刘布谷若有所思地问：“小芷，你相信高胜寒的为人吗？”

“当然！”这是毋庸怀疑的。

“那你也该相信他的聪明和主见！”刘布谷说。

“什么意思？”杨芷觉得刘布谷有话要说。

“小芷，你想，高胜寒不是那么小心眼儿的人，又那么聪明。他会笨得连唐凌宵是故意刺激他都看不出来吗？”

“其实我也想过，但是想不到是什么。难不成唐凌宵还背后捣鬼？”杨芷又觉得不太可能，但又想不出是为什么。

“哎，我也说不出是为什么，反正觉得高胜寒挺男人的，不会那么小气。”刘布谷对高胜寒印象极佳，他就是女人心中最愿意选择的那种男人啊。

杨芷说：“有时候我故意不去想这些事，也不太敢提这些事，就是不想让胜寒觉得我真的有什么，是在刻意解释什么。一想起来就肯定头大！我对唐凌宵太失望了，是从什么时候开始，他也学会利用人了？我好烦，烦透了。”

刘布谷安慰杨芷：“小芷，我觉得你和高胜寒不会完，他不是那种轻易放弃的人，你要给他信心。首先，不要再管唐凌宵了，他就是一‘蓝颜祸水’，特让我看不起。”

“好，再联系他你就骂我，用世界上最难听的字眼儿骂。人不能在一条阴沟里翻三次船，还是一条‘跛’船。”

刘布谷被她逗死了。这个死杨芷，总是这样，越是该严肃的时候越是装轻松。真不知道是不是因为人会“悲极生乐”呢？就和“乐极生悲”一样。

杨芷此刻心里确实挺悲的。在她的脑海中已经浮现出一连串的画面：一个璀璨迷人的夜晚，高胜寒穿得像个明星，开着他心爱的小蓝，载着她，而她也穿着高胜寒送的美丽长裙，走到外滩那个向往已久的餐厅，然后……完全不知情地被高胜寒深情求婚。

我愿意，我什么都愿意！杨芷一定会痛快地答应他。

刚才听到刘布谷告诉她这个消息时没哭，想到这里，杨芷却哭了。是自己把自己感动了。明明是近在眼前的喜悦，却一下子变成了现在两人的缄默，这喜悦不知道何时才能卷土重来。

胜寒，你终究还是不相信我。

刘布谷看她眼里有了泪，拿纸巾为她擦泪，杨芷心头一阵暖，说道：“布谷，感觉好久没哭了，上一次胜寒为我擦眼泪应该是很久以前的事了。有时候哭哭挺好的，肚子里有太多的负面情绪等待冲洗呢。所以谢谢你。”

刘布谷说：“崔毅说过，不让我把这事告诉你的，你就让这个秘密烂在肚子里吧。不过你也不要怪崔毅啊，他也是不想让事情变得更复杂罢了。”

杨芷对她点点头，说：“放心。而且，我也不会轻易放弃和胜寒的这段感情，他值得我去爱、去等。”

刘布谷说：“崔毅又去外地出差了，明天就是圣诞节了，今天我俩就提前过了吧。晚上吃顿好的，再去人多的地方凑凑热闹。”

杨芷表示没有问题。不过她也同样关心刘布谷的感情问题，于是问道：“布谷，你和崔毅这样总是分开，没问题吧？”

刘布谷说：“没问题！我还觉得挺好呢，我可受不了天天腻在一起大眼瞪小眼的，就跟提前走入婚姻生活一样。别说，崔毅现在虽然赚钱少，但每次见面都特别兴奋，讲起自己的工作来眉飞色舞的，那种眼睛里散发的光芒，真让人羡慕。能找个自己喜欢的事做，多幸福啊。”

杨芷得意地说：“你看，我看得没错吧。崔毅绝对是个绩优股！”

刘布谷拉着杨芷的手，一边走一边美滋滋地回应道：“没错，凑合是个人才！不过就是我们俩现在的收入很低，肯定又拉低了上海人均工资基数了。你说像我这样的“贫困人”，圣诞节该怎么过？”

杨芷不以为然，说道：“这圣诞节本来就是洋节日，对我们来说就是多了一个聚会和消费的理由而已。”

刘布谷歪着脑袋问：“我们怎么个过法？”

杨芷想了想，笑呵呵地告诉她说：“我们的过法嘛，就是吃顿饭，逛个街但不花钱，看看圣诞树，拍点照片，再发个微博！”

刘布谷点头称赞：“小芷说得极是！那我要找个高档的背景来拍，比如那种贵得要命的餐厅、停在酒店门口的豪车，还有几个皮包就抵得上一个房子的奢侈品专卖店门口，乔装一回白富美。”

杨芷说：“我看行！要是能拉个帅哥当背景就更棒了！”

## 第三十四章　真相大白

又是一年欢乐时！转眼间又到了年关，杨芷和高胜寒的工作越发的紧凑，连崔毅也是好久没见了。

去年春节时高胜寒突然消失的情景还在眼前，那个时候高胜寒正头痛地处理着吴晓语和家里的关系，杨芷煎熬般地等待。仿佛像一个周期般，今年的春节又不早不晚地来了这场考验。

两个人还照旧相处着，只是谁都明白这种表面的平静下，两个人都掩藏了太多的心思。两人之所以都说不出口，就是因为怕一旦说开了，就会有了再也挽不回的结局。

要是换作别的事，杨芷会直截了当地问：高胜寒，你这是什么态度？我们是不是该好好谈谈？

但现在却一切都说不清楚，说了，谁会相信呢？

这天下班，两人相约吃晚饭，晚饭后散步，不知不觉又走到外滩观景大道下面。

高胜寒说："小芷，你记得这个地方吧？今天人真多啊，真热闹。"

杨芷说："当然记得了，你强吻我的画面已经定格在脑子里了。嗯，是啊，今天人真多，要是那天也这么多人，我肯定不会被你占便宜了。"

高胜寒牵着她的手，温柔地说："不是的，你错了。就是人潮汹涌，那天我依然会吻你。你要不相信，现在可以试试。"

杨芷笑笑地拒绝了。她试探性地问："胜寒，我记得你一直都很想让我亲昵地称呼你，我想知道你最想听到什么呢？"

高胜寒眼睛盯着前方，没看杨芷，只说了一句："你叫什么都行。"

杨芷有点失望，又说："今年过年我爸妈来上海，我就不用回家过节了。你呢？有没有准备好见见我爸妈啊？你不要有压力啊，我只是问问。"

高胜寒说："我今年要回家的，家里还有一堆事，就……不见了吧，以后有的是机会嘛。"

要在以前，高胜寒一定会高兴地说："那我一定要晚几天再回，好好地孝敬一下未来的岳父岳母，把他们哄得开开心心的，小芷，快说，叔叔阿姨喜欢什么？"而现在的高胜寒不冷不热的态度，让杨芷完全灰了心。

杨芷已经明白了他的意思，但还是没有放弃，说道："胜寒，我觉得我们应该好好谈一谈。"

"怎么了？"高胜寒明知故问。

"从深圳回来后，你不觉得我们的关系大不如前了吗？已经半年了，这样下去两个人都会崩溃的。我，还有你，现在应该马上让那些理智见鬼去，就尽情地发泄一下没什么不好！你有什么想问的，想说的，想发泄的，可以尽情地问我，我全都会告诉你！胜寒，我们都是大人了，有什么问题最好当下解决，别压在心里好吗。压抑着情绪不沟通的结果是很可怕的，我已经尝过一次这样的后果了，不想尝试第二次。"杨芷说到这里已经有点激动了，一下子说了好多话。

高胜寒的脸色一如既往的淡定，他只是紧握杨芷的手，说了一句："小芷，你想多了。我只是因为工作太忙了。"

杨芷伸出自己的手，让高胜寒看。她说：“是啊，胜寒，你真的是太忙了，我今天带着你最讨厌的那条兔子手链，你都没有看到；我最近把头发剪短了，你也视而不见；或者说你根本就是看到了，但是已经提不起任何兴趣来讨论关于我的话题，是吗？”

高胜寒勉强地笑：“小芷，我很少看见你发脾气的样子，这不像你。”

杨芷越发激动了，几乎就要生气了。她说：“是，我是很少发脾气。这半年来我没有主动和你沟通，是我的错。可我没想到只是因为唐凌宵说了几句挑拨的话，就让你对我的态度来了一个大蹦极！你知道的，当时我也很生气，你看到了的对吧？或者还有什么我不知道的内情，你可以告诉我，我就那么不可信吗？”

高胜寒半天没有说话，手僵僵地牵着杨芷，一言不发地往前走。

杨芷彻底失望了。她这么要强的个性，一心想求和好，可对方并不愿意给她这个机会。也只有高胜寒，才能让她如此地不想离弃，但是她此刻已经不了解高胜寒了，眼前的男人，和一年多前那个潇洒霸气的高胜寒很不一样。

杨芷知道，他也很不快乐。

很快走到上次两人缠绵拥吻的那个地方，还是那个木椅子，两人坐下来，看着黄浦江对面绚烂的夜景。杨芷的头发被江边的风吹得徐徐飘扬，面颊上细细的泪珠被迅速地风干，高胜寒没有看到。两个人就这样坐着，不说话。

许久，杨芷转过脸去，看着高胜寒的脸。脸的轮廓依然清晰帅气，炯炯有神的眼睛，只是比以往多了一些心事。双唇紧闭，像是在死守着一肚子的秘密。

这是杨芷深爱的男人！虽然，他们只交往了一年多，比不上和唐凌宵的三分之一。杨芷始终坚信高胜寒就像大山一样可以依靠，他永远都可以将她所有的不安和忐忑，保护成快乐。

可现在，或许他们的感情真的要翻一座好大的山峰了。山那边是什么景色，他们都不得而知，只知道这座山躲都躲不过去。

杨芷想到这里，眼圈湿了起来。她平常不太善长温言软语，可今天一定要说出来，因为她不知道，以后还有没有机会再说。

“胜寒，我爱你。”杨芷对他说，眼泪决堤。

杨芷看到，高胜寒的眼睛里星光点点。

春节后。

节后的上班族们的工作总是既忙碌、又没啥效率。大概每个公司的领导们都会在春节后上班的第一天，耳提面命地告诉员工们“收心、收心了啊”。

高胜寒也不例外，春节过后，第一季度就已经接近尾声了，加上年前年后好多工作开展不了，对于做销售和做项目的人来说，就挺迫在眉睫，赶紧找回工作状态是要紧事。

高胜寒休假回来后，给杨芷带了好多家里自做的美食，以弥补她过年没有回家所漏掉的口福，两个人除了在公司上班偶尔碰面之外，就只在外面吃过两次饭。

今天刚下了班，杨芷准备坐地铁回家，林英子来了一通电话。

“杨芷，你下班了吗？”电话里的林英子感觉有心事。

“下班了，你最近好吗英子？”

“我挺好的，你好吗？”林英子问。

“我……挺好的。”杨芷自己都觉得说这话很心虚。

“杨芷，我和唐凌宵又在一起了，你觉得意外不？”林英子说这件事的时候，语气很小心。

“有点意外呢。我以为你真的不原谅他了。”杨芷确实很意外，不过爱情这东西，谁能说清楚，本就没什么道理可言。

“我感觉到你不开心，是不是和男朋友在一起不开心啊？如果是，杨芷，我替唐凌宵和你说声对不起。”林英子说道。

"……"

"我今天才知道一些事，杨芷，那天在病房外面，我们听到了唐凌宵和高先生的对话，其实只听了后面的一部分，前面最打击高先生的，就是凌宵说你对高先生的爱只是出于感激，不是真的爱。"说完，林英子给杨芷听了一段录音。

这段录音是唐凌宵当时用手机录下来的。唐凌宵向林英子坦白时说：高胜寒听到这句话时，潸然泪下。

听完后，林英子在电话里说道："凌宵他真是做错了，大错特错！如果需要我解释给高先生听，我可以帮你解释。"

"不用了。英子，帮我转告唐凌宵，从此后不要再联系我了。英子，或许我们俩也该减少联系了，因为凌宵现在是你的身边人了，我们中间总是有这根线牵引，我觉得很尴尬。"杨芷狠下心来说了这番话，说完后自己先哭了。

林英子在电话那头也哭了。她说："我从来没有想到我会这么喜欢他，明知道他做了那么多的错事，还是狠不下心来不管他，我甚至会觉得我将来也会被抛弃，他只是利用我，但我就是控制不了。按理说，我应该把你当成情敌才对，唐凌宵的心里可能一辈子都有你，可我就是没法对你吃醋。你说得对，我们还是不要联系了，生活本来简单些更好。"

杨芷听她这么说，心里很是难过。她说："英子，你是一个好女孩，唐凌宵要是不珍惜你，他今生都不可能再遇到比你更好的女孩了。你为他做了这么多，他欠你太多太多了，唐凌宵就是这样，一身的桃花债啊。若是哪天对不起你，只能证明他的没良知，到时候你不必为他难过。"

林英子在电话那边使劲地点头，那情那景很是悲壮。她说："杨芷，唐凌宵欠你的钱，他一定会还上的。那天你们离开时，我趁你不注意偷偷抄了你的银行卡号。这个钱一定要慢慢还，这是一种债，还了，或许少了一些牵挂。"

杨芷明白她的意思，答应了。

杨芷最后在电话里说："英子，你爱唐凌宵，也要爱自己。爱情不是一味地付出，也要有平衡，你的霸气，千万不能丢。祝你能幸福!"

挂了电话后，杨芷终于忍不住嘤嘤嘤地哭出了声，为这一连串的失去：爱情、友情。地铁的站台里人来人往，有人好奇地看着她，又转眼而过。

杨芷不再顾忌旁人的眼光，自顾自地发泄着情绪。她觉得自己变得越来越容易伤感，也越来越脆弱了。以前的她，不会这样动不动就眼圈含泪，更不会在这样一个场所泪流得不顾形象。

而此刻的高胜寒也在FF那空旷的办公室里愁容满面。早早地过了下班时间，办公室里只剩下加班的几个同事，比起白天的喧闹，安静得让人窒息。

高胜寒不需要加班，他只是不想回家。崔毅不在，杨芷也若即若离，只有在这间办公室里能找到一种存在感，或者说，这是麻痹他精神的地方。

那日在深圳，唐凌宵对他说的那些话，他无法忘记。唐凌宵信心满满地对他说"杨芷只是感激你，并不是真的爱你"；还说"我能为她去死，你能吗?"这些话都像一根根尖针一样扎在肉里，拔出来也依然痛。

他不是不相信杨芷，他清楚杨芷不会和唐凌宵纠缠不清。但他了解的杨芷，确实是一个冷静、理智的人，就连让她给自己一个亲昵的称呼，她都一直没有，更是迟迟不让高胜寒在公司公布他们的恋情。

吴晓语的出现，杨芷从来没有表现得吃醋。高胜寒多么想让她像其他女人一样吃醋吃到无理取闹啊。这种种的迹像，似乎都在证明唐凌宵说的那句话："杨芷只是感激你，并不是真的爱你。"

这看似一句简单的话，却彻彻底底地将高胜寒坚固的心墙，击成了废墟。每个人对爱情都有精神洁癖，谁都不愿意自己深深爱着的人儿，只是出于别的原因和自己在一起。

高胜寒比杨芷更加痛苦。

春节前和杨芷的那次约会，杨芷费尽力气想和自己沟通，自己却没有勇气问出这个问题。高胜寒对此没有信心，他害怕听到任何的答案。杨芷最后眼含热泪地那句“我爱你”，其实差点就击碎了他的心防，听着有一种悲壮的味道。

高胜寒啊高胜寒，你到底在想什么？你的无动于衷，或许早已伤害了你爱的人。高胜寒双手抱住头，痛苦地问自己。

窗户外面灯火辉煌，窗内一颗满是问号的人。

## 第三十五章　漂洋过海

有本书里写过：人人都会错过，人人都曾经错过。真正属于你的，永远都不会错过。

在春暖花开的季节里，杨芷告诉高胜寒，自己要去英国读书，录取通知书已经收到了。

杨芷向覃晖递交辞呈时，很诚恳地感谢了领导的宽容和大度，并且郑重地和他说了一声对不起。

覃晖给了她一个大大的拥抱，说："小杨，你两年后学成回国，不用为工作发愁，FF公司的大门永远为你开着。你是我见过工作最努力，也最谦虚的员工，公司的几位领导都对你的工作非常满意。优秀的人才，我们随时欢迎，到时候不要开价太高，让我们不敢请喽。"

"覃总，谢谢你。"杨芷和他告别。

高胜寒自从听到杨芷要出国的消息后，变得更缄默。除了工作之外，成日里一言不发，表情凝重得能吓死人。下属们知道他最近心情不佳，天天都胆战心惊的，谁都不敢招惹他。

但有人敢招惹他！崔毅一回来就劈头盖脸地对着高胜寒一顿狂骂：“寒寒，你看，我就不在这么些时间，你就把自己的感情搞成这样了？这算怎么回事，分手吗？你怎么从来都没和我说过小芷要出国留学？你俩到底怎么回事？”

高胜寒也气急败坏地对崔毅吼：“她出国连我都不知道，我怎么告诉你？”

“就觉得你们俩不对劲！上次从深圳回来，你把打算求婚用的戒指和那条长裙给我保管，我就知道你介意了，就想到了你们会有事，但我没想到小芷要出国这么严重。出国哎，我说高胜寒，这和分手有啥区别？你俩在这种心态下分开这么远的距离，随便有个什么张三李四的都能乘虚而入啊！现在的人，有几个分开两年后还能在一起的，反正我是不信。”崔毅像个机关枪一样突突突地向高胜寒扫射着，就恨不得替他去追回杨芷了。

高胜寒本来也够烦的，听着崔毅的话更是烦躁，他照旧拍拍崔毅的肩膀说：“帅哥，你别说了行吗？说什么都没有用，现在出国已成现实了。小芷一直想出国留学，她那么优秀，有自己的理想，我怎么能阻拦她？再说了，那么好的大学不是谁都能申请得到的，我只有祝福。我除了祝福还能做什么呢？”

“我觉得你就是介意唐凌宵！”崔毅一语中的，一下子就说到了高胜寒的心里。

高胜寒被说到痛处，很是难受。他苦笑一声，低下头，小声地说：“你说得对！”

“看，我说对了吧？寒寒，唐凌宵怎么和你比，你介意什么？就是因为他说了几句刺激你的话？他根本是故意气你的，你都看不出来，难为你聪明一世。”

“唐凌宵说的什么我都可以不在意，但他说，杨芷只是感激我，不是爱，这让我很挫败，我对爱情只有一个要求，就是要相爱，要纯粹。我没有答案，所以纠结。”高胜寒道出了原委。

崔毅不再啰里八嗦了，他也坐在那里好好地想着答案。过了一会儿，崔毅过去拍拍高胜寒的背，说：“寒寒，小芷是那种不太把爱挂在嘴上的女孩，但往往这样的人爱可能就是最深厚的。你是当局者迷，我们可是旁观者清，连布谷都说，小芷和你在一起的状态，与跟唐凌宵在一起时很不一样，很轻松也很快乐，这还说明不了一切吗？小芷是那种性格，这点你应该比我们更清楚，她很外冷内热的嘛。”

高胜寒眼眶已经红了，他转过身不想让崔毅看见他的脆弱，背对着崔毅思绪乱飞。随后稳稳情绪，从落寞的背影里传来一句话：“崔毅，现在，说什么都来不及了。”

等到杨芷起程的那一天，高胜寒、崔毅、刘布谷还有杨芷几个要好的同事都去机场送他。在同一个屋檐下共事的几个姐妹，这才知道原来杨芷和运营部的高经理谈了好长时间的恋爱了。只是没想到，她们知道这八卦的第一天，也是两人分开的这一天。

刘布谷的眼泪一直哗哗的，全程都挽着杨芷的胳膊，生怕她马上跑掉。杨芷心里也是非常不是滋味。她强颜欢笑地逗刘布谷说：“布谷，你这一直眼泪婆娑的，不知道的以为生离死别呢。”

刘布谷说：“崔毅经常不在上海，你也走了，我连个说话的人也没有了。我总不能去找高胜寒吧？他的脸越来越臭。”

杨芷说：“你不是现在有了很多新的小姐妹吗？寂寞的时候多和她们聚聚，也能发展出个闺密来的。”

刘布谷没信心，她说：“吃喝玩乐还可以，交心的难。加上我那个大学同学，这堆女人在一起别的事不干，净是互相攀比了。多在一起，多短命！”说完又问杨芷：“小芷，你还会回来上海吗？”

这也是高胜寒想知道的答案，他一直没有敢问出来，或者说，他不知道他还有没有资格这么问，所以他也支棱着耳朵听着。

杨芷笑笑，说：“上海这么好。我要是回国，肯定还是会选择这里啊。”

这等于没说嘛。那要是不回国呢?

还是崔毅比较正面，等这边有人一把鼻涕一把眼泪、满腹忧伤的时候，他和杨芷的那几个女同事聊得欢乐极了。刘布谷看着他就来气，故意离崔毅远远的，嘴里嘟囔着:“艺术圈的人真是不能去沾染，你瞧那花心劲!”

这时候崔毅跑上前，兴奋地问:“小芷，我们刚才在讨论去英国旅游的事呢，等哪天有了长假，我们就组个团去找你玩。哎呀，一想起迷人的伦敦街头、大英博物馆、美丽的皇家园林、温莎城堡，还有纯天然的田园风光，我就恨不得现在请了假跟你去了……”

“纯天然的田园风光，我老家也有啊，还用去伦敦?”刘布谷瞅了崔毅一眼，对他和几个女同事谈笑风生而吃了一肚子醋。

“到时候，一定要带上我的布谷鸟儿。”崔毅意识到了，赶紧过来搂住刘布谷。

几个女同事觉得气氛不太对，都全程注意着高胜寒和杨芷的表情。此刻她们的心里一定是在想:这办公室背后隐藏着多少的地下情事啊，杨芷天天就在身边都没有看出来呢。说不定人人都有故事。

本着既关心杨芷恋情，又想知道剧情如何发展的心，女同事们都目不转睛地看着他俩的每个动作，还时不时地小声议论着。

等杨芷检完票，要进安检的时候，崔毅和刘布谷觉得应该给他们俩单独说话的时间，于是故意把众人引到了别的地方，只留下两人站在安检的门口。

高胜寒有一肚子的话想说，却如鲠在喉，一句话都说不出来。他眼神有点躲闪，不敢看杨芷的眼睛，不着边际地问了一句:“你先回哈尔滨，要待多久?”

杨芷说:“待两个月。等秋季入学，会提前过去熟悉一下环境。”

“……”

“……”

“你到了那边，要自己照顾好自己，再也不要……营养不良了。而且欧洲人吃蔬菜少，你记得要多吃点维生素。”高胜寒交代道。

“嗯，我知道。”

“不用那么拼命学习，不要熬夜，不要吃太多生冷的食物，你的胃不好，那边又没有中药……”

“胜寒!”杨芷打断他，“放心吧，我不是小孩子了，我会照顾自己的。”

“好……那……”高胜寒觉得自己此刻真是太懦弱了，这段时间自己也太懦弱，就是不敢说出自己的真心话。他终于鼓起勇气问了一句有点含金量的话：“小芷，你还会回来吗?”

杨芷笑了，说道：“我就等你这么问呢，还绕个大圈子！高胜寒，那天我在外滩下面，那个属于我们的老地方，我说过的话，都是真的。我刚认识你的时候，你那么帅、那么霸气，还那么风趣，可现在变得这么不快乐，对不起。以前还觉得我俩挺聪明的，可我现在发现我很笨，你也很笨。”

高胜寒没想到杨芷这一场真情告白，杨芷的话直接打到他的弱处，差不多就溃塌了。他知道在这段时间里，杨芷努力地想要和自己沟通，是自己一直没有给她机会。等到想给机会的时候，已经来不及将幸福抓在手里。

杨芷说：“胜寒，回答你刚才的那个问题。上海这么好，我当然会回来，就怕高经理到时候美女围绕，早把我忘到太平洋了。”说完伸开双臂抱住高胜寒，眼泪再也忍不住地流下来。

高胜寒也用力地抱住她，恨不得将她融进自己的身体里。

“胜寒，你保重哦!”杨芷离开她的怀抱，向远处的刘布谷他们挥挥手，头也不回地走进了安检通道。

高胜寒的心霎时像被抽空了一般，长时间站在那里没法移动脚步。他望着杨芷越来越小的背影，再也控制不住地哭了出来。在他心里，杨芷离开的这个画面将永远都会定格在脑海里，不会忘记。

远处看热闹的几个人，此时在窃窃私语。

“怎么也不亲吻一下啊?”同事之一说。

“这算是分手了，还是没有呢?”同事之二说。

“要是我，就把杨芷追回来，不让她走了。”同事之一又说。

“再等等看，说不定杨芷没走，又突然出现在高经理的面前呢。”同事之三说。其他几位都不约而同地拿眼睛瞪她，她看大家的眼光很不屑，不服气地说：“电视剧里都这么演的嘛：明明看见已经进关了，然后又突然出现在身后了。”

崔毅叉着腰对她们几个说道：“几个美女，你们就是被影视剧荼毒太深了，那留学是想上就上，不想上就走的啊？”

刘布谷的心思不在这上面，她悄悄地问崔毅：“你说高胜寒还有没有心情和我们去吃饭？这么多人来送小芷，就这样让大家回去了也不合适。”

崔毅说：“寒寒会去的。他是个很有修养的人，不会扔下大家不管。”

说这话时，高胜寒已经用袖口擦掉眼泪，走到众人的面前。他强颜欢笑的表情，很牵强的洒脱。高胜寒伸开双臂对大家说：“没事了，我们去吃饭，崔毅请客。”

## 第三十六章　今夕何夕

两年的时间过得很慢。慢得高胜寒几乎就想飞过去和杨芷一起读书了。在这个漫长的两年里，高胜寒和杨芷只通过两次电话。是在两个除夕夜，在那个每逢佳节倍思亲的欢聚日子里，杨芷主动给高胜寒打电话问候，除此之外，只剩下了数不清的电子邮件。

因为杨芷出国时说过："胜寒，我们就试一下，我们的爱情是不是能敌得过小小的两年？你要是有话对我说，就给我发邮件吧。"

高胜寒遵守了这个约定，他一直没有主动给杨芷电话或网络聊天，只是不停地发邮件。

网络的世界是没法真的销声匿迹的，坐在小小的电脑前，世界变得很小。杨芷的微博空间还是时常更新，那里有她留学生活的很多趣事。她刷新，他就守着看，只是从不留言或和她互动。

只要心里还想着一个人，她就离自己并不遥远。

对高胜寒来说，这两年是说慢也慢、说快也快的。慢，是因为他对杨芷的思念越来越浓；快，是他终于意识到两年根本不算什么。因为两年过后，他越来越知道自己的内心。

在杨芷走后的某一天下午，林英子辗转找到了高胜寒的电话，把唐凌宵撒谎的事情告诉他。

林英子说："高先生，我不知道杨芷有没有向你解释过，如果没有，就由我来告诉你吧。唐凌宵在深圳时对你说的话，全都是为了挑拨你们的，只是为了气你，你不会真的相信了吧？这些我都和杨芷说过，但我看她后来出国了，猜想她可能没跟你解释过。我不知道这能不能挽回你们俩的感情，但不说，我一辈子不安宁，你也是的对吗。"

原谅了，我早原谅了唐凌宵。就算你今天不和我说这些，我也早原谅了！

是我太蠢，是我小心眼儿，是我在那段时间用自己的冷漠伤害了我最爱的人。

不过小芷，你不会和我计较的是吗？

林英子说："在我知道了唐凌宵抛弃过杨芷，找过富婆，又耍心计挑拨你俩这些事后，我最后还能勇敢地接受了他，只因为我真的喜欢他，还对他有信心。现在我们在一起后，我觉得唐凌宵的表现还是很欣慰的，我想他应该不会再让我失望了。高先生，你们就真的没有我勇敢。"

高胜寒说："英子，谢谢你，你是一个了不起的女孩。"

自从杨芷出了国，崔毅又天天五湖四海飞来飞去，刘布谷也很少见到了。刘布谷似乎和杨芷形成了女孩间的小默契，就算偶尔见到高胜寒，也极少说杨芷的事，就让经常想打探杨芷消息的高胜寒急得如热锅上的蚂蚁，因为他越想打听，刘布谷就越不说，鬼灵精地敏感着呢。

崔毅是越来越厉害了，才两年多的努力，他早已不是那个月薪 2800 的小助理，天天做那些端茶倒水收拾行李订机票之类的工作了。他所跟从的那个知名服装设计师有几次灵感缺乏时，他在旁边小心翼翼地提出了自己的意见，并能很快地拿出自己绘好的专业样图让他的领导看，那位首席设计师这才知道原来自己身边的人里卧虎藏龙。

但崔毅深知做人不能锋芒太露，他怕那位首席设计师认为自己是野心勃勃而提高防范，所以一再谦卑地强调，自己愿意跟着他，只是因为太崇拜了，愿意一辈子为他做助理这类感人肺腑的话，打动了那位首席。崔毅也自此走上了他真正热爱的服装设计的道路。

崔毅给高胜寒说这段话的时候，高胜寒听后夸奖崔毅："在你自己喜欢的领域里，你终于也舍得耍点心眼了。"

以前在FF的时候，崔毅就几乎没有为自己的前途做过什么努力，一切都随遇而安。高胜寒又对崔毅说了一句话："我们不管多么热爱自己的事业，都最好不要忘记我们最初的样子。"

崔毅和他击掌，说完全同意这样的约定。

崔毅给刘布谷带回来的明星签名越来越多，从九流的明星到三线、二线、一线，刘布谷欢乐死了，经常在她那帮八婆群里扬眉吐气。还说只要有某位明星的签名，她就会对她演的戏、唱的歌开始关注，从侧面繁荣了热闹的娱乐事业。

其实在大家的心里，都还住着一个人，都等待着她能回来。

尤其是高胜寒，他最怕的就是杨芷热爱上美丽的伦敦，读完书后都乐不思蜀，如果是那样，他或许真要抛开自己的事业，远赴重洋去找她了。

可杨芷终于还是回来了。回来的时候，她没有告诉大家准确的日期，她很怕兴师动众。

覃晖和杨芷说过"FF公司的大门永远为你打开"，所以覃晖在杨芷快要毕业的时候已经提前对她发出了邀请，希望他能继续留在FF公司，并实践杨芷在国外新学的管理专业。在杨芷心里，覃晖一直是她很尊敬的一个领导。他是个能做大事的人，很会唯人善用，而且不拘小节，很有大将之风。

杨芷答应了覃晖的要求。

杨芷回国后的第三天，就来FF公司报到，迎接她在FF公司全新的职位。董事长助理兼外事部经理。她先去了覃晖的办公室问候，之后又一系列的重新入职手续，详情不谈。

杨芷出国时去机场送她的几位女同事里，其中有一位已经辞职了，另外的两位还在那个部门。两个女人对杨芷的转变啧啧赞叹，杨芷看起来比以前开朗了许多，体形也丰润一些，脸上总是挂着大大的笑。

但这两位女同事心里更想看到的，是杨芷和高胜寒的剧情进展，她们实在太想看一出好戏了，以致完全忘了去眼红杨芷职位转换这回事。

其实最忐忑的还是杨芷，她从还没有进到 FF 公司的大楼时，心就已经通通跳了。直到进了 FF 公司办公室，路过那条能看见高胜寒的必经之路，她的心跳到有史以来最快。她不知道该以一种什么样的方式再见，好像做好准备，又好像没做好准备。

杨芷的办公室已经搬到董事长室旁边，那边相邻的还有几位总经理的办公室，包括高胜寒的领导。所以，直到下午，在高胜寒进了公司，然后去他上司办公室汇报工作的时候，杨芷才看到了他。

当时杨芷坐在办公室里，门开着。FF 的办公室都是半磨纱玻璃隔成的，是时下最常见的办公室方式，意在工作的透明性。高胜寒一身修身西装从门口走过去，杨芷盯着他一直没有收回眼神。

高胜寒路过杨芷的小办公室后，觉得今天小办室里的人和以往的好像不一样，直觉让他又退回几步，向玻璃墙内望去。这一望，正好对上了杨芷的眼神。

杨芷右手拿笔，左手托腮，正眼含笑意地看着他。大概是大英帝国的空气纯净、食物热量又高，两年没见，她变得越发漂亮了。杨芷穿着一件尽显淑女气质的荷叶袖洋装，浓蜜的头发过肩，既有气质又不失女人味，而且，她还化了一个淡淡的妆。

两人就这样对视着，全然没想到某些角落里，此刻有不少注视他们的眼睛。用心花怒放形容高胜寒此刻的心情似乎都不够，他高兴得都不知所措了。但他尽量克制着，在他眼窝里又一次有了晶莹的时候，他冲杨芷灿烂地一笑，扭头去了自己上司的办公室。

角落里的八卦队成员们有些失望。

晚上，两人相约来到了外滩的那个老地方。

这个气温最适宜的时节里，秋高气爽，人们纷纷都跑到了户外，跑到了这个上海人最聚集的地方看夜景。就连让两人都难忘的那条人比较少的大路上，现在都是人头攒动。

“嗯，胖了，也漂亮了。而且也舍得穿点高级服装了。”高胜寒坏坏地笑着，几年不见，还是喜欢调侃她。

“这个牌子国内人奉之若宝，外国人不一定当回事，而且我是打折的时候淘来的，特便宜。”杨芷脸上的表情比以前柔和很多，让人看起来很舒服，不像以前总是很严肃的样子。

“嗯，不错，还变得开朗了。”高胜寒由衷地为她的转变高兴。

“你可是变老了，沧桑啊。怎么？经理不好当吧？”杨芷问。

“不好当，也当了两年多了，我现在完全是乐在其中。我必须感谢我这个忙翻天的工作，因为它占据了我所有的时间，我才不至于天天一想起某些人就黯然伤神。”高胜寒立马呈现受气小媳妇的表情。

“无聊的时候，就找个女朋友嘛，干吗要自己那么苦？高公子玉树临风、高大威猛又帅气，想来也不愁找女人的哦。”杨芷挖苦他。

“当然找啊！前后找了几个女朋友呢，不过人家一听我不是富二代了，就都跑了。怎么样，你呢？”

杨芷说：“我也当然找了男朋友，七大洲八大洋的帅哥好多，乱花渐入迷人眼，我都挑花了。你知道，外国人很开放的……”

“哦……”高胜寒吃醋了，还不习惯杨芷这么开玩笑，一时不知道该怎么接话。

两人就在原来的那个木椅子上坐着，看着绚丽的江景和涌动的人潮，和以前一样，腾出一点时间来不说话，只任江风吹着。

高胜寒左手覆在了杨芷的右手上，手掌的暖流立即传送给了杨芷，他动情地说："小芷，我很想你。"

杨芷已经不会再忸怩，大声地回应他："我也想你。"

"我给你发的邮件，你都收到了吧?"

"收到了。"杨芷说。

"为什么不给我回信?"高胜寒气呼呼地说。

"我只说让你给我发邮件，没承诺你一定要回啊。要知道，我的七大洲八大洋那么多，哪有空啊?"

杨芷想，我就气你到底!

高胜寒又尝到那种拌嘴的小幸福，心里觉得很亲切。他把两年半前买的钻戒拿出来，轻轻地拿起杨芷的右手，给她戴在了无名指上。

杨芷感觉到后，扭头看了看右手上的戒指，在路灯的照耀下闪出动人的光芒。她抬起手左看右看，作出一个很惋惜的表情，撇着嘴说道："哎，这戒指是两年半前买的，过时了呢……高胜寒，你真的很没诚意呢。"

高胜寒有点小吃惊，问："原来你知道这件事?"

杨芷笑笑，没有回答他。高胜寒这才知道，原来是自己当初的这个举动伤了杨芷的心，才让她下定决心远渡重洋。

高胜寒紧张地说："如果你不喜欢这个款式，我带你挑一件喜欢的，你说得对，这个过时了……"说完就手忙脚乱地打算把戒指脱下来。

杨芷怒目圆睁："戴上了还想要脱走？我就是典当了都不还你，你给我放手!"说完自顾自地哈哈大笑，因为高胜寒那个被欺负的样子太好玩了。

高胜寒理解了她的心意，心头一阵暗喜，故意说："我知道你不喜欢那种夸张的求婚方式，你一生最痛恨那种单膝下跪、在众目睽睽下求婚的场面，哼哼，正好省了我的麻烦。你说话算话，戴上了就别往下摘了啊。"

杨芷斜他一眼，说："谁说的？我哪说过那样的话？我喜欢死那种求婚了，你现在来一个!"

杨芷本来是想逗他玩的，没想到高胜寒说时迟，那时快，就真的单膝下跪到她面前，弄得杨芷反倒不好意思起来。

高胜寒也有点不好意思，红着脸低声地问：“小芷，嫁给我好吗?”

有一些路人看见他，不过都是偷笑两下就匆匆忙忙地走过去了，并没有出现那种一群人围个圈，大声喊着“嫁给他”“嫁给他”的场景。生活和艺术果然不一样啊！

杨芷脸红到了脖子根，赶紧拉他：“你快起来，我答应了，答应了还不行吗！”

高胜寒乐呵呵地站起来，把头躲到杨芷脑袋后，悄悄地耳语：“你一个从开放国度回来的人，居然还怕这个，还七大洲八大洋呢，说了都不信。”

杨芷却相当遗憾，她捶胸顿足，悲情地说：“这哪像求婚，完全是被挟持的感觉啊！这是我见过最狼狈的求婚了！”

高胜寒却只有高兴了，用力把杨芷的脑袋按到自己的肩膀上，说：“不管怎么样，你是真的同意了哈?”

杨芷从他的肩膀上弹跳起来，说：“我都主动回 FF 工作了，这还不是同意吗？高胜寒，两年不见你的智商可不行了，我要是不愿意见你，任凭你再大的神通也找不到我。”

高胜寒再次把她的脑袋按在自己的肩膀上，挖苦她说：“新娘子还一天没当呢，欧巴桑的气质倒是先有了，说话这么大声，这就是你留学两年的成效啊？快不要说话了，静静靠在我的肩膀上，让我幸福一会儿。这个画面一定很美……”

“美你个头！两年前你给我买的那条高级裙子呢？怎么没和戒指一起带来啊?”

“你知道的不少啊！告诉我，还知道什么?”高胜寒问。

“不告诉你。反正你什么都瞒不过我！快说，我的高级裙子呢?”

“还在家里，不过照你的理解，也过时了……”高胜寒继续激她。

“为什么不带来，让我美一美?”

“小姐，戒指我可以天天带在身边，因为体积小，但我不能天天背一个大盒子四处跑吧？你的智商才退步了呢！”高胜寒觉得一切都回到了最初相见的那个时候，那时候两人也这样互相掐，他爱死这种感觉啦。

“刚答应了你的求婚，态度就变这么差，我可以反悔吗？”

“不行，想得美。”高胜寒打消她的美梦。

“可怜我一世聪明，一不小心还是上了贼船。”

“那就在贼船上，好好住着吧……”

不远处有个为旅客拍照的小店，里面正放着林忆莲的《与爱长流》：

倘若没有遇见你，

我们会怎么走？

一左一右，绕地球一圈，

一定会碰头……

（全书完）